KB178654

인류의 위대한 지적유산

HANGIL
GREAT BOOKS
106

수사고신여록

최술 | 이재하 옮김

한길사

HANGIL
GREAT BOOKS
106

Cui, Shu
Zhusi Kaoxinyulu

Translated by Lee, Jae-Ha

Published by Hangilsa Publishing Co., Ltd., Korea, 2009

공자(왼쪽)와 그의 제자들

사마천(司馬遷)은 공자의 제자가 3천 명이라 했지만, 확실한 제자는 70여 명이다.
그 가운데서도 안연 · 민자건 · 자공 · 자로 · 자유 · 자하 · 증참 등이 뛰어났다.

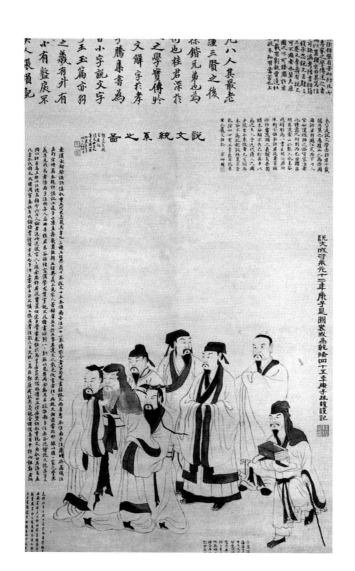

설문통계도(說文統系圖)

청나라 때의 화가 나빙(羅聘)이 계복(桂馥)에게 그려준 그림이다.

『설문해자』(說文解字)를 지은 허신(許愼)과 이를 계승한 학자 7명의 모습이 그려져 있다.

중국의 태산(泰山)

대종(岱宗)이라 일컫기도 하며 오악(五嶽)의 으뜸으로 여긴다.
공자가 30대 때 태산을 지나다가 여인의 울음을 듣고
'가혹한 정치는 호랑이보다 무섭다'(苛政猛於虎)는 말을 했다고 전한다.

『공자사적도』(孔子事蹟圖) 중「유교무류」의 일부분

공자의 교육은 불분불계(不憤不啓: 자신이 분발하지 않으면 가르쳐주지 않음)와
유교무류(有敎無類: 가르침에 빈부귀천을 따지지 않음)였다.

수사고신여록
차례

『고신록』의 부활과 중국의 사학계 | 이재하   19

수사고신여록서 洙泗考信餘錄序 | 최술 崔述   39

수사고신여록 제1권 洙泗考信餘錄 卷之一

안자 顔子

1. 안로가 공자에게 배웠다는 명확한 기록은 없다   45
   顔路受業無明文

2. 『사기』에 기록된 나이는 믿을 수 없다   47
   史記之年不足據

3. 수레몰기에 대한 문답은 안합과 관련된 이야기이다   50
   御馬之對爲顔闔事

4. 그을음이 묻은 밥풀을 먹었다는 이야기를 변증함   53
   辨食埃墨之說

5. 허공에서 심성을 찾으려는 후세 유학자들의 잘못에 대해   58
   後儒求心性于虛空之非

6. 삼정은 천지인으로 나눌 수 있는 게 아니다   61
   三正不以天地人分

7. 안자를 후세 유학자들과 견줄 수는 없다   65
   顔子非後儒可擬

8. 공자와 안연이 오나라 창문의 백마를 보았다는 이야기를 왕충이 바로잡다   71
   王充闢孔顔望閶門白馬之說

9. 안자는 여러 제자들이 따를 수 없었다   75
   顔子非諸弟子可及

증자 曾子

1. 바람 쐬고 노래나 부르겠다는 증석의 대답을 변증함   82
   辨曾晳風詠之答

2. 증석이 계무자의 대문에 기대어 노래를 불렀다는 이야기를 변증함   84
   辨曾晳倚門之歌

수사고신여론

최술 | 이재하 옮김

한길

3. 일관이란 가르침은 도의 전수가 아니다   86
一貫之詔非傳道

4. 노나라에서 주는 봉읍을 사양했다는 설을 변증함   91
辨辭魯致邑之說

5. 제나라의 예우를 사양했다는 설을 변증함   93
辨辭齊聘之說

6. 아버지의 호된 매질을 받아들였다는 이야기를 변증함   94
辨受父大杖之說

7. 가슴이 두근거려 돌아왔다는 이야기를 변증함   99
辨心動歸省之說

8. 증자의 어머니가 베를 짜다 북을 던졌다는 이야기를 변증함   100
辨曾母投杼之說

9. 부친상을 당해 지나친 예를 차렸다는 설을 변증함   102
辨執喪過禮之說

10. 녹봉을 중히 여기거나 가볍게 여겼다는 설을 변증함   103
辨重祿輕祿之說

11. 서둘러 가난해지고 빨리 썩어지기를 바란다는 설을 변증함   106
辨速貧速朽之說

12. 배를 설삶자 아내를 내쳤다는 이야기를 변증함   109
辨蒸梨出妻之說

13. 병이 위중한데도 돗자리를 바꾸었다는 이야기를 변증함   112
辨疾革易簀之說

14. 후학들은 대부분 증자를 받들었다   114
後學多宗曾子

15. 『대학』은 증자가 지은 게 아니다   114
大學非曾子作

민자건 閔子騫

1. 이 책에서의 명칭은 『논어』를 따르겠다   119
本書稱名依論語

2. 굶주린 기색을 띠었다는 이야기를 변증함   121
辨菜色之說

3. 갈대솜으로 만든 옷을 입었다는 이야기를 변증함   122
辨蘆花袍之說

염백우 冉伯牛   125

중궁 仲弓

1. 아버지가 천하고 악행을 저질렀다는 이야기를 변증함   129
辨父賤行惡之說

자공 子貢

1. 유(唯)나 연(然)의 응답만으로 증자와 자공의 우열을 가릴 수는 없다   134
   唯然之應不能定參賜之優劣

2. 자공의 재산 증식을 변증함   138
   辨鬻財之說

3. 노나라를 보존하고 제나라를 혼란에 빠뜨렸으며, 오나라를 망하게 하고
   진나라를 강성하게 했으며, 월나라가 패권을 거머쥐게 만들었다는 이야기를 변증함   147
   辨存魯亂齊亡吳强晉覇越之說

4. 자공이 처한 상황이나 공적은 증자와 다르다   153
   子貢時勢功業與曾子不同

수사고신여록 제2권 洙泗考信餘錄 卷之二

자로 子路

1. 옷을 차려입고 검을 찼다는 이야기를 변증함   160
   辨盛服持劍之說

2. '전유장'은 다섯 가지가 의심스럽다   163
   顓臾章可疑五事

3. 어버이가 죽은 뒤 초나라에 갔다는 설을 변증함   177
   辨親沒遊楚之說

4. 거문고 소리에 북방의 살벌함이 묻어났다는 설을 변증함   179
   辨瑟有北鄙聲之說

유자 有子

1. 스승으로 삼으려다 그만두었다는 설을 변증함   184
   辨爲師被黜之說

2. 유자와 자로는 뭇 제자들이 미칠 수 있는 바가 아니다   189
   有子子路非諸弟子所及

원사 原思

1. 해진 의관으로 자공을 맞이했다는 이야기를 변증함   192
   辨敝衣冠見子貢之說

공서화 公西華   195

자천 子賤

1. 『설원』에 기록된 선보의 읍재가 되었을 때의 네 가지 일에 대해   200
   說苑記宰單父事四則

2. 일부러 팔꿈치를 잡아당겼다는 설을 변증함   202
   辨掣肘之說

자유 子游

    1. 혜자를 위해 격에 넘친 상복을 입었다는 설을 변증함   206
        辨爲惠子重服之說

    2. 「현가장」의 의심스러운 부분에 대해   208
        弦歌章可疑處

자하 子夏

    1. 재물에 인색했다는 이야기를 변증함   210
        辨短於財之說

    2. 「시서」는 자하가 지은 게 아니다   211
        詩序非子夏作

    3. 「상복편」과 「대전」은 자하가 지은 게 아니다   213
        喪服大傳非子夏作

    4. 증자가 자하의 죄를 열거했다는 설을 변증함   215
        辨曾子數罪之說

자장 子張

    1. 천 리를 달려와 노나라 애공을 알현했다는 이야기를 변증함   218
        辨千里見魯哀公之說

재아 宰我

    1. 호화롭게 꾸민 초나라의 수레를 거절했다는 이야기를 변증함   224
        辨卻楚車飾之說

    2. 전상과 함께 난을 일으켰다는 설을 변증함   226
        辨與田常作亂之說

    3. 『사기』의 오류는 이사로부터 비롯된 것이다   229
        史記之誤本於李斯

염유 冉有   235

자고 子羔

    1. 형벌을 받은 사람이 성문을 빠져나가도록 도왔다는 이야기를 변증함   246
        辨刖者脫諸郭門之說

번지 樊遲   251

사마우 司馬牛   257

칠조개 漆雕開   259

공야장 公冶長

　1. 새가 하는 말을 알아들었다는 이야기를 변증함　　　　　　261
　　　辨通鳥言之說

남용 南容

　1. 남용은 남궁괄이지 남궁경숙이 아니다　　　　　　　　　　264
　　　南容卽南宮适非南宮敬叔

　2. 괄과 도에 대해　　　　　　　　　　　　　　　　　　　　272
　　　括與縚

　3. 공야장과 남용을 사위로 삼은 것은 같은 시기의 일이 아니다　273
　　　妻長妻容非一時事

　4. 공야장과 남용이 반드시 공자의 제자인 것은 아니다　　　　274
　　　長與容未必爲孔子弟子

수사고신여록 제3권 洙泗考信餘錄 卷之三

좌자 左子

　1. 좌씨는 좌구명이 아니다　　　　　　　　　　　　　　　　280
　　　左氏非左丘明

　2. 『국어』는 좌씨가 지은 게 아니다　　　　　　　　　　　　284
　　　國語非左氏作

　3. 『춘추좌전』은『공양전』과『곡량전』보다 훨씬 훌륭하다　　287
　　　左傳遠勝公穀二家

자사 子思

　1. 호백구를 사양했다는 설을 변증함　　　　　　　　　　　　290
　　　辨辭狐白裘之說

　2. 구변을 천거했다는 설을 변증함　　　　　　　　　　　　　291
　　　辨薦苟變之說

　3. 자사의 모친이 위나라로 재가했다는 설을 변증함　　　　　295
　　　辨子思母嫁於衛之說

　4. 자사는 늙어서야 노나라로 돌아왔다　　　　　　　　　　　297
　　　子思老始歸魯

　5. 맹자의 말도 다 믿을 수 없다　　　　　　　　　　　　　　299
　　　孟子言未可盡信

　6. 순우곤의 말은 믿을 수 없다　　　　　　　　　　　　　　299
　　　淳于髠言不足信

　7. 『중용』은 자사가 지은 게 아니다　　　　　　　　　　　　302
　　　中庸非子思作

8. 『중용』은 한 편이 아니다　　　　　　　　　　　　　306
　　中庸非一篇

9. 『중용』은 한 사람 손으로 엮인 게 아니다　　　　　　309
　　中庸非出一手

부록 附錄: 열두 사람 十有二人

금장 琴張 · 목피 牧皮

　　1. 상호가 죽자 금장이 노래를 불렀다는 이야기를 변증함　　313
　　　　辨桑戶死而琴張歌之說

상구 商瞿 · 계차 季次　　　　　　　　　　　　　　　317

진비자 秦丕玆　　　　　　　　　　　　　　　　　　319

신정 申棖　　　　　　　　　　　　　　　　　　　　321

단간목 段干木 · 전자방 田子方

　　1. 전자방과 단간목 등이 모두 자하의 문인은 아니다　　324
　　　　田段等不皆子夏門人

　　2. 위나라가 단간목을 예우함으로써 진나라의 공격을 받지 않았다는 이야기를 변증함　325
　　　　辨魏禮段干木而不受秦攻之說

　　3. 위나라 문후가 단간목을 맞아 힘들어도 감히 쉴 수 없었다는 이야기를 변증함　　326
　　　　辨魏文侯倦不敢息之說

　　4. 빈천한 사람이 거드름을 피울 수 있다고 말했다는 이야기를 변증함　　327
　　　　辨貧賤驕人之說

예류 泄柳 · 신상 申詳　　　　　　　　　　　　　　329

공양씨 公羊氏

　　1. 공양씨의 학문이 자하로부터 나왔다는 설을 변증함　　331
　　　　辨公羊之學出於子夏之說

곡량씨 穀梁氏

　　1. 곡량학은 처음이 확실치 않다　　　　　　　　　333
　　　　穀梁之學不詳其初

　　2. 춘추 삼전과 『춘추』에 대해　　　　　　　　　335
　　　　三傳與春秋

공문제자통고 孔門弟子通考

1. 자신이 사는 나라의 대부는 비방하지 않는다는 순자의 설을 변증함 340
   辨荀子居是邦不非其大夫之說
2. 상복을 벗은 뒤의 거문고 소리에 대한 「단궁편」과 『설원』의 기록 차이에 대해 346
   檀弓與說苑記除喪彈琴之異
3. 시야장은 공자의 말이라 단언할 수 없다 348
   柴也章未可斷爲孔子之言
4. 제자들의 명적에 대한 『사기』의 오류에 대해 349
   史記著弟子名籍之誤
5. 『사기』에 기록된 제자들 국읍의 오류에 대해 355
   史記著弟子國邑之誤
6. 『사기』에 기록된 제자들 나이의 오류에 대해 359
   史記著弟子年歲之誤

『논어』 원류부고 論語源流附考

1. 『제논어』는 후세 사람들의 덧붙임이 많다 367
   齊論多後人附會
2. 동한시대에 유행한 것은 장우가 새로 엮은 『논어』이다 370
   東漢所行爲張禹更定之論語
3. 장우가 새로 엮은 『논어』의 오류에 대해 370
   張禹更定論語之謬
4. 정현이 주를 단 『논어』는 바로 장우가 새로 엮은 『논어』이다 373
   鄭玄所注論語卽張禹更定本
5. 왕충과 정현의 오류에 대해 374
   王充鄭玄之謬
6. 성인의 말씀을 그릇되게 따를 수는 없다 375
   聖言不可謬遵

『논어』 연구의 경과에 관한 술회 自述研究論語經歷 377
부록: 공검토 「대대예기보주서록」 孔檢討大戴記補註序錄 379

최술 연보 383
옮긴이의 말 399
찾아보기 403

수사고신록
차례

공자의 진면목을 복원한 『수사고신록』 | 이재하
중각수사고신록서 重刻洙泗考信錄序 | 왕숭 王崧
수사고신록자서 洙泗考信錄自序 | 최술 崔述

수사고신록 제1권 洙泗考信錄 卷之一
공자의 조상과 출생 및 어린 시절 原始
처음으로 관직을 맡다 初仕
제나라에 머물다 在齊
제나라에서 노나라로 돌아오다 自齊反魯

수사고신록 제2권 洙泗考信錄 卷之二
노나라의 사구가 되다 · 상 爲魯司寇 上
노나라의 사구가 되다 · 하 爲魯司寇 下
위나라에 가다 適衛

수사고신록 제3권 洙泗考信錄 卷之三
송나라를 지나가다 過宋
진나라와 채나라 사이에서 어려움을 겪다 厄於陳蔡之間
위나라로 되돌아가다 反衛
노나라로 돌아오다 · 상 歸魯 上

수사고신록 제4권 洙泗考信錄 卷之四
노나라로 돌아오다 · 하 歸魯 下
고종 考終
사후의 모습들 遺型

『수사고신록』의 종지 本書宗旨
정본에 덧붙이는 말 定本自識

옮긴이의 말

『고신록』의 부활과 중국의 사학계

이재하 경성대 교수 · 중어중문학

출판 전야

참으로 긴 세월이었다. 어느덧 사십대 중반에 들어선 고힐강(顧頡剛, 1892~1980)의 얼굴은 상기되어 있었다. 15년이란 세월이 이렇게 흘렀단 말인가!

서른 살이었던 1921년, 고힐강은 일본사학회에서 출판한 최술의 『최동벽선생유서』(崔東壁先生遺書)를 손에 쥐고 온몸에 전율을 체험했다. 이토록 명쾌한 저술이 왜 중국에서 널리 퍼지지 않았으며, 그것도 하필이면 일본에서 출판되었는지 의아스럽기만 했다. 호적(胡適, 1891~ 1962) 선생의 명강의에 혼을 빼앗겼던 그는 책을 손에 넣은 뒤 삶의 목표가 새롭게 정해진 듯싶었다. 그는 자기최면에 빠진 듯 수없이 혼잣말로 되뇌었다. "나는 참으로 복이 많은 사람인 게야. 이토록 시대적 소명에 걸맞은 책을 볼 수 있게 되었다니!" 그는 흐뭇한 미소를 지었다. 그는 최술의 책을 읽고 또 읽었다. 선진사(先秦史)에 관한 의혹이 말끔히 사라지는 듯했다. 그는 고대사를 이야기하는 가운데 최술의 변증(辨證)을 섞어보았다. 지금까지 별로 반응을 보이지 않던 사람들도 자신의 이야기에 흠뻑 빠져드는 것을 피부로 느낄 수 있었다. 『최동벽선생유서』의 막강한 힘이 분명했다.

고힐강은 『최동벽선생유서』를 들고 호적 선생을 찾아갔다. 그리고 며칠 뒤 호적과 격의 없는 대화를 나눴다. 호적이 누구던가? 고힐강에게는 우상과도 같은 존재이다. 나이는 겨우 한 살 위였지만, 그의 해박한 지식과 선진적인 사고는 귀를 때리는 뇌성벽력과도 같았다. 그는 영국 유학을 다녀온 엄복(嚴復, 1853~1921)과 일본에 머물다 돌아온 양계초(梁啓超, 1873~1929)의 영향으로 일찍이 서양 문화에 눈을 돌렸으며, 1910년 미국으로 유학하여 '중국과학사'(中國科學社)라는 단체를 만들었고, 1915년에는 컬럼비아 대학에서 존 듀이(John Dewey, 1859~1952)에게 철학을 배운 사람이다. 1917년 스물일곱이라는 젊은 나이에 북경대학(北京大學) 교수가 된 그는 학생들의 우상으로 떠올랐다. 강의실은 학생들로 미어질 지경이었고, 그가 내뱉는 거침없는 비평은 장안의 화제로 떠올랐다. 그는 『신청년』(新靑年) 잡지에 유교(儒敎)와 봉건시대의 정조(貞操) 관념을 타파하는 글을 싣는 등 개성과 자유, 민주와 과학을 부르짖었다. 또 『신청년』에 「문학개량추의」(文學改良芻議)를 실어 구어체(口語體) 확립을 주창했으며, 신문화운동(新文化運動)을 이끈 인물이다.

"나도 요 며칠 동안 잠을 설쳤소만, 끓어오르는 희열로 피곤한 줄 모르겠소. 참으로 이 『최동벽선생유서』야말로 대단한 책이오. 핵심은 역시 『고신록』(考信錄)이라 해야겠지요. 무엇보다도 최동벽이란 사람을 생각하면 생각할수록 궁금하기 짝이 없단 말입니다. 이토록 좋은 책이 있었는데 왜 우리는 여태껏 모르고 있었는지. 보시오, 최술의 변증이 바로 과학이 아니고 무엇이겠소?"

"저도 같은 생각이랍니다. 선진시대의 역사를 이토록 명쾌하게 변증한 책은 아직 듣도 보도 못했습니다. 이 책을 깊이 연구해보고 싶은 마음뿐이랍니다."

"좋은 생각이오. 당신처럼 정열적인 사람이 그렇게 생각한다면 우리 나라 역사학의 복이겠지요. 무엇보다도 먼저 표점(標點) 작업을 해야 할 것이외다. 하루빨리 출판해야 하지 않겠소이까."

"맞습니다. 당장이라도 작업에 들어가겠습니다."

"양계초 선생님께 보여드리는 게 어떻겠소? 너무 충격적인 내용도 들어 있으니, 아무래도 역사학의 대가인 양 선생의 검증을 거치는 게 어떨지? 그리고 부탁이 있소이다. 잘 아시겠지만 내가 부르짖는 것 가운데 하나가 바로 '과학'이 아니오? 그래서 하는 말인데, 최술의 연보만은 내가 꼭 쓰고 싶소이다. 역사를 연구하는데 과학이 얼마나 중요한지 최동벽의 연보를 통해 한 번 보여주고 싶소이다. 어디 그렇게 해줄 수 있겠습니까?"

"이르다뿐이겠습니까? 영광이지요."

"고맙소이다. 표점을 찍으려면 혼자는 벅차지 않겠소? 뜻을 같이하는 사람이 있으면 좋으련만. 나라도 그 일에 몰두하고 싶지만 틈을 낼 수 없을 것 같고……. 전현동(錢玄同, 1887~1939) 선생이라면 흔쾌히 동참할 것이라 여겨지지만, 아무튼 당신이 알아서 할 일이지요."

"잘 알겠습니다. 저도 전 선생을 존경하고 있는 터이니 부탁드려보겠습니다."

고힐강은 하늘에라도 날아오를 듯 기분이 상쾌했다. 그는 신사학(新史學)의 개척자로 일컬어지는 양계초 선생을 찾아갔다. 양계초도『최동벽선생유서』를 보고 찬탄을 아끼지 않았다. 뿐만 아니라 양계초는 사학계에 최술의 저술을 알리는 데 선봉을 자임했다. 양계초는『고신록』이야말로 "『사기』(史記) 연구의 가장 중요한 참고서" "삼대(三代)를 고증한 가장 근엄한 책" "고대사를 공부하는 표준"이라고 극찬했다. 아울러『수사고신록』과『수사고신여록』에 대해서도 "가장 근엄한 공자전(孔子傳)"이라 했다.

전현동을 만난 고힐강은『최동벽선생유서』를 내보이며 저간의 이야기를 남김없이 일러주었다. 전현동, 고힐강보다 다섯 살 위인 그는 스무 살 때 유학생 감독의 소임을 맡은 형을 따라 일본 유학길에 올랐으며, 1916년부터 북경대학의 교수로 재직하고 있었다. 전현동은『신청년』잡지의 중요인물로, 노신(魯迅, 1881~1936)과 친했으며 신문화운동의 열혈 행동대원이기도 했다. 고힐강의 제의를 받은 전현동은 떨 듯이 기뻐했으며, 아예 자신의 성을 '의고'(疑古)로 바꾸겠다고 선언할 정도였다.

이리하여 일본에서 출판된 『최동벽선생유서』는 고힐강의 주도 아래 표점 작업에 돌입했으며, 최술의 고향을 탐방하거나 책방과 도서관을 뒤져 저작물을 찾기에 여념이 없었다. 그러나 표점은 그리 쉽게 끝나지 않았다. 장장 15년이란 세월이 흘렀다. 신중에 신중을 기하려는 고힐강의 성격 탓도 무시할 수 없겠지만, 출판에 앞서 사학계를 강타한 『고신록』의 열풍으로 고사변파(古史辨派)가 형성됐고, 그런 고사변파를 고힐강과 전현동이 주도했기 때문이다.

1935년 어느 날, 고힐강은 마침내 『최동벽선생유서』의 표점 작업을 마무리했다. 아동서국(亞東書局)으로부터 기꺼이 책을 출판하겠다는 약속을 받아놓은 상태였고, 이제 남은 것이라곤 세상의 이목을 집중시킨 책에 걸맞은 서문을 갖추는 일만 남았다. 서문에 대한 준비가 없었던 것은 아니지만, 뜻밖에 차질이 생기고 말았다. 원래 호적과 전현동이 서문을 쓰기로 약속되어 있었다. 하지만 호적은 이일 저일로 눈코 뜰 새 없었고, 전현동은 갑작스럽게 뇌출혈로 쓰러지고 만 것이다. 고힐강 자신이 쓸까 생각도 해보았지만, 자화자찬하는 꼴이 될 것만 같아 내키지 않았다. 하여 생각해낸 사람이 바로 전목(錢穆, 1895~1990)이었다. 전목은 중학교도 제대로 마치지 못한 사람이지만, 국학(國學) 분야에서의 명성은 타의추종을 불허할 정도였다. 더욱이 고힐강과 각별한 사이였다. 소주(蘇州)의 한 중학교에서 고문을 가르치던 전목이 일약 북경대학 교수가 될 수 있었던 것은 바로 고힐강의 주선 덕분이었다. 고힐강의 추천으로 1931년 북경대학 교수가 된 전목은 호적과 필적할 만한 인기를 누리고 있었다.

이에 고힐강은 전목에게 서문을 부탁했고, 전목은 별로 내키지 않았지만 딱히 거절할 수 없는 상황이었다. 이런 과정을 거쳐 전목의 서문은 1935년이 다 저물어가는 12월 28일 완성되었다. 애태우던 고힐강은 기쁨으로 서문을 펼쳤다. 그런데 이게 무슨 날벼락이란 말인가! 전목의 서문은 최술과 진리화(陳履和)의 관계를 피력한 뒤 곧장 이렇게 이어지고 있었던 것이다.

최동벽의 학문은 전해졌지만 넓지 않았고, 존재했지만 그리 알려지지도 않았다. 그저 그렇게 서해(書海)의 밑바닥에 부침하기를 또 백 년, 오늘날에 이르러 비로소 매우 드러나게 되었다. 애당초 해외에서 돌아온 호적 군이 신문화운동을 부르짖자, 세상 사람들이 서로 뒤질세라 호응하기에 여념이 없었다. 호 군은 옛사람과 지금 사람을 가리지 않고 비평을 토했는데, 칭찬보다는 거의 허물뿐이다. 그런데도 최동벽만은 존경해 마지않아 장편 전기를 썼는데, 「과학적고사가최술」 (科學的古史家崔述)이란다. 호 군의 겨우 반토막에 불과한 미완의 원고가 세상에 유포되었을 뿐인데도, 사람들은 동벽을 만나보기라도 하려는 듯 유서(遺書)를 먼저 보겠다고 안달들이다.

호 군의 벗 전현동 군은 한자를 버리고 로마자 병음(拼音)을 사용하자고 주장한 사람이다. 그런 그가 동벽의 책을 읽은 뒤 '의고'로 성을 바꾸자, 천하의 학자란 자들 가운데 '의고현동'을 모르는 사람은 아무도 없게 되었다. 누가 뭐래도 의고 방면에 가장 잘 알려진 사람은 역시 고힐강 군이리라. 고 군은 호 군의 제자로 전 군과도 절친하다. 그가 최동벽에게 감명을 받은 나머지 『고사변』(古史辨)을 엮자, 발 없는 말이 천 리를 가듯 천하를 떠들썩하게 만들고 있다. 그가 우왕(禹王)이 벌레의 한 종류라고 말하자, 믿거나 말거나 세상을 뒤흔들고 있다. 이런 세 사람을 더러는 해와 별이 하늘에 떠 있는 것처럼 추앙하며, 더러는 홍수가 범람하고 맹수가 날뛰는 것처럼 두려워한다. 요컨대 글줄이나 읽었다는 사람들치고 이 세 사람을 모르는 자가 거의 없다는 사실이다. "일세의 호걸을 거꾸러뜨리고 만고의 포부를 펼친다"(推倒一世豪傑, 開拓萬古心胸)는 말이 있는데, 이들을 통해 그런 모습을 확인하게 되었노라!

동벽은 1백 년 전 한낱 그저 그런 유학자로 명성도 없었지만, 수십 종의 저술을 남겼기에 사후 1백 년 이들의 추대로 하루아침에 명성을 떨치고 있다. 이들과 동벽의 기이한 만남은 그 옛날 진리화가 동벽의 영구(靈柩)에 절한 뒤 책상자를 안고 떠났던 것과 견주었을 때, 훨씬 더했다 한들 어느 누가 달리 토를 달 수 있겠는가?

고 군은 동벽의 책에 표점을 찍어 세상에 내놓을 생각이었지만, 심혈을 기울인답시고 서둘러 끝마치지 않았다. 그러다 보니 10년이 훨씬 지나서야 겨우 마무리했고, 그동안 찾아낸 유고(遺稿) 또한 제법이었다. 애초엔 호 군과 전 군이 서문을 쓰기로 약속했던 모양인데, 전 군은 뇌출혈로 엄두조차 낼 수 없었고, 호 군은 틈이 없다 했으며, 고 군 또한 괜한 일에 얽매여 끝마무리를 지을 수 없음을 한탄만 하고 있었다. 그러던 어느 날 고 군이 나에게 말했다. "동벽의 책에 오랫동안 표점을 찍어왔는데, 이제 출판에 부칠 참이랍니다. 선생님께서 그 전말을 좀 써보시면 어떻겠습니까." 나야말로 그들을 위해 꼭 그렇게 해야만 할 이유야 없지만, 그렇다고 모른 체할 수도 없는 처지인지라 당황스러워 곧장 대답하지 않고 있었다. 그런데도 고 군은 또다시 나를 채근했다. 나도 세 사람의 호들갑에 비로소 최술의 책을 읽어보았고, 그런대로 대략을 알 수 있었기에 의리상 군이 사양할 수만은 없었다.

첫 단추가 이미 어긋났으니, 매무새가 눈에 들어올 리 있었겠는가? 이어서 중화민족의 참담함과 이를 부추긴 지식인들에 대해 전목은 울분은 토로하고 있는데, 그것은 고대사라면 무조건 의심의 눈초리로 보는 고사변파를 향한 칼날이었고, 주관적인 견해로 고대사를 재단한 최술을 향한 화살이었다. 한편으로는 최술의 본지보다도 더더욱 엉뚱한 길로 치닫는 당시의 학계를 타이르는 말이었다.

이제 고힐강이 참담할 차례였다. 뜯어보면 뜯어볼수록 자기를 비롯한 고사변파와 호적 등을 싸잡아 힐난하는 글이 아닐 수 없었다. 내용은 또 그렇다손 치더라도 나름대로 민족의 미래를 위해 혼신의 힘을 다한다고 자부하는 자신들을 줄곧 '군'(君)으로 호칭하고 있었다. '군'도 분명 경칭(敬稱)이지만, 아랫사람을 일컬을 때 흔히 쓰는 말이다. 나이야 분명 전목이 몇 살 위였지만, 그렇다고 마냥 '군'으로 호칭하기에는 좀 애매한 구석이 없지 않았다. 참으로 환영받아 마땅할 출판을 앞두고 난감하기 그지없는 노릇이었다. 고힐강은 전목의 서문을 들고 호적에게 달려갔다.

"이거 난처하게 되었습니다. 선생님은 너무 바쁘시고, 전 선생도 저런 마당에 전목 선생에게 서문을 부탁했지요. 그런데 그 서문이 이렇습니다. 이 일은 어찌하면 좋겠습니까?"

서문을 훑어본 호적도 쓴웃음을 지었다.

"하긴 좀 심하구려. 전 선생이 우리를 마뜩찮게 보고 있다는 걸 모르는 바 아니지만, 이 정도로 미워할 줄은 미처 몰랐소. 사람들의 이목이 이 책에 쏠려 있을 터, 달리 방법을 강구해야지 않겠소이까? 그래도 교육계의 원로라면 채 선생을 꼽을 수 있지요. 서문은 어렵겠지만 제사(題詞) 정도는 가능할 겝니다. 따지고 보면 나의 책임이기도 하지요. 틈이 날지 모르겠지만 서문을 쓰겠소이다. 그렇다고 전 선생의 서문도 뺄 수는 없지요. 일리가 전혀 없는 것도 아니니."

그리하여 일찍이 북경대학의 총장을 역임하고 항일운동의 선봉에 섰던 채원배(蔡元培, 1868~1940)의 제사와 호적과 전목의 서문이 나란히 실린 『최동벽유서』가 아동서국을 통해 1936년 최술 사후 120년 만에 다시 출판되었다. 채원배의 제사는 최술의 실사구시(實事求是) 정신을 널리 알리는 데 공헌한 고힐강에 대한 칭찬이었고, 호적의 서문은 조심스럽게 전목의 시각을 바로잡는 내용이었다. 호적의 서문은 "1936년 1월 27일 새벽 6시, 상해(上海) 창주반점(滄洲飯店)"이란 말로 끝을 맺었는데, 다급했던 당시의 상황을 대변한다고 하겠다.

최술과 『고신록』

최술의 자는 무승(武承), 호는 동벽이다. 건륭(乾隆) 5년(1740) 7월 29일 대명부(大名府) 위현(魏縣)에서 태어나, 가경(嘉慶) 21년(1816) 2월 6일 일흔일곱에 죽었다. 그의 삶은 중국의 문예부흥기라고 불리는 건륭제와 가경제의 치세인 1736년부터 1820년까지의 시기와 거의 맞물린다.

최술은 어린 시절 물난리로 몇 차례 거처를 잃었으며, 끼니를 거르기 일쑤였다. 하지만 부모의 지극한 사랑과 기대는 놀라울 정도였으며, 영특함을 높이 산 주변 사람들의 배려 또한 깊었다. 부친 암재(闇齋) 최원삼(崔元森)은 독특한 방법으로 최술 형제를 가르쳤다. 암재는 조부인 단원(段垣) 최집린(崔緝麟)으로부터 가학을 전수받았으나, 순천부(順天府) 향시(鄕試)에 다섯 차례나 고배를 마신 낙방 서생이었다. 암재는 아들 형제를 통해 자신의 한을 풀려는 듯 철저히 가르쳤으며, 경전의 본문을 암송할 정도가 아니면 주석을 보지 못하게 했다. 이런 방법은 주관적으로 흐를 염려가 없지 않지만, 기존 학설의 맹신으로부터 벗어날 수 있는 좋은 방법이기도 하다.

신동으로 소문난 최술은 열다섯 살 때 대명부의 동자시에서 장원을 차지했으며, 스물한 살에는 순천부 향시에서 부방(副榜)으로 과거를 볼 수 있는 자격을 획득했다. 그러나 스물넷과 스물일곱에 보았던 회시(會試)에서는 연거푸 고배를 마시고 말았다. 이후 최술은 과거에 대한 미련을 버리고 오로지 저술에 전념했다. 최술은 이렇게 말했다.

나는 서른 살이 되어서야 비로소 육경(六經)에 마음을 쏟을 수 있었는데, 전기(傳記)의 기록과 주소(註疏)의 해석이 때때로 경전(經傳)과 다르다는 것을 알 수 있었다. 그러나 감히 시시비비를 쉽사리 결정지을 수는 없었다. 이에 경전의 글을 취해 종류별로 묶고 견주어가며 살펴보았다. 그런 뒤에야 전기와 주소의 잘못을 뚜렷이 알 수 있었지만, 옛사람들은 이를 언급한 자가 드물었다. 때문에 나는 어쩔 수 없이 책을 엮어 변증하려고 했다.

•『고신록제요』(考信錄提要)「석례」(釋例)

최술은 『고신록』이라는 이름으로 위서(僞書)의 견강부회를 바로잡고, 이단(異端)의 그릇된 망언을 도려낼 생각이었다. 고증학이 본격적인 발전 단계로 접어들던 당시의 상황을 감안할 때 실로 엄청난 젊은이의 포부였다. 넘어야만 할 산은 높고 험했지만, 그에게는 든직한 학문의 도반인 아우 최매(崔邁)가 있었으며, 내조를 아끼지 않는 아내도 있었다.

결의 못지않게 시련도 많았다. 서른둘에 부친을 여의었으며, 마흔하나엔 어렵사리 얻은 아들 천우(天祐)를 잃었고, 손자를 잃고 슬픔을 가누지 못하던 모친마저 여의었다. 최술의 어머니 이유인(李孺人)은 자상하면서도 학식을 갖춘 여인이었다. 그녀는 최술이 대여섯 살 때 『대학』과 『중용』을 암송으로 가르쳤던 분이다. 틈틈이 잔심부름으로 아들의 오금을 풀어주었으며, 화로조차 마련할 수 없었던 겨울이면 벽돌을 아궁이에 넣었다가 몸을 녹여준 그런 어머니였다. 최술 형제가 향시에 합격했을 때였다. 친척들은 모두 벼슬자리를 고대했다. 그러나 어머니는 달랐다.

"벼슬자리란 결코 만만한 게 아니란다. 나는 너희들이 책을 읽고 올바른 사람으로 살아가기를 바랄 뿐이다. 부지런하고 절약하면 살기에 충분할 터, 너희들 녹봉으로 살고 싶지는 않구나."

최술은 이렇게 회상했다.

나는 어려서 약골이었다. 보는 사람마다 오래 살지 못할 것이라고 했단다. 나의 아버지나 어머니가 그토록 자상하게 돌봐주시지 않았다면, 틀림없이 서른 살을 넘길 수도 없었으리라.

•『고신부록』(考信附錄)「선유인교법부」(先孺人教法附)

그토록 자상한 어머니를 여읜 이듬해 최술은 학문의 도반이었던 동생마저 잃었다. 연이은 슬픔 속에 심신은 지칠 대로 지쳐 있었다. 마흔셋에 접어든 여름이었다. 설사가 그칠 줄 몰랐다. 좀 나아지는 듯싶더니 오한까지 겹쳤다. 가까스로 살아날 수 있었던 것은 스물다섯에 결혼한 동갑내기 아내 성정란(成靜蘭)의 정성어린 간호 덕분이었다. 하지만 그녀도 사랑하는 자식을 잃었고 줄초상에 남편의 병수발까지 겹친 나머지, 가뜩이나 허약한 몸이 최술보다 나을 것도 없었다.

어느덧 마흔넷, 건륭 48년(1783)이었다. 새롭게 각오를 다진 최술은 발분망식 저술에 힘을 쏟았다. 마흔아홉에 『오복이동휘고』(五服異同彙考)와 『삼대정삭통고』(三代正朔通考)를 완성했으며, 쉰둘에는 마침내 『수사고신록』(洙泗考信錄)과 『보상고고신록』(補上古考信錄)의 초고도 엮을 수 있었다. 그러던 쉰일곱 때였다. 최술에게 복건(福建)의 나원현(羅源縣) 지현(知縣)이 제수되었다. 당시 『당우고신록』(唐虞考信錄)을 탈고한 최술은 임지를 향해 길을 떠났다. 민초들을 위해 선정을 펼쳐보겠다는 열망과 쪼들리는 살림살이로 싫지만은 않았다.

그러나 결과는 후회막급이었다. 글자 하나 들여다볼 틈도 없었다. 하루빨리 관직에서 물러나 저술에만 몰두하고 싶었다. 3년이 지나 사직서를 올렸지만 받아들여지지 않았다. 이듬해 봄 다시 사직서를 올렸다. 허락은 고사하고 나원현보다 큰 상항현(上杭縣)의 업무를 맡아보라는 지시가 내려왔다. 최술은 선정을 베풀었다. 때문에 그가 상항현으로 떠나갈 땐 몰려나온 현민들로 길을 뚫기 어려울 정도였으며, 회갑을 넘겨 나원현으로 복귀할 땐 오색천을 들고 나와 환영하는 인파가 마치 죽마(竹馬)놀이를 방불케 했다. 사직서가 받아들여지지 않는 이유였다.

어렵사리 사직을 허락받은 예순셋의 최술은 고향을 향해 길을 재촉했다. 최술 부부는 선하령(仙霞嶺)에 올라 축배를 들었다. 이루지 못한 책을 차분하게 쓸 수 있다는 기대에 부풀어서였다. 이후 10여 년 최술은 생애 최고의 희열을 맛보았다. 저술은 일사천리였다. 죽기 1년 전, 일흔여섯에 진리화에게 전해지기를 바라며 상자에 차곡차곡 담은 책은 모두 34종 88권이었다.

『고신록』은 선진사(先秦史)를 고증한 역작으로 총 36권이다. 최술은 이를 『전록』(前錄)·『정록』(正錄)·『후록』(後錄)으로 구분했다. 『전록』은 『고신록제요』 2권과 『보상고고신록』 2권이며, 『정록』은 『당우고신록』 4권, 『삼대고신록』(三代考信錄) 12권으로 『하고신록』(夏考信錄) 2권, 『상고신록』(商考信錄) 2권, 『풍호고신록』(豐鎬考信錄) 8권과 『수사고신록』 4권이다. 『후록』은 『풍호고신별록』(豐鎬考信別錄) 3권, 『수사고신여록』(洙泗考信餘錄) 3권, 『맹자사실록』(孟子事實錄) 2권, 『고고속설』(考古續說) 2권, 『고신부록』 2권이다. 그 밖에도 50여 권의 다른 저술이 있다.

『고신록』 가운데에서도 핵심은 단연 공자와 그 제자들의 행적을 변증한 『수사고신록』과 『수사고신여록』이다. '수사'(洙泗)는 공자가 수수(洙水)와 사수(泗水) 사이에 학당을 열고 제자들을 가르쳤기에 붙여진 이름이다. 최술은 공자와 같은 성인이 온갖 잡설로 더럽혀져 있다는 사실이 안타까웠다. 나이가 들고 학문이 깊어질수록 의혹은 더욱 커져만 갔다. 『논어』를 중심으로 공자의 행적을 더듬었다. 파고들수록 범위는 점점 확대되었다.

역사적인 만남과 판각

건륭 57년(1792), 쉰세 살의 최술은 관리 선발의 통문을 받고 북경으로 갔다. 이때 최술은 벼슬자리보다 값진 것을 얻는다. 참으로 역사적이고 감동적인 진리화와의 만남이 바로 그것이다. 당시 서른두 살의 진리화는 회시를 보기 위해 북경에 머물고 있었는데, 그의 귓가에 최술이라는 소리가 얼핏 들려왔다. 스승 주영(朱煐)으로부터 귀에 못이 박이도록 들었던 이름이다.

최술이 동자시에 응시했을 때였다. 당시 대명부의 지부(知府)는 운남(雲南)의 석병(石屛) 출신인 주영이었다. 최술의 영특함을 눈여겨본 주영은 그 해 가을부터 최술 형제와 자신의 아들 주사완이 함께 공부할 수 있도록 배려했다. 주영은 훌륭한 선생을 초청하여 가르쳤으며, 끝내는 자신이 직접 지도했다. 이런 생활은 8년 동안 이어졌으며, 최술은 그때를 이렇게 회상했다.

우리 집은 너무 가난했으며, 장수(漳水)의 범람으로 집이 잠겨버린 뒤로는 끼니를 거르기 일쑤였다. 그때 주영 공께서 우리 부친에게 훈도(訓導) 자리를 마련해주었으므로 겨우 연명할 수 있었다. 그리고 우리 형제를 대명부의 만향당(晩香堂)에서 공부할 수 있도록 배려하셨다. 공께서 직접 우리를 지도하셨을 뿐만 아니라 세상의 귀중한 책들을 실컷 볼 수 있도록 하셨다. 천하의 훌륭한 사람들과 교유할 수 있도록 하셨고, 나의 눈과 귀를 넓혀 지식이 열리도록 만드셨다. 아마 공의 보살핌이 없었다면 굶어 죽었거나 시골의 무지렁이로 일생을 마쳤을 터, 어떻게 이런 책을 쓸 수나 있었겠는가! 『고신록』은 오로지 공의 사랑과 후원의 결과물이다.
• 『고신부록』 「소년우합기략」(少年遇合記略)

주영은 낙향하여 제자를 길렀으며, 제자들 앞에서 최술을 들먹이곤 했다. 진리화는 최술이 지었다는 주영 공의 묘지명도 보았다. 이제 그런 최술이 북경의 하늘 아래 있다는 소문을 들은 진리화는 가슴이 설레었다. 진리화는 최술의 거처를 수소문했고, 마침내 인사를 나눌 수 있었다. 진리화는 최술이 갖고 다니며 교정중인 몇 권의 저술을 보고 감탄해 마지않았다. 진리화는 최술에게 제자로 받아줄 것을 간절히 요청했고, 정성에 감복한 최술은 사제의 인연을 맺었다. 이후 진리화는 최술의 책을 세상에 알리는 것을 자신의 의무처럼 여겼다.

최술과 진리화가 함께 자리한 기간은 두 달 남짓에 지나지 않는다. 이후로 다시 만날 수 없었지만, 30여 년 동안 줄곧 존경과 사랑으로 이어졌다. 진리화는 편지로 안부를 물었고, 부쳐온 원고를 받아 책을 판각했다. 그러던 가경 21년(1816) 윤유월이었다. 진리화는 실로 오랜만에 스승을 만난다는 설렘을 안고 창덕부(彰德府)로 달려갔다. 그러나 이미 최술은 봄날 세상을 등졌고, 아홉 상자에 책만 차곡차곡 쌓여 있었다. 상자 위엔 '가경 20년 9월 22일'이라는 날짜와 함께 이렇게 적혀 있었다.

내 평생 엮은 34종 88권이외다. 운남의 진리화가 몸소 가져가기를 기다리노라!

진리화는 슬픔을 뒤로한 채 상자를 싣고 북경으로 왔으며, 태곡현(太谷縣) 지현을 임명받은 뒤 가산을 쏟아 부어 판각했다. 진리화의 생각은 이러했다.

스승님께서는 위서(僞書)를 변증하고 그릇된 이야기를 바로잡음으로써 옛 제왕과 성현의 도를 밝히셨다. 이는 참으로 불후의 사업이며, 천지간에 결코 소홀히 다룰 수 없는 저술이 아니랴! 그러나 스승님께서는 늙도록 과거에 오르지 못하셨고, 벼슬자리도 신통치 않았다. 스승님의 지론이 과거 공부에는 별무소용이었던 까닭에 사람들은 믿으려고 들지 않으며, 매우 정확하고 분명한 고증이련만 헐뜯기 일쑤다. 하지만 천하는 크고 넓다. 백년 세월이 지나면 반드시 진실을 알게 되리라. 하늘도 무심치 않아 반드시 영원토록 전해지리라. 난 이를 잘 간수했다가 그런 사람이 나타나기만을 기다리면 그만 아니겠는가!
• 「최동벽선생행략」(崔東壁先生行略)

진리화는 이런 각오로 34종 88권 가운데 19종 54권의 책을 동양현(東陽縣)에서 판각할 수 있었지만, 나머지 15종 34권의 책은 미처 판각할 수 없었다. 중국 역사학의 새로운 시작을 알리는 36권의 『고신록』과 기타 수많은 최술의 저술은 이렇게 세상에 전해지게 되었으며, 그 속에는 진리화라는 한 인간의 눈물겨운 피와 땀이 서려 있었다.

『고신록』의 부활과 사학계의 애증―전목을 중심으로

최술의 저술은 진리화의 판각에도 불구하고 별로 알려지지 않았지만, 1백여 년 세월이 흐른 뒤에 세상을 떠들썩하게 만들었다. 진리화의 예측이 빗나가지 않은 셈이지만, 그것은 엉뚱하게도 중국이 아닌 일본에서 시작되었다.

19세기 중반 중국은 바람 앞에 등불이었다. 몰려드는 서구 열강에 힘없이 무너져 내리고 있었다. 아편전쟁(阿片戰爭)과 태평천국(太平天國)의 난으로 혼쭐이 난 중국은 1895년 청일전쟁(淸日戰爭)에서도 맥없이 무너졌으며, 급기야 1900년 의화단(義和團) 사건을 계기로 연합군에게 북경이 함락되었다. 그런 1900년 어느 날 가노 나오키(狩野直喜)라는 일본의 한 젊은이는 도광(道光) 4년(1824) 동양현에서 진리화가 판각한『고신록』등을 발견했으며, 이를 역사학자인 나카 미치요(那珂通世, 1851~1908)에게 건네주었다. 이에 중국 고대사 연구의 지름길임을 확신한 나카 미치요는 구두점(句讀點)을 찍었으며, 현대적인 감각을 살려 세목(細目)을 정리했다. 아울러「고신록해제」(考信錄解題)를 메이지(明治) 35년(1902)『사학잡지』(史學雜誌)에 실었으며, 다음해『최동벽선생유서』를 출판했다. 실로 사후 87년 만에 불거진 최술의 엉뚱한 외출은 일본 사학계를 들끓게 만들었다.

1919년 5월 4일 일요일, 북경의 하늘은 유난히 쾌청했다. 정오 무렵 천안문 앞으로 학생들이 모여들었다. 어느덧 3천 명을 넘어섰다. 구호가 빗발쳤다. "21개조를 취소하라!" "청도를 반환하라!" 이른바 5·4운동의 불길이 타오르기 시작한 것이다.

5·4운동은 일견 정부의 무능과 일본 제국주의의 침략에 맞선 일종의 불복종운동이었지만, 그 속내는 신문화운동이었으며, 반봉건 · 반제국

주의 운동이었다. 학생들의 기치는 '덕선생'(德先生, Democracy)과 '새선생'(賽先生, Science)이었으며, '타도공가점'(打倒孔家店)이었다. '공가점'이란 '공자의 가게'를 뜻하며, 곧 공자의 그늘을 과감하게 벗어던지고 유교의 사슬을 끊자는 경멸적인 용어였다. 운동의 중심에는 일본 유학을 다녀온 북경대학 교수 진독수(陳獨秀, 1879~1942)와 미국 유학에서 돌아온 호적이 있었으며, 전현동과 고힐강 등이 적극 가담했다. 그리고 그들을 지켜보는 국학의 젊은 대가 전목이 있었다.

전목은 중국의 참담한 현실을 목도하며 학문의 길을 걸었다. 열세 살 때 상주중학(常州中學)에 들어간 전목은 여사면(呂思勉, 1884~1957)의 『선진학술개론』(先秦學術槪論)과 『중국민족사』(中國民族史)를 탐독했으며, 담사동(譚嗣同, 1865~1898)의 『인학』(仁學)을 읽고 민족의식을 키웠다. 신해혁명(辛亥革命)으로 학교를 마치지 못한 전목은 독학으로 왕성한 지적 욕구를 충족시켜 나갔으며, 1923년부터 『선진제자계년』(先秦諸子繫年)의 원고를 작성하기 시작했다. 원고를 본 몇몇 사람들에 의해 전목의 해박함은 입소문을 탔고, 강연을 핑계로 소주에 온 호적과 전목이 조우했으며, 고힐강 또한 전목을 찾았다.

당시 고힐강은 중산대학(中山大學)에서 연경대학(燕京大學)으로 자리를 옮기던 중이었다. 고힐강은 전목이야말로 중학교에서 고문을 가르치기보다는 대학에서 역사를 가르쳐야 할 사람으로 생각했다. 『선진제자계년』의 원고를 보고 내린 결론이었다. 고힐강은 중산대학을 권했으나, 전목은 이를 거절했다. 중산대학은 강유위(康有爲, 1858~1927)의 금문경학(今文經學)을 주로 가르쳤는데, 전목은 강유위의 『신학위경고』(新學僞經考)나 『공자개제고』(孔子改制考) 등에 대해 강한 불만을 품고 있었기 때문이다.

1930년 봄, 고힐강은 전목이 엮고 있던 「유향흠부자연보」(劉向歆父子年譜)를 요청했다. 고힐강은 이를 『연경학보』(燕京學報)에 실었다. 이후 학술계에 전목의 지위는 확고해졌다. 고힐강은 이를 바탕으로 전목을 연경대학 교수로 초빙했으며, 1931년에는 북경대학 교수로 추천하며 호적에게 보낸 고힐강의 편지는 이러했다.

제가 가르칠 수 있는 과목이라면 전목이 못 가르칠 게 없습니다. 그의 학문은 저보다 독실합니다. 우리와 관점은 조금 다릅니다만, 저는 그를 매우 존경합니다. 저의 치우치고 모자람을 그가 채워주고 이끌어주기를 항상 기대한답니다. 북경대학에서 그를 초청해주신다면, 저를 초청하는 것보다 좋을 듯합니다. 저는 모자람이 있지만, 그는 모자람이 없기 때문입니다.

• 『고힐강평전』(顧頡剛評傳)

전목의 북경대학 강의는 강렬한 민족의식이 배어 있었다. 전목은 이때 『선진제자계년』·『중국근삼백년학술사』(中國近三百年學術史)·『국사대강』(國史大綱)을 출판했으며, 풍우란(馮友蘭, 1895~1990)·부사년(傅斯年, 1896~1950)과 친했다. 하지만 민족주의적 성향이 짙었던 전목은 유학파나 공산주의자와는 잦은 갈등을 일으킬 수밖에 없었다. 마침내 전목은 1949년 홍콩(香港)으로 이주했으며, 1967년엔 타이베이(臺北)로 옮겨가 죽는 날까지 민족문화에 대한 애착의 끈을 놓지 않았다.

이런 전목이었기에 『최동벽유서』의 출판을 앞두고 고사변파와 호적 등을 힐난하는 서문을 쓰게 된 것인데, 문제는 전목이 그다지 최술이나 『고신록』에 대해서 악감정을 갖고 있지 않았다는 사실이다. 전목은 1987년 『공자전』(孔子傳)을 출판하면서 뒤쪽에 「독최술수사고신록」(讀崔述洙泗考信錄)이란 부록을 실었는데, 거기에서 전목은 최술의 의고와 변증이 지나치게 각박(刻薄)하다고 지적하면서도 한편으로는 "최동벽은 『수사고신록』에서 공자의 평생에 걸친 행적을 낱낱이 고증하여 바로잡고 변증했으며, 『수사고신여록』을 엮어 공자의 제자들에 대해서도 하나하나 고증했다. 그러한 최동벽의 작업은 매우 정밀하고 자상하여 어느 누구도 미칠 수 없을 정도"라고 말했다. 뿐만 아니라 전목은

『공자전』에서 "나는 50년 전에 지은 『논어요략』(論語要略) 제1장에서 『논어』의 편찬 및 시기를 말하는 가운데 최술의 주장을 많이 채용했다"고 말하기도 했다.

『논어요략』은 1925년에 출판되었는데, 그렇다면 이보다 앞서 전목은 최술의 책을 자세히 살펴보았다는 말이 된다. 더욱이 전목의 학문적인 성가를 높인 『선진제자계년』은 1935년에 출판되었지만, 책을 쓰기 시작한 것은 1923년이다. 4권으로 이루어진 『선진제자계년』의 첫째 권 30편이 모두 공자와 연관된 고증이며, 거의가 최술이 『수사고신록』과 『수사고신여록』에서 심혈을 기울여 변증한 제목과 매우 닮아 있음을 발견할 수 있다. 뿐만 아니라 전목은 최술의 변증을 거리낌없이 인용하고 있다. 따라서 전목의 『선진제자계년』도 최술의 『고신록』과 불가분의 관계이며, 나아가서 전목의 학술 생애는 최술의 학술이 촉진제 역할을 감당했다고 말할 수 있을 것이다.

누구보다도 먼저 최술의 책을 탐독했던 전목, 더구나 총기발랄했던 전목에게 최술의 『고신록』이야말로 흥미를 불러일으키기에 충분했으리라. 이후 전목은 고힐강이라는 지음(知音)을 만나 북경의 학계로 진입했지만, 당시 사학계는 고사변파를 중심으로 의고의 열풍이 세차게 일고 있었다. 물론 최술의 『고신록』이 열풍의 중심에 버티고 있었다. 전목이 이미 『고신록』을 독파했을 뿐만 아니라 그 허실까지 파악하고 있었다면, 학계의 그런 상황이 꽤나 한심스러워 보였으리라. 더군다나 미국에서 서양의 교육철학을 배우고 돌아와 백화문운동이다 신문화운동이다 떠들어대는 호적이 싫었고, 공공연히 성까지 '의고'로 바꾸며 호들갑을 떠는 전현동은 혐오감마저 자아내게 했으리라. 더구나 중국 침탈의 원흉인 일본의 군국주의 역사학자 나카 미치요에 의해 새롭게 조명된 『최동벽선생유서』를 가지고 그토록 설쳐대는 모습은 또 얼마나 눈에 거슬렸겠는가? 그래서 아무리 자신의 후원자인 고힐강이라지만, 고운 눈길로 볼 수만은 없었으리라. 전목이 다음과 같이 쓴 서문의 끝맺음은 민족문화에 대한 그의 애착을 엿볼 수 있다 하겠다.

무릇 한 민족의 문화는 장점이 있으면 단점도 있고, 이로운 게 있으면 해로운 것도 있다. 한 민족의 역사도 흥성할 때가 있으면 쇠퇴할 때도 있고, 번창할 때가 있으면 몰락할 때도 있을 수밖에 없다. 한 민족의 역사가 번영하는 시기라면 문화의 장점을 잘 활용하여 확대 발전시킨 결과이며, 불행히도 쇠락하는 시기라면 문화의 장점을 잘 활용하지 못해 약점과 병태(病態)를 드러낸 결과이리라. 참으로 한 민족이 자신의 고유문화를 모두 잃는다면 역사를 모두 망각하는 것이다. 그렇다면 민족정신도 나날이 시들어버리고 말 것이며, 앞날에 펼쳐질 생명마저도 끊어버리는 결과가 될 것이다.

이는 사람이 큰 병을 앓는 것과 마찬가지이다. 자기 몸에 병이 들었다면, 건강이 회복되었을 때의 바탕도 바로 자신의 몸에 있다. 몸통을 버려둔 채 건강만 되찾기를 바란다면, 몸통이 이미 죽어버린 마당에 건강을 되찾은들 무슨 소용이 있겠는가! 훌륭한 의사가 병을 치료할 때도 마찬가지이다. 병의 원인을 치료한다고 말할 수야 있겠지만, 당신의 몸에 병이 들었으니 반드시 당신의 몸을 버려야만 병을 제거할 수 있다고 말할 수는 없으리라. 오늘날 우리의 상황은 참으로 큰 병이 들어 죽을 고비를 맞이하고 있지만, 훌륭한 의사가 있다면 틀림없이 병의 원인을 찾으려 할 것이다. 병의 원인이 어디에 있겠는가? 분명 병이 든 날에 있지, 태어난 날짜에 있다고 말할 수는 없으리라.

전목은 민족문화에 대한 강한 애착을 바탕으로, 혹시 잘못이 있다면 고치고 가꾸어서 발양광대(發揚廣大)하는 것만이 민족의 나아갈 길임을 확신하고 있었다. 따라서 그의 서문은 최술의 실사구시 정신을 알리는 데 공을 세운 고힐강을 칭찬하는 채원배의 제사나, 중국 역사학의 새로운 시작으로 최술을 추켜세운 호적의 서문과 판이하게, 최술의 잘못을 지적하는 한편 고사변파를 싸잡아 매도할 수밖에 없었던 것이다. 이는 미움의 전이(轉移) 현상이었다. 전목이란 사람은 그만큼 서구 열강의 거센 물결과 내부적인 혼돈의 시대를 살며 민족혼 진작에 오로지 매진했다.

맺는말

시대가 흐르면 흐를수록 더욱 확대되는 고대사의 분량과 영역에 대해서 고힐강은 회의를 느꼈다. 서주(西周) 때 사람들은 우왕(禹王)을 역사의 시작으로 본 반면에, 공자 시대에는 요(堯)와 순(舜)을, 전국시대에 이르러서는 황제(黃帝)와 신농(神農)을, 진나라 때에 이르러서는 삼황(三皇)을, 다시 한나라 때에 이르러서는 반고(盤古)까지 확대되는 것을 그는 경계했다. 시대가 흐를수록 전설의 폭은 더욱 확대되고, 그렇게 확대 재생산된 전설이 다시 역사로 편입된다는 것은 분명 과학적인 역사는 아니다. 따라서 그는 "정확한 고증을 통해 믿을 수 있는 것만 믿는다"(考信)는 최술의 취지를 전적으로 수용했다. 이는 분명 역사를 공부하는 사람으로서의 바른 자세이다. 하지만 전목과 같은 민족주의 학자는 역사의 정확한 고증은 필수이지만, 무작정 자민족의 고대 역사에 대해 의심의 눈초리를 갖고 덤비는 것은 옳지 않다고 보았다. 마치 양파의 껍질을 벗기는 것처럼 다 벗기고 나면 무엇이 남는단 말인가? 그리하여 민족의 역사가 만신창이가 된다면, 그 뒤에 이어질 민족의 자존심 내지 자긍심의 붕괴를 어떻게 막을 수 있을 것인가? 전목은 아마 그것을 걱정했으리라.

이제 시대는 바뀌었고 중국의 상황은 호전되었다. 새로운 패권에 도전할 수 있을 정도로 국력은 신장되었고, 올림픽의 열기로 세계인의 이목을 집중시켰다. 꿈틀거리는 '대국굴기'(大國崛起)의 야망은 거침없어 보인다. 반면에 또 다른 역사의 조작이나 왜곡의 징후를 보이고 있기도 하다. 서남공정(西南工程)이다 동북공정(東北工程)이다 탐원공정(探源工程)이다 이것들이 다 무엇이랴! 그러나 지나친 자만심의 끝은 결코 좋지 않았음을 동서고금의 숱한 역사는 분명히 말해주고 있다.

일러두기

1. 이 책은 상해고적출판사(上海古籍出版社)에서 1983년에 출판한 고힐강(顧頡剛) 편정본(編訂本) 『최동벽유서』(崔東壁遺書)를 저본으로 했으며, 최술 사후 8년인 도광(道光) 4년(1824) 진리화(陳履和)가 동양현(東陽縣)에서 판각한 '동양중각정본'(東陽重刻定本) 100주년 기념으로 1924년에 다시 찍은 『최동벽유서』와 일본에서 1903년에 출판한 나카 미치요(那珂通世)의 『최동벽선생유서』를 참고해 고힐강 편정본의 오류를 바로잡았다.

2. 독자의 편의를 위해 번역문과 원문을 나란히 실었다.

3. 지명과 인명에 쓰이는 한자의 독음은 따로 설명하지 않았으며, 두음법칙은 대부분 채택하지 않았다.

4. 최술은 전적의 신뢰도나 신빙성을 바탕으로 표제를 달았는데, 표제를 달지 않은 본문은 공자의 사적으로 의심의 여지가 없는 것이다. 비람(備覽), 존의(存疑), 부록(附錄), 부론(附論), 비고(備考), 보(補), 존참(存參), 부통론(附通論) 8개 부분으로 표제를 단 내용은 이렇다.

   '비람'은 의심의 여지가 있는 자료, '존의'는 억측이 개재된 자료, '부록'은 연대가 확실치 않은 자료, '부론'은 덧붙일 논의가 있을 때, '비고'는 논증을 위한 자료, '보'는 논증을 위한 보충자료, '존참'은 믿을 수 없는 내용이 섞인 자료, '부통론'은 공자의 사적을 총체적으로 정리한 것이다.

수사고신여록서 洙泗考信餘錄序

최술崔述

요(堯)임금과 순(舜)임금 및 하나라 · 은나라 · 주나라 등 삼대(三代)에서는 모두 성인이 천자가 되었으므로 덕화와 은택을 온 천하에 펼칠 수 있었으며, 뒤를 이은 제왕들도 그것을 따라 지킴으로써 백성들을 안정시킬 수 있었다. 하지만 공자는 그렇지 못했다. 공자의 지위는 대부(大夫)에 지나지 않았으며, 그나마 겨우 몇 년에 그치고 말았다. 뿐만 아니라 권한도 한 나라의 정사를 관장하는 데 불과했으며, 그것마저도 겨우 몇 달이었다. 따라서 공자의 덕화와 은택은 애초부터 천하에 펼쳐질 수 없었다. 공자의 성인다움이야 요임금이나 순임금과 다름없었지만, 후세에 무엇을 근거로 그것을 알아 지켜나갈 수 있었겠는가!

그런데도 요임금 · 순임금 · 우왕(禹王) · 탕왕(湯王) · 문왕(文王) · 무왕(武王)의 전통을 계승하여 만세에 가르침을 드리울 수 있었던 것은, 공자 문하의 제자들과 자사(子思) 등이 모두 우익(羽翼)이 되어 그것을 후세에 전했기 때문이다. 그리하여 전국시대에는 너나 할 것 없이 공리(功利)에 힘을 쏟고 종횡가들이 설쳐댔으며 양주(楊朱)나 묵적(墨翟)의 주장이 횡행했는데도, 공자의 도는 끝내 사라지지 않게 되었다. 또한 진(秦)나라가 『시』『서』를 불사르는 상황에서도 제나라와 노나라의 어름에서는 오히려 한결같이 『육경』(六經)과 『논어』를 외우고 본받을 수 있었다. 그리고 한(漢)나라 때에 이르러서 남겨진 경전들이 모아

진 덕분에, 공자의 도는 마침내 천하에 크게 펼쳐질 수 있었다. 따라서 그것을 전해주는 우익들이 없었다면, 온갖 잡설이 횡행하고 분서(焚書)를 겪은 뒤의 상황에서 공자가 전해주고 논의했던 바가 다시 남아 있을 수나 있었겠는가! 공자의 도만 그런 게 아니라, 요임금·순임금·우왕·탕왕·문왕·무왕의 사업도 흔적 없이 모두 사라져버리고 말았으리라. 그러니 여러 제자들과 자사가 후세에 끼친 공 또한 매우 크다 하지 않을 수 있겠는가!

나는 또 이렇게 생각한다.

『논어』의 앞쪽 15편은 말이 간결하고 뜻이 드넓어 성인 공자의 취지를 깊이 터득했지만, 대덕(戴德)의 『대대예기』(大戴禮記)나 대성(戴聖)의 『소대예기』(小戴禮記)의 기록은 천박한 게 많아 성인의 말과 다르며, 그 밖의 다른 책의 내용도 더욱 사리에 맞지 않은 게 많다. 『논어』의 15편은 비록 후세 사람들이 엮은 것이지만, 모두 공자의 문하에 있었던 여러 현인들이 성인의 말씀을 죽간에 기록해 후세에 전해준 것이다. 그러므로 오래도록 전해져도 뜻을 잃지 않을 수 있었으리라. 애초에 『논어』라는 책은 없고, 후학들은 오로지 두 가지 『예기』나 제자백가의 말에 근거할 수밖에 없었다면, 무엇으로 성인의 참모습을 알 수 있었겠는가! 『춘추』(春秋)야말로 성인의 대경대법(大經大法)이다. 그리고 『춘추좌전』은 비록 『춘추』의 취지와 꼭 들어맞지 않지만, 기사(紀事)가 자세히 갖추어져 있다. 배우는 사람들은 그것으로 사적의 앞뒤를 살피거나 『춘추』의 의리를 고찰할 수 있을 것이다. 그러므로 『춘추좌전』의 공로도 무시할 수 없다.

돌이켜보면 전국시대나 진한시대에도 공자의 사적을 말하는 가운데 진실과 어긋난 게 흔하거늘, 후세의 경전에 대한 해설도 억측이나 견강부회의 잘못이 없지만은 않으리라. 그러므로 나는 『수사고신록』을 완성한 뒤에 안자(顔子)와 민자건(閔子騫) 이하 여러 현인들의 자취를 추려 별도로 『수사고신여록』을 엮고 이를 바로잡으려 했다. 하지만 주나라와 진나라 이전의 문헌은 남아 있는 게 드물다. 이제 나는 오직 경전에 보이는 것만 취해 다소나마 순서를 덧붙였으며, 사실이 왜곡된 것은 고찰하고 변증했다. 그리하여 한편으로는 성인 공자의 도를 지켜낸 공적을 드러내고, 한편으로는 전해지는 과정의 오류를 바로잡고자 했다. 그러면 혹시라도 옛사람들이 빠뜨린 부분을 살필 수 있지 않겠는가?

唐虞三代皆以聖人爲天子, 故能布其德澤於四方萬國, 而後王有所遵守以安其民. 孔子則不然, 位不過大夫, 然亦僅數年耳, 權不過聽一國之政, 然亦僅數月耳, 其德澤初未布於天下; 雖聖與堯舜齊, 後世何由知之而遵守之! 然乃能繼堯舜禹湯文武之統而垂教萬世者, 皆門弟子與子思相與羽翼而流傳之也. 是以戰國之時, 人皆鶩於功利, 縱橫之徒方盛, 楊墨之說肆行, 而孔子之道卒以不墜. 及秦焚詩書, 而齊魯之間猶皆誦法六經論語. 至漢, 訪求遺經, 其道遂大布於天下. 藉非有羽翼而流傳之者, 則當橫議之時, 焚書之後, 孔子之所傳述能有復存者乎! 非惟孔子也, 卽堯舜禹湯文武之事業亦且泯然俱盡. 然則諸弟子與子思之爲功於後世也大矣!

又按: 論語前十五篇言簡義宏, 深得聖人之旨; 大小兩戴所記則多膚淺, 不類聖人之言; 他書所述尤多舛謬. 意此十五篇者, 雖後人所彙輯, 然皆及門諸賢取聖言而書之於策以傳于後者, 故能久而不失其意. 向無論語一書, 後之學者但據兩記百家之言, 何由得識聖人之眞! 至於春秋一書, 尤聖人之大經大法. 左傳雖不盡合經意, 而紀事詳備, 學者賴之, 得以考其事之首尾而究春秋之義. 此其功皆不可沒也.

顧戰國秦漢之間, 稱其事者往往失實, 而後世說經者亦不能無揣度附會之失. 故余於洙泗考信錄成之後, 類輯顏閔以降諸賢之事別爲餘錄以訂正之. 但自周秦以上, 典冊罕存, 今惟取見於經傳者少加編次, 而於其失實者考而辨之, 一以表衛道之功, 一以正流傳之誤, 或亦稽古者所不容缺者乎?

수사고신여록 제1권

洙泗考信餘錄 卷之一

안자 顔子

【보】안무요(顔無繇)의 자는 로(路)이다. 안로는 안회(顔回)의 아버지이다. 이들 부자는 서로 다른 시기에 공자를 섬긴 적이 있다.[1] (『사기』「중니제자열전」)[2]

【補】顔無繇, 字路. 路者, 顔回父. 父子嘗各異時事孔子. (史記仲尼弟子列傳)

1. 안로가 공자에게 배웠다는 명확한 기록은 없다
(顔路受業無明文)[3]

『사기』(史記)[4]「중니제자열전」(仲尼弟子列傳)[5]에서 안로와 증석(曾

---

1) 『논어』「선진편」에 의하면 안로(顔路)는 아들 안회가 죽자 공자에게 수레를 요청한 적이 있다. 『공자가어』(孔子家語)「제자해」(弟子解)에서는 안유(顔由)라 했으며, 공자보다 여섯 살 어리다 했다.
2) 원문의 괄호에 들어 있는 글자는 최술의 원주이다.
3) 『수사고신여록』의 가장 완벽한 판본은 최술 사후 8년인 도광(道光) 4년(1824) 진리화(陳履和)가 동양현의 지현(知縣)을 지내며 판각한 '동양중각정본'(東陽重刻定本), 또는 '갑신본'(甲申本)으로 불리는 유경루문고(遺經樓文稿)판이다. 이 판본에 의하면 최술은 결코 변증의 제목이나 세목(細目)을 달지 않았다. 가장 빠른 『고신록』의 세목은 일본인 나카 미치요에 의해 이루어지는데, 그는 도광

晢)은 모두 공자의 제자라 했다.『논어』를 살펴보면 증석은 '시좌장'(侍坐章)[6]을 그 근거로 삼을 수 있으나, 안로에 대한 명확한 내용은 없다.

그러나 그가 설령 공자의 제자였다 하더라도 아들인 안회의 뒤쪽에 열거할 수 없으며, 그렇다고 곧장 70제자의 앞쪽에 열거하기도 마땅치 않다. 그러므로 이제『정록』(正錄)의 체재를 따라 「안자편」의 들머리에

4년의 유경루 원판에 2년 동안 구두점을 찍었으며, 메이지(明治) 36년(1903) 일본사학회(日本史學會)를 통해 동경(東京)의 메구로서점(目黑書店)에서『최동벽선생유서』(崔東壁先生遺書)를 총 4책(冊)으로 출판했다. 첫해에는 1·2·3책이 출판되었으며, 이듬해 4책이 출판될 때 나카 미치요는 「최동벽선생유서 목록」을 따로 엮어 1책 앞쪽에 실었다. 이를 기초로 고힐강이 15년에 걸쳐 표점을 찍고 1936년 아동서국(亞東書局)에서『최동벽유서』로 출판할 때도 세목을 변증에 배치하지는 않았다. 그러나 본 역주작업의 저본인 1983년 상해고적출판사(上海古籍出版社)의 『최동벽유서』에서는 변증마다 세목을 붙였다. 본 역주에서는 주석의 편의를 위해 번호를 부여했는데, 이 책의 핵심이 변증임을 드러내기 위해서이기도 하다.

4) 『사기』는 한나라 무제(武帝) 때 사마천(司馬遷, 기원전 145~86?)이 엮은 역사서로 총 130편이다. 원명은『태사공서』(太史公書)였으나,『수서』(隋書) 「경적지」(經籍志) 「사부」(史部)의 처음에 놓고『사기』라 일컬은 뒤로부터 공식명칭처럼 되었다. 황제(黃帝)로부터 무제에 이르기까지 3천 년에 걸친 중국 고대사를 집대성한 책이다.

본기(本紀)·표(表)·서(書)·세가(世家)·열전(列傳)의 체재로 기술한 기전체(紀傳體) 통사이며, 생동감 넘치는 문장과 선명한 인물묘사로 중국 문학사에서도 중요한 위치를 차지하고 있다. 반고(班固)의『한서』(漢書) 「사마천전」에 의하면 원서 가운데 10편이 없어졌다고 했으며, 위나라 장안(張晏)은 「경제본기」(景帝本紀)나 「무제본기」(武帝本紀) 등 없어진 10편의 세목을 거론했다. 남조(南朝) 송나라 배인(裴駰)의『사기집해』(史記集解), 당나라 사마정(司馬貞)의『사기색은』(史記索隱), 장수절(張守節)의『사기정의』(史記正義) 등의 주석서가 있다.

5) 『사기』「중니제자열전」은 공자의 제자들에 대한 사마천의 기록이다. 여기에는 모두 77명이 기록되어 있는데, 그 가운데 행적이나 나이가 기록된 사람은 35명이며, 나머지 42명은 단순히 이름과 자만 기록되어 있다. 이 가운데『논어』에 보이는 사람은 27명에 지나지 않는다.

6) 『논어』「선진편」에서 공자가 증석·자로(子路)·염유(冉有)·공서화(公西華) 등에게 각자의 포부를 물은 장이다. 증석·자로·염유·공서화를 다루는 곳에서 자세히 변증하게 된다.

놓았는데,[7] 이는 낳아서 기른 부모의 덕을 기리기 위함이다. 증석의 경우도 이와 같이 하겠다.

史記以顏路曾皆皆孔子弟子; 考之論語, 曾皙有侍坐章可據, 顏路則無明文. 然卽使果孔子弟子, 亦不可列於其子之後, 又未便列於七十子之前. 故今倣正錄之體, 冠於顏子篇首, 以誌毓德之由. 曾皙倣此.

【보】안회는 노(魯)나라[8] 사람으로, 자는 자연(子淵)이다. (『사기』「중니제자열전」)

【補】顏回者, 魯人也, 字子淵. (同上)

2. 『사기』에 기록된 나이는 믿을 수 없다(史記之年不足據)

나는 이렇게 생각한다.

안씨 가문은 노나라에서 두드러진 사람이 많았다.[9] 따라서 『사기』에서 안회를 노나라 사람이라 여긴 것은 옳은 듯하다. 하지만 그가 공자보다 서른 살 어리다는 말은, 『사기』「공자세가」(孔子世家)[10]에 실려

---

7) '정록'은 공자의 사적을 고증한 『수사고신록』을 말한다. 곧 『수사고신록』에서 공자의 아버지 숙량흘(叔粱紇)을 공자의 앞에 놓아 설명했던 것처럼 하겠다는 의미이다.

8) 노나라는 기원전 11세기 주(周)나라 무왕(武王) 희발(姬發)의 동생 주공(周公) 단(旦)의 봉국이다. 주공은 무왕과 성왕(成王)을 보필하기 위해 호경(鎬京)에 머물렀고, 아들 백금(伯禽)이 실질적인 제후로 부임했다. 지금의 산동성 서남쪽 지역으로, 도성은 곡부(曲阜)이다. 기원전 562년 공실(公室)을 계손씨(季孫氏)·맹손씨(孟孫氏)·숙손씨(叔孫氏) 등 세 가문이 나눠 가졌으며, 전국시대 약소국으로 전락했다가 기원전 256년 초(楚)나라에 멸망당했다.

9) 『춘추좌전』(春秋左傳) 소공(昭公) 26년에 대부 안명(顏鳴)이, 정공(定公) 8년에 대부 안고(顏高)와 그의 일족 안식(顏息)이 보인다.

10) 『사기』「공자세가」는 공자에 대한 사마천의 기록이다. 사마천은 공자에 많은 관심을 기울였으며, 객관성이 모자라 보일 정도로 과감한 역사기술을 감행하기도 했다. 곧 제후들의 역사인「세가」부문에 공자를 배치했으며, 공자의 제자들을「중니제자열전」으로 처리하고 있음이 그렇다. 사마천의 공자에 대한

있는 백어(伯魚)[11]의 나이와 맞지 않는다. 분명 어느 하나는 틀렸을 것이다.[12]

대체로 『사기』에서의 나이는 모두 믿을 수 없으므로, 이제 모든 제자들의 나이는 싣지 않는다. 뒤쪽 「공문제자통고」(孔門弟子通考)에서 상세히 밝히겠다.[13]

按: 顔氏著於魯者多, 史記以爲魯人, 近是. 至言少孔子三十歲, 則與世家所載伯魚之年不合, 必有一誤. 大槪史記之年皆不足據, 故今諸弟子皆不載其年. 說詳後弟子通考中.

존경심은 「공자세가」의 찬(贊)을 보면 더욱 두드러진다. 최술은 이 책을 쓰면서 「공자세가」와 「중니제자열전」을 중요자료로 다루고 있지만, 철저한 고증으로 잘못된 부분을 낱낱이 지적하고 있다.

11) 백어는 공자의 아들 공리(孔鯉)의 자이다. 『논어』 「계씨편」에 추정지훈(趨庭之訓)으로 『시』와 『예』를 공부했다는 내용이 실려 있다. 『공자가어』 「본성해」(本姓解)에서는 이름과 자를 '리'(鯉)와 '백어'로 짓게 된 연유, 곧 노나라 소공이 공자의 득남을 축하해 잉어를 하사한 데에서 비롯되었다고 했지만 믿을 수 없다. 송나라 휘종 때 사수후(泗水侯)에 봉해졌다.

12) 「공자세가」에서 사마천은 백어가 쉰 살로 공자보다 먼저 죽었다고 했으며, 『공자가어』에서는 공자가 열아홉 살에 견관씨(幵官氏)에게 장가들어 이듬해 백어를 낳았다고 했다. 그렇다면 백어가 죽은 것은 공자의 나이 일흔 살인 셈인데, 사마천은 「중니제자열전」에서 안회는 공자보다 서른 살 어리고 스물아홉 살에 백발이 되더니 오래지 않아 죽었다고 했으며, 『공자가어』에서는 안회가 서른두 살에 죽었다고 했다. 따라서 안회는 공자의 나이 예순한 살 때쯤 죽었다는 말이다. 그런데 『논어』에 의하면 안회는 공자보다 몇 년 앞서 죽었지만, 백어보다는 뒤에 죽은 것으로 되어 있다. 곧 안회가 죽었을 때 안회의 아버지 안로는 공자에게 수레를 요청한 적이 있으며, 이때 공자는 자신의 아들이 죽었을 때도 후하게 장례를 치르지 않았다고 하면서 이를 거절했다. 이러한 공자의 말을 가정법으로 해석하는 사람도 있지만 근거가 부족하다.

13) 사마천은 「중니제자열전」에서 23명의 제자들 나이를 밝히고 있지만, 최술은 어림짐작에 불과하다고 주장한다. 따라서 최술은 이 책에서 제자들의 나이를 채택하지 않았는데, 이는 그의 고증학적 기본자세이기도 하다. 뒤쪽 「공문제자통고」의 '『사기』에 기록된 제자들 나이의 오류에 대해'에서 자세히 다룬다. 본 역주에서는 『사기』와 『공자가어』에 실린 제자들의 나이를 밝혀 참고하도록 했다.

안자(顔子)는 어지러운 세상을 만나 누추한 마을에 살았다. 한 소쿠리의 밥과 한 표주박의 물로 사는 어려움을 사람들은 견디지 못하거늘, 안자는 그런 가운데서도 도에 대한 즐김을 바꾸지 않았다. (『맹자』[14] 「이루 하」)

顔子當亂世, 居於陋巷: 一簞食, 一瓢飮, 人不堪其憂, 顔子不改其樂. (孟子)

【부론】공자가 말했다.

"어질도다, 안회여! 한 소쿠리의 밥과 한 표주박의 물로 누추한 마을에 사는 어려움을 사람들은 견디지 못하거늘, 안회는 그런 가운데서도 도의 즐김을 바꾸지 않더구나. 어질도다, 안회여!"(『논어』「옹야편」)

【附論】子曰: "賢哉回也! 一簞食, 一瓢飮, 在陋巷, 人不堪其憂, 回也不改其樂. 賢哉回也!"(論語雍也篇)

【부론】공자가 말했다.

"안회는 거의 높은 경지에 이르렀지! 하지만 늘 가난하구나."(『논어』「선진편」)

【附論】子曰: "回也其庶乎! 屢空."(論語先進篇)

---

14) 『맹자』(孟子)는 유가경전의 하나로, 전국시대 중기 맹자와 그 제자인 만장(萬章)·공손추(公孫丑) 등이 엮은 책이다. 맹자의 제자나 재전(再傳) 제자들에 의해 기록된 것으로 보기도 한다. 『한서』「예문지」(藝文志)에서는 『맹자』11편이라 했으나, 지금 전해지는 것은 7편이다. 맹자와 제자들의 활동 및 정치·교육·철학·윤리학에 관한 내용이 실려 있어, 맹자의 사상과 사맹학파(思孟學派)를 연구하는 중요 자료이다. 송나라 이전에는 자부(子部)의 유가(儒家)에 들어 있었으나, 송나라 이후 맹자의 성선설(性善說)이 각광을 받으면서 구경(九經)의 하나로 편입되었으며, 주자(朱子)의 『사서집주』(四書集注)가 만들어지면서 필독서로 자리매김하게 되었다. 주자의 『맹자집주』이외에도 동한시대 조기(趙岐)의 『맹자주』(孟子注), 청나라 초순(焦循)의 『맹자정의』(孟子正義), 대진(戴震)의 『맹자자의소증』(孟子字義疏證) 등이 있다. 최술은 『맹자』를 『논어』『춘추좌전』과 함께 가장 중시했다.

3. 수레몰기에 대한 문답은 안합과 관련된 이야기이다
(御馬之對爲顔闔事)

『한시외전』(韓詩外傳)[15]에서는 이렇게 말하고 있다.

"안연이 노나라 정공(定公)[16]을 누대 위에서 모시고 있었는데, 동야필(東野畢)[17]이 누대 아래에서 말을 다루고 있었다. 그때 정공이 말했다. '훌륭하도다, 동야필의 말 다루는 솜씨여!' 그러자 안연이 말했다. '솜씨야 훌륭하지만 저 말이 곧 쓰러지겠습니다.' 오래지 않아 마구간 지기가 동야필이 몰던 말이 쓰러졌다고 알려왔다……"[18]

韓詩外傳云:"顔淵侍魯定公於臺, 東野畢御馬於臺下. 定公曰:'善哉, 東野畢之御也!' 顔淵曰:'善則善矣, 其馬將佚.' 俄而廐人以東野畢馬佚聞云云."

---

15) 『한시외전』은 서한의 경학자인 한영(韓嬰)이 엮은 『시경』(詩經)의 해설서이다. 정확한 저술 시기는 알 수 없지만 경제(景帝)나 무제(武帝) 때로 추정된다. 『한서』「예문지」에서는 6권이라 했고, 『수서』「경적지」에서는 10권이라 했는데, 지금은 10권본만 전해진다. 『시경』을 해설하면서 잡다한 고사와 설화 등을 인용해 앞쪽에 기록하고, 뒤쪽에 『시경』의 시구들을 기술하는 형태를 취했다. 인용한 시구들은 현존하는 『시경』과 차이가 있으며, 등장하는 이야기는 삼황오제(三皇五帝)로부터 춘추전국시대에 이르기까지의 역사성을 지닌 게 많다. 공자와 제자들에 관한 내용도 많지만 진위를 분간할 수 없을 정도로 왜곡되어 있다. 본래 『한시내전』(韓詩內傳)과 함께 2책이었으나, 『한시내전』은 당나라 때 사라졌다.

16) 정공은 노나라 25대 제후 송(宋)으로, 양공(襄公)의 아들이다. 형인 소공(昭公)을 이어 기원전 509~495년 재위했다. 공자를 사구(司寇)로 등용했으며, 공자와 함께 협곡(夾谷)에서 제나라 경공(景公)과의 회합을 성공리에 마치기도 했다. 정사에 관해 공자에게 여러 차례 물었으며, 공자의 건의를 받아들여 삼가(三家)의 성을 헐려다가 실패하기도 했다.

17) 동야필은 말을 잘 다루기로 소문난 사람이다. 『장자』(莊子)와 『여씨춘추』(呂氏春秋)에서는 동야직(東野稷)이라는 이름으로 등장한다.

18) 정공은 안회의 혜안에 감복했고, 이에 안회는 나라를 다스리는 도리로 정공에게 가르침을 베푼다. 『공자가어』「안회편」에도 같은 이야기가 장황하게 실려 있다.

나는 이렇게 생각한다.

이것은 본래 『여씨춘추』(呂氏春秋)[19]에 나오는 이야기로, 안합(顔闔)[20]과 장공(莊公)이 주고받은 말이지,[21] 안연과 정공 사이에 있었던 대화가 아니다. 정공 때라면 안자는 나이가 아직 어렸는데,[22] 어떻게 임금과 만날 수 있었겠는가?

그리고 말이 쓰러지고 안 쓰러지고는 자질구레한 일에 지나지 않으며, 안자 또한 그런 종류에 뛰어난 사람도 아니다. 안합과 씨(氏)가 같았기에 안연이 한 일처럼 옮겨온 것으로, 이는 잘못이다.

余按: 此事本出呂覽, 乃顔闔對莊公語, 非顔淵與定公也. 定公之時, 顔子尚少, 安能自達於君. 馬之佚不佚, 小事耳; 顔子亦非此見長者. 因其氏之同也, 遂移之於顔淵, 誤矣.

---

19) 『여씨춘추』는 진(秦)나라 장양왕(莊襄王)과 진시황(秦始皇)의 재상을 지낸 여불위(呂不韋)가 문객을 동원해 엮었으며, 중국 최초의 백과사전으로 일컬어진다. 유가는 물론 도가(道家)·명가(名家)·법가(法家)·묵가(墨家)·농가(農家)·음양가(陰陽家) 등 선진시대의 많은 자료를 수록하고 있다. 여불위는 이 책을 완성한 뒤 함양(咸陽)의 저잣거리에 내걸고, 글자 하나라도 빼거나 보탤 수 있는 사람에게 천금을 주겠노라 공언할 정도로 자신감을 가졌지만, 진위도 불분명하고 문장도 지리멸렬해 후세에 크게 인정받지 못했다. 모두 26권이며, 12기(紀)·8람(覽)·6론(論)으로 이루어졌다. 여불위와 8람을 병칭하여 『여람』(呂覽)이라 약칭한다. 한나라 고유(高誘)의 주석이 있다.

20) 안합은 노나라의 현인으로, 정확한 시대는 알 수 없다. 『장자』와 『여씨춘추』 등 여러 책에 자주 등장한다.

21) 『여씨춘추』「이속람」(離俗覽) '적위'(適威)의 내용이다. 장공에 대해서는 명확한 근거가 없는데, 노나라의 장공(재위 기원전 694~662)이나 위나라의 장공(재위 기원전 480~478) 가운데 하나로 여겨지지만 누구라 단정지을 수 없다. 『순자』(荀子)에서는 노나라 정공이라 말하고 있지만, 『한시외전』·『공자가어』·『신서』 등과 마찬가지로 안회를 과장되게 꾸미기 위한 억지임이 분명하다.

22) 『사기』나 『공자가어』 등에 보이는 안회의 나이를 믿을 수 없다 하더라도, 어림잡아 공자보다 서른 살 정도는 어렸을 것이다. 따라서 정공 때라면 안회는 겨우 스무 살 안팎에 불과했다.

『신서』(新序)[23])에도 이런 이야기가 실려 있는데,[24] 아마『한시외전』을 따라 잘못된 것이리라. 하지만『여씨춘추』의 내용으로 살펴보면 실제로 있었던 일도 아니다. 그것은 황노(黃老)[25])를 들먹이는 자들이 이런 이야기를 거짓으로 꾸며, 말 다루기에 빗대 자신들의 생각을 비유함으로써 위정자들에게 안정무위(安靖無爲)를 강조하려 했을 뿐이다. 그러므로 "예가 번거로우면 의젓하지 못하고, 명령이 가혹하면 따르지 않는다"[26])고 말을 끝맺은 것이다.

그런데도『한시외전』은 실제 있었던 일로 여겼을 뿐만 아니라, 이런 이야기를 빌려 안자의 훌륭함을 돋보이게 하려했다. 그러면서도 성현을 너무 자질구레하게 평가한다는 것조차 깨닫지 못하고 있다. 그러므로 싣지 않는다.[27])

新序亦載此事, 蓋又緣外傳而誤者. 然觀呂覽之文, 亦非實事, 乃爲黃老言者假設此事, 借治馬以喩其意, 欲爲政者之安靜無爲耳, 故曰"禮煩則不莊, 令苛則不聽"也. 傳乃以爲實事, 且欲借此以增顔子之美, 而不知其視聖賢太小也. 故不載.

---

23)『신서』는 서한의 유향(劉向, 기원전 79~8)이 엮은 책이다. 순임금이나 우왕으로부터 한나라 초에 이르기까지의 온갖 이야기를「잡사」(雜事) ·「자사」(刺奢) ·「절사」(節士) ·「의용」(義勇) ·「선모」(善謀) 등으로 나누어 기록하고 있다. 문장은 간결하나 사건이나 인물이 다른 책과 일치하지 않는다.『수서』「경적지」와『구당서』(舊唐書) ·『신당서』(新唐書)에서는 모두 30권이라 했는데, 지금 전하는 것은 10권 본이다. 유향은『신서』이외에도『설원』(說苑)을 비롯하여『열녀전』(列女傳) ·『열선전』(列仙傳) ·『열사전』(列士傳)을 엮었으며, 『전국책』(戰國策)을 정리하기도 했다. 유향의 이런 작업은 아들 유흠(劉歆)으로 이어져, 중국 도서목록학의 효시라 일컬어지는『칠략』(七略)을 탄생시키게 된다.

24)『신서』「잡사」에 들어 있다.

25) 황노는 전설상의 황제(黃帝)와 노자(老子)를 함께 일컫는 말이다. 도가에서 이들을 비조로 삼기에 병칭한 것이며, 도가의 별칭으로 줄곧 쓰이는 말이다.

26)『여씨춘추』「이속람」'적위'에서 안합이 장공과 동야직의 말몰이를 주제로 문답하는 가운데 결론처럼 한 말이다.

27) 원문의 '聖賢'을 고힐강 편정본에서는 '賢聖'으로 적었는데, 도광 4년 판본과 1903년 일본 판본을 따라 바로잡았다.

공자가 광(匡)[28]에서 어려움을 겪을 때, 안연이 뒤늦게 당도했다.[29] 이에 공자가 말했다.

"나는 네가 죽은 줄만 알았구나!"

그러자 안연이 말했다.

"스승님이 계시는데 제가 어찌 감히 죽을 수 있겠습니까!"[30] (『논어』 「선진편」)

子畏於匡, 顔淵後. 子曰: "吾以女爲死矣!" 曰: "子在, 回何敢死!" (同上)

4. 그을음이 묻은 밥풀을 먹었다는 이야기를 변증함
(辨食埃墨之說)

『공자가어』(孔子家語)[31]에서는 이렇게 말하고 있다.

"공자가 진(陳)나라[32]와 채(蔡)나라[33] 사이에서 어려움을 당해 이

---

28) 광은 송(宋)나라 고을로, 지금의 하남성 장원현(長垣縣) 광성(匡城) 지역이다. 원래는 정(鄭)나라의 고을이었으나, 정공 6년에 노나라가 이곳을 빼앗아 송나라에 주었다.

29) 『수사고신록』 「송나라를 지나가다」의 '공자의 모습이 양호와 닮았다는 것과 거문고를 타자 무장을 풀었다는 설을 변증함'과 '광에서의 어려움과 송나라를 지나간 것은 한 가지 일인 듯하다' 참조.

30) 『예기』(禮記) 「곡례」(曲禮)에서도 "부모가 살아계시면 벗과 죽음을 약속하지 않는다"(父母存, 不許友以死)고 했다.

31) 『공자가어』는 공자의 언행 및 공자와 제자들 사이의 이야기를 수록한 책으로 10권이다. 『한서』 「예문지」에는 『공자가어』 27권이라 했으나 이미 당나라 때 사라졌다. 지금의 『공자가어』는 위나라의 경학자인 왕숙(王肅)이 공안국(孔安國)의 이름을 빌려 『춘추좌전』·『국어』(國語)·『맹자』·『순자』·『대대예기』(大戴禮記)·『소대예기』(小戴禮記)·『사기』·『설원』(說苑)·『안자』(晏子)·『열자』(列子)·『한비자』(韓非子)·『여씨춘추』 등에서 공자에 관한 기록을 모아 수록한 위서(僞書)이다. 청나라 손지조(孫志祖)와 진사가(陳士珂)가 각기 엮은 『가어소증』(家語疏證)과 범가상(范家相)의 『가어증위』(家語證僞)가 있다.

레 동안 굶었다. 이에 자공(子貢)이 슬며시 고한 뒤 농부에게 곡식을
구해왔고, 안회는 밥을 지었다. 그때 그을음이 밥에 떨어졌으므로, 안
회가 그을음이 묻은 밥풀을 건져 먹었다. 그런 모습을 본 자공은 안회
가 밥을 훔쳐 먹은 것으로 여기고, 방으로 들어가 공자에게 일러바쳤
다. 이에 공자는 '내가 물어보겠다'고 말한 뒤 안회를 불러들여 이렇게
떠보았다. '어젯밤 꿈에 옛사람들을 보았느니라. 밥이 다 지어지면 가
져오너라. 내가 그분들께 먼저 올리고 싶구나.' 그러자 안회가 대답했
다. '그을음이 밥에 떨어졌기에 제가 그 부분을 먼저 먹었습니다. 하오
니 제사를 지낼 수 없습니다'……"[34]

　家語云: "孔子厄於陳蔡, 七日不食. 子貢竊告糴於野人, 顏回炊之. 有
埃墨墮飯中, 取而食之. 子貢望見之, 以爲竊食也, 入告孔子. 子曰: '吾
將問之.' 召顏回, 曰: '疇昔予夢見先人: 子炊而進飯, 吾將進焉.' 對曰:
'有埃墨墮飯中, 回食之, 不可祭也'云云."

　나는 이렇게 생각한다.

　성인은 진심으로 사람을 대한다. 하물며 용사행장(用舍行藏)[35]을 같

---

32) 진나라는 주나라의 이성(異姓) 제후국으로, 첫 번째 제후는 호공(胡公, 嬀滿)
　　이다. 주나라 무왕이 상(商)나라를 무찌른 뒤 순임금의 후예인 규만을 찾아
　　진에 봉했다고 전한다. 도성은 상구(商丘, 지금의 하남성 淮陽)이며, 기원전
　　478년 초나라에 멸망당했다.

33) 채나라는 무왕의 동생 숙도(叔度)의 봉국으로, 도성은 상채(上蔡, 지금의 河
　　南市)이다. 숙도가 무경(武庚)의 반란에 동참한 관계로 축출된 뒤, 그의 아들
　　채중(蔡仲)을 다시 봉했다. 춘추시대 초나라의 핍박으로 신채(新蔡)와 주래
　　(州來)로 도성을 옮겼으며, 기원전 447년 초나라에 멸망당했다.

34) 『공자가어』「재액편」(在厄篇)의 내용을 간추린 것이며, 그 다음은 이렇다. 공
　　자가 말했다. "그랬었구나! 나도 그을음이 밥에 떨어졌다면 너처럼 했을 것이
　　다." 이에 안회가 밖으로 나가자, 공자는 여러 제자들을 돌아보며 말했다. "안
　　회에 대한 나의 믿음은 오늘만이 아니니라." 이후 제자들은 안회를 더욱 믿었
　　다고 한다.

35) 공자가 안회를 지목하여 "등용되면 도를 실천하고 등용되지 않더라도 조용히
　　도를 지켜나갈 사람은 오직 나와 너뿐이니라!"(用之則行, 舍之則藏, 惟我與爾

이할 수 있다던 안연에 대해서야 더 말할 필요도 없다. 그런 안연에게 꿈을 핑계 삼아 요모조모 살피다니. 어진 사람도 차마 그런 꾀를 내지 않을 터인데, 하물며 공자와 같은 성인이 어찌 그러했으랴!

안연은 공자의 모든 것을 갖추었지만 조금 모자란 사람이었으니,[36] 자공에게 밥을 훔쳐 먹었다고 의심받지도 않았으리라. 자공의 지혜로움은 성인을 알아보기에 충분했으며,[37] "제가 어찌 감히 안회를 따를 수 있겠습니까?"라고 말했다.[38] 그러니 밥을 훔쳐 먹었다고 안연을 의심하지도 않았으리라. 어찌 그럴 리가 있었겠는가!

余按: 聖人以誠待人, 況於顔淵, 用舍行藏之所同也, 乃詐稱夢以鉤距之, 賢者猶不出此, 況聖人乎! 顔淵具體而微, 而不能不以竊食見疑於子貢, 子貢智足以知聖人, 曰"賜也何敢望回", 而不能不以竊食疑顔淵, 有是理與!

스승과 제자들 사이에 서로 시기하고 시험했다는 『공자가어』의 이따위 이야기는 애초에 오늘날의 백정이나 주막 및 거간꾼들이 하는 짓거리와 다름없다. 비천한 시정잡배들도 오히려 자신들의 행동을 부끄러워할 때가 있는 법인데, 성현에게 그런 행동을 덧씌우고 만 셈이다. 아, 이런 자들을 어찌 올바른 사람이라 할 수 있겠는가!

此其師友之間相猜相試, 初無異於今日屠沽駔儈之徒之所爲; 屠沽駔儈之徒或猶有恥爲之者, 而以加於聖賢, 嗚呼, 此豈復有人心者哉!

有是夫)는 『논어』 「술이편」의 말이다.

36) 『맹자』 「공손추 상」에서 맹자는 "염백우(冉伯牛)·민자건(閔子騫)·안회는 성인 공자의 모든 면을 갖추었지만 조금 모자랐다"(冉牛閔子顔淵則具體而微)고 했다.

37) 『맹자』 「공손추 상」에서 맹자는 "재아(宰我)·자공(子貢)·유약(有若)의 지혜는 성인을 알아보기에 충분했다"(宰我子貢有若, 智足以知聖人)고 했다.

38) 『논어』 「공야장편」에서 공자가 자공에게 "너와 안회 가운데 누가 더 뛰어난가?"라고 물었을 때, 자공이 대답한 말이다.

이 이야기는 『여씨춘추』에서 따온 것인데, 어투는 이와 조금 다르다. 『여씨춘추』에서의 의도는 사람을 제대로 알기 어려움을 밝히려는 데 지나지 않았다. 그리하여 눈으로 직접 본 것도 오히려 믿을 수 없음을 공자와 안회에 빗대 말했을 따름이다.[39] 그런데도 『공자가어』는 마침내 진짜 있었던 이야기로 여겼으니 잘못이다.

此事本之呂覽, 而詞與此小異. 然呂覽之意不過明知人之難, 目見者猶不足爲信(詳見呂覽任數篇), 託於孔子顔子以爲言耳. 家語遂以爲眞, 謬矣.

나는 그러므로 이렇게 말한다.

『공자가어』는 공씨(孔氏)의 유서(遺書)가 아니다. 그것은 위서(僞書)이다.[40] 『공자가어』는 『사기』 「공자세가」에 비해 내용이 더욱 비루하다. 하지만 세상의 선비들은 『공자가어』를 「공자세가」보다 더욱 믿고 있다.

한유(韓愈)[41]는 "작은 부끄러움은 적은 사람들로부터 아낌을 받지

---

39) 『여씨춘추』 「심분람」(審分覽) '임수'(任數)의 내용이다. 진나라와 채나라 사이에서 공자 일행이 곤경에 처했을 때 안회의 밥 짓는 이야기는 『공자가어』와 대동소이하지만, 『여씨춘추』에서는 공자가 직접 목격한 일로 이런 탄식이 이어진다. "믿을 것이라곤 눈이겠지만, 눈으로 직접 본 것도 믿을 수 없을 때가 있다. 믿을 것이라곤 마음이겠지만, 마음도 믿을 수 없을 때가 있는 법이다. 그대들은 이를 잘 새겨두어라. 사람을 제대로 알기란 참으로 쉽지 않느니라."(所信者目也, 而目猶不可信. 所恃者心也, 而心猶不足恃. 弟子記之, 知人固不易矣.)

40) 왕숙(王肅, 195~256)은 동한 말의 경학자 정현(鄭玄)을 비방하면서 줄곧 『공자가어』야말로 공자 가문에 비밀스럽게 전수되어온 책이며, 공자의 22세 손인 공맹(孔猛)으로부터 직접 얻었다고 공공연히 떠들었다.

41) 한유(768~824)는 당나라 문학자 겸 사상가로, 자는 퇴지(退之), 하남 하양(河陽) 사람이다. 고아로 형수의 보살핌 속에 자랐다. 덕종 때 감찰어사(監察御史)를 지냈으나, 궁시(宮市)의 폐단에 대한 과격한 상소로 양산령(陽山令)으로 좌천되었다. 헌종 때 배도(裴度)를 수행하여 회서(淮西) 지방의 난을 평정함으로써 형부시랑(刑部侍郎)이 되었다. 헌종이 봉상(鳳翔)에서 불사리(佛

만, 큰 부끄러움은 많은 사람들로부터 아낌을 받는다"[42]고 했는데, 슬프도다! 과연 이런 일이 있을 수 있단 말인가!

吾故曰: 家語非孔氏遺書也, 僞也. 家語較之世家, 其文尤陋, 然世儒之信家語尤甚於世家. 韓昌黎云: "小慚, 亦蒙謂之小好; 大慚, 亦蒙謂之大好." 嗚呼, 果有是理乎!

안연이 인(仁)에 대해 묻자, 공자가 말했다.

"자신의 사사로움을 극복하여 예로 돌아가는 것이 인이니라. 하루라도 극기복례(克己復禮)를 할 수 있다면 온 세상이 인으로 돌아갈 것이다. 인의 실천이 자신에게 있지 다른 사람에게 있으랴!"

"좀 더 자세히 말씀해주시지요."

"예가 아니면 보지 말고, 예가 아니면 듣지 말고, 예가 아니면 말하지 말고, 예가 아니면 행동하지 말라."

"제가 비록 불민하오나 삼가 스승님의 말씀을 실천하도록 힘쓰렵니다!"(『논어』「안연편」)

顏淵問仁, 子曰: "克己復禮爲仁. 一日克己復禮, 天下歸仁焉. 爲仁由己, 而由人乎哉!" 顏淵曰: "請問其目." 子曰: "非禮勿視, 非禮勿聽, 非禮勿言, 非禮勿動." 顏淵曰: "回雖不敏, 請事斯語矣!"(論語顏淵篇)

骨)를 맞아들이자 극력 반대하다가, 조주자사(潮州刺史)로 폄적(貶謫)되었다. 목종 때 국자감좨주(國子監祭酒)를 거쳐 병부시랑 · 이부시랑 · 경조윤(京兆尹) · 어사대부 등의 요직을 두루 거쳤다. 육경과 제자백가에 정통했고, 육조(六朝) 이래의 문풍(文風)을 반대하여 고문운동을 펼쳤다. 시호는 문(文)이며, 보통 창려선생(昌黎先生)이라 부른다. 당송팔대가(唐宋八大家)의 한 사람으로, 「사설」(師說) · 「원도」(原道) · 「진학해」(進學解) 등 명문을 남겼다. 제자 이한(李漢)이 엮은 『창려선생집』이 있다.

42) 한유의 「여풍숙논문서」(與馮宿論文書)의 한 구절이다. 혹독한 비평이 없으면 발전할 수 없다는 의미로 한 말이지만, 여기에서는 뜻만 취했다.

5. 허공에서 심성을 찾으려는 후세 유학자들의 잘못에 대해
(後儒求心性于虛空之非)

나는 이렇게 생각한다.

성인 문하의 배움에서 인을 터득하는 것보다 중요한 게 없으며, 성인 공자의 제자들 가운데 안자보다 어진 사람은 없었다. 공자가 안자의 인에 대한 물음에 이렇게 일러주었다면, 곧 천하의 이치 가운데 이보다 더 높고 원대한 것은 없음이다.

그런데도 후세 유학자들은 여기에서 찾으려 힘쓰지 않고, 심성(心性)에 대해서만 말하려 든다. 더욱이 허공미묘(虛空微渺)[43] 속에서 심성을 찾으려고 안달이다. 때문에 논의는 더욱 정교해졌지만, 현실적 적용에 대해서는 더욱 타당성이 없다. 그리하여 점점 양지(良知)[44]나 돈오(頓悟)[45] 등의 설이 연달아 출현함으로써 우리의 도가 선학(禪學)으

---

43) 허공미묘는 공허하고 인간의 눈으로는 감지할 수 없는 미묘한 상태를 말한다. 보통 불가(佛家)나 도가에서 말하는 허령미묘(虛靈微妙)와 같은 맥락이다. 이처럼 불가나 도가에서 자주 들먹이는 선학(禪學)과 관계된 말이었지만, 주자는 『대학장구』(大學章句)에서 허령불매(虛靈不昧)란 말로 유가의 경전을 해석하기도 했다.

44) 양지는 시비(是非)와 선악(善惡)을 판단하는 천부적인 지혜나 능력을 말한다. 맹자는 "사람이 배우지 않고서도 할 수 있는 것을 양능이라 하며, 생각하지 않고서도 알 수 있는 것을 양지라 한다"(人之所不學而能者, 其良能也; 所不慮而知者, 其良知也)고 했으며, 명나라 왕수인(王守仁, 호는 陽明)은 맹자의 말을 근거로 양지설을 주장했다. 따라서 양지란 양명학(陽明學)에서 일컫는 마음의 본체이며, 영묘하여 감응을 그르치지 않는 마음의 작용이다.

45) 돈오는 불교 선종(禪宗)에서 주로 쓰는 말로, 갑작스럽게 깨달음의 경지에 도달한다는 뜻이다. 선종에서도 남종(南宗)은 돈오를 주장하는 반면 북종(北宗)은 점오(漸悟), 곧 끊임없이 수행하는 과정에서 깨달음의 경지에 도달할 수 있다고 했다. 여기에서 돈오돈수(頓悟頓修)나 돈오점수(頓悟漸修)라는 말이 생겼는데, 주자는 이러한 불교적인 수행법을 학문 연구의 한 방법으로 원용했다. 주자는 『대학장구』에서 "오랫동안 힘을 쏟으면 한순간 환하게 관통할 수 있다"(至於用力之久, 而一旦豁然貫通焉)고 했는데, 이는 곧 불교의 돈오와 점수를 겸비한 학습 방법을 요구한 셈이다.

로 빠져들지 않을 수 없었다.

按: 聖門之學莫要於求仁, 聖門之人莫賢於顏子, 乃孔子告顏子之問仁以此, 則是天下之理更無有高於此遠於此者也. 後儒不求之此, 乃好言心性, 尤好求心性於虛空微渺之間, 是以其論益精而其於行事益無所當, 馴致良知頓悟之說因緣以起, 而吾道之不流爲禪學者幾希矣.

그러니 이치에는 정교함과 조잡함이 없고 공력의 깊고 얕음만이 있다는 것을 어찌 알겠는가! 공력이 얕으면 허물을 줄여 깊게 할 수 있으며, 더욱 깊이 연마한다면 '우뚝 솟아 보이는 것'도 참으로 모두 '예로써 자신을 조신함'에서 이룩할 수 있었던 안자의 경지에 거의 가까이 갈 수 있으리라.

나는 세상의 배우는 자들이 공자의 말을 굳게 믿고, 고원하고 비현실적인 말에 힘씀으로써 잘못에 빠져들지 않기를 바랄 뿐이다.

豈知理無精粗而功有深淺, 淺之可以寡過而深之卽足以極深研幾顏子之'如有所立卓爾'固皆自'約我以禮'來也. 吾願世之學者篤信孔子之言而勿務爲高遠難徵之說以自誤也.

【부론】 공자가 말했다.

"내가 안회와 함께 하루 종일 말하는데도, 안회는 별다른 말이 없어 마치 어리석은 듯 보였다. 하지만 물러나 실천하는 것을 살펴보았더니, 올바른 도리를 충분히 드러내고 있더구나. 안회야말로 어리석지 않도다!"(『논어』 「위정편」)

【附論】 子曰: "吾與回言終日, 不違, 如愚. 退而省其私, 亦足以發. 回也不愚!"(論語爲政篇)

【부론】 공자가 말했다.

"안회는 나를 돕는 자가 아닌가 보다. 내가 하는 말에 기뻐하지 않은 적이 없더구나."(『논어』 「선진편」)

【附論】 子曰: "回也非助我者也, 於吾言無所不說." (論語先進篇)

【부론】 공자가 말했다.

"무슨 말을 일러주었을 때, 실천을 게을리 하지 않는 자는 안회뿐일 게야?" (『논어』 「자한편」)

【附論】 子曰: "語之而不惰者其回也與?" (論語子罕篇)

안연이 나라를 다스리는 것에 대해 묻자, 공자가 말했다.

"하(夏)나라[46] 역법을 시행하고,[47] 은(殷)나라[48] 수레를 타며,[49] 주(周)나라[50] 관을 쓰고,[51] 음악은 소무(韶武)[52]를 연주하는 것이겠

---

46) 하나라는 황하의 치수사업으로 유명한 우왕(禹王)으로부터 이어지는 왕조이다. 양성(陽城, 지금의 하남성 登封)에 도읍했다가 양적(陽翟, 지금의 하남성 禹縣)으로 옮겼으며, 마지막에는 안읍(安邑, 지금의 산서성 夏縣 서북쪽)에 도읍했다고 하나 확실치 않다. 걸왕(桀王) 때 상나라에 멸망당했다.

47) 공자가 하나라의 달력을 쓰겠다고 말한 것은 세수(歲首)가 입춘(立春)에 해당하므로 농사에 편리하기 때문이라고 하나, 최술은 이어지는 변증에서 그것만이 아니라고 주장한다.

48) 은나라의 공식적인 명칭은 상(商)이다. 기원전 16세기 탕왕(湯王)이 하나라 걸왕을 무찌르고 세운 왕조이다. 박(亳, 지금의 하남성 商丘縣 북쪽)에 도읍한 뒤 천도를 거듭했다. 탕왕의 9대손인 반경(盤庚)은 엄(奄, 지금의 산동성 曲阜)에서 은(殷, 지금의 하남성 安陽)으로 천도했으므로, 은나라나 은상(殷商)·상은(商殷)이라 부르기도 한다. 주왕(紂王) 때 주나라 무왕에게 멸망당했다.

49) 은나라의 대로(大輅)는 임금이 타는 수레로 나무로 만들었다고 한다. 주나라에서는 왕이 타는 수레를 황금과 옥으로 화려하게 장식했으므로, 공자는 검소한 은나라 수레를 타겠다고 말한 것이다.

50) 주나라는 기원전 11세기 초 무왕(武王)이 상나라를 무찌르고 세운 왕조이다. 호경(鎬京, 지금의 섬서성 西安)에 도읍했다. 주공이 동정(東征)을 마친 뒤 종법(宗法) 제도를 확립하는 등 나라의 기틀을 다졌다. 기원전 771년 견융(犬戎)이 호경을 함락하고 유왕(幽王)을 살해하자, 이듬해 평왕(平王)은 낙읍(雒邑, 지금의 하남성 洛陽)으로 동천(東遷)했다. 역사는 동천 이전을 서주(西周), 동천 이후를 동주(東周)라 부른다. 동주는 춘추와 전국시대로 나뉘며, 전국시대 약소국으로 전락했다가 기원전 256년 진(秦)나라에 멸망당했다.

지. 정(鄭)나라[53] 음악은 내치고 아첨하는 자를 멀리해야지. 정나라 음악은 음란하고, 아첨하는 자는 위태롭거든."(『논어』「위영공편」)

顔淵問爲邦, 子曰: "行夏之時, 乘殷之輅, 服周之冕, 樂則韶舞. 放鄭聲, 遠佞人, 鄭聲淫, 佞人殆."(論語衛靈篇)

6. 삼정은 천지인으로 나눌 수 있는 게 아니다
  (三正不以天地人分)

주자(朱子)[54]의 『논어집주』(論語集註)[55]에서는 이렇게 말하고 있다.

---

51) 주나라 때 제례(祭禮)에 쓰던 면류관(冕旒冠)은 예전보다 화려하지만, 등급에 따라 잘 갖추어져 있으므로 공자는 이를 쓰겠다고 말한 것이다.

52) 소무는 소무(韶武)를 뜻한다. 무(舞)자와 무(武)자는 고대에 통용되던 글자이다. 소(韶)는 전설상 순임금이 연주했다는 음악으로, 공자는 "완벽한 아름다움과 완벽한 선"(盡美盡善)의 악곡이라 일컬었으며, 제나라에 갔을 때 소의 연주를 듣고 석 달 동안 고기 맛을 몰랐다는 이야기가 『논어』「술이편」에 기록되어 있다. 무(武)는 주나라 무왕이 연주했다는 음악으로, 공자는 "완벽하게 아름답지만 완벽하게 선하지는 않은"(盡美不盡善) 악곡이라 평했다.

53) 정나라는 주나라 선왕(宣王)의 동생 우(友, 桓公)의 봉국으로, 기원전 806년 선왕은 우를 정(鄭, 지금의 섬서성 華縣)에 봉했다. 무공(武公) 때 도성을 신정(新鄭, 지금의 하남성 지역)으로 옮겼으며, 기원전 375년 한(韓)나라에 멸망당했다.

54) 주자는 남송의 주희(朱熹, 1130~1200)를 높여 부르는 말이다. 휘주(徽州) 무원(婺源) 사람으로, 자는 원회(元晦) 또는 중회(仲晦), 호는 회암(晦庵)이다. 진사에 올라 비서각수찬(秘書閣修撰) 등을 지냈다. 만년에 고정(考亭)으로 이사하여 주로 자양서원(紫陽書院)에서 강학했으므로, 고정이나 자양이라 부르기도 한다. 복건(福建)에서 태어나 그곳에서 오랫동안 강학에 종사했으므로, 그의 학파나 학문을 보통 민학(閩學)이라 일컫는다. 정이(程頤)의 삼전(三傳) 제자인 이동(李侗, 1093~1163)에게 배워 이정(二程, 즉 程顥와 程頤)의 학문을 계승 발전시켰다. 이학(理學)의 집대성자로 일컬어지며, 정자와 병칭하여 정주(程朱)라 부른다. 문헌 정리와 주석에 힘을 쏟았는데, 특히 『고문상서』(古文尙書)와 『시서』(詩序)에 의문을 갖고 새로운 해석을 시도했다. 『사서장구집주』(四書章句集注)·『시집전』(詩集傳)·『주역본의』(周易本義)·『초사집주』(楚辭集注)·『통감강목』(通鑑綱目)을 남겼으며, 제자들이 엮은 『주문공집』(朱文公集)·『주자어류』(朱子語類)가 있다.

"하나라에서는 한 해의 첫 달인 세수(歲首)를 인(寅)으로 하여 인정 (人正)을 삼았으며,[56] 상나라에서는 세수를 축(丑)으로 하여 지정(地 正)을 삼았고, 주나라에서는 세수를 자(子)로 하여 천정(天正)을 삼았 다. 하지만 농사철에 때를 맞추려면 달력은 마땅히 인정, 곧 인월(寅 月)을 시작으로 삼아야 한다. 그러므로 공자도 일찍이 '나는 하나라의 역법을 쓰겠다'고 말한 것이다."[57]

朱子論語集註云:"夏以寅爲人正, 商以丑爲地正, 周以子爲天正. 然 時以作事, 則歲月自當以人爲紀, 故孔子嘗曰'吾得夏時焉'."

나는 이렇게 생각한다.

상고시대의 달력은 애초에 자(子)에서 시작되었으므로 역법에서도 반드시 동지(冬至)를 달력의 앞머리에 놓는 것이다. 이는 마치 달이 언제나 초하루에서 시작되며, 하루가 언제나 자정에서 시작되는 것과 도 같다. 그런 뒤에 성인이 역법을 마련하고 네 계절을 구분하면서, 중 성(中星)이 하늘 가운데 정확히 위치하는 시기를 살펴 이를 정했던 것 이다.[58]

---

55) 『논어집주』는 주자가 엮은 『논어』의 주석서이다. 원래 『사서장구집주』 또는 『사서집주』라 일컬어지는 일련의 책 가운데 일부분이다. 『사서집주』는 『논어 집주』 10권을 포함하여 『대학장구』(大學章句) 1권, 『중용장구』(中庸章句) 1 권, 『맹자집주』(孟子集注) 7권으로 주자의 학문적 권위를 드높인 저술이다.

56) 세수, 즉 정월을 인월로 삼는다는 뜻이다. 태음태양력(太陰太陽歷)에는 둔월 법(遁月法)이 있는데, 이는 그 해의 천간(天干)에 따라 일정한 월건(月建)으 로 시작하는 방식이다. 예컨대 갑과 기의 해(甲己之年)는 병인(丙寅), 을과 경의 해(乙庚之年)는 무인(戊寅), 병과 신의 해(丙辛之年)는 경인(庚寅), 정 과 임의 해(丁壬之年)는 임인(壬寅), 무와 계의 해(戊癸之年)는 갑인(甲寅)이 세수의 월건이다.

57) 『논어』「위영공편」의 '문위방장'(問爲邦章)의 주에서 주자가 한 말이다.

58) 고대 중국의 천문학에서는 이십팔수(二十八宿)를 넷으로 나눠 일곱 개 별을 사계절에 배분했는데, 그 가운데 별을 '중성'(中星)이라 부른다. 중성이 천중 (天中)에 자리할 때가 바로 계절의 중심이다. 달리 일정한 궤도를 따라 운행 하는 이십팔수가 천중에 위치할 때의 별을 중성이라 부르기도 한다.

그리하여 동지가 삼동(三冬)의 한가운데에 놓이게 되었는데, 동짓달을 둘로 나눌 수는 없었다. 더구나 폐장(閉藏)[59]의 절기인 겨울에는 어떠한 명령을 내리기에도 적당치 않았다. 그러므로 이를 바꾸어 축월(丑月)을 세수로 삼거나 인월을 세수로 삼았던 것이다.

余按: 上古之歷本始於子, 故歷法必以冬至爲歷元, 猶月之必始於朔, 日之必始於半夜也. 其後聖人修明歷法, 區畫四時, 考驗中星晷影, 而冬至乃在三冬之中, 不可中分爲二, 且當閉藏之候, 亦非發號施令所宜, 故易而建丑, 又易而建寅.

다만 하·은·주의 삼대(三代) 시절엔 세 가지 정월이 모두 사용되었는데, 은나라나 주나라에서도 예전의 달력을 모두 물려받아 사용한 지 이미 오래되었다. 그러므로 탕왕(湯王)[60]이나 무왕(武王)[61]이 혁명(革命)[62]을 하면서도 한결같이 그대로 사용하면서 고치지 않았던 것이다. 이는 철법(徹法)이 무왕 때 시작된 게 아니라 공유(公劉)[63] 때 시

---

59) 수장(收藏)과 폐색(閉塞)의 의미이다. 겨울철에는 모든 것을 거둬들여 저장해야 하며, 날씨가 춥기 때문에 어떠한 일도 하기 어렵다는 뜻이다. 『관자』(管子) 「사시」(四時)에서도 "春贏育, 夏養長, 秋聚收, 冬閉藏"이라 했다.

60) 탕왕은 설(契)의 후손으로, 성은 자(子), 이름은 리(履)이다. 달리 성탕(成湯)·무탕(武湯)·태을(太乙)·천을(天乙)·조을(祖乙)이라 부르며, 갑골문엔 당(唐)·성(成)·대을(大乙)로 적은 곳도 있다. 이윤(伊尹)과 중훼(仲虺)의 보좌로 나라의 기틀을 다진 뒤, 하나라 걸왕을 무찌르고 상나라를 세웠다. 성군으로 추앙되는 인물이다.

61) 무왕은 문왕(文王)의 아들로, 태공망(太公望)·주공단(周公旦)·필공고(畢公高)·소공석(召公奭) 등의 도움으로 주왕을 목야(牧野, 지금의 하남성 淇縣 남쪽)의 싸움에서 무찌르고 주나라 왕조를 세웠다. 문왕과 함께 성왕으로 일컬어지는 인물이다.

62) 왕조의 교체에서 혁명은 역성혁명(易姓革命)이며, 무력에 의한 방벌(放伐)을 의미한다. 바로 하에서 은, 은에서 주가 그것이다. 이와 달리 요에서 순, 순에서 우로 이어지는 교체는 선양(禪讓)이라 한다.

63) 공유는 고대 주(周) 부족의 조상이며, 후직(后稷)의 증손자라 전한다. 빈(豳, 邠이라 적기도 하며, 지금의 섬서성 旬邑縣과 彬縣 일대)에 터전을 잡고 철법을 시행하는 등 부족을 잘 이끌었다는 인물이다.

작된 것과 마찬가지로,[64] 애초부터 천·지·인으로 세 왕조가 정월을 달리한 게 아니다. 아울러 공자가 하나라의 역법을 쓰겠다고 말한 것도 참으로 인월을 세수로 삼았을 뿐만 아니라 역법 또한 세밀했기 때문이다.

『춘추』나 『춘추좌전』의 기록을 살펴보면 윤달을 놓친 곳이 한둘이 아니며, 그믐날이 아닌 일식(日蝕)도 허다하다. 이로 미루어 주나라의 역법이 미비하여 하나라의 역법에 미치지 못함을 충분히 알 수 있을 것이다. 따라서 단지 인월을 세수로 삼겠다는 뜻으로만 여겨버린다면, 성인의 의도를 제대로 이해하지 못함이다.[65]

但三代之世三正並行, 殷周之歷其先皆有所授, 相沿已久, 故湯武革命皆因之不改, 猶徹之不始於武王而始於公劉耳, 初非以天地人分三正也. 且孔子取夏時, 固因其建寅, 亦以其歷之密. 觀春秋經傳所載, 失閏者不一而足, 日食不於朔者亦多, 可知周歷之疎, 不及夏也. 第以爲取其建寅, 猶於聖人之意未盡也.

안연이 한숨을 내쉬고 탄식하며 말했다.

"우러러보면 우러러볼수록 더욱 높고, 파고들면 파고들수록 더욱 단단하시다. 바라볼 때는 앞에 계신 듯했는데 어느덧 뒤쪽에 서 계신다. 스승님께서는 차근차근 우리를 잘도 이끌어주심이여! 옛 문헌으로 우리의 식견을 넓혀주시고, 예로 우리의 행동을 단속해주신다. 그만두려 해도 그만둘 수조차 없으며, 이미 나의 능력이 다했건만 스승이 서 계신 곳은 더욱 높기만 하다. 아, 아무리 따르려 해도 도

---

64) 철법은 주나라의 조세법으로, 가구당 1백 무(畝)의 경작지를 주고 10분의 1을 세금으로 거두어들이는 방법이다. 무왕이 상나라를 멸망시킨 뒤에 시행했다는 것이 일반적인 견해이나, 최술은 주나라의 조상인 공유 때부터 시작되었다고 『삼대경제통고』(三代經濟通考)에서 고증하고 있다.
65) 최술은 삼정(三正)에 대한 정확한 고증이야말로 고대사와 경전을 연구하는 데 중요하다고 여기고 『삼대정삭통고』(三代正朔通考)를 저술하기도 했다.

무지 어찌할 도리가 없음이여!" (『논어』「자한편」)

顏淵喟然歎曰: "仰之彌高, 鑽之彌堅; 瞻之在前, 忽焉在後. 夫子循循然善誘人! 博我以文, 約我以禮. 欲罷不能; 旣竭吾才, 如有所立卓爾; 雖欲從之, 末由也已!" (論語子罕篇)

7. 안자를 후세 유학자들과 견줄 수는 없다(顏子非後儒可擬)

한나라[66] 사람들은 황숙도(黃叔度)[67]를 일컬어 안자라 했고, 송(宋)나라[68] 사람들 또한 정백순(程伯淳)[69]을 안자와 같다고 했다.

---

66) 한나라는 고조(高祖) 유방(劉邦, 기원전 256~195)이 세운 왕조로, 전한(기원전 206~기원후 7)과 후한(25~220)을 통칭한다. 진나라의 학정(虐政)을 종식시키고 4백여 년에 걸쳐 중국을 통치하며 문화의 기반을 다졌다. 무제(武帝)는 대제국의 면모를 과시했으며, 유학을 치세이념으로 활용했다. 외척 왕망(王莽)의 찬탈로 중단되었던 유씨 왕조를 후한 광무제(光武帝) 유수(劉秀)가 다시 세웠다. 후한은 외척과 환관 및 호족의 전횡으로 무력하기 그지없었으며, 황건적(黃巾賊)의 난으로 쇠락의 길을 걷다 삼국(三國)으로 분리되었다.

67) 황숙도는 후한 황헌(黃憲, 75~122)으로, 숙도는 그의 자이다. 매우 빈천했으나 여유롭고 우아했으므로 순숙(荀淑)은 그를 일컬어 안자라 했으며, 진번(陳蕃)이나 주거(周擧)는 "달포만 황헌을 만나지 못하면, 내 마음에 비루하고 인색함의 싹튼다"고 말했다 한다.

68) 송나라(960~1279)는 조광윤(趙匡胤)이 오대(五代)의 후주(後周)를 이어 세운 왕조이다. 변량(汴梁, 지금의 하남성 開封市)에 도읍했는데, 이를 북송(北宋)이라 부른다. 정강(靖康) 원년(1126) 금나라의 침입으로 휘종(徽宗)과 흠종(欽宗)이 포로로 잡혀간 뒤 조구(趙構, 高宗)가 남경(南京, 지금의 하남성 商丘)에서 칭제(稱帝)했는데, 이후를 남송(南宋)이라 부른다. 남송은 다시 임안(臨安, 지금의 절강성 杭州市)으로 천도했다. 문치주의(文治主義)를 표방해 성리학 등의 학문적인 성과를 거두었지만, 문약(文弱)으로 치닫는 결과를 낳았다. 또한 선린외교(善隣外交)를 내세웠지만, 달리 말하면 주변국과의 굴욕적인 외교를 인정하는 것과 다름없는 나약한 왕조였다. 몽고족이 세운 원(元)나라에 멸망당했다.

69) 정백순은 송나라 이학자 정호(程顥, 1032~1085)로, 백순은 그의 자이다. 낙양(洛陽) 사람이며, 보통 명도선생(明道先生)이라 부른다. 신종 때 태자중윤(太子中允)과 감찰어사(監察御史) 등을 지냈으며, 왕안석(王安石)의 신법(新法)에 반대하여 외직으로 나갔다. 동생 정이(程頤)와 함께 주돈이(周敦頤)에

漢人稱黃叔度爲顔子, 宋人亦以程伯淳擬顔子.

나는 이렇게 생각한다.

안자는 거의 성인의 경지에 가까이 간 사람이기에 그의 훌륭한 덕에 대해서는 말할 필요조차 없으며, 요(堯)임금[70] · 순(舜)임금[71] · 우왕 (禹王)[72] · 탕왕 · 문왕(文王)[73] · 무왕의 도에 대해서도 분명 깊이 알고 있었을 것이다. 그러므로 공자도 하나라의 역법, 은나라의 수레, 주나라의 면류관 및 소무(韶舞)로써 일러주었을 터, 한갓 넓고 온화한 마음과 의젓한 기상만이 남보다 뛰어나지는 않았으리라. 다만 불행하게도 일찍 죽었기에 세상을 위해 훌륭한 의견을 제시하지는 못했다.

그러한 그가 좀 더 오래 살아 등용되었다면, 분명 풍속을 아름답게 바꾸고 올바른 제도를 드러내 천하를 당요(唐堯)나 우순(虞舜) 및 삼

게 배워 북송 이학(理學)의 창시자가 되었다. 동생과 더불어 이정(二程)으로 일컬어지며, 둘을 합쳐 정자(程子)라 부른다. 제자백가를 섭렵하고 노장(老莊)과 불학(佛學)에도 밝았다. 제자들이 엮은 『이정유서』(二程遺書)가 있다.

70) 요임금은 전설상 고대 제왕의 하나이다. 제곡(帝嚳)의 아들로, 성은 기(祁), 이름은 방훈(放勳)이었다고 한다. 원래 당(唐)이란 곳을 다스렸던 우두머리였으므로 도당씨(陶唐氏), 또는 당요(唐堯)라 부른다. 천상(天象)을 살펴 역법(曆法)을 만들었다고 전한다. 유가에서 성군으로 추앙되는 인물이다.

71) 순임금은 전설상 고대 제왕의 하나이다. 성은 요(姚)로, 유우씨(有虞氏)이며, 이름은 중화(重華)라 한다. 보통 우순(虞舜)이라 부른다. 뛰어난 효성으로 요임금에게 발탁되어 섭정을 거쳐 천하를 물려받았다고 한다. 우를 등용하여 황하의 치수에 성공을 거두었으며, 요임금과 함께 성군의 대명사처럼 일컬어진다. 맹자는 순임금이야말로 모든 이로움을 천하와 함께 나눈 성인이라 추앙했다.

72) 우왕은 하나라를 세운 임금으로, 성은 사(姒), 이름은 문명(文命), 호는 고밀(高密)이라 한다. 달리 대우(大禹) · 융우(戎禹) · 숭우(崇禹) · 백우(伯禹) · 하우(夏禹) 등으로 부르기도 한다.

73) 문왕의 이름은 희창(姬昌)이다. 달리 주사(周俟) · 서백(西伯) · 백창(伯昌) · 희백(姬伯) · 주원(周原)으로 부르며, 갑골문엔 주방백(周方伯)이란 기록도 보인다. 고공단보(古公亶父)의 손자, 왕계(王季)의 아들로 기산(岐山) 아래에서 선정을 펼쳤다. 주왕의 시샘으로 유리(羑里, 지금의 하남성 湯陰縣 북쪽)에 갇혔다 풀려났으며, 서쪽 지역의 제후들에 의해 서백(西伯)이라 불렸다.

대의 융성으로 이끌었을 것이다. 설령 등용되지 않더라도 책을 저술하거나 훌륭한 주장을 펴 공자의 도를 밝혔을 터, 그 또한 틀림없이 맹자(孟子)[74]의 아래에 놓이지는 않았으리라. 그러니 다른 사람과 견줄 수 있는 그런 안자가 아니다.

余按: 顏子所以幾於聖人者, 其德之崇不待言, 其於堯舜禹湯文武之道亦必深有所見, 故孔子以夏時殷輅周冕韶舞語之, 非徒以蘊藉和平, 氣象雍容爲勝人也. 但其不幸早世, 未及有所建白. 使見用於世, 必能移風易俗, 創制顯庸, 措天下於唐虞三代之隆. 卽不見用於世, 而著書立說, 發明孔子之道, 亦必不在孟子之下, 非他人所可望也.

황숙도라는 사람의 뛰어남이 도대체 무엇인지 나는 알 수 없다. 다만 정자(程子)는 뛰어난 자질과 순수한 학문으로 후학들의 길을 열어주었으므로, 성인 공자의 도에 공로가 없는 것은 아니다. 하지만 그가 이 세상을 위해 임금에게 올린 의견이란 것도 모두 흔히 볼 수 있는 어진 신하나 유능한 관리 정도라면 충분할 정도에 지나지 않는다. 지위가 낮았기에 뛰어난 바를 다 펼칠 수 없어 그랬다손 치더라도, 그의 지론이나 가르침 또한 맹자와 견주어 열에 두셋 정도나 될지 의심스럽다.

그렇다면 황숙도나 정백순은 속 깊고 온화하며 의젓한 기상에 지나지 않는다. 따라서 거기에 걸맞게 평가하면 그만일 터, 어찌하여 안자를 고작 그런 정도에 그쳤다고 말할 수 있겠는가!

彼叔度者, 吾不知其勝人者何在. 卽程子資穎學純, 啓迪後學, 非不有

---

74) 맹자(기원전 372?~289)는 전국시대 추(鄒)나라 사람으로, 이름은 가(軻), 자는 자여(子輿)이다. 공자의 손자 자사(子思)의 제자에게 배웠다 한다. 제(齊)나라와 위(魏)나라에서 유세했으나 뜻을 펼치지 못했으며, 만년에 공손추·만장 등과 함께 저서와 입설(立說)로 일관했다. 공자의 학설을 계승하여 인의(仁義)를 주창했으며, 인정(仁政)을 내세워 민본주의와 왕도정치(王道政治)를 표방했다. 원나라 때 추국아성공(鄒國亞聖公)으로 추증되었으며, 명나라 때 아성맹자(亞聖孟子)로 추존되었다.

功於聖道, 然所建白皆尋常賢臣循吏之所能; 此或因其位卑不得盡其所
長, 而其持論敎人亦未見其可方孟子之二三也. 然則二子者, 不過以其蘊
藉和平, 氣象雍容, 故有此品題耳. 寧顏子而僅如是已乎!

대체로 한나라 말엽의 풍조가 기상과 도량을 중시하는 쪽으로 점점
흐르더니, 위진(魏晉)시대에는 마침내 풍채와 도량만으로 인물을 평가
하기에 이르렀다. 심지어 아무것도 따지지 않고 인물을 등용하다가 유
곤(劉琨)[75]과 석륵(石勒)[76]의 재앙을 초래하고 말았다. 송나라 또한
자못 그런 풍조가 만연하더니, 결국에는 정강지란(靖康之亂)[77]을 겪었
다. 그런데도 송나라 이후 유학자들은 끝내 주돈이(周敦頤)[78] · 정자 ·
장재(張載)[79] · 주자를 안자 · 증자(曾子) · 자사(子思) · 맹자에 견주
고 있으니, 안자와 맹자를 보는 그들의 안목 또한 너무 얕음이다.

---

75) 유곤(270~318)은 진나라 중산(中山) 사람으로, 자는 월석(越石)이다. 민제
　때 대장군으로 병주(幷州) · 기주(冀州) · 유주(幽州)의 도독(都督)을 지냈으
　며, 진나라가 남쪽으로 옮겨간 뒤에도 병주에 남아 석륵과 대치하다 단필제
　(段匹磾)에게 투항한 뒤 피살당했다.
76) 석륵(274~333)은 동진 때 후조(後趙)를 세운 인물이다. 갈족(羯族)으로 노
　예였지만 흉노족 유연(劉淵)을 따라 전공을 세운 뒤 중원의 대부분을 차지하
　게 되었다.
77) 정강은 남송 흠종(재위 1126~27)의 연호이다. 휘종과 흠종이 금(金)나라의
　포로가 되었던 한족의 치욕적인 사건이 바로 정강지란이다.
78) 주돈이(1017~73)는 북송 도주(道州) 염계(濂溪) 사람으로, 자는 무숙(茂
　叔), 시호는 원공(元公)이다. 여산(廬山)에 염계서당(濂溪書堂)을 짓고 제자
　들을 가르쳤으므로 보통 염계선생이라 부른다. 『태극도설』(太極圖說)과 『통
　서』(通書)를 지었다. 도가 학설을 채용하여 태극을 이(理)로 삼고 오행(五行)
　을 기(氣)로 보았으며, 송명 이학에 많은 영향을 미쳤다.
79) 장재(1020~77)는 봉상(鳳翔) 횡거진(橫渠鎭) 사람으로, 자는 자후(子厚)이
　다. 숭문원교서(崇文院校書)를 지낸 뒤 강학으로 일관했다. 제자들은 그를 횡
　거선생이라 불렀으며, 관중(關中) 출신이었으므로 그의 학파를 관학(關學)이
　라 일컫는다. 이(理)가 만물의 본원이라는 설을 반대하고, 기(氣)야말로 우주
　에 충만한 실체라 했다. 『정몽』(正蒙)과 『경학리굴』(經學理窟)을 남겼으며,
　제자들이 엮은 『장자전서』(張子全書)가 있다.

안자와 맹자는 공자보다 겨우 한 단계 낮을 뿐이다. 삼대 이후로 맹자만한 사람을 나는 아직 보지 못했으며, 안자만한 사람은 결코 없었다. 그럼에도 그렇고 그런 사람을 마구 안자에 비유함으로써 성현의 진면목을 천하에 밝힐 수 없게 만들어버렸다. 때문에 이와 같은 논의를 덧붙인다.

蓋漢末之流風漸尙氣度, 至於魏晉遂專以風釆度量權衡人物, 以至萬事不理而有劉石之禍; 宋亦頗有此風, 是以亦有靖康之亂也. 而宋以後儒者遂以周程張朱媲之顔曾思孟, 其視顔孟亦太淺矣. 夫顔孟, 下孔子一等耳; 三代以下吾未見有如孟子者也, 則亦必無能有如顔子者也. 而乃紛紛擬之, 致聖賢之眞不白於天下, 故附論之如此.

안연이 죽자, 공자가 말했다.
"아, 하늘이 나를 버리시는가! 하늘이 나를 버리시는가!"(『논어』「선진편」)

顔淵死, 子曰: "噫, 天喪予! 天喪予!"(論語先進篇)

안연이 죽자, 공자가 통곡했다. 그러자 공자를 따르던 제자들이 말했다.
"스승님께서 통곡하셨습니다."
이에 공자가 말했다.
"그러했더냐? 하지만 저런 사람을 위해 통곡하지 않고 누구를 위해 통곡하랴!"(『논어』「선진편」)

顔淵死, 子哭之慟. 從者曰: "子慟矣." 曰: "有慟乎? 非夫人之爲慟而誰爲!"(同上)

안연이 죽자, 공자의 제자들이 후하게 장사지내려 했다. 그러자 공자가 말했다.
"그러지 말라!"

하지만 제자들은 안연을 후하게 장사지냈다. 이에 공자가 말했다.

"안회는 나 보기를 아버지처럼 했거늘, 나는 그를 아들처럼 대하지 못하게 되었구나! 이는 내 탓이 아니지. 바로 너희들 때문인 게야!" (『논어』「선진편」)

顏淵死, 門人欲厚葬之, 子曰: "不可!" 門人厚葬之. 子曰: "回也視予猶父也, 予不得視猶子也! 非我也, 夫二三子也!" (同上)

【부론】 애공(哀公)[80]이 물었다.

"제자들 가운데 누가 배우기를 좋아합니까?"

이에 공자가 대답했다.

"안회라는 제자가 배우기를 좋아했지요. 그는 노여움을 다른 곳으로 옮기지 않았으며, 같은 잘못을 되풀이하지 않았습니다. 하지만 불행히도 단명해 이미 죽고 말았지요! 이제 그가 없으니, 달리 배우기를 좋아하는 사람에 대해 들어본 적이 없습니다." (『논어』「옹야편」)

【附論】 哀公問: "弟子孰爲好學?" 孔子對曰: "有顏回者好學, 不遷怒, 不貳過; 不幸短命死矣! 今也則亡, 未聞好學者也." (論語雍也篇)

【부론】 공자가 안연을 일컬어 말했다.

"애달프구나. 나는 그가 나아감만 보았지 머뭇거림을 볼 수 없었느니라!" (『논어』「자한편」)

【附論】 子謂顏淵曰: "惜乎, 吾見其進也, 未見其止也!" (論語子罕篇)

---

80) 애공은 정공을 이어 즉위한 노나라 임금 장(蔣)으로, 기원전 494~468년 재위했다. 공자에게 정사에 관해 물은 적이 있으며, 재위 말년 월(越)나라의 힘을 빌려 삼환(三桓)을 제거하려다 실패한 뒤 국외를 떠돌았다.

8. 공자와 안연이 오나라 창문의 백마를 보았다는 이야기를 왕충이 바로잡다(王充闢孔顔望閶門白馬之說)

왕충(王充)[81]은 『논형』(論衡)[82] 「서허편」(書虛篇)에서 이렇게 말했다.

"전해지는 책에 이런 이야기도 있다.[83] 안연이 공자와 함께 노나라 태산(泰山)[84]에 올랐다. 그때 공자가 동남쪽을 바라보았더니 오(吳)나라[85] 창문(閶門)[86] 밖에 흰 말이 매어 있었다. 이에 공자는 안연을 이끌어 손가락으로 가리키며 물었다. '너도 오나라 창문이 보이느냐?' '보입니다.' '창문 밖에 무엇이 있느냐?' '흰 비단천이 묶여 있는 듯합

---

81) 왕충(27~97?)은 동한 회계(會稽) 상우(上虞) 사람으로, 자는 중임(仲任)이다. 고아로 반표(班彪)에게 배웠다. 가난하여 책을 구할 수 없었던 그는 낙양의 책가게에 진열된 책을 모두 외워버렸다는 박학다식의 전형이며, 낙향하여 저술과 강학으로 일관했다. 『논형』이 전해지며, 『양성서』(養性書) 16편이 있었다고 하나 실전되었다. 유가의 천인감응설(天人感應說)을 반대하고, 도가의 무위자연설(無爲自然說)을 즐겼다.

82) 『논형』은 왕충이 지은 책이다. 30권 85편으로 이루어졌으며, 그 가운데 「초치편」(招致篇)은 전하지 않는다. 왕충은 30여 년에 걸쳐 이 책을 집필했으며, 실증을 근간으로 미신을 배격했다. 특히 공자에 대한 신격화(神格化)를 반대하여 이를 철저히 분석하고 비평함으로써 후대에 많은 영향을 미쳤다.

83) 왕충은 『한시외전』에 나오는 이야기를 근거로 이렇게 논박한 것이다.

84) 태산은 대종(岱宗)·대악(岱嶽)·대산(岱山)으로 일컬어졌으나, 춘추시대 이후 태산이라 불렸다. 주봉인 옥황정(玉皇頂)은 태안시(泰安市) 북쪽에 위치한다. 중국의 동부에 위치한 까닭에 동악(東嶽)이라 부르며, 오악(五嶽) 가운데 으뜸으로 여겼다. 하·은·주 삼대에 걸쳐 72명의 제왕이 이곳에서 봉선(封禪)을 행했다고 전한다.

85) 오나라는 태왕(太王, 古公亶父)의 아들인 태백(太伯)과 중옹(仲雍)의 후손으로 이어진다. 도성은 오(吳, 지금의 강소성 蘇州)이다. 합려(闔閭)와 부차(夫差) 때 위세를 떨쳤으며, 기원전 473년 월나라에 멸망당했다.

86) 창문은 오나라 성문 이름이다. 『오월춘추』(吳越春秋)에 의하면 오나라는 둘레가 10리인 성을 쌓고 성문을 세 개만 냈는데, 서쪽 성문이 창문이었다고 한다. 이 성문을 달리 파초문(破楚門)이라 불렀는데, 이는 서북쪽에 있는 초나라를 치기 위한 성문이라는 의미라 한다.

니다.' 공자는 안연의 눈을 문질러주다가 그만두고 하산했다. 산에서 내려온 뒤 안연은 머리털이 하얗게 세고 이가 빠지더니 끝내 병들어 죽고 말았다. 무릇 정신력이 공자만 못했던 안연이 너무 힘을 쏟은 나머지 그만 정기가 소진됐고, 그래서 젊은 나이에 요절한 것이다. 세상 사람들은 이런 이야기를 듣고 모두 사실로 여기지만, 실상을 따진다면 자못 엉뚱한 헛소리이다. 사람의 시력이란 덩치가 큰 것은 쉽게 볼 수 있지만, 작은 것은 살피기 어렵다. 설령 안연더러 오나라 창문 밖에서 태산의 모습을 살피라 했더라도 끝내 볼 수 없었을 터인데, 하물며 태산에서 오나라 창문 밖에 매여 있는 백마를 보라 했으니 볼 수 없었음이 분명하다. 안연만 볼 수 없었던 게 아니라, 공자 또한 볼 수 없었다. 육가(陸賈)[87]는 '이루(離婁)[88]의 밝은 눈으로도 휘장이나 발을 드리운 안쪽은 살필 수 없으며, 사광(師曠)[89]의 밝은 귀로도 1백 리 밖의 소리는 들을 수 없다'고 했다. 오나라 창문과 태산이라면 휘장이나 발로 가린 것도 아니며, 1백 리 밖에 있다. 진(秦)나라[90] 무왕(武王)은 맹열(孟說)과 무거운 솥을 들어 올리는 힘겨루기를 하다가, 감당할 수 없어 힘줄이 끊어져 죽었다.[91] 무거운 솥을 들어 올리려면 힘을 써야 하고, 힘

---

87) 육가는 서한 초기 인물로, 한나라 건국에 많은 공을 세웠다. 뛰어난 언변으로 남월(南越)을 설득했고, 승상인 진평(陳平)과 모의하여 문제(文帝)를 즉위시키기도 했다. 『신어』(新語) 12권이 전해지며, 그가 지었다는 『초한춘추』(楚漢春秋)는 실전되었다.

88) 이루는 전설상 눈이 밝기로 유명한 인물이며, 이주(離朱)라 부르기도 한다.

89) 사광은 춘추시대 진(晉)나라의 악사로, 자는 자야(子野)이다. 태어나면서부터 눈이 멀었으나 소리를 잘 분별했다고 한다.

90) 진나라는 영성(嬴姓) 제후국으로, 주나라 효왕(孝王) 때 백예(伯翳)의 아들 비자(非子)를 부용(附庸)으로 삼은 데에서 시작된다. 양공(襄公)이 평왕의 동천(東遷)을 도운 뒤 제후로 승격되었다. 춘추시대 목공(穆公)은 패업을 달성했고, 전국시대 효공(孝公)은 상앙(商鞅)을 등용하여 변법(變法)을 시행함으로써 전국칠웅(戰國七雄)의 하나가 되었다. 기원전 221년 진왕 영정(嬴政, 곧 始皇帝로 기원전 259~210)은 중국 최초의 통일왕조를 세웠다.

91) 진나라 무왕은 힘이 장사였으며 역사(力士)를 총애했다. 무왕은 맹열과 힘을 겨루다 정강이뼈가 부러져 죽었다. 맹열을 달리 맹분(孟賁)이라 적기도 한다.

은 근육과 힘줄에서 나온다. 근육과 힘줄이 견디지 못하면 끊어지거나 손상되어 죽을 수도 있다. 이는 충분히 있을 법한 일이다. 이제 안연이 눈으로 멀리 바라보다가 감당할 수 없었다면, 의당 눈이 멀었어야 하리라. 머리털이 하얗게 세고 이가 빠진 것은 그래서 그런 게 아니다."[92]

王充論衡書虛篇: "傳書或言顏淵與孔子俱上魯泰山. 孔子東南望吳閶門外有繫白馬, 引顏淵指以示之, 曰: '若見吳閶門乎?' 顏淵曰: '見之.' 孔子曰: '門外何有?' 曰: '有如繫練之狀.' 孔子撫其目而止之, 因與俱下. 下而顏淵髮白齒落, 遂以病死. 蓋以精神不能若孔子, 强力自極, 精華竭盡, 故早夭死. 世俗聞之, 皆以爲然. 如實論之, 殆虛言也. 人目之視也, 物大者易察, 小者難審. 使顏淵處閶門之外望泰山之形, 終不能見; 況從泰山之上察白馬之色, 不能見明矣. 非惟顏淵不能見, 孔子亦不能見也. 陸賈曰: '離婁之明不能察帷薄之內, 師曠之聰不能聞百里之外.' 閶門之與泰山非直帷薄之內, 百里之外也. 秦武王與孟說擧鼎不任, 絶脈而死. 擧鼎用力, 力由筋脈, 筋脈不堪, 絶傷而死, 道理宜也. 今顏淵用目望遠, 目睛不任, 宜盲眇; 髮白齒落, 非其致也."

【부통론】 공자가 말했다.

"안회는 석 달 동안 인을 벗어나지 않을 수 있지만, 다른 사람은 며칠이거나 아니면 달포 정도에 그칠 뿐이다."(『논어』「옹야편」)

【附通論】 子曰: "回也其心三月不違仁; 其餘則日月至焉而已矣."(論語雍也篇)

【부통론】 공자가 안연에게 말했다.

"등용되면 도를 실천하고 등용되지 못하더라도 조용히 도를 지키는 것, 이는 오직 나와 너만이 그렇게 할 수 있으리라!"(『논어』「술이편」)

---

92) 최술은 오로지 왕충의 주장만 옮겨 적고 있는데, 이는 최술의 변증에서 유일한 경우이다.

【附通論】子謂顏淵曰: "用之則行, 舍之則藏, 惟我與爾有是夫!" (論語述而篇)

【부통론】 공자가 말했다.

"안씨의 아들은 아마 도를 깨우친 게야! 잘못이 있으면 알아채지 못한 적이 없으며, 잘못인 줄 알면 같은 잘못을 다시 저지른 적이 없으니 말이야." (『역』「계사하전」)

【附通論】 子曰: "顏氏之子其殆庶幾乎! 有不善未嘗不知, 知之未嘗復行也." (易繫辭下傳)

【부통론】 공자가 말했다.

"안회의 사람됨은 중용(中庸)을 택하여, 올바름 하나를 깨우치면 가슴속에 꼭꼭 새겨 허투루 한 적이 없었다." (『중용』 8장)

【附通論】 子曰: "回之爲人也擇乎中庸, 得一善則拳拳服膺而弗失之矣." (中庸)

【부통론】 공자가 자공에게 물었다.

"너와 안회 가운데 누가 훌륭하다고 생각하느냐?"

이에 자공이 대답했다.

"제가 어찌 감히 안회를 따를 수 있겠습니까! 안회는 하나를 들으면 열을 아는데, 저야말로 하나를 들으면 겨우 둘을 알 정도인걸요."

그러자 공자가 말했다.

"그래, 같지 않지. 나도 너처럼 그를 따를 수 없더구나!"[93] (『논어』「공야장편」)

---

93) '여'(與)를 '허락하다'(許與)로 보느냐, 아니면 '마찬가지'(與同)로 보느냐에 따라서 해석은 확연히 달라진다. 포함(包咸)의 설을 따라 '마찬가지'로 해석했다.

【附通論】子謂子貢曰："女與回也孰愈？"對曰："賜也何敢望回！回也聞一以知十，賜也聞一以知二."子曰："弗如也，吾與女弗如也！"（論語公冶長篇）

【부통론】증자가 말했다.

"곧잘 하면서도 그렇지 못한 자에게 물으며, 넉넉하면서도 그렇지 못한 자에게 물으며, 있어도 없는 듯, 그득하면서도 빈 듯, 누가 뭐래도 따지지 않음을[94] 옛날 나의 벗 가운데 그렇게 한 사람이 있었더니라."
(『논어』「태백편」)

【附通論】曾子曰："以能問於不能，以多問於寡，有若無，實若虛，犯而不校，昔者吾友嘗從事於斯矣."（論語泰伯篇）

9. 안자는 여러 제자들이 따를 수 없었다(顔子非諸弟子可及)

『맹자』에서 공손추(公孫丑)[95]는 "염백우·민자건·안연이 공자의 모든 면을 갖추었지만 조금 모자랐다"고 했는데, 송나라 이후로 거의 안자와 증자를 병칭함으로써 엇비슷한 수준인 것처럼 되고 말았다.

孟子書中, 公孫丑稱"冉牛閔子顔淵具體而微."自宋以來, 多以顔曾並稱, 皆若是班焉者.

나는 이렇게 생각한다.

『논어』에서는 "애공이 물었다. '제자들 가운데 누가 배우기를 좋아합니까?' 이에 공자가 대답했다. '안회라는 제자가 배우기를 좋아했지요.

---

94) 주자는 '교'(校)를 '계교'(計校)로 보았다. 따라서 우리말로 해석한다면 '따진다' 정도가 될 것이다. 그러나 포함은 '교'를 '보'(報)로 보고 '보복'(報復)으로 해석했다. 주자의 설을 따라 해석했다.

95) 공손추는 맹자의 제자로 제나라 사람이다. 『맹자』에 「공손추」가 있으며, 14번에 걸쳐 맹자와 문답한 내용이 들어 있다.

그는 노여움을 다른 곳으로 옮기지 않았으며, 같은 잘못을 되풀이하지 않았습니다. 하지만 불행히도 단명해 이미 죽고 말았지요! 그리하여 이제 그가 없으니, 달리 배우기를 좋아하는 사람에 대해 들어본 적이 없습니다"라고 했는데, 이런 애공의 물음은 공자가 노나라로 돌아온 뒤이며, 문답을 나눈 4~5년 뒤에 공자는 죽었다. 과연 안자와 견줄 만한 제자가 있었다면, 공자가 애공에게 일러주었으리란 점은 너무나 당연하다. 그런데도 공자의 말이 이와 같았다면, 이는 평소 공자의 정론인 셈이다. 따라서 안자의 경지야말로 다른 제자들이 따를 수 있는 바가 아니었다.

余按論語：“哀公問：‘弟子孰爲好學.’孔子對曰：‘有顔回者好學, 不遷怒, 不貳過；不幸短命死矣! 今也則亡, 未聞好學者也.’”哀公之問在孔子歸魯之後, 後此四五年而孔子卽卒, 果有可與顔子抗行者, 孔子必擧以告哀公明矣；孔子之言如是, 則是孔子早有論定, 顔子非他人所可及矣.

안자가 인에 대해 묻자, 공자는 “극기복례가 인이다. 하루라도 극기복례할 수 있다면 천하가 인으로 돌아갈 것이다”라고 했으며, 안자가 나라를 다스리는 것에 대해 물었을 때, 공자는 “하나라의 역법을 시행하며, 은나라의 수레를 타고, 주나라의 면류관을 쓰며, 음악은 소무를 연주하는 것이다”라고 했는데, 『논어』 가운데 공자가 이처럼 수준 높은 말로 다른 제자들에게 말한 적이 있었던가? 그렇다면 이런 수준에 도달할 수 있는 자는 안자 이외에 없었음이다.

顔子問仁, 孔子曰：“克己復禮爲仁；一日克己復禮, 天下歸仁焉.”問爲邦, 孔子曰：“行夏之時, 乘殷之輅, 服周之冕, 樂則韶舞.”論語中有孔子以此等語言告他人者乎? 然則非顔子不能及此矣.

공자는 민자건을 일컬어 “저 사람은 말이 적지만, 말을 하기만 하면 반드시 깊은 속내가 있다”고 했고, 염백우를 일컬어 “자네 같은 사람이 이런 몹쓸 병에 걸리다니!”라고 말했을 뿐이었다.

하지만 안자에게만은 "등용되면 도를 실천하고 등용되지 않더라도 조용히 도를 지키는 것, 이는 오직 나와 너만이 할 수 있다"고 말하거나, "안회는 석 달 동안 인을 벗어나지 않을 수 있다"거나, "안회는 아마 도를 깨우친 게야!"라고 말했다. 뿐만 아니라 "나의 말에 기뻐하지 않은 적이 없다"고 말하거나, "애석하구나! 나는 그가 앞으로 나아감만 보았지 머뭇거림을 보지 못했다"라고도 말했다.

공자의 안자에 대한 칭찬이 이 정도였으니, 민자건이나 염백우보다는 틀림없이 많은 차이가 있었음이다.

孔子稱閔子, 曰"夫人不言, 言必有中", 稱冉牛, 曰"斯人也而有斯疾也", 如是而已. 至於顔子, 則曰"用之則行, 舍之則藏, 惟我與爾有是夫", 曰"回也其心三月不違仁", 曰"回也其庶乎!"曰"於吾言無所不說", 曰"惜乎, 吾見其進也, 未見其止也". 其稱顔子至於如是, 其與閔冉必有間矣.

증자는 공자를 일컬어 "장강(長江)[96]이나 한수(漢水)[97]에 옷을 빨아 한여름 뙤약볕에 말리는 것과 같다"고 비유했는데,[98] 이는 참으로 성인

---

96) 장강은 양자강(揚子江)을 말한다. 청해(靑海)의 남쪽 탕구라트산의 타타하 (沱沱河)에서 발원하여 동남쪽으로 흐른다. 상류를 통천하(通天河), 직달문 (直達門)에서 사천성(四川省) 의빈시(宜賓市)까지를 금사강(金沙江), 의빈시에서 양주(揚州) 사이를 장강이라 부르며, 양주 이하를 예로부터 양자강이라 불렀다.

97) 한수는 달리 한강(漢江)이라 부른다. 장강의 가장 큰 지류로 섬서성 영강현 (寧强縣) 북쪽 반총산(蟠冢山)에서 발원하여 양수(漾水)·면수(沔水)·포수 (褒水) 등을 거친 뒤 한수로 일컬어지며, 무한시(武漢市) 한양(漢陽)에 이르러 장강과 합류한다.

98) 『맹자』「등문공 상」에서의 말이다. 공자가 죽은 뒤에 자하(子夏)·자유(子游)·자장(子張) 등은 공자와 닮은 점이 많은 유약(有若)을 스승으로 추대할 생각을 갖고, 증자에게도 그렇게 할 것을 강권했다. 그러자 증자는 이를 거부하면서 조그만 도랑물이나 얼핏 나오는 햇빛으로 공자의 위대함과 견줄 수 없다는 의미로 한 말이다. 원문의 추양(秋陽)은 한여름의 뙤약볕을 의미한다. 주나라는 자월(子月)을 세수로 삼았기에 7~8월은 지금의 음력으로는 5~6

을 알아볼 수 있었기에 한 말이다.

그런데 안자는 성인 공자를 일컬어 "우러러보면 우러러볼수록 더욱 높고, 파고들면 파고들수록 더욱 단단하다"고 했으며, "차근차근 잘도 이끌어주신다"고 했다. 또 "나의 능력이 이미 다했건만 스승이 서 계신 곳은 더욱 높기만 하다. 아, 아무리 따르려 해도 도무지 어찌해야 할 줄 모르겠다"라고 말했다.

안자의 이런 말들을 증자의 말과 비교해보면, 성인의 도에 대한 인식의 깊고 얕음 또한 틀림없이 많은 차이가 있었음이다.

曾子稱孔子, 曰"江漢以濯之, 秋陽以暴之", 誠哉知聖人矣. 然顏子稱聖人, 曰"仰之彌高, 鑽之彌堅", 曰"循循然善誘人", 曰"旣竭吾才, 如有所立卓爾, 雖欲從之, 末由也已", 較之曾子, 其於聖道之淺深亦必有辨矣.

안자가 죽자, 공자는 "하늘이 나를 버리시는가! 하늘이 나를 버리시는가!"라고 통탄했으며, 맹자는 "그런데도 이어받은 사람이 없었다"[99]고 했다. 이는 대체로 안자의 조예가 이미 깊었던지라, 그가 오래 살아만 준다면 성인의 도가 세상에 크게 밝혀지지 아니함 정도야 걱정거리도 아님을 말한 것이다. 그런데 불행하게도 일찍 죽자, 공자는 "하늘이 나를 버렸다"고 생각했으며, 맹자는 "이어받은 사람이 없다"고 풀이한 것이다.

이로 미루어 말하건대 안자가 이룬 경지는 이미 다른 여러 제자들과 견줄 수 있는 게 아니다. 그러므로 이제 안자를 유달리 드러냈는데, 이는 감히 옛 성현을 함부로 높이거나 깎아내리려는 게 아니다. 참으로 공자의 말을 독실하게 믿음이지, 감히 내 나름대로의 생각을 개입하려

월에 해당된다.

99) 『맹자』「진심 하」의 내용으로, 공자가 죽은 지 1백 년이지만 제대로 공자를 계승한 사람이 없음을 통탄한 말이다.

는 게 아니다.

　顔子卒, 孔子曰:"天喪予! 天喪予!"孟子曰:"然而無有乎爾."蓋顔
子之造詣已深, 假之以年, 聖道不患其不昌明於世; 不幸早沒, 故孔子以
爲"喪予", 孟子以爲"無有"也. 由是言之, 顔子所至固非諸弟子所可班.
故今於顔子獨表而出之, 非敢於古聖賢妄有所低昂於其間, 誠篤信孔子之
言而不敢以己見參之耳.

　안자의 자취와 문답의 선후를 일일이 고증할 수는 없다. 그래서 갖가
지 이야기를 간추려 대략 이상과 같은 차례로 실었다.

　顔子之事與其問答之言, 先後皆不可考; 姑以事類約略次之如右.

증자曾子

『사기』에서는 이렇게 말한다.

"증참(曾參)¹⁾의 자는 자여(子輿)이다."²⁾

史記: "曾參, 字子輿."

【보】 증점(曾蒧, 『논어』에서는 '點')의 자는 석(晳)이다. (『사기』「중
니제자열전」)

【補】 曾蒧(論語作點), 字晳. (史記仲尼弟子列傳)

---

1) '증참'(曾參)을 흔히 '증삼'으로 읽기도 한다. 그러나 본 역주에서는 '증참'으
로 읽었다. 약의 이름으로 쓰일 때, 곧 인삼(人蔘)이나 현삼(玄蔘) 등을 일컬을
때나 셋이라는 숫자로 쓰일 때를 제외하면 거의 '참'으로 읽는다. 춘추시대나
전국시대 초에는 의학이 발전한 시기도 아니며, 증참이 셋째라는 어떤 증거도
발견할 수 없다. 만일 증자가 셋째였다면 관례상 자(字) 정도는 '숙'(叔)이나
'계'(季)를 썼을 터인데, 그의 자는 자여(子輿)이다. 뿐만 아니라 이름과 자는
조화를 이루는 게 보통인데, '삼'이라면 '여'(輿)와 어울리지도 않는다. 따라서
'증참'으로 읽는 것이 타당하리라 여겨진다. 하지만 '삼'으로 읽는 것도 근거가
없는 것은 아니다. 허신(許愼)은 『설문해자』(說文解字)에서 '삼'(森)자는 "증
삼의 삼처럼 읽는다"(讀若曾參之參)고 했다.
2) 『사기』「중니제자열전」과 『공자가어』에서는 노나라 남무성(南武城) 사람으로,
공자보다 마흔여섯 살 어리다 했다.

앞쪽 「안자편」에서 이미 자세히 말했다.[3]

說已詳前顔子篇中.

1. 바람 쐬고 노래나 부르겠다는 증석의 대답을 변증함
(辨曾晳風詠之答)

『논어』「선진편」에는 증석이 자로 · 염유(冉有) · 공서화(公西華)와
함께 공자를 모시고 각자의 포부에 대해 말한 내용이 있다.[4]

論語先進篇有曾晳與子路冉有公西華侍坐言志之事.

나는 이렇게 생각한다.

이 장은 공자가 제자들에게 지기(知己)를 만난다면 어떻게 하겠는가
를 물었으므로, 자로 등 세 사람은 모두 정사에 관한 것으로 대답했다.
그런데 "바람 쐬고, 목욕하고, 노래를 읊조리며 돌아온다"는 대답이야
말로 자신을 알아주건 알아주지 않건 아무런 관계가 없지 않은가? 더구
나 스승의 물음이 사뭇 구체적일 때에는 일어나서 대답하는 게 예의이
다. 공자가 바야흐로 제자들과 말을 주고받는데도, 증석은 태연스럽게

---

3) 안회의 아버지인 안로를 「안자편」의 들머리에 놓았던 것처럼, 여기에서도 증자
   의 아버지인 증점을 「증자편」의 들머리에 놓았다는 뜻이다.
4) 공자는 이렇게 물었다. "내가 너희들보다 나이가 좀 많다 해서 꺼릴 필요는 없
   다. 평소에 너희들은 그러더구나. '자신의 능력을 알아주지 않는다고.' 만일 너
   희들이 지기(知己)를 만나게 된다면 어떤 능력을 펼 수 있겠느냐?" 그러자 자
   로는 강대국 사이에 끼어 어려움을 겪는 천승지국(千乘之國)을 3년이면 잘 이
   끌 수 있겠노라고 자신만만하게 대답한다. 이어서 공자의 재촉을 받은 염유는
   작은 나라를 3년이면 의식을 충족시킬 수 있으나, 예악은 다른 사람의 도움을
   받겠다고 겸손하게 대답한다. 공자의 재촉을 받은 공서화는 자신할 수 없지만
   종묘의 제사나 제후의 회합에 예복을 갖춰 입고 말단 보좌역을 담당하고 싶다
   고 겸손하게 말한다. 마지막으로 이런 문답에 아랑곳없이 비파만 타던 증석에
   게 공자의 재촉이 이어졌다. 그러자 증석은 엉뚱하게도 늦은 봄 봄옷이 만들어
   지면, 대여섯 명의 청년과 예닐곱 명의 동자들을 데리고 기수(沂水)에서 목욕
   하고, 무우(舞雩)에서 바람 쐬고, 노래를 읊조리며 돌아오겠노라고 대답한다.

비파를 타고 있었다니 이 또한 예의와 동떨어진 게 아니고 무엇이랴?

余按此章, 孔子問以何事答知己, 故子路等三人所言皆從政之事;"風
浴詠歸", 於知我不知我何涉焉? 且先生問更端則起而對, 禮也; 孔子方
與諸弟子言而晳鼓瑟自如, 不亦遠於禮乎?

더욱이 공자의 면전에서 '부자'(夫子)라 부르는 경우는 춘추시대에
없었다. 『논어』 가운데 오로지 「양화편」에 그런 경우가 있지만, 전국시
대 사람들이 엮은 것이기에 근거로 삼기엔 부족하다.[5] 그렇다면 이 장
은 노자(老子)[6]나 장자(莊子)[7]를 좋아하는 사람들이 의도적으로 지어
낸 이야기인데, 후세 유학자들이 『논어』에 잘못 끼워넣은 것이리라.

그런데도 주자는 "증점의 말에는 세상만물이 제자리에 위치한다는
의미가 있다. 그래서 공자도 그렇게 하고 싶다고 말한 것이다"라고 했
다.[8] 주자의 이런 논의는 비록 그럴듯하나, 반드시 사실이라 단정지을

---

5) 공자 면전에서 '부자'(夫子)라고 부른 것은, 「양화편」의 자유(子游)가 다스리
던 무성(武城) 고을에 공자가 들렀을 때이다. 뒤쪽 자유를 다루는 부분에서 자
세히 거론하게 된다.
6) 노자는 춘추시대 사상가이며, 도가학파(道家學派)의 창시자이다. 『사기』에 의
하면 성은 이(李), 이름은 이(耳), 자는 백양(伯陽), 시호는 담(聃)이라지만 이
설이 많다. 진(陳)나라(후에 초나라에 멸망당했으므로 초나라 사람이라고도
함) 고현(苦縣, 지금의 하남성 鹿邑 동쪽) 여향(厲鄕) 곡인리(曲仁里) 사람이
라 한다. 주나라의 수장리(守藏吏)를 지냈으며, 주나라의 쇠락을 안타까워하며
함곡관(函谷關)을 벗어나 은거했다고 한다. 그의 저술로 일컬어지는 『도덕경』
(道德經)은 많은 논란의 소지가 많다. 『사기』 「노자한비열전」과 「공자세가」 및
『예기』 「증자문」(曾子問)과 『장자』 「천운」(天運) 등에 공자와 노자가 만났다는
내용이 들어 있는데, 이에 대해 최술은 『수사고신록』 「처음으로 관직을 맡다」
부분에서 철저히 변증하고 있다.
7) 장자(기원전 369?~286)는 전국시대 도가를 대표하는 인물이며, 보통 장주(莊
周)라 부른다. 송나라 몽(蒙, 지금의 하남성 商丘縣 동북쪽) 사람이다. 칠원리
(漆園吏)를 지낸 적이 있으며, 초나라 위왕(威王)이 재상 자리로 초빙했으나
거절했다는 말도 있다. 그의 저술 『장자』는 공자와 제자들의 언행을 비방한 대
표적인 책이다.
8) 『논어집주』에서 주자는 증점의 대답에 대해 장황스럽게 설명하고 있는데, 그

수 없다. 그러므로 이제 이런 내용은 싣지 않는다.

至在孔子之前而稱夫子, 乃春秋時所無; 論語中惟陽貨篇有之, 乃戰國時人所撰, 不足據. 然則此章乃學老莊者之所僞托而後儒誤采之者. 朱子謂 "曾點所言有萬物得所之意, 故孔子與之", 論雖巧而恐其未必實也. 故今不載此文.

2. 증석이 계무자의 대문에 기대어 노래를 불렀다는 이야기를 변증함(辨曾晳倚門之歌)

『예기』(禮記)[9] 「단궁편」(檀弓篇)에서는 이렇게 말하고 있다.

"계무자(季武子)[10]가 죽자, 증석이 계무자의 대문에 기대어 노래를

가운데 최술은 "其胸次悠然, 直與天地萬物上下同流, 各得其所之妙, 隱然自見於言外, …故夫子歎息而深許之"를 축약한 것으로 보인다. 『주자대전』(朱子大全) 13권과 『회암집』(晦庵集) 52권에도 증점의 대답을 논의한 내용이 들어 있다.

9) 『예기』는 유가경전의 하나로 보통 『소대예기』(小戴禮記)를 뜻하나, 엄밀히 말하면 『소대예기』와 『대대예기』(大戴禮記) 전체를 가리킨다. 『대대예기』는 달리 『대대예』(大戴禮) 또는 『대대기』(大戴記)라고 부르며, 서한 때 대덕(戴德)이 선진(先秦) 및 진한(秦漢)의 각종 예학(禮學)에 관한 논저를 묶은 선집이다. 원래 85편이었다고 하나 39편만 전해진다. 중국의 고대사회와 유가사상을 엿볼 수 있는 중요 자료이다. 북주(北周) 노변(盧辯)이 정현·초주(譙周)·손염(孫炎)·송균(宋均)·왕숙(王肅)·범영(范寧)·곽상(郭象) 등의 해설을 모아 주석본을 엮었으나 당송시대 이후 실전되었다. 청나라 공광삼(孔廣森)의 『대대예기보주』(大戴禮記補注)와 왕빙진(王聘珍)의 『대대예기해고』(大戴禮記解詁)가 유명하다. 『소대예기』는 달리 『소대예』 또는 『소대기』라 부르며, 대덕의 조카인 대성(戴聖)이 편찬한 것이다. 모두 49편으로 공자 문하의 제자나 재전(再傳) 및 삼전 제자들에 의해 기록된 문헌이다. 원래는 46편이었는데 동한의 마융(馬融, 79~166)이 3편을 덧붙였으며, 『대대예기』보다 중요시되었다. 정현의 『예기주』(禮記注), 공영달(孔穎達)의 『예기정의』(禮記正義), 주빈(朱彬)의 『예기훈찬』(禮記訓纂), 손희경(孫希卿)의 『예기집해』(禮記集解)가 유명하다.

10) 계무자(기원전 ?~535)는 노나라 대부로, 이름은 계손숙(季孫宿)이다. 계문자(季文子, 季孫行父)의 아들이며, 계평자(季平子, 季孫意如)의 할아버지이다. 노나라 양공 11년(기원전 562) 숙손씨(叔孫氏)·맹손씨(孟孫氏)와 공실(公室)을 셋으로 나눠 차지했으며, 29년 변읍(卞邑)을 점유하기도 했다. 소공

불렀다."

檀弓云: "季武子死, 曾晳倚其門而歌."

나는 이렇게 생각한다.

맹자는 "금장(琴張)·증석·목피(牧皮)와 같은 사람들이야말로 공자께서 말씀하신 광(狂)[11]한 자들이리라"라고 했으며, 또 "그들은 뜻이 크고 말은 거창해서 입만 열었다 하면 '옛 성현께서는! 옛 성현께서는!'이라고 말한다. 하지만 정작 행동거지를 살펴보면 어설픈 구석이 있지"라고 말했다. 공자도 "광한 사람은 진취적이다"라고 했으며, 또 "우리나라의 젊은이들은 광간(狂簡)하고 제법 맵시를 갖추었다"라고도 했다. 그렇거늘 만일 대부가 죽었는데도 그 집 대문에 기대어 노래를 불렀다면, 그것은 대단히 무례한 행동이다. 공자가 그런 사람에게 무엇을 기대한단 말인가?

더구나 계무자는 소공(昭公)[12] 7년에 죽었는데, 당시 공자는 겨우 열여덟 살이었다.[13] 따라서 증석도 그때 몇 살에 지나지 않았을 터, 어떻

5년(기원전 537)에는 공실을 넷으로 나눠 둘을 차지함으로써, 노나라 공실을 무력화시킨 인물이기도 하다.

11) '광'(狂)은 공자나 맹자가 주로 사용했던 사람의 성격을 나타낸 용어로, 뜻과 기개가 드높고 진취적인 성향을 띤 사람을 일컫는다. 보통 '광견'(狂狷)으로 합칭되는데, 여기에서 '견'은 불의(不義)에 절개를 꺾지 않는 성격을 말한다. 중도지사(中道之士) 다음이 광이며, 광 다음이 견이라 할 수 있다. 중도지사·광·견은 모두 아부를 일삼는 향원(鄕原)과 대비되는 인물 형상이다.

12) 소공은 양공(襄公)을 이어 즉위한 노나라의 24대 제후 주(裯)로, 기원전 542~510년 재위했다. 재위 25년 때 계평자(季平子)와 후소백(郈昭伯)의 투계(鬪鷄)로 야기된 싸움에 휘말려 국외로 망명했으며, 당시 노나라 국정은 계평자가 독단했다.

13) 소공 7년은 기원전 535년이다. 공자의 생년에 대해서 최술은 『사기』「공자세가」의 양공 22년 설을 부정하고, 『곡량전』과 『공양전』의 양공 21년 설을 주장한다. 따라서 계무자가 죽은 소공 7년이면 공자는 바로 열여덟 살이다. 증석의 나이는 여러 가지 정황으로 미루어 짐작건대 공자나 자로보다는 어렸던 것으로 여겨지며, 공자가 열여덟 살 때라면 증석도 겨우 대여섯 살을 넘기지 않

게 계무자의 대문에 기대어 노래를 불렀단 말인가! 이런 이야기는 터무니없는 소리를 외쳐대는 사람들이거나, 아니면 장주(莊周)의 무리들이 거짓으로 지어낸 것이다. 그러므로 이제 싣지 않는다.

余按: 孟子曰: "若琴張曾晳牧皮者, 孔子之所謂狂矣." 又曰: "其志嘐嘐然, 曰'古之人! 古之人!'夷考其行而不掩焉者也." 孔子亦曰: "狂者進取." 又曰: "吾黨之小子狂簡, 斐然成章." 若大夫喪而倚其門而歌, 無禮甚矣, 孔子何取焉? 且季武子卒於昭公七年, 孔子僅十八歲, 度曾晳是時當不過數歲, 而安能倚其門而歌乎! 此乃放誕之士, 莊周之徒之所僞托, 故今不錄.

공자가 말했다.
"참아! 나의 도는 일관되어 있느니라."
이에 증자가 말했다.
"예, 그렇습니다!"
공자가 자리를 뜨자, 여러 제자들이 물었다.
"무슨 말씀이신지요?"
그러자 증자가 말했다.
"우리 스승님의 도는 참됨과 너그러움일 따름이지요."(『논어』「이인편」)

子曰: "參乎! 吾道一以貫之." 曾子曰: "唯!" 子出, 門人問曰: "何謂也?" 曾子曰: "夫子之道忠恕而已矣." (論語里仁篇)

3. 일관이란 가르침은 도의 전수가 아니다(一貫之詔非傳道)

이 장을 해석하는 예전 유학자들은 대부분 이렇게 해석한다.

았을 것이다. 최술은 공자의 생졸에 대해 『수사고신록』의 「공자의 조상과 출생 및 어린 시절」과 「고종」에서 철저히 변증하고 있다.

'일관'의 가르침이야말로 공자가 증자에게 도를 전수한 말이다. 이른 바 '일'(一)이란 모든 이치가 두루 갖추어진 상태로 충서(忠恕)로만 한 정지을 수 없지만, 증자는 단지 배우는 자들이 닦아야 할 덕목을 빌려 쉽게 이해할 수 있도록 했을 뿐이다.[14]

先儒釋此章者皆以'一貫'之詔爲孔子傳道於曾子. 所謂一者, 萬理渾然, 非忠恕也; 曾子但借學者進修之目, 欲人之易曉耳.

나는 이렇게 생각한다.

안연이 인을 묻자, 공자는 "예가 아니면 보지 말고, 예가 아니면 듣지 말고, 예가 아니면 말하지 말고, 예가 아니면 행동하지 말라"고 했으며, 중궁(仲弓)이 인에 대해 묻자, 공자는 "집을 나서면 큰손님을 맞이하듯 하며, 백성을 부릴 때에는 큰 제사를 받들듯이 하라. 그리고 자신이 원하지 않는 것을 남에게 시키지 말라"고 했다. 자공이 널리 베풀고 많은 사람을 구제하는 것을 인이라 할 수 있느냐고 물었을 때, 공자는 "어진 사람은 자기가 서고자 하는 자리에 남을 세우며, 자기가 이루려 하는 것을 다른 사람이 이루도록 한다"고 했다.

이런 공자의 말은 한결같이 일상적이고 평이하며 절실한 내용으로, 무릇 배우는 사람이라면 어느 누구라도 힘을 쏟을 수 있으며, 비록 매우 어진 사람이더라도 제대로 다하기 어려운 그런 것들이다. 결코 고원(高遠)하고 미묘(微妙)하여 뭐라 설명하기도 어려우며, 사람들이 어디서부터 힘을 쏟아야 할지도 모를 그런 것이 아니다.

余按: 顏淵問仁, 孔子曰: "非禮勿視, 非禮勿聽, 非禮勿言, 非禮勿動." 仲弓問仁, 孔子曰: "出門如見大賓, 使民如承大祭; 己所不欲, 勿施於人." 子貢問博施濟衆可謂仁乎, 孔子曰: "仁者, 己欲立而立人, 己欲達而達人." 所言皆日用尋常平易切實之事, 凡學者皆可以致力, 雖大賢

---

14) 주자가 『논어집주』에서 한 말이며, 『논어집주』에 인용된 정자의 말도 다르지 않다.

由之而未能盡, 從未有高遠深微, 難以名狀, 使人無從致其力者.

안연은 "스승님은 우리를 차근차근 잘도 이끌어주신다. 문헌으로 우리의 식견을 넓혀주시고, 예로 우리를 조신스럽게 만들어주신다" 했는데, 과연 비밀스러운 가르침이 따로 존재하여 그 한마디로 도를 깨우칠 수 있었다면, 어찌하여 공자는 안회에게 이를 일러주지 않고 문헌으로 넓히고 예로 조신케 하는 등 갖은 고생을 겪도록 했단 말인가?

대체로 증자와 자공의 자질은 모두 안회에 미치지 못했지만, 부지런함은 여느 제자들이 따를 수 없을 정도였다. 그러나 부지런하기만 하지 그 요체를 미처 깨닫지 못했기에, 공자는 일관으로써 일러주었던 것이다. 이는 아직도 미치지 못한 바가 있었기에 그렇게 일러주었을 뿐이지, 일관이라는 말로 도를 전수한 것도 아니며, 또한 사람마다 일관의 요지를 듣고 난 뒤에 도를 터득하게 되는 것도 아니다.

顏淵曰: "夫子循循然善誘人! 博我以文, 約我以禮." 果有秘密之傳, 一言可以悟道, 孔子何不以告顏子, 而使之勞勞於博文約禮之中乎? 蓋曾子子貢其資皆不逮顏子, 而用力之勤則諸弟子莫有及之者; 但勤而未得其要, 故以一貫詔之. 此乃因所不及而敎之, 非以一貫爲傳道, 亦非人人皆當聞一貫之旨而後爲聞道也.

그리고 공자는 하나라고 말했을 뿐, 그 하나가 무엇이라고 말하지는 않았다. 이미 증자가 그것을 참됨과 너그러움이라고 생각했다면, 그 하나란 곧 참됨과 너그러움이다. 하나라는 것이 참됨과 너그러움이 아니라면, 이는 증자가 문인들을 속인 것이 된다. 더구나 그 하나가 참됨과 너그러움이 아니라면, 그것은 과연 무엇이란 말인가? 그것을 이름 지으려 해도 이름 지을 수 없다면, 곧장 모든 이치가 두루 갖추어진 상태인 '만리혼연'(萬理渾然)이라고 하면 그만이리라. 그런데 만리혼연이란 또 도대체 무엇이란 말인가?

끝내 그것을 이름 지을 수 없자, 또 억지로 해석하여 "성인이 말한 하나라는 것은 다할 수도 없고 미루어 나갈 수도 없는 것이다. 다만 배우는 자들이 그것을 다하면 참됨이 되고, 미루어 나가면 너그러움이 된다"고 말하고 있다. 하지만 무릇 다할 수 없는데도 저절로 참됨이 된다고 한다면, 그것은 참됨이 아니라고 해야 옳지 않겠는가? 미루어 나갈 수 없는데도 저절로 너그러움이 된다고 한다면, 그것은 너그러움이 아니라고 해야 옳지 않겠는가?

이로 미루어 말하건대 공자가 말한 하나란 곧 참됨과 너그러움이며, 증자가 우리를 속인 것도 아니다.

孔子言一, 不言一爲何物, 旣曾子以爲忠恕也, 則是一卽忠恕也. 謂一非忠恕, 則是曾子欺門人也. 且一旣非忠恕, 果何物乎? 名之而不能名也, 則曰'萬理渾然'而已. 萬理渾然又何物乎? 旣終莫能名之, 則又曲爲之解, 謂"聖人之一, 不待盡, 不待推者也; 學者則盡而爲忠, 推而爲恕者也". 夫不待盡而自忠, 謂之非忠, 可乎? 不待推而自恕, 謂之非恕, 可乎? 由是言之, 孔子之所謂一, 卽忠恕也, 曾子不予欺也.

대체로 유학자들의 논의에 대한 일반적인 우려는 지나치게 고상하다는 것인데, 참됨과 너그러움 밖에서 또 다른 무엇을 찾으려다가 도리어 공허하고 쓸모없는 곳에 빠져듦을 깨닫지 못하고 만 것이리라. 때문에 나는 차라리 증자의 말을 준수하여 배우는 사람들에게 차근차근 순서에 따라 나아가게 할지언정, 감히 송나라 유학자들의 말을 따라 성인의 도가 점점 고원하여 감지하기 어려운 지경으로 빠져들게 하고 싶지 않다.

더구나 그 하나가 무엇이라는 것을 문인들이 알지 못했고, 그 하나란 것이 참됨과 너그러움이 아니라고 증자도 말한 적이 없다. 문인들도 알지 못했고, 증자도 말하지 않았다. 그렇건만 주자는 2천여 년 뒤에 태어나 홀로 성인의 마음과 묵계(默契)가 이루어져 그것을 알 수 있었다고 하는 모양인데, 나는 주자가 아무리 현명하다 하더라도 그런 경지에 이르지는 않았으리라 여긴다.

大抵儒者之論皆患在於過高, 欲求加於忠恕之上而不知其反陷入於空

虛無用之地. 吾寧遵曾子之言使學者皆有所持循, 不敢從宋儒之說使聖
道漸入於杳冥. 且一之爲何物, 門人不知, 一之非忠恕, 曾子不言; 門人
不知, 曾子不言, 而朱子生二千餘年之後, 獨能默默與聖人之心相契而有
以知之, 吾恐朱子之賢或尚未至於此.

　애석하도다, 공자의 일관(一貫)이란 말을 도의 전수라 여긴 이후로
세상의 학자들은 쉽게 깨달으려고만 하고 부지런히 노력하는 것을 꺼
리게 되었으며, 일관이 참됨과 너그러움이 아니라 여긴 이후로 세상의
학자들은 허황된 논의나 즐길 뿐 현실을 도외시하게 되었도다! 육상산
(陸象山)[15]은 물꼬를 텄고, 왕양명(王陽明)[16]은 물결치게 했다. 그리
하여 온 천하의 총명하고 걸출한 인재들이 한결같이 선리(禪理)를 종
문(宗門)으로 삼고 돈오(頓悟)를 심법(心法)으로 여기게 되었으며, 명
나라 말에 이르러서는 마침내 수습할 수도 없게 되어버렸다.
　이에 세상에서는 주자와 육상산을 혼동하거나 육상산을 높이고 주자
를 낮게 보는 자들은, 곧장 상산은 고명(高明)한데 주자는 평실(平實)
하다고 말한다. 육상산이라는 사람의 고명함이 도대체 어디에 있는지
나는 알지 못한다. 다만 주자의 평실함 속에서도 아직껏 한두 가지 지
나치게 고원하고 미묘함의 존재를 벗어날 수 없음이 염려스러울 따름
이다.

---

15) 육상산은 송나라 이학(理學)에서 주자와는 사뭇 다른 입장을 취한 육구연(陸
　　九淵, 1139~93)으로, 그가 제자들을 가르친 곳이 상산이었으므로 붙여진 이
　　름이다. 무주(撫州) 금계(金谿) 사람으로, 자는 자정(子靜)이다. 여조겸(呂祖
　　謙)의 주선으로 주자와 아호사(鵝湖寺)에서 만나 토론을 벌였으나 의견차를
　　좁히지 못했다. 도문학(道問學)을 중시한 주자와 달리 존덕성(尊德性)을 중
　　시했다. 『상산선생전집』이 있다.
16) 왕양명은 명나라 왕수인(王守仁, 1472~1528)으로, 고향인 양명동에서 제자
　　들을 가르쳤으므로 붙여진 이름이다. 절강 여요(餘姚) 사람으로, 자는 백안
　　(伯安), 시호는 문성(文成)이다. 양지(良知)와 양능(良能)을 제창했으며, 주
　　자와 달리 지행합일(知行合一)을 주장했다. 『왕문성전서』가 있다.

嗟夫, 自以孔子之一貫爲傳道, 而世之學者莫不喜捷得而憚勤求矣; 自以一貫爲非忠恕, 而世之學者莫不談虛理而遺實事矣! 象山開其源, 陽明揚其波, 擧天下聰明豪傑之才咸以禪理爲宗門, 頓悟爲心法, 至於明季而遂不可收拾. 乃世之混同朱陸與軒陸軹朱者輒謂象山高明而朱子平實. 彼象山者, 吾不知其高明何在, 第恐朱子平實之中尙未免有一二之過於高深者存也.

【부론】 증자가 말했다.

"나는 날마다 세 가지로 내 몸을 살폈다. 사람들을 위해 일하되 참되지 않았는가? 벗과 사귀되 미덥지 않았는가? 그날 배운 것을 익히지 않았는가?"[17] (『논어』「학이편」)

【附論】 曾子曰: "吾日三省吾身: 爲人謀而不忠乎? 與朋友交而不信乎? 傳不習乎?" (論語學而篇)

4. 노나라에서 주는 봉읍을 사양했다는 설을 변증함
   (辨辭魯致邑之說)

『설원』(說苑)[18]에서는 이렇게 말한다.

"증자가 해진 옷을 입고 농사를 짓고 있었는데, 노나라 임금이 사람

---

17) 마지막 구의 "그날 배운 것을 익히지 않았는가"를 초순(焦循)의 『논어보소』(論語補疏) 등에서는 "제자들을 잘 가르치지 않았는가"로 해석하기도 한다. 하지만 주자의 설을 따라 해석했다. 곧 증자가 나이 들었을 때 젊은 시절의 독실함과 배우기를 좋아했던 회상이나, 중년 이후 제자들을 계도한 말로 여겨지기 때문이다.

18) 『설원』은 서한의 유향(劉向)이 지은 책이다. 현재 20권본이 전해지고 있으나, 유향의 원본은 아니다. 송나라 증공(曾鞏)의 「설원서」(說苑書)에 따르면 송나라 왕요신(王堯臣) 등이 그때까지 전해지는 5편에 여기저기 흩어져 있는 것을 모아 20편으로 엮었다고 했으며, 육유(陸游)의 『위남집』(渭南集)에 따르면 고려(高麗)에 전해지던 판본을 근거로 보충한 것이라 했다. 『논어』『맹자』『순자』『예기』 등의 내용을 짜깁기한 책이다.

을 보내 고을 하나를 내려주었다. 그러나 증자는 이를 거절하면서 말했다. '제가 듣기로 받는 사람은 준 사람을 두려워하고, 베푼 사람은 교만해진다 합니다. 비록 그분이 베풀면서 나에게 전혀 교만을 떨지 않는다 하더라도, 저야 어찌 그를 두려워하지 않을 수 있겠습니까!' 이런 이야기를 전해 들은 공자는 말했다. '증참의 말대로라면 자신의 절개를 오롯이 할 수 있으리라!'"[19]

說苑云: "曾子衣敝衣以耕, 魯君使人往致邑焉. 曾子不受, 曰: '臣聞之, 受人者畏人, 予人者驕人. 縱子有賜, 不我驕也, 我能勿畏乎!' 孔子聞之, 曰: '參之言足以全其節也!'"

나는 이렇게 생각한다.

군자의 사양이나 받아들임은 의리를 기준으로 하면 그만인데, 만일 두려워한다거나 교만을 떤다고 말한다면 천박스럽기 그지없다. 하물며 임금이 하사하는 마당에 구차스럽게 사양하느니 받느니 한다는 것은 더욱 있을 수 없는 일인데도, 속된 감정으로 보통사람들끼리 하는 것처럼 임금에게 처신했단 말인가! 더구나 증자는 공자의 제자들 가운데 나이가 가장 어리다. 만약 임금이 그를 그토록 존경했다면 반드시 중년 이후의 일이었을 터인데, 공자가 어떻게 그때까지 살아 있기나 했을까?

이는 전국시대 이후 양주(楊朱)[20]의 무리들이 거짓으로 지어낸 이야

---

19) 『설원』「입절」(立節)의 내용을 축약한 것이며, 『공자가어』「재액편」에도 유사한 내용이 들어 있다.

20) 양주는 달리 양자(楊子)·양자거(楊子居)·양생(楊生)이라 부른다. 전국시대 도가로 위(魏)나라 사람이다. 변론에 뛰어난 철저한 위아주의자(爲我主義者)로, 머리털 하나를 뽑아 천하를 이롭게 한다 하더라도 하지 않았다 한다. 맹자의 혹독한 비판의 대상으로, 「등문공 하」에는 수차에 걸쳐 그를 비판한 내용이 실려 있다. 곧 "聖人不作, 諸侯放恣. 處士橫議, 楊朱墨翟之言盈天下. 天下之言, 不歸楊則歸墨"이라 했고, 또 "楊氏爲我, 是無君也. 墨氏兼愛, 是無父也. 無君無父, 是禽獸也"라 했으며, "楊墨之道不息, 孔子之道不著"라거나 "能言距楊墨者, 聖人之徒也"라고도 했다. 전해지는 저술은 없고, 『맹자』『장자』『한비자』『여씨춘추』『회남자』 등에 그에 대한 논의가 보일 뿐이다.

기이다. 그러므로 싣지 않는다.

余按: 君子之辭受準乎義而已, 若以畏人驕人爲詞, 淺矣. 況國君所賜
尤不可以苟辭苟受, 而乃以俗情之施於平人者施之於君乎! 且曾子於及
門年最少, 若能爲君所重如此, 必其中年後事, 孔子安得復存. 此乃戰國
以後楊氏之徒之所僞托, 故不錄.

5. 제나라의 예우를 사양했다는 설을 변증함(辨辭齊聘之說)

『설원』에서는 증자가 공자를 따라 제나라에 갔을 때, 제나라 경공(景
公)[21]이 하경(下卿)[22]의 예로 증자를 대접했는데, 증자는 이를 굳이 사
양했다고 한다.[23]

說苑稱曾子從孔子於齊, 齊景公以下卿禮聘曾子, 曾子固辭.

나의 생각은 이렇다.

『사기』에서는 증자가 공자보다 마흔여섯 살 어리다 했다. 비록 사실
은 아니더라도 『논어』의 내용으로 볼 때 제자들 가운데 증자의 나이가
가장 어린 것만은 분명해 보인다. 제나라 경공은 노나라 애공 초반에
죽었으므로, 당시 증자는 겨우 열 살 남짓이다.[24] 더구나 공자는 소공

---

21) 경공은 제나라의 임금으로, 이름은 저구(杵臼)이다. 영공(靈公)의 아들이며,
    장공(莊公)의 이복동생이다. 기원전 547~490년 재위했다. 최저(崔杼)가 장
    공을 시해하고 그를 옹립했다. 재위기간 사치를 일삼고 세금을 무겁게 부과
    함으로써, 결국엔 민심을 잃고 전씨(田氏)에게 나라를 빼앗기는 빌미를 제공
    했다.
22) 경(卿)은 천자나 제후를 보좌하는 최고의 관직 이름이다. 보통 천자는 육경
    (六卿), 제후는 삼경을 두었다.
23) 『설원』「잡언」에 들어 있으며, 이어서 재상 안영(晏嬰)의 증자를 전송(餞送)
    하는 말이 나온다. 『여씨춘추』「내편」'잡상'(雜上)과 『공자가어』「육본」(六
    本)에도 같은 이야기가 들어 있다.
24) 경공은 공자보다 10여 년 앞선 노나라 애공 5년(기원전 490) 9월에 죽었다.
    따라서 경공 말년에 공자가 제나라에 갔다 하더라도, 공자보다 마흔여섯이 어

말년 무렵 제나라에 갔는데, 그때라면 증자는 미처 태어나지도 않았다.[25] 그런데 어떻게 하경의 예로 증자를 대접할 수 있었단 말인가!

대체로『한시외전』이나『설원』등은 거의 전국시대 사람들이 거짓으로 꾸민 이야기에 근거한 것이므로, 그 시기를 제대로 살필 수 없다. 그러므로 이제 이런 이야기들은 대부분 채택하지 않는다.

余按: 史記稱曾子少孔子四十六歲, 雖未必悉實, 要觀論語之文則曾子於門人中年最少也. 齊景公以哀之初年卒, 曾子甫十餘歲, 孔子以昭之末年至齊, 曾子時猶未生, 而何得以下卿禮聘之乎! 大抵韓詩外傳說苑等書多本於戰國時人之託言而不知考其年世者, 故今多不採.

증자는 아버지 증석을 봉양하는데 반드시 술과 고기를 갖추었으며, 치울 때에는 반드시 누구에게 줄 것인가를 여쭈어보았다. 더 있느냐고 물으면 언제나 있다고 대답했다. (『맹자』「이루 상」)

曾子養曾晳, 必有酒肉. 將徹, 必請所與. 問有餘, 必曰有. (孟子)

【부론】증자처럼 한다면 양지(養志), 곧 부모님의 마음을 잘 받들었다고 말할 수 있으리라. (『맹자』「이루 상」)

【附論】若曾子則可謂養志也! (同上)

6. 아버지의 호된 매질을 받아들였다는 이야기를 변증함
(辨受父大杖之說)

『설원』에서는 이렇게 말한다.

"증자가 오이밭을 김매다가 실수로 오이의 뿌리를 자르고 말았다. 이

리다는『사기』의 기록대로라면 당시 증자는 스무 살이 채 되지 않은 나이였다.
25) 공자가 제나라에 간 것은 노나라 소공이 닭싸움에 휘말려 제나라로 망명한 기원전 517년 전후였다. 따라서 증자는 태어날 수도 없었다.

에 증석이 노하여 커다란 몽둥이로 증자를 때렸고, 증자는 땅바닥에 고꾸라졌다. 한참 뒤에 깨어난 증자는 아버지 앞에 나아가 말했다. '아버지께서는 세차게 저를 꾸짖으셨는데, 아픈 데는 없으신지요?' 이렇게 말하고 물러난 증자는 거문고를 타며 노래를 불렀다. 공자는 이런 소문을 듣고 제자들에게 일렀다. '증참이 오거든 안으로 들이지 말라'……."[26]

이런 이야기를 세상 사람들은 거의 믿고 있다.

說苑云: "曾子耘瓜, 誤斬其根. 曾晳怒, 援大杖擊之; 曾子仆地. 有頃, 蘇; 進曰: '大人用力敎參, 得無疾乎?' 退屛, 鼓琴而歌. 孔子聞之, 告門人曰: '參來勿內也'云云." 此說世多信之.

하지만 나의 생각은 이렇다.

맹자는 "훌륭한 사람은 그렇지 못한 사람을 가르쳐주고, 재능을 지닌 사람은 그렇지 못한 사람을 가르쳐주어야 한다. 그러므로 사람들은 어진 부형이 있음을 기뻐하는 것이다. 그런데 훌륭한 사람이 그렇지 못한 사람을 돌보지 않으며, 재능을 지닌 사람이 그렇지 못한 사람을 가르쳐주지 않는다면, 어질거나 어질지 않은 사람의 차이가 한 치도 되지 않으리라"고 했으며, 『예기』에서는 "사람의 아들이 되어서는 효성스러움에 머물며, 사람의 아비가 되어서는 자애로움에 머문다"[27]고 했고, 『춘추좌전』에서도 "아버지는 사랑하고, 자식은 효도한다"[28]고 했다. 그렇

---

26) 『설원』「건본」(建本)에 들어 있으며, 이어지는 내용은 이렇다. 증자를 부른 공자는 순임금과 고수(瞽叟)의 이야기를 들려준다. 곧 순임금은 아버지의 작은 회초리는 참았지만 몽둥이는 도망쳤는데, 이는 불효가 아니라 아버지가 자식을 죽이는 더 큰 잘못을 모면하기 위함에서였다고 했다. 『한시외전』과 『공자가어』「육본」에도 비슷한 이야기가 있다.

27) 『예기』에서 단행본으로 떼어낸 『대학』의 한 절로, 곧 문왕의 덕을 칭송한 "穆穆文王, 於緝熙敬止"라는 「대아」(大雅)의 시구를 해석한 "爲人君, 止於仁; 爲人臣, 止於敬; 爲人子, 止於孝; 爲人父, 止於慈; 與國人交, 止於信"의 일부이다.

28) 『춘추좌전』은공 3년과 소공 26년에 '父慈子孝'가 보이는데, 그 가운데 소공

다면 아들이 훌륭하지 않고 재주마저 없다 하더라도, 그런 자식의 아비된 사람이라면 선뜻 포기하여 하늘로부터 맺어준 인륜을 차마 손상시킬 수 없으리라. 하물며 증자야말로 훌륭한 인품과 재능을 지닌 사람이며, 오이밭을 김매다 뿌리를 자른 것쯤이야 매우 사소한 일이다. 뿐만아니라 증석은 성인 문하의 뛰어난 제자로, 넓고 활달한 마음은 틀림없이 그처럼 사소한 일에 구애받지 않았으리라. 그런 그가 어찌 사소한일로 한순간에 불끈 노여움을 드러냈을 것이며, 제 자식의 생사마저 돌보지 않았단 말인가!

余按: 孟子曰: "中也養不中, 才也養不才, 故人樂有賢父兄也; 如中也棄不中, 才也棄不才, 則賢不肖之相去其間不能以寸." 記曰: "爲人子, 止於孝; 爲人父, 止於慈." 傳曰: "父慈, 子孝." 然則其子卽不中不才, 爲之父者且不忍遽棄以傷其天性之親; 況曾子中且才者也, 耘瓜而斷其根, 其細已甚, 而曾晳聖門高弟, 其曠達之懷必不至以小物介意, 寧有因區區之事逞一朝之怒, 遂不復顧其子之生死乎!

맹자는 "증자가 아버지 증석을 봉양하는데 반드시 술과 고기를 갖추었다. 그것을 치울 때에는 반드시 누구에게 줄 것인가를 여쭤보았다. 더 있느냐고 물으면 언제나 있다고 대답했다"고 했는데, 이처럼 증자는 아버지의 마음을 잘 헤아린 사람이다. 하물며 몸이란 부모가 물려준 몸이거늘 그런 몸을 제 스스로 털끝만큼도 귀중하게 여기지 않고, 아버지의 한순간 노여움에 기꺼이 바쳐 죽으려 했단 말인가? 그러다가 만에

26년의 내용은 제나라 경공과 안영의 문답이다. 안영은 경공에게 "예로 나라를 잘 다스릴 수 있음은 이미 오래되었습니다. 예는 천지와 나란히 하는 것입니다. 임금이 바르게 명령하면 신하가 받들며, 아비는 사랑하고 자식은 효도하며, 형은 우애하고 아우는 공경하며, 남편은 온화하고 아내는 유순하며, 시어머니는 며느리를 예뻐하고 며느리는 시어머니의 말을 잘 듣는 것, 이것이바로 예이옵니다"(禮之可以爲國也久矣. 與天地竝, 君令臣共, 父慈子孝, 兄愛弟敬, 夫和妻柔, 姑慈婦聽, 禮也)라고 말했다.

하나 죽었다고 치자. 시간이 지나 노여움이 가라앉은 아버지는 후회막급이었을 터인데, 자식 된 도리로 어찌 그토록 안이할 수 있단 말인가?

『춘추좌전』에서는 "일반 백성도 늙어 자식이 없으면 죽어서 개울이나 구렁텅이에 굴러떨어진다는 것을 안다"[29]고 했거늘, 증자가 과연 죽었다면 뒷날 술이나 고기 봉양은 누가 할 것이며, 더욱이 누구에게 줄까를 여쭙고 남은 것을 더 올리는 일을 할 수나 있었겠는가! 그렇다면 어버이의 입맛이나 몸을 봉양하는 사람도 감히 함부로 죽으려 들지 않거늘, 하물며 증자처럼 어버이의 뜻을 봉양하는 사람이 어찌 그럴 수 있었겠는가!

孟子曰:"曾子養曾晳, 必有酒肉;將徹, 必請所與;問有餘, 必曰有." 其善體親心如是, 況於身, 父母之遺體, 乃毫不自貴重, 甘奉此身以殉親一時之怒, 萬一溘死, 事過而親怒平, 而悔之無及, 爲子者何以能自安? 傳曰:"小人老而無子, 知擠於溝壑矣." 曾子果死, 異日酒肉之養誰奉之, 況請所與而進所餘乎! 然則卽養口體者亦不敢輕於一死, 況曾子之養志者哉!

나는 이렇게 말하고 싶다.

증석의 활달함이나 증자의 효성스러움으로 미루어볼 때, 그들 가정은 분명 유달리 화목했으리라. 다만 증자가 효성으로 소문이 자자했기에 훗날 효도를 말하는 사람들이 이런저런 이야기를 꾸며 덧붙인 것이다. 그리하여 "고을 이름이 어머니를 이긴다는 의미의 승모(勝母)였기에 증자는 그 고을에 들어가지 않았다"[30]는 이야기도 만들어졌으며, 『효경』도 공자와 증자의 문답으로 엮이게 된 것이다.

이는 민자건의 효성에 대한 공자의 칭찬 때문에, 후세 사람들이 끝내

---

29) 『춘추좌전』 소공 13년에서의 초나라 영왕(靈王)과 연관된 말이다.
30) 『사기』 「추양열전」(鄒陽列傳), 『회남자』 「설산훈」(說山訓), 『설원』 「담총」(談叢), 조착(鼂錯)의 『염철론』(鹽鐵論) 등에 들어 있다.

는 갈대꽃솜 이야기를 만들어낸 것과도 마찬가지이다.[31] 아울러 오늘
날 절조를 말하려는 사람들은 반드시 포증(包拯)[32]이나 해서(海瑞)[33]
에게 갖다 붙이며, 예측을 말하려는 사람들은 반드시 제갈공명(諸葛孔
明)[34]이나 유백온(劉伯溫)[35]을 들먹이는 것과 마찬가지이다.

이런 이야기를 꾸며낸 사람은 고작 '큰 매는 피해야 한다'는 뜻을 밝
힐 요량으로 증자에 빗대 훈계를 남기려 했겠지만, 그러면서도 옛 현인
에 대한 무고임을 깨닫지 못한 것이다. 그러므로 이제『맹자』의 글만 가
져다 싣고, 억지로 짜 맞춘 이야기들은 모두 열거하지 않는다.

余謂曾晳之曠達, 曾子之孝謹, 其家庭之間必雍睦異常; 但曾子旣以孝

---

31)『한시외전』이나『예문유취』(藝文類聚)「효부」(孝部)에 보이는 민손단의(閔損
單衣)에 얽힌 이야기로, 뒤쪽「민자건」의 '갈대솜으로 만든 옷을 입었다는 이
야기를 변증함'에서 그 허구성을 자세히 다룬다.

32) 포증(999~1062)은 북송 여주(廬州) 합비(合肥) 사람으로, 자는 희인(希仁)
이다. 인종 때 감찰어사를 지냈으며, 개봉부(開封府) 지부(知府)로 부임하여
법집행이 매우 엄격했으므로, 사람들은 그를 '염라포로'(閻羅包老)라 불렀다.
청렴한 관리의 대명사로 일컬어졌으며, 소설이나 희곡의 주인공으로 자주 등
장한다.

33) 해서(1514~85)는 명나라 경산(瓊山) 사람으로, 자는 여현(汝賢), 호는 강봉
(剛峯)이다. 도교에 심취하여 정무를 소홀히 하는 세종에게 직언을 서슴지 않
는 등 강직하고 청렴한 관리로 명성을 날렸으며, 죽었을 때 장례를 치를 수 없
을 정도로 청빈했다고 한다.『비망집』(備忘集)과『해강봉선생집』이 있다.

34) 제갈공명(181~234)의 이름은 량(亮)이며, 공명은 그의 자이다. 삼국시대 촉
한(蜀漢)의 재상을 지냈다. 융중(隆中)에 은거하며 관중(管仲)과 악의(樂毅)
에 자신을 비유했으며, 사람들은 그를 '와룡'(臥龍)이라 일컬었다. 유비(劉
備)의 삼고초려(三顧草廬)로 천하를 셋으로 나눈다는 계책을 들고 등장했으
며, 조비(曹조)의 위(魏)나라 건국에 맞춰 성도(成都)에서 유비를 촉한의 황
제로 옹립했다. 소설이나 희곡에서 줄곧 천문·지리·병법에 통달한 인물로
그려졌으며, 나관중(羅貫中)의『삼국연의』(三國演義)에서는 신격화된 인물로
각색되었다.

35) 백온은 유기(劉基, 1311~75)의 자로, 청전(靑田) 사람이다. 명나라 태조 주
원장(朱元璋)을 도와 각종 제도를 정비하는 데 주도적인 역할을 했다. 어사중
승(御史中丞)과 태사령(太史令)을 지냈으며, 성의백(誠意伯)에 봉해졌다. 뛰
어난 예지력을 발휘했으며, 호방한 시문을 많이 남겼다.『욱리자성의백집』(郁
離子誠意伯集)이 있다.

名, 後人言孝者因以事附會之, 故有"里名勝母, 曾子不入"之語, 而孝經
一篇亦爲孔子曾子問答之言, 猶之乎孔子稱閔子之孝而後人遂以蘆花之
事附會之也, 猶之乎今世言耿介者必附會以爲包拯海瑞, 言推測者必附
會以爲諸葛孔明劉伯溫也. 爲此說者不過欲明'大杖則逃'之義, 因借曾子
以垂訓於後世, 而不知其誣古人也. 故今但采孟子之文載之, 而他附會之
說槪不列焉.

7. 가슴이 두근거려 돌아왔다는 이야기를 변증함
(辨心動歸省之說)

전해지는 기록에 이런 이야기도 있다.

"증자가 들에 나가 땔나무를 하고 있었다. 그런데 집에 증자를 찾아
온 손님이 있었고, 어머니는 손으로 자신의 팔뚝을 꼬집었다.[36] 그러자
증자는 갑자기 가슴이 두근거려 나뭇단을 버려둔 채 집으로 달려와 어
머니에게 물었다. '어머니, 괜찮으십니까?'"[37]

또 이런 이야기도 있다.

"증자가 초나라에 머물 때, 가슴이 두근거려 집으로 돌아와 어머니에
게 물었다. 그러자 어머니가 말했다. '네가 보고 싶어 손가락을 잘근잘

---

36) 왕충의 『논형』「감허편」(感虛篇)에서는 증자의 어머니가 오른손으로 왼팔뚝
   을 꼬집었더니, 증자가 왼팔뚝이 갑자기 아파 돌아왔다고 했다. 청나라 묘반
   림(苗泮林)이 엮은 『효자전』에서는 증자를 만나려고 찾아온 사람은 증자의 제
   자인 악정(樂正)이었으며, 증자의 어머니는 증자를 부르러 보낼 사람이 없자
   이로 오른손가락을 깨물어 증자를 불렀다고 했다.
37) 이런 이야기는 『논형』과 『효자전』 이외에 『연감유함』(淵鑑類函) 272권 「인
   부」(人部)의 '위리'(違離)에도 들어 있는데, 『연감유함』에서의 내용이 좀 더
   구체적이다. 특히 『연감유함』에서는 출전을 『가어』(家語)라 밝히고 증자의 나
   이 열네 살 때의 일로 적었는데, 지금 전해지는 『공자가어』에는 이런 내용이
   없다. 『연감유함』에는 증자가 태산 아래의 밭에 갔다가 눈비가 쏟아져 열흘을
   돌아올 수 없었으며, 부모를 그리워하며 「양산지가」(梁山之歌)를 지었다는
   이야기도 실려 있다.

근 깨물었단다.'"[38]

傳記有云: "曾子薪於野, 有客至, 母以手搤其臂; 曾子心動, 棄薪馳歸, 問'母無恙乎?'" 或又云: "曾子在楚, 心動, 歸問其母; 母曰: '思之齧指.'"

나는 이렇게 생각한다.

이 두 가지 이야기도 원래는 하나였는데 전해지면서 그 내용이 바뀐 것이리라. 그리고 초나라라면 길도 멀고 손가락을 깨문 것쯤이야 사소한 일이다. 따라서 앞쪽 이야기보다 더 사리에 맞지 않는 듯하다. 하지만 한결같이 증자의 효성 때문에 허투루 엮인 이야기이므로 이제 싣지 않는다.

余按: 此二說亦一事而傳聞異其詞者. 在楚道遠, 齧指事小, 似不如前說之近理. 然皆似因曾子之孝而附會之者, 故今不錄.

8. 증자의 어머니가 베를 짜다 북을 내던졌다는 이야기를 변증함(辨曾母投杼之說)

『신서』에서의 이야기이다.

"증자가 사는 고을에 그와 성과 이름이 같은 정(鄭)나라 사람이 살인을 저질렀다.[39] 그러자 한 사람이 증자의 어머니에게 이렇게 알렸다. '증참이 사람을 죽였습니다.' 하지만 증자의 어머니는 아랑곳도 하지

---

38) 간보(干寶)의 『수신기』(搜神記)와 『연감유함』에 실려 있다.
39) 원문의 '曾參處鄭'은 최술이 『신서』를 축약 인용하는 가운데 약간의 착각이 있었던 것으로 여겨진다. 원문대로라면 증참이 정나라에 살았다는 이야기가 되는데, 유향의 『신서』「잡사」의 원문은 "曾參之處, 鄭人有與曾參同名姓者殺人"으로 되어 있다. 진위 여부를 떠나 『신서』가 상식적이다. 따라서 본 주석에서는 『신서』를 따라 해석했다. 도광 4년의 동양중각정본에도 '曾參處鄭'으로 되어 있다.

않은 채 베를 짤 뿐이었다. 조금 뒤 또 다른 사람이 달려와 이를 알리자, 증자 어머니는 말했다. '내 아들은 사람을 죽일 사람이 아니오.' 그런데 또다시 사람이 달려와 말했다. 그러자 증자의 어머니는 북을 내던지고 베틀에서 내려와 담을 넘어 달려갔다."

新序云: "曾參處鄭, 有與同姓名者殺人. 人告其母曰: '曾參殺人.' 其母織自若也. 頃一人又告之, 其母曰: '吾子不殺人.' 一人又來告, 其母投杼下機, 踰牆而走."

나는 이렇게 생각한다.

이것은 전국시대 책사(策士)가 거짓 꾸며낸 이야기로, 사람들이 참언(讒言)에 쉽게 속아 넘어간다는 것을 보여주기 위함이었다. 증자가 어질었기에 거짓 만들어낸 이야기일 뿐이다. 증자처럼 어질었다면 그의 어머니도 그런 자식을 평소에 잘 알고 있었을 터, 어찌 사람들의 헛말에 마냥 속아 넘어갔겠는가!

『설원』에는 또 "고을 이름이 승모인지라, 증자는 그 고을에 발을 들여놓지 않았다"는 이야기도 있는데, 거짓 꾸며낸 이야기로 증자의 효성 때문에 가탁된 것이다. 그러므로 이제 모두 신지 않는다.

按此乃戰國策士假設之言, 以見讒言之易入, 以曾子之賢, 故托之耳. 寧有賢如曾子, 其母知之有素, 而尙惑於人言者乎! 說苑又有 "邑名勝母, 曾子不入"之語, 亦係假設之言, 因曾子之孝而托之者. 故今俱不錄.

증자의 아버지 증석은 양조(羊棗)⁴⁰⁾를 즐겨 먹었다. 이에 증자는 양조를 차마 먹을 수 없었다. (『맹자』「진심 하」)

---

40) 양조는 고욤나무 열매로, 달리 소시(小柿)나 군천자(裙櫏子)라 부르기도 한다. 생김새가 마치 염소 똥 모양이기에 붙여진 이름이다. 고욤나무는 감나무과의 낙엽 활엽 교목으로 대추만한 암자색 작은 열매를 맺는데, 타닌 성분이 들어 있어 감과 맛이 비슷하다. 보통 서리가 내린 뒤에 따서 옹기그릇에 저장했다가 곰삭은 뒤에 먹는다.

曾晳嗜羊棗, 而曾子不忍食羊棗. (孟子)

【부론】 공손추가 맹자에게 물었다.

"회자(膾炙)와 양조 가운데 무엇이 더 맛있습니까?"

"회자이겠지!"

"그렇다면 증자는 왜 회자는 먹으면서도 양조는 먹지 않았을까요?"

"회자는 누구나 먹지만, 양조는 아버지가 유달리 좋아했기 때문이지. 이름을 부르기는 꺼리지만, 성을 부르기는 꺼리지 않음과 마찬가지인 게야. 성은 누구나 다 같이 쓰지만, 이름은 한 사람만 쓰는 게 아니더냐."(『맹자』「진심 하」)

【附論】 公孫丑問曰: "膾炙與羊棗孰美?" 孟子曰: "膾炙哉!" 公孫丑曰: "然則曾子何爲食膾炙而不食羊棗?" 曰: "膾炙, 所同也; 羊棗, 所獨也. 諱名, 不諱姓: 姓, 所同也; 名, 所獨也."(同上)

9. 부친상을 당해 지나친 예를 차렸다는 설을 변증함
(辨執喪過禮之說)

『예기』「단궁편」의 기록이다.

"증자가 자사에게 말했다. '급(伋)아, 나는 부친상을 당해 물이나 미음조차도 이레 동안 입에 대지 않았느니라.' 그러자 자사가 말했다. '선왕(先王)이 예를 제정하실 때…….'"[41]

戴記檀弓篇記 "曾子謂子思曰: '伋, 吾執親之喪也, 水漿不入於口者七日.' 子思曰: '先王之制禮云云.'"

---

41) 이어지는 자사의 말은 이렇다. "선왕이 예를 제정하심에 지나친 자는 절제하여 예에 맞도록 했으며, 모자란 자는 부추겨서 표준에 미치도록 했습니다. 그러므로 군자는 부친상을 당하면 물이나 미음을 입에 넣지 않기를 사흘만 한다 합니다. 그래도 지팡이를 짚고서야 겨우 일어날 수 있었습니다."

나는 이렇게 생각한다.

이것도 증자의 효성 때문에 부풀려진 이야기이다. 증자는 어버이의 마음을 잘 알고 있었기에 음식을 치울 때 언제나 누구에게 줄 것인지를 물었고, 더 있냐고 물으면 언제나 있다고 대답했다. 그런 증자가 어버이의 마음은 돌보지 않고 자신의 효성만 중히 여기려 했겠는가! 더구나 증자에게 그런 일이 있었다 하더라도, 굳이 자사를 불러 일러주지도 않았으리라. 그러므로 싣지 않는다.

余按, 此亦因曾子之孝而附會之者. 曾子能體親心而徹必請, 問必曰有, 其獨不能體親心而自重其身乎! 且卽曾子果有此事, 亦不必呼子思而告之也. 故不錄.

10. 녹봉을 중히 여기거나 가볍게 여겼다는 설을 변증함
(辨重祿輕祿之說)

『한시외전』에서는 이렇게 말하고 있다.

"증자가 거읍(莒邑)[42]에서 벼슬할 때 봉록이 겨우 3병(秉)[43]이었지만, 당시 증자는 봉록을 중히 여기고 자신의 몸을 가벼이 여겼다. 그러나 어버이가 돌아가신 뒤에는 재상 자리로 제나라의 초청을 받고, 영윤(슈尹)[44] 자리로 초나라의 초청을 받았으며, 상경(上卿) 자리로 진(晉)나라의 초청을 받았지만, 그때 증자는 몸을 중히 여기고 봉록을 가벼이 여겼다."

이렇게 말한 『한시외전』에서는 또 다음과 같은 증자의 말을 인용하고 있다.

---

42) 거읍은 노나라 고을로, 지금의 산동성 거현(莒縣) 지역이다.
43) '병'은 고대 도량형 단위이다. 10두(斗)가 1곡(斛)이며, 16곡이 1병이다. 따라서 3병은 매우 적은 녹봉을 뜻한다.
44) 춘추시대 초나라에서는 재상이나 집정(執政)에 해당하는 벼슬을 '영윤'이라 불렀다.

"내가 일찍이 제나라에서 관리를 지낼 때, 봉록이 종부(鍾釜)[45]에 불과했다. 그래도 나는 오히려 즐거이 받아들였는데, 많다고 여겨서가 아니라 그것으로 어버이를 모실 수 있었기 때문이었다. 어버이가 돌아가신 뒤 나는 남녘 초나라로 가서 높은 벼슬을 한 적이 있다. 그때 나의 집은 높이가 아홉 장(丈)이며, 서까래는 세 아름이고, 물건을 실어 나르는 수레가 1백 대나 되었다. 그래도 오히려 북녘 고향을 바라보며 흐느꼈던 것은 적어서가 아니라 어버이를 봉양할 수 없어 슬펐기 때문이다."

韓詩外傳云: "曾子仕於莒, 得粟三秉, 方是之時, 曾子重其祿而輕其身. 親沒之後, 齊迎以相, 楚迎以令尹, 晉迎以上卿, 方是之時, 曾子重其身而輕其祿." 又引曾子言云: "吾嘗仕齊爲吏, 祿不過鍾釜, 尙猶欣欣而喜者, 非以爲多也, 樂其逮親也. 旣沒之後, 吾嘗南游於楚, 得尊官焉, 堂高九仞, 榱題三圍, 轉轂百乘, 猶北鄉而泣涕者, 非爲賤也, 悲不逮吾親也."

나는 이렇게 생각한다.

이는 단지 증자가 효성으로 이름이 알려졌기에 효도를 말하는 사람들이 한사코 귀결시킨 이야기일 따름이다. 어버이가 살아계시면 이것저것 가리지 않고 벼슬하며, 어버이가 돌아가시면 부귀를 뜬구름과 같이 여기는 것, 이는 군자의 떳떳한 도리이다. 하물며 증자와 같은 사람이라면 응당 그렇게 하고도 남을 터이지만, 그런 일은 정녕코 없었던 일이다.

증자는 공자의 뛰어난 제자이다. 만일 높은 자리를 마다하고 조용히 살고 싶었다면 그런 것쯤이야 참으로 쉬운 일이었으며, 제나라나 거읍에서만 그랬을 리도 없다. 뿐만 아니라 제나라에서는 재상으로, 초나라에서는 영윤으로, 진나라에서는 상경으로 초빙했다는데, 이는 전국시

---

45) '부'나 '종'은 고대 도량형 단위이다. 6두 4승(升)이 1부이며, 10부가 1종이다.

대 풍조로 춘추시대에는 결코 그런 경우가 없었다.

더욱이 초나라는 왕을 참칭하고 중원을 어지럽힌 나라였으니, 증자라면 분명 그런 나라에서 벼슬하지 않았으리라. 그리고 증자가 살던 집의 높이가 아홉 장이고, 서까래가 세 아름이며, 물건을 실어 나르는 수레가 1백 대였다고 한다. 이 또한 증자와 같은 사람이 했음직한 행동도 아니다. 그러므로 이제 모두 싣지 않는다.

余按: 此特因曾子以孝著, 故言孝者必歸之耳. 親存則不擇官而仕, 親沒則富貴如浮雲, 此君子之常, 況於曾子, 其理固應如是; 然其事則必無之事也. 曾子, 孔門高弟, 如欲辭尊居卑, 固自易易, 不必於齊於莒; 而齊迎以相, 楚迎以令尹, 晉迎以上卿, 乃戰國之風氣, 春秋時固未有如是者. 且楚僭王猾夏, 曾子必不仕楚; 而堂高九仞, 榱題三圍, 轉轂百乘, 亦非曾子之所爲也. 故今俱不錄.

증자가 무성(武城)[46]에 살 때, 월나라 군대가 노략질을 했다.[47] 그러자 어떤 사람이 증자에게 말했다.

"적도들이 몰려오는데 어찌 피하지 않습니까?"

이에 증자가 말했다.

"피해야지. 하지만 내 집에 사람들이 들어오거나 뜰의 나무들을 다치지 못하게 하라."

적도들이 물러가자, 증자가 말했다.

"집을 수리하라. 내가 곧 돌아가련다."

적도들이 물러간 뒤 증자는 되돌아오게 되었다. 그러자 주변 사람

---

46) 무성은 노나라 고을로, 지금의 산동성 비현(費縣) 서남쪽 지역이다. 달리 남무성이라고 부르기도 한다. 노나라 양공 19년(기원전 554), 이곳에 성을 쌓아 제나라의 침입을 방비했다는 기록이 있다.

47) 노나라 애공 21년(기원전 474) 이후로 노나라는 오나라 및 월나라와의 관계가 복잡하게 얽혔으며, 월나라가 오나라를 멸망시킨 뒤 무성은 월나라와의 접경지역이 되었다. 따라서 무성은 월나라의 노략질로 피해가 잦았던 곳이다.

들이 말했다.

"이곳 무성 사람들은 스승님을 그토록 충심으로 모시고 공경했습니다. 그런데도 적도들이 몰려오자 남보다 먼저 피신해 백성들의 눈총을 받았고, 적도들이 물러가자 곧바로 돌아오셨습니다. 그래서는 안 되는 것 아닙니까?"

그러자 심유행(沈猶行)이 말했다.

"이 일을 자네들은 이해할 수 없을 것이오! 예전에 스승님이 우리 집에 머물 때, 부추(負芻)의 난[48]이 있었지요. 당시 스승님을 따라나선 70명은 모두 환란을 겪지 않았답니다."(『맹자』「이루 하」)

曾子居武城, 有越寇, 或曰: "寇至, 盍去諸?" 曰: "無寓人於我室, 毁傷其薪木." 寇退, 則曰: "修我牆屋, 我將反." 寇退, 曾子反. 左右曰: "待先生如此其忠且敬也, 寇至則先去以爲民望, 寇退則反, 殆於不可?" 沈猶行曰: "是非汝所知也! 昔沈猶有負芻之禍, 從先生者七十人未有與焉."(孟子)

【부론】 맹자가 말했다.

"증자는 스승이었으며 부형의 위치에 있었다."(『맹자』「이루 하」)

【附論】 孟子曰: "曾子, 師也, 父兄也"(同上)

11. 서둘러 가난해지고 빨리 썩어지기를 바란다는 설을 변증함
(辨速貧速朽之說)

『예기』「단궁편」에서는 이렇게 말한다.

"유자(有子)가 증자에게 물었다. '그대는 스승님으로부터 관직을 잃은 뒤의 처신에 대해 들은 적이 있소?' '들은 적이 있습니다. 관직을 잃으면 서둘러 가난해지려 해야 하고, 죽으면 빨리 썩고자 해야 한다 하

---

48) 조기(趙岐)의 주를 따라 부추라는 사람이 일으킨 난으로 해석했다.

셨지요.' '어쩐지 스승님의 말씀답지 않은걸!' '저는 그런 말씀을 자유(子游)와 함께 들었답니다.' '그렇다면 스승님께서 어떤 사정이 있어 하신 말씀이시겠지.' 증자가 이를 자유에게 일러주자, 자유가 말했다. '송나라 환사마(桓司馬)⁴⁹⁾가 자신의 석곽(石槨)을 만들었는데, 3년이 지나도 다 만들지 못했지요. 그러자 스승님께서는 저토록 사치부릴 바에야 죽으면 빨리 썩는 게 나으련만이라고 말씀하셨지요. 그러니 죽으면 빨리 썩고자 한다는 말은 환사마 때문에 하신 말씀입니다. 남궁경숙(南宮敬叔)⁵⁰⁾이 벼슬을 잃자, 매번 보물을 싣고 조정을 들락거렸지요. 그러자 스승님께서는 저토록 재물을 쓸 바에야 벼슬을 잃으면 서둘러 가난해지는 게 나으련만이라고 말씀하셨지요. 벼슬을 잃으면 빨리 가난해지려 한다는 말은 바로 남궁경숙 때문에 하신 말씀이었습니다.'"

戴記檀弓篇云:"有子問於曾子曰: '問喪於夫子乎?' 曰: '聞之矣. 喪欲速貧, 死欲速朽.' 有子曰: '是非君子之言也!' 曾子曰: '參也與子游聞之.' 有子曰: '然則夫子有爲言之也.' 曾子以告子游, 子游曰: '桓司馬自爲石槨, 三年而不成, 夫子曰: 若是其靡也, 死不如速朽之愈也. 死之欲速朽, 爲桓司馬言之也. 南宮敬叔反, 必載寶而朝, 夫子曰: 若是其貨也, 喪不如速貧之愈也! 喪之欲速貧, 爲敬叔言之也.'"

나는 이렇게 생각한다.

"관직을 잃으면 서둘러 가난해지려 해야 하며, 죽으면 빨리 썩고자 해야 한다"는 공자의 말을 증자가 과연 자유와 함께 들었다면, 환사마나 남궁경숙과 관계된 일임을 증자도 틀림없이 자유와 같이 들어 알고

---

49) 환사마는 송나라 대부 환퇴(桓魋)를 말한다. 공자의 제자인 사마우(司馬牛)의 형으로 송나라에서 반란을 일으켰다가 실패한 뒤 제나라로 망명했으며, 공자가 송나라를 지나갈 때 훼방을 놓은 인물로 알려져 있다. 상퇴(向魋)라 부르기도 한다.
50) 남궁경숙은 노나라 대부 맹희자(孟僖子)의 아들로, 이름은 중손열(仲孫閱)이다. '閱'을 '說'로 적기도 한다. 공자에게 예를 배웠다고 전한다.

있었으리라. 그런데 어찌하여 증자는 모르고 자유 혼자만 알고 있었단 말인가?

공명의(公明儀)[51]는 "옛날 사람은 석 달이 지나도 다시 등용되지 않으면 찾아가 위로했다"고 했다. 맹자는 "사(士)에게 제사 비용을 마련할 만한 땅이 없으면 제사도 지내지 않는다"고 했으며, 또 "돌아가신 분을 위해 흙이 곧장 시신에 닿지 않도록 하는 게 자식 된 자의 마음에도 흡족하지 않겠느냐?"[52]고 했다. 그렇다면 관직을 잃어도 서둘러 가난해지려 하지 않으며, 죽어도 빨리 썩고자 하지 않는다는 것, 이는 자연스러운 천리(天理)나 인정(人情)이다. 따라서 매우 현명했던 증자라면 틀림없이 그토록 사리에 어긋난 말을 하지 않았음이 분명하다.

대체로 공자가 죽은 뒤, 여러 제자의 문인들은 제각기 자신들의 스승을 떠받들었다. 때문에 모시는 스승의 말은 존중하면서 다른 제자들을 헐뜯는 경우가 많았다. 따라서 이런 이야기가 엮이게 되었을 따름이다. 이제 이런 이야기는 싣지 않는다.

余按: "喪欲速貧, 死欲速朽"之語曾子果與子游同聞之, 則桓司馬南宮敬叔之事曾子必與子游同見之, 何容曾子不知而子游獨知之? 公明儀曰: "三月無君則吊." 孟子曰: "惟士無田則亦不祭." 又曰: "且比化者無使土親膚, 於人心獨無恔乎." 喪之不欲速貧, 死之不欲速朽, 此自天理人情之自然, 以曾子之大賢必不爲是不情之語明矣. 蓋自孔子沒後, 諸弟子之門人各私其師, 故多自尊其師之說而譏他人, 因而撰爲此等語耳. 今不錄.

---

51) 공명의는 증자의 제자이다. 『예기』 「단궁편」, 「재의」(祭義), 『맹자』에 보인다.
52) 『맹자』 「공손추 하」에 들어 있는 맹자의 모친상에 관한 내용이다. 맹자의 제자 충우(充虞)는 모친상을 치른 맹자에게 관곽이 너무 사치스러웠다고 말했고, 이에 맹자는 그럴 만한 지위와 재물도 있는데 어버이 상을 소홀히 다룰 수 없음을 강조하고 있다. 이어서 군자는 어떠한 경우라도 어버이를 위해 재물을 아끼지 않는 법이라고 말을 맺는다.

12. 배를 설삶자 아내를 내쳤다는 이야기를 변증함
(辨蒸梨出妻之說)

세상에 전해지는 이야기로 이런 것도 있다.

증자는 아내가 배를 설삶자, 아내를 내치고 죽을 때까지 다시 장가들지 않았다고 한다.[53] 그러면서 증자는 이렇게 말했단다.

"고종(高宗)은 후처 때문에 아들 효기(孝己)를 죽였고,[54] 윤길보(尹吉甫)는 후처 때문에 아들 백기(伯奇)를 내쫓았다.[55] 나는 어디로 보나 고종이나 길보에 미칠 수 없는 사람이거늘, 잘못을 면할 수 있으리라 어찌 장담할 수 있겠는가!"[56]

어떤 사람이 배를 설삶은 것쯤이야 작은 허물인데 어찌 내치기까지야 했겠느냐고 의심하자, 이렇게 풀이하기도 한다.

"아내를 내쳤더라도 재가할 수 있도록 하기 위해서였다. 대체로 큰 허물이 있어 내쳤겠지만, 배를 설삶은 것을 평계로 삼았을 뿐이다."[57]

---

53) 『공자가어』「칠십이제자해」(七十二弟子解)에 나오는 이야기인데, 최술이 말한 '蒸梨'는 '藜烝'으로 되어 있다. 따라서 배를 설삶은 것이 아니라, 아욱국을 제대로 끓이지 않은 것으로 보아야 한다. 아마 '藜'와 '梨'의 글꼴이 비슷한 관계로 혼동했을 가능성도 있는데, 아무튼 소박한 식사의 나물국이 이야기로 꾸몄을 때 더욱 근사해 보인다.

54) 『죽서통전』(竹書統箋)에 의하면 은나라 고종의 아들 효기는 어버이에 대한 효성이 지극했다. 그는 하룻밤 사이에도 다섯 번 부모님 잠자리를 살필 정도였다. 하지만 고종은 부인이 죽자 후비를 들였으며, 후비의 말만 믿은 나머지 효기를 내쫓아 죽게 만들었다고 한다.

55) 윤길보(尹吉甫)는 주나라 선왕(宣王) 때의 중신으로, 성은 혜(兮), 이름은 갑(甲)이다. 보통 혜백길보(兮伯吉父)라 부른다. 훌륭한 인물이었지만 후처 때문에 효성스런 아들 백기를 내쳤다고 전한다.

56) 이 말은 『공자가어』에서 증자의 아들 증원(曾元)이 아버지에게 다시 장가들기를 간청하자, 증자가 아들에게 해준 말이다. 『한시외전』에는 상처한 뒤 아내를 들이지 않은 증자에게 까닭을 묻자, 증자는 "증화(曾華)와 증원은 좋은 아이들이다"라고 말한 내용이 보인다.

57) 반고의 『백호통의』(白虎通義)에 보이는 증자가 처를 내친 일에 관한 논의는 이렇다. "부인에게는 칠출(七出)의 법도가 있거늘, 아욱국 하나를 잘못 끓였

世傳曾子以妻蒸梨不熟而出之, 終身不娶, 曰: "高宗以後妻殺孝己, 吉甫以後妻放伯奇; 吾上不及高宗, 中不比吉甫, 容知其得免於非乎!" 或疑蒸梨過小, 不至於出, 爲之解曰: "出妻, 令其可嫁; 蓋有大過而出, 以蒸梨爲名爾."

나는 이렇게 생각한다.

아내란 위로는 부모님을 받들어 모시며 아래로는 집안살림을 돌보는 사람으로, 맡은 바가 매우 막중하다. 그런데 만일 젊은 시절에 아내를 내치고 다시 장가들지 않았다면, 음식 장만은 누구에게 시킨단 말인가? 그리고 "어머님의 아침저녁 진지상은 누가 보살핀단 말인가!"[58] 이 어찌 걱정스럽지 않겠으며, 살림살이도 틀림없이 엉망이 되고 말았으리라.

만일 나이 든 뒤 아내를 내쳤다면, 어찌하여 수십 년 동안 아무런 허물도 없던 아내가 하루아침에 갑작스레 커다란 잘못을 저지른단 말인가? 더구나 이미 나의 어버이를 봉양하여 천수를 다하도록 한 그런 아내를 나이 들어 내친다면, 이 또한 올바른 사람의 마음 씀씀이도 아닌 셈이다.[59]

余按: 妻也者, 上奉父母, 下理內政, 所關甚重. 若少年時出妻而不復娶, 中饋託之何人? "有母尸饔", 胡不恤焉, 而家政亦必至於廢. 若旣老

다고 해서 내친다는 것은 너무하지 않은가?" "내가 알기로는 이렇소. 절교하더라도 그가 사람을 사귈 수 있도록 해야 하며, 아내를 내치더라도 그녀가 재가할 수 있도록 해야 한다고 하더이다. 아욱을 잘못 삶았을 뿐이니, 다른 연고야 따질 게 무엇이겠는가?"(曾子去妻, 藜烝不熟. 問曰: 婦有七出, 不烝亦煩乎? 曰: 吾聞之也. 絶交令可交, 出妻令可嫁, 藜烝不熟而已, 何問其故也?)

58) 『시경』 「소아」의 오랜 전쟁으로 지친 병사의 서러움을 읊은 '기보'(祈父)의 한 구절이다.

59) 『대대예기』 「본명」(本命) 및 『공양전』 장공 27년의 주에 따르면, 칠거지악(七去之惡)이 있더라도 내칠 수 없는 삼불거(三不去)가 있었다. 곧 돌아갈 친정이 없는 경우(無依歸), 함께 부모의 삼년상을 치른 경우(同過父母三年喪), 가난했지만 부유해진 경우(先貧後富)에는 내칠 수 없었다.

而出之, 豈數十年皆無大過, 獨一日而忽有大過乎? 且旣奉吾親以終天年矣, 老而棄之, 亦非君子之所以居心也.

도의 전수 과정은 이렇다. 공자는 증자에게 전수했고, 증자는 자사(子思)에게 전수했으며, 자사는 맹자에게 전수했다. 그런데 공자와 증자, 자사 모두 아내를 내쳤다고 알려져 있으니, 맹자의 아내도 거의 쫓겨났으리라. 그렇다면 어찌하여 성현의 아내들이란 한결같이 큰 허물을 지녔으며, 도대체 성현들이란 두루 갖추기를 바라 한 가지라도 맘에 들지 않으면 곧바로 내친단 말인가?

주공(周公)은 "한 사람이 모두 갖추기를 바라지 말라"[60]고 했고, 공자는 "군자가 사람을 부림에는 그 능력에 따라 해야 한다"고 했으며, 맹자도 "훌륭한 사람은 그렇지 못한 사람을 가르쳐주고, 재능을 지닌 사람은 그렇지 못한 사람을 가르쳐주어야 한다"고 말했다. 그렇다면 아내에게도 마땅히 이처럼 해야만 하리라.

만약 성현의 아내가 되어 쫓겨나기 십상이라면, 천하에 어느 누가 감히 성현의 아내가 되려고 들겠는가! 이런 이야기는 틀림없이 없었던 일이다. 그러므로 이제 싣지 않는다. 『정록』인 『수사고신록』의 「고종」에서도 이를 언급했다.[61]

道之傳也, 孔子授曾子, 曾子授子思, 子思傳之孟子, 而三人皆以出妻聞, 孟子之妻亦幾於出. 豈爲聖賢妻者必皆有大過, 抑爲聖賢者必求全責備, 一不當意卽出之乎? 周公曰"無求備於一人", 孔子謂"君子之使人也器之", 孟子曰"中也養不中, 才也養不才", 然則於妻亦當如是. 若爲聖賢妻而必至於出, 天下誰復敢爲聖賢妻者! 此皆必無之事, 故今不載. 說並

---

60) 주공이 아들 백금(伯禽)을 봉지인 노나라로 떠나보내면서 해준 말이며, 『논어』「미자편」에 보인다.
61) 『수사고신록』「고종」의 '공씨가 2대에 걸쳐 아내를 내쳤다는 설을 변증함' 참조.

見正錄考終篇中.

증자는 병이 깊어지자 제자들을 불러놓고 말했다.

"나의 발을 들춰보고 나의 손을 들춰보아라. 『시』에서도 말했지. '전전긍긍(戰戰兢兢)하여 깊은 못가에 선 듯, 얇은 얼음을 밟듯 하라.'[62] 오늘 이후에야 나도 이를 면한 게지! 애들아."(『논어』「태백편」)

曾子有疾, 召門弟子曰: "啓予足, 啓予手! 詩云: '戰戰兢兢, 如臨深淵, 如履薄冰.' 而今而後, 吾知免夫! 小子."(論語泰伯篇)

【부록】 증자의 병이 깊어지자 맹경자(孟敬子)[63]가 문병을 갔다.(『논어』「태백편」)

【附錄】 曾子有疾, 孟敬子問之.(同上)

13. 병이 위중한데도 돗자리를 바꾸었다는 이야기를 변증함
(辨疾革易簀之說)

『예기』「단궁편」에서의 이야기이다.

"증자의 병이 위중할 때, 곁을 지키던 심부름하는 아이가 말했다. '너무나 아름답습니다. 대부의 돗자리인가 보지요?' 이에 증자가 말했다. '그래, 계손 대부가 주었느니라. 내가 미처 바꾸지 못했구나. 원(元)[64]아, 나를 일으켜서 돗자리를 바꿔라.' 그러자 증원이 말했다. '아버님 병

---

62) 『시경』「소아」'소민'(小旻)의 한 구절이다.
63) 맹경자는 노나라 대부 중손첩(仲孫捷)이며, 맹무백(孟武伯)의 아들이다. 당시 중손씨의 수장이었다.
64) 원은 증자의 아들인 증원(曾元)을 말한다. 당시 그 자리에는 증자의 또 다른 아들 증신(曾申)과 제자인 악정자춘(樂正子春) 및 곁에서 불을 든 동자가 한 명 있었다.

환이 위중하여 바꿀 수 없습니다. 하오니 내일 아침에 바꿔드리겠습니다.' 그러나 증자는 말했다. '내가 무엇을 바라랴! 올바른 도리를 지키다 죽으면 그뿐인 것을!' 이렇게 말한 증자는 자신을 들어올려 돗자리를 바꾸게 했고, 다시 자리에 누워 안정을 되찾을 사이도 없이 죽었다."

戴記檀弓篇云: "曾子寢疾病, 童子曰: '華而睆, 大夫之簀與?' 曾子曰: '斯季孫之賜也, 我未之能易也. 元, 起易簀.' 曾元曰: '夫子之病革矣, 不可以變. 幸而至於旦, 請敬易之.' 曾子曰: '吾何求哉! 吾得正而斃焉斯已矣!' 擧扶而易之, 反席未安而沒."

나는 이렇게 생각한다.

『논어』에서는 "증자가 병이 깊어지자 제자들을 불러놓고 말했다. '나의 발을 들춰보고 나의 손을 들춰보아라. 『시』에서도 말했지. 전전긍긍하여 깊은 못가에 선 듯, 엷은 얼음을 밟듯 하라고. 오늘 이후에야 나도 이를 면한 게지!'"라고 했는데, 이처럼 증자는 언제나 신중하고 바르게 처신했다. 이런 처신은 평소에도 늘 그랬던 것이며, 결코 죽음에 이를 때까지 바르지 않은 구석이 남아 있지는 않았으리라. 그런 증자가 심부름하는 아이의 말이 없었다면 끝내 바로잡지도 못한 채 죽었을 것이란 말인가?

대부의 돗자리를 증자가 사용할 수 없다면 받을 때 굳이 사양했어야 마땅하며, 사양해도 주었다면 평소에 틀림없이 밀쳐두고 사용하지 않았으리라. 평시에 사용한 것이라면 병이 위중할 때 어찌 바꿔야 한단 말인가!

이런 이야기를 꾸며낸 사람은 올바름에 처하는 증자의 마음을 빗대, 비록 병이 위중한데도 구차스럽지 않았음을 밝히려는 데 지나지 않았다. 하지만 임종에 이르러서도 어질다는 것만 칭찬할 줄 알았지, 어찌 평소의 행동에서 이해하려 들지 않았단 말인가! 그러므로 이제 싣지 않는다.

余按論語: "曾子有疾, 召門弟子曰: '啓予足, 啓予手! 詩云: 戰戰兢

兢, 如臨深淵, 如履薄冰. 而今而後, 吾知免夫!" 曾子守身愼行, 動必以
正, 自其平日之事, 不應臨沒而尙有不得其正者. 藉令童子不言, 曾子不
將不得正而斃乎? 大夫之簀如非曾子之所當御, 則當賜之時固必辭之;
卽辭之不獲, 平日亦必屛之而不用; 如可御於生時, 烏在病革之時遂必當
易之乎! 爲是說者, 不過欲明曾子之心安於正, 雖病革而不肯苟焉, 而豈
知稱其臨沒之賢而反無說以解於平日邪! 故今不載.

14. 후학들은 대부분 증자를 받들었다(後學多宗曾子)

나는 이렇게 생각한다.

『논어』에서 증자는 '자여'(子輿)라는 자를 쓰지 않고 스승의 의미인
'자'(子)로 썼으며, 증자의 언행에 관한 기록 또한 많다. 따라서 증자의
문인들이 거의 기록한 것으로 여겨지기도 한다.

대체로 증자는 공자 문하에서 나이가 가장 어렸지만, 학문이 가장 순
수했기에 공자가 죽은 뒤 증자를 종주(宗主)로 삼은 후학들이 많았다.
성인의 도를 드러내는 데는 자공의 힘이 컸지만, 성인의 도를 전수하는
데는 증자의 힘이 컸다. 자공의 공은 당시에 있었지만, 증자의 공은 후
세에 있었다. 그러므로 안자에 이어 증자를 배치했으며, 민자건·염백
우·중궁 다음에 자공을 놓았다. 이는 덕을 귀중하게 여기면서도 때로
는 공을 드러내기 위해서이다.

按: 論語於曾子不字之而子之, 所記曾子言行亦多, 疑皆曾子門人所
記. 蓋曾子於孔門, 年最少而學最純, 故孔子旣沒, 後學多宗曾子者. 聖
道之顯多由子貢, 聖道之傳多由曾子; 子貢之功在當時, 曾子之功在後
世. 故次曾子於顔子, 次子貢於閔冉仲弓, 或以德貴, 或以功著也.

15. 『대학』은 증자가 지은 게 아니다(大學非曾子作)

세상 사람들은 대부분 『대학』을 증자가 지은 것으로 여기고 있다. 주

자는 이를 나눠 '대학지도'(大學之道)에서 '미지유야'(未之有也)까지
는 경(經)으로 공자의 말이며, 나머지는 전(傳)으로 증자의 뜻을 문인
들이 기록한 것이라 했다.[65]

世多以大學爲曾子所作. 朱子分'大學之道'至'未之有也'爲經, 爲孔子
之言, 其餘爲傳, 爲曾子之意而門人所記.

나는 이렇게 생각한다.

「성의장」(誠意章)에서는 '증자왈'(曾子曰)……이라 했는데, 증자가
지었다면 응당 '증자'라 자칭하지 않았을 것이며, 유달리 이 장만 '증
자왈'로 시작하지도 않았으리라.[66] 따라서 주자의 말이 그럴싸하다. 하
지만 '대학지도' 이하의 경문도 결코 공자의 말투는 아니다. 더욱이 『대
학』 전체의 글을 살펴보면 수미가 연속되고, 전후가 호응하며, 문체 또
한 어긋남이 없다. 따라서 한 사람 손에서 나온 게 매우 분명하므로 둘
로 나눈다는 것도 마뜩찮다.

무릇 글의 모양새란 시대를 반영한다. 그러므로 『논어』의 글은 근엄
하며, 『맹자』의 글은 시원스럽고, 『춘추좌전』은 여러 책에서 따온 것이
기에 글이 일률적이지 않다. 그런데 『대학』의 글은 화려하면서도 곡진
(曲盡)하고 대구(對句)도 많다. 글의 시기를 따진다면 틀림없이 전국
시대이지, 공자나 증자의 어투는 아니다. 하지만 전수는 분명 증자로부
터 비롯되었으리라.

余按: 誠意章云'曾子曰'云云, 果曾子所自作, 不應自稱曾子, 又不應
獨冠此文以'曾子曰', 朱子之說近是. 然卽'大學之道'以下亦殊不類孔子

---

65) 주자는 정자의 편정(編定)을 기본으로 『대학장구』를 지으면서 경문 1장과
　　전문 10장으로 나누었으며, 경문은 공자의 말을 증자가 기술한 것이고, 전문
　　은 증자의 뜻을 문인들이 기술한 것이라 했다. 경문은 205자, 전문은 1천546
　　자이다.
66) 주자 『대학장구』의 「성의장」은 바로 「전」의 여섯 번째 장인데, 그 가운데 이런
　　내용이 들어 있다. "曾子曰: 十目所視, 十手所指, 其嚴乎!"

之言. 且玩通篇之文, 首尾聯屬, 先後呼應, 文體亦無參差, 其出一人之手明甚, 恐不得分而二之也. 凡文之體, 因乎其時, 故論語之文謹嚴, 孟子之文舒暢, 左傳采之輩書則文錯出不均. 大學之文繁而盡, 又多排語, 計其時當在戰國, 非孔子曾子之言也. 然其傳則必出於曾子.

무엇으로 알 수 있는가?

『논어』에서 공자는 "나의 도는 하나로 관통되어 있다"고 했고, 증자는 "스승님의 도는 참됨과 너그러움일 따름이다"고 했다. 그런데 이제 『대학』에서 말하는 것은 모두 참됨과 너그러움에 관한 내용이다.

"몸을 닦고자 하는 자는 먼저 마음을 바르게 하고, 마음을 바르게 하고자 하는 자는 먼저 뜻을 정성스럽게 한다"는 참됨이다. "나라를 다스리고자 하는 자는 먼저 집안을 가지런히 하고, 집안을 가지런히 하고자 하는 자는 먼저 몸을 닦는다"는 너그러움이다. "고약한 냄새를 싫어하는 것처럼 하며, 예쁜 여자를 좋아하는 것처럼 하라"는 참됨이며, "마음이 거기에 있지 않으면 보아도 보이지 않으며, 들어도 들리지 않는다"는 참되지 않기 때문이다. "자기 자신이 갖추고 난 뒤에 다른 사람에게 갖추기를 바라며, 자기 자신이 허물이 없고 난 뒤에 다른 사람을 나무랄 수 있다"는 너그러움이다. "내가 윗사람으로부터 싫어했던 것으로 아랫사람을 부리지 말며, 아랫사람으로부터 싫어했던 것으로 윗사람을 모시지 말라"는 너그럽지 않음을 경계한 말이다.

참됨과 너그러움 이 두 마디야말로 『대학』의 도리를 모두 담고 있다. 아마 증자가 공자로부터 깨우친 것을 후세 사람들이 또 부연하여 『대학』이라는 책으로 엮었기에 그러하리라. 그러므로 이제 「증자편」에서 『대학』을 지었다는 사실은 싣지 않았으며, 그 의미를 이렇게 풀이하여 미루어 짐작할 수 있도록 했다.

何以知之? 論語: 孔子曰"吾道一以貫之", 曾子曰"夫子之道忠恕而已矣". 今大學所言皆忠恕之事. "欲修其身者先正其心, 欲正其心者先誠其意," 忠也. "欲治其國者先齊其家, 欲齊其家者先修其身," 恕也. "如惡惡臭, 如好好色," 忠也. "心不在焉, 視而不見, 聽而不聞," 以其不忠也. "有諸己而後求諸人, 無諸己而後非諸人," 恕也. "所惡於上毋以使下, 所惡於下毋以事上," 戒其不恕也. 忠恕二言, 大學之道盡矣. 蓋曾子得之於孔子, 而後人又衍之爲大學者也. 故今於曾子篇不載作大學之事而仍推其意如此.

증자에 관한 자취도 선후를 자세히 고증하기 어렵다. 그리하여 짐짓 『논어』와 『맹자』에 나오는 글들을 취해 대략 이상과 같은 차례로 실었다. 민자건 이후도 이와 마찬가지이므로 다시 거론하지 않겠다.[67]

曾子之事, 先後亦難詳考; 姑取論語孟子之文, 約略次之如右. 閔子以下幷同, 不復再擧.

---

67) 도광 4년 판본인 동양중각정본에 따르면, 최술은 『수사고신여록』 앞쪽에 붙인 목록의 안자(顔子)와 증자(曾子) 뒤쪽에 이런 말을 덧붙였다. "안자는 거의 성인 공자에 가까이 간 사람이며, 증자는 공자의 도를 후세에 전한 공로가 있다. 그러므로 이들을 앞쪽에 놓았다."(顔子幾於聖人, 曾子有傳道之功, 故先之.)

민자건 閔子騫

『사기』의 기록은 이렇다.

"민손(閔損)의 자는 자건(子騫)이다."[1]

史記: "閔損, 字子騫."

1. 이 책에서의 명칭은 『논어』를 따르겠다(本書稱名依論語)

『논어』를 살펴보면 여러 현인들을 모두 자(字)로 불렀는데, 때로는 민자건·염백우·재아·염유 등과 같이 씨(氏)를 붙이기도 했고, 때로는 자공·자하 등과 같이 씨를 붙이지 않기도 했다. 그러나 오직 증자와 유자만은 '자'(子)라 부르며 자(字)를 쓰지 않았다. 그런가 하면 또 유약·재여, 그리고 '헌이 부끄러움에 대해서 물었다'나 '구가 전부(田賦)를 거두어들이려 하다' 등과 같이 이름으로 부른 제자도 있는데, 이러한 현상은 우연에서 비롯된 것이지 일반적인 사례는 아니다.

이제 여러 현인들을 열거하면서, 안자(顔子) 이외에는 모두 『논어』에서의 명칭을 그대로 쓰고 감히 함부로 바꾸지 않았다. 이 또한 옛날을 따르려는 의리에서 그렇게 한 것이다.[2]

---

1) 『사기』 「중니제자열전」에서는 공자보다 열다섯 살 어리다 했다.

按論語於諸賢皆以字稱, 或冠以氏(如‘閔子騫’, ‘冉伯牛’, ‘宰我’, ‘冉有’之類), 或不冠以氏(如‘子貢’, ‘子夏’之類). 惟曾子有子皆稱子而不以字. 亦有稱以名者(如‘有若’, ‘宰予’, ‘憲問恥’, ‘求聚斂’之類), 要係偶然, 非通例也. 今列諸賢, 自顏子外皆用論語原稱, 不敢擅更, 亦從古之義也.

노나라가 장부(長府)[3]를 새로 지으려 했다. 그러자 민자건이 말했다.

"옛것만으로도 충분하련만, 왜 그러려는 것일까? 어찌하여 굳이 새로 지으려고 하는지!"

이에 공자가 말했다.

"저 사람은 말이 적지만, 말을 했다면 반드시 깊은 속내가 있단 말이야."[4] (『논어』 「선진편」)

魯人爲長府. 閔子騫曰: "仍舊貫, 如之何? 何必改作!" 子曰: "夫人不言, 言必有中." (論語先進篇)

계씨(季氏)[5]가 민자건을 비읍의 읍재로 삼으려 했다. 그러자 민자

---

2) 최술은 증자 · 유자와 함께 안연만 ‘안자’로 부른다. 『논어』의 어디에서도 증자와 유자 이외에 안연을 안자라고 부른 적은 없지만, 최술이 이를 고집한 것은 안연이야말로 어떤 제자도 따를 수 없는 최고의 경지에 오른 사람이라 여겼기 때문이다.

3) 장부를 정현은 물품을 넣어두는 창고로 풀이했지만, 청나라 염약거(閻若璩)는 『사서석지』(四書釋地)에서 『춘추좌전』 소공 25년의 “公居於長府”와 두예(杜預)의 “長府, 官府名”이란 말을 근거로 궁관(宮館)이라 했다.

4) 민자건의 의도는 지금의 장부를 조금만 수선하면 쓰기에 충분할 터인데, 굳이 새로 크게 지어봤자 백성들의 힘만 허비하고 소기의 성과도 거둘 수 없으리라는 판단에서 한 말로 여겨진다. 그러므로 공자도 이런 민자건의 속내를 알고 칭찬한 것이다.

5) 계강자(季康子)로 당시 노나라의 국정을 전담했던 인물이며, 비읍은 바로 계강자의 속읍이다. 본 주석의 저본인 『최동벽유서』(崔東壁遺書)와 나카 미치요의

건이 말했다.

"나를 위해 잘 말씀드려 주시지요. 다시 나보고 읍재를 맡으라면 그때 나는 틀림없이 문수(汶水)[6]의 강가에 가 있을 것이외다." (『논어』 「옹야편」)

季子使閔子騫爲費宰. 閔子騫曰: "善爲我辭焉. 如有復我者, 則吾必在汶上矣." (論語雍也篇)

2. 굶주린 기색을 띠었다는 이야기를 변증함(辨菜色之說)

『한시외전』에서는 이렇게 말하고 있다.

"민자건이 공자를 처음 뵈었을 때 굶주린 기색이 역력했지만, 얼마 지난 뒤에는 고기를 먹은 기색이 역력했다. 이에 자공이 그 이유를 묻자, 민자건은……"[7]

韓詩外傳云: "閔子騫始見於夫子, 有菜色; 後有芻豢之色. 子貢問之, 閔子云云."

나는 이렇게 생각한다.

이것도 꾸민 이야기이지, 정말로 그런 일이 있었던 게 아니다. 민자

『최동벽선생유서』에는 '季子'로 쓰여 있는데, 이는 분명 오류이다. 『논어』와 도광 4년 판본인 동양중각정본을 따라 바로잡았다.

6) 지금의 산동성 경내에 있는 강이겠지만 어디를 말하는지 확정지을 수 없다. 원래 제나라에는 세 개의 문수가 있었는데, 그 가운데 하나일 것이다.

7) 민자건의 대답이 장황하게 이어지는데, 그 대충은 이렇다. "저는 궁벽한 시골 출신으로 스승님 문하에 들어 좋은 말씀을 듣고 마음으로 기뻐했지요. 그런데 하루는 밖에 나갔다가 귀인의 행차를 보았답니다. 귀인은 호화로운 수레를 타고 앞뒤에서 깃발을 펄럭이며, 값비싼 옷을 입은 사람들이 뒤를 따르고 있었지요. 저는 그것을 보고 부럽기 그지없었습니다. 그래서 마음속에 갈등이 생겼고, 안색도 좋지 않았지요. 하지만 이제 스승님의 가르침에 깊이 젖고, 또 훌륭한 벗들과 절차탁마하게 되었지요. 지금은 그런 것을 보아도 진흙탕에 발을 담근 것처럼 여겨집니다. 그래서 안색이 좋아진 것이지요."

건의 천성은 욕심이 없고 차분했다. 비록 공자를 섬긴 지 오래지 않아서의 일이라고는 하나, 틀림없이 물총새 깃털로 꾸민 수레나 용무늬로 장식한 깃발을 보고 부러워하지도 않았으리라. 그러므로 싣지 않는다.

余按: 此亦形容之詞, 非眞有是事. 閔子天性恬靜, 雖事孔子不久, 亦必不至於見羽蓋龍斿而歆慕也. 故不錄.

【부론】 공자가 말했다.

"효자로다, 민자건이여! 어느 누구도 그의 부모나 형제들이 그를 칭찬하는 말에 다른 말을 할 수 없을 정도이거든."(『논어』 「선진편」)

【附論】 子曰: "孝哉閔子騫! 人不間於其父母昆弟之言."(論語先進篇)

3. 갈대솜으로 만든 옷을 입었다는 이야기를 변증함
(辨蘆花袍之說)

세상에는 이런 이야기가 전해지기도 한다.

민자건의 어머니는 일찍 죽었으며, 그의 아버지는 후처를 들여 다시 아들 둘을 낳았다. 민자건의 계모는 자기가 낳은 아들만 예뻐하고 민자건을 학대했으며, 그의 겉저고리에는 갈대솜을 놓아주었다. 하루는 민자건이 아버지가 탄 수레를 몰았는데 추워서 제대로 몰 수 없었다. 그러자 아버지는 발끈하여 민자건을 채찍으로 후려쳤고, 옷이 찢기면서 갈대솜이 드러났다. 이에 아버지가 노하여 계모를 내치려 했다. 이때 민자건은 눈물로 아버지를 말리며 이렇게 말했다.

"어머니가 계시면 한 아들만 추위에 떨면 그만이지만, 어머니를 내치시면 세 아들이 힘들어집니다."

이런 일이 있고 난 뒤로 계모도 감동하여 개과천선했으며, 세 아들을 한결같이 고루 예뻐했다고 한다.[8]

---

8) 『한시외전』과 『예문유취』 「효부」에 들어 있다.

世傳閔子之母早亡, 父娶後妻, 更生二子. 後妻愛其子而虐閔子, 以蘆花著其袍. 閔子爲父推車, 寒不能前. 父怒鞭之, 衣破而蘆花見. 父怒, 將出後妻. 閔子泣止之曰: "母在一子寒; 母去三子單." 由是其母感而改之, 均愛三子如一.

나는 이렇게 생각한다.

공자는 "어느 누구도 그의 부모나 형제들이 그를 칭찬하는 말에 다른 말을 할 수 없을 정도"라고 했는데, 이 말의 의미를 자세히 살피면 부모나 형제가 효성을 칭찬하기는 쉬워도 다른 사람들이 칭찬하기는 쉽지 않으며, 부모나 형제의 칭찬은 때로 사랑에 빠져 지나칠 수도 있기 때문이다. 그래서 반드시 다른 사람들의 칭찬도 한결같아야만 그것을 믿을 수 있다는 의미이다. 따라서 민자건은 절대로 역경에 놓인 것처럼 보이지 않는다.

만일 세속에 전해지는 이야기와 같다면 남들이 그를 효자라고 칭찬하기는 쉬워도, 어머니나 아우가 칭찬하기란 오히려 어려웠으리라. 그리고 공자와 같은 성인이라면 결코 말을 뒤틀지도 않았을 것이다.

余按: 孔子曰: "人不間於其父母昆弟之言." 玩其語意, 乃以父母昆弟之稱其孝爲易而人之稱其孝爲難, 父母昆弟之言或不免因溺愛而溢美, 故必人言僉同乃可爲據, 絶不類身處逆境者. 若如世俗所傳, 則閔子之得稱爲孝, 易反在人而難反在於母與弟, 聖人不應作是顚倒語也.

대체로 주나라 때까지의 기록은 이지러진 게 매우 많아 상세하게 살피기 어렵다. 때문에 후세의 호사가들은 제각기 나름대로의 이야기를 꾸며냈다. 설령 민자건의 계모에게 그런 일이 있다손 치더라도 개과천선했다면 칭찬하는 게 옳으리라. 하지만 그런 일이 애초부터 없었다면, 이야말로 민자건의 효성을 칭찬하려다가 도리어 민자건의 마음을 크게 상하게 한 셈이다. 그렇다면 실례 또한 크다 하지 않겠는가!

공자가 민자건의 효성을 칭찬했으니, 우리는 민자건의 효성을 알면 그만이다. 민자건이 어떻게 효도했는지에 대해 우리가 굳이 알 필요까지는 없다. 우리가 민자건이 어떻게 효도했는지를 모른다 해서 민자건의 효성에 흠될 것도 없다. 그러므로 이제 이런 이야기는 싣지 않는다.

　大抵三代以上, 書缺實多, 事難詳考, 後之好事者各自以其意附會之. 然使其母果有是事, 稱之, 可也；倘原無是事, 則是欲稱閔子之孝反至大傷閔子之心, 其失不亦大乎！孔子稱閔子之孝, 吾知閔子之孝而已；閔子之所以爲孝, 吾不得而知也. 吾不知閔子之所以爲孝, 無害於閔子之爲孝也. 故今不錄是事.

염백우 冉伯牛

『사기』의 기록은 이렇다.

"염경(冉耕)의 자는 백우(伯牛)이다."[1]

史記: "冉耕, 字伯牛."

염백우가 병을 앓자, 공자가 문병을 가서 창문 너머로 그의 손을 잡고 말했다.

"이런 일이 없어야 하는데, 운명이련가! 자네 같은 사람이 이런 병에 걸리다니! 자네 같은 사람이 이런 몹쓸 병에 걸리다니!" (『논어』 「옹야편」)

伯牛有疾, 子問之, 自牖執其手, 曰: "亡之, 命矣夫! 斯人也而有斯疾也! 斯人也而有斯疾也!" (論語雍也篇)

나는 이렇게 생각한다.

민자건과 염백우는 모두 덕행 부문에 들어 있다. 공자의 민자건에 대한 칭찬도 한둘이 아니며, 벼슬에 대한 그의 단호한 절개는 더더욱 다른 제자들이 따르기 어려운 바이다.

---

1) 염백우의 나이에 대한 기록은 없으며, 『공자가어』에서는 노나라 사람이라 했다.

다만 염백우는 그리 드러난 게 없는데, 아마 그가 빨리 죽었기에 미처 기록할 만한 별다른 언행이 없었을 따름이리라.

『맹자』에서도 민자건과 염백우를 일컬어 "성인의 모습을 갖추었으나 조금 모자랐다"고 했으므로 앞쪽에 열거했다.

按: 閔子與伯牛皆居德行之科. 孔子之稱閔子不一而足, 而出處之節尤人所難能. 惟伯牛無所表見, 此或因其早亡, 未及有所樹立故耳. 孟子書中亦稱二子以爲"具體而微", 故首列之.

중궁 仲弓

『사기』의 기록은 이렇다.

"염옹(冉雍)의 자는 중궁(仲弓)이다."[1]

史記: "冉雍, 字仲弓."

중궁이 인에 대해 묻자, 공자가 말했다.

"문을 나서면 큰손님을 마주하듯 하고, 백성을 부릴 땐 큰 제사를 받들듯이 하라. 자신이 하고 싶지 않은 것을 다른 사람에게 시키지 마라. 그러면 벼슬자리에 있어도 원망이 없고, 집에 있어도 원망이 없을 것이다."

이에 중궁이 말했다.

"제가 비록 불민하오나 삼가 스승님 말씀대로 따르렵니다!"(『논어』「안연편」)

仲弓問仁, 子曰: "出門如見大賓, 使民如承大祭; 己所不欲, 勿施於人; 在邦無怨, 在家無怨." 仲弓曰: "雍雖不敏, 請事斯語矣!"

---

1) 『사기색은』에서는 『공자가어』를 인용하여 "염백우의 종족(宗族)이며, 공자보다 스물아홉 살 어리다"고 했지만, 현존하는 『공자가어』에는 나이에 관한 기록이 없다.

(論語顏淵篇)

【부론】 어떤 사람이 말했다.

"염옹은 어질지만 말재주가 없습니다."

그러자 공자가 말했다.

"어찌 말재주를 들먹이는가! 사람을 상대하며 말만 그럴싸했다가 번 번이 사람들에게 미움받거늘. 내 옹의 어짊은 모르겠지만 어찌 그의 말 재주를 탓하랴!" (『논어』 「공야장편」)

【附論】 或曰: "雍也仁而不佞." 子曰: "焉用佞! 禦人以口給, 屢憎於 人. 不知其仁, 焉用佞!" (論語公冶長篇)

중궁이 계씨의 가재가 되어 정사에 대해 묻자, 공자가 말했다.

"관리에게 먼저 공을 돌리고, 자그마한 허물은 용서하며, 어진 인 재를 등용하라."

"어진 인재임을 어떻게 알아 등용할 수 있겠습니까?"

"네가 아는 사람을 먼저 등용하면, 네가 모르는 사람을 다른 사람 들이 그냥 버려두겠느냐!" (『논어』 「자로편」)

仲弓爲季氏宰, 問政, 子曰: "先有司, 赦小過, 擧賢才." 曰: "焉 知賢才而擧之?" 曰: "擧爾所知; 爾所不知, 人其舍諸!" (論語子 路篇)

【부론】 공자가 중궁에게 말했다.

"옹아, 너는 남면(南面)²⁾할 만한 자질을 지녔구나."

---

2) 북쪽을 등지고 남쪽을 바라보는 자리가 존위(尊位)이다. 때문에 천자나 제후가 신하를 대하거나 경대부가 가신들을 대할 때 모두 남쪽을 향해 앉으며, 제왕이 나 대신의 통치행위를 가리켜 '남면'이라 일컫는다. 『주역』 「설괘」에서도 "聖 人南面而聽天下, 嚮明而治"라 했다. 공자가 중궁을 일컬어 남면할 자질이 있다 고 한 것은 군이 통치자라는 의미보다는 관리자로서의 자질이 충분함을 높이

중궁이 자상백자(子桑伯子)[3]에 대해서 묻자, 공자가 말했다.

"괜찮지. 하지만 너무 대범한 편이거든."

이에 중궁이 말했다.

"공경을 바탕으로 대범함으로써 백성을 다스린다면 그 또한 좋지 않겠습니까? 대범함을 바탕으로 행동마저 대범하면 지나치게 대범하다고 할 수 있겠지만요?"

그러자 공자가 말했다.

"옹아, 네 말이 맞구나."(『논어』「옹야편」)

【附論】 子曰: "雍也可使南面." 仲弓問子桑伯子, 子曰: "可也, 簡." 仲弓曰: "居敬而行簡以臨其民, 不亦可乎? 居簡而行簡, 無乃太簡乎?" 子曰: "雍之言然."(論語雍也篇)

1. 아버지가 천하고 악행을 저질렀다는 이야기를 변증함
(辨父賤行惡之說)

『논어』에서는 이렇게 말하고 있다.

"공자가 중궁을 일컬어 이렇게 말했다. '색깔이 곱지 않은 밭을 가는 소의 새끼라도 털이 붉고 뿔이 바르다면, 비록 제물로 쓰려 하지 않아도 산천의 신들마저 그냥 버려두겠는가!'"

이에 관한 주에서는 이렇게 말한다.

"중궁의 아버지는 미천하고 악행을 저질렀다. 그러므로 공자는 이렇게 비유한 것이다."[4]

산 말로 여겨진다.
3) 자상백자는 달리 상호(桑戶) 또는 자상호(子桑戶)라고 부르며, 간약(簡約)을 숭상한 인물로 알려져 있다. 『장자』「대종사」(大宗師)에는 자상호가 죽었을 때 공자는 자공을 보내 장례를 도왔다는 기록이 있으며, 『설원』「수문」(修文)에도 자상백자가 의관을 갖추지 않은 채로 공자를 맞이했다는 이야기가 실려 있다.
4) 주는 『주자집주』를 말한다. 주자는 곧바로 이렇게 풀었는데, 최술은 주자의 성

論語云: "子謂仲弓曰: '犁牛之子騂且角, 雖欲勿用, 山川其舍諸!'"
註云: "仲弓父賤而行惡, 故夫子以此譬之."

나는 이렇게 생각한다.

자식의 어짊을 칭찬하면서 아버지의 악행을 들추어낸다는 것은 인정으로 비추어볼 때 온당치 못한 게 아닌가 싶다. 더구나 『논어』에서도 "공자가 중궁을 일컬어 말하기를……"이라 했다. 그런데 무엇을 근거로 공자와 중궁이 사람을 쓰는 도리에 대한 일반적인 이야기를 한 게 아니라 확신하고, 곧장 이런 비유 한마디로 중궁의 아버지가 악행을 저질렀다고 마구 얽어맬 수 있단 말인가?

나는 책을 읽다가도 이런 경우를 만나면, 아직 확실한 증거가 없으면 차라리 의심스러움을 비워둘지언정 "이것이네" 하고 속단해서는 안 된다 말하고 싶다. 그러다가 만에 하나라도 그렇지 않다면 옛사람을 무고함이니, 그 실례가 어찌 크다 하지 않겠는가! 그러므로 이제 이런 이야기는 뺀다.

余按: 稱其子之賢而彰其父之惡, 揆諸人情似屬非宜. 且本文云"子謂仲弓曰云云", 安知非孔子與仲弓泛論用人之道, 而遽因此一譬懸坐其父以行惡之名乎? 竊謂讀書凡遇此等語未有確據者, 寧可缺其所疑, 不可斷以爲是. 萬一不然, 使古人受誣, 其失豈不大乎! 故今闕之.

나는 이렇게 생각한다.

공자는 '남면'이라는 말로 중궁을 칭찬했는데, 참으로 군대를 이끌거나 읍재가 될 만하다고 평가한 다른 제자들과는 비할 바 없는 칭찬이다. 그리고 그가 인을 묻고 정사를 물었을 때의 공자의 대답 또한 나머지 다른 제자들이 미칠 수 없는 것처럼 보인다. 때문에 덕행 부문에 넣어 안자와 민자건의 뒤에 실었다.

급함을 조심스럽게 논박하고 있다.

다만 계씨를 위해 일한 적이 있으므로, 안자나 민자건에게는 미치지 못했던 것처럼 여겨진다. 하지만 그것도 어버이 봉양을 위한 녹봉 때문에 벼슬했을 수 있고, 또 어쩔 수 없는 상황에서 그랬을 경우도 있기에 섣불리 그를 의심할 수는 없다. 그러므로 이제 『논어』를 따라 염백우 뒤에 싣는다.

按: 孔子以南面許仲弓, 固非治賦爲宰者所可比, 而問仁問政, 孔子所答亦似非諸弟子所能及, 故居德行之科而列顔閔之次. 惟嘗仕於季氏, 似未逮顔閔者. 然此或爲祿而仕, 不得已而爲之, 未可遽以是爲疑也. 故今仍從論語, 列之伯牛之後.

자공子貢

『사기』의 기록은 이렇다.

"단목사(端木賜)는 위(衛)나라[1] 사람으로, 자는 자공이다."[2]

史記: "端木賜, 衛人, 字子貢."

공자가 말했다.

"사(賜)야, 너는 내가 많이 배워서 아는 사람이라 생각하느냐?"

"그렇습니다. 아니란 말씀입니까?"

"아니지, 나는 일관했을 뿐이니라." (『논어』「위영공편」)

子曰: "賜也, 女以子爲多學而識之者與?" 對曰: "然; 非與?" 曰: "非也, 子一以貫之." (論語衛靈篇)

---

1) 위나라는 무왕의 동생 강숙(康叔)의 봉국으로, 조가(朝歌, 지금의 하남성 淇縣)에 도읍했다가 제구(帝丘, 하남성 濮陽)으로 옮겼다. 기원전 254년 위(魏)나라에 멸망당했다.

2) 『사기』「중니제자열전」과 『공자가어』에서는 모두 공자보다 서른한 살 어리다 했다.「중니제자열전」에서는 자공의 성을 '단목'(端木)으로 적고 있으며, 『사기』「화식열전」(貨殖列傳)이나 『춘추좌전』 등에는 '자공'(子贛)이라 적은 곳도 많다.

1. 유(唯)나 연(然)의 응답만으로 증자와 자공의 우열을 가릴 수는 없다(唯然之應不能定參賜之優劣)

선대의 유학자는 이렇게 말한다.[3]

증자는 공자로부터 일관이라는 말을 듣자 곧장 "예"(唯)[4] 하고 대답했지만, 자공은 "그렇습니다. 아니란 말씀입니까?"라고 하며 머뭇거림 없이 곧장 대답하지를 못했다. 이는 자공이 증자에 미치지 못함이다.[5]

先儒謂曾子之聞一貫直應曰"唯", 而子貢曰"然, 非與", 不能直應無疑, 是其不逮曾子者也.

나는 이렇게 생각한다.

공자가 말하면 제자들은 누구나 응대하게 마련이며, 결코 아무 말도 없이 묵묵히 있을 수만은 없다. 그리고 「이인편」(里仁篇)의 '참호장'(參乎章)에서 유달리 증자의 "예, 그렇습니다"(唯)라는 응답을 기록한 것은, 뒤쪽의 제대로 이해하지 못한 문인들이 증자에게 묻는 말의 근거를 마련하기 위해서였을 따름이다. 그런데 「위영공편」 '다학장'(多學章)에서의 자공과 같은 경우엔 공자가 먼저 이런저런 이야기로 물었기

---

3) 선대의 유학자란 정이의 제자인 윤돈(尹焞, 1071~1142)을 말한다. 윤돈은 낙양 사람으로, 자는 언명(彦明) 또는 덕충(德充)이다. 정이에게 수학한 뒤 평생 동안 과거에 응시하지 않았으나, 정강 초년에 화정처사(和靖處士)라는 칭호가 내려졌다. 포의로 태상소경겸설서(太常少卿兼說書)과 예부시랑겸시강(禮部侍郎兼侍講)을 지냈으며, 금나라와의 강화를 반대하여 사직한 뒤 학문에 전념했다. 『논어맹자해』가 있었다 하나 실전되었으며, 제자 왕시민(王時敏)이 엮은 『화정집』이 있다.

4) '유'는 망설임 없는 대답으로, 주자는 '유'를 "應之速而無疑"라 했다. 반면에 '낙'(諾)은 주저하거나 가부를 염두에 둔 대답이다. 『예기』「옥조」(玉藻)에서는 "父命呼, 唯而不諾, 手執業則投之, 食在口則吐之"라 했다.

5) 주자의 『논어집주』에 인용된 윤돈의 주장 "孔子之於曾子, 不待其問而直告之以此. 曾子復深喩之曰唯, 若子貢則先發其疑而後告之, 而子貢終亦不能如曾子之唯也. 二子所學之淺深於此可見"을 두고 한 말이다.

에, 자공은 "그렇습니다. 아니란 말씀입니까?"(然, 非與)라고 응답했다. 하지만 증자의 경우라면 아무런 물음도 없는 상태에서 곧장 일러주었기에 이런 응답 이외에는 다른 말을 덧붙일 필요조차 없었다.

이제 '참호장'에서 "증자왈유"(曾子曰唯) 네 글자를 빼버린다면, 뒤쪽에 이어지는 문인들의 물음은 근거가 없어지고 만다.[6] 다시 '다학장'에다 "자공왈유"(子貢曰唯) 네 글자를 덧붙인다면, 쓸데없는 군더더기로 대화의 의미마저 잃게 된다.[7] 따라서 옛사람들의 책을 읽을 땐 마땅히 앞뒤의 의미를 자세히 음미해야 하며, 억지로 한두 글자만 취해 사람의 우열을 따져서는 안 될 것이다.

余按: 孔子之詔, 門人皆當應之, 必不默然無言; 而獨記曾子之"唯"者, 爲下文門人不解而問曾子張本耳. 若子貢乃因孔子先以云云問之, 故有"然, 非與"之答; 曾子則未曾有此一問而直告之, 故不容多此一答也. 今試取參乎章刪"曾子曰唯"四字, 則下文門人之問無根; 取多學章增"子貢曰唯"四字, 則贅而無味矣. 讀古人書當細玩其前後文義, 不得强取一二字句爲其人優劣也.

자공이 정사에 대해 묻자, 공자가 말했다.

"식량을 넉넉히 하고 군대를 충분히 기르며 백성들이 믿도록 해야 한다."

이에 자공이 물었다.

"어쩔 수 없이 버려야만 할 사정이라면, 셋 가운데 무엇을 먼저 버

---

6) "子曰! 參乎! 吾道一以貫之. 曾子曰: 唯. 子出, 門人問曰: 何謂也? 曾子曰: 夫子之道忠恕而已矣"에서 "曾子曰: 唯"를 삭제하여 "子曰: 參乎! 吾道一以貫之. 子出, 門人問曰: 何謂也? 曾子曰: 夫子之道忠恕而已矣"로 했을 때 문장은 앞뒤가 전혀 어울리지 않게 된다.

7) "子曰: 賜也, 女以予爲多學而識之者與! 對曰: 然. 非與? 曰: 非也. 予一以貫之"에서 "對曰: 然. 非與?"를 "子貢曰: 唯"로 대체하여 "子曰: 賜也, 女以予爲多學而識之者與! 子貢曰: 唯. 曰: 非也. 予一以貫之"라고 했을 경우 동문서답처럼 되고 만다.

려야 할까요?"

"군대를 버려야겠지."

"어쩔 수 없이 또 버려야만 할 사정이라면, 둘 가운데 무엇을 먼저 버려야 할까요?"

"식량을 버려야겠지. 예로부터 죽음이야 늘 있어왔지만, 백성들의 믿음 없이는 나라가 존립할 수 없지!"(『논어』「안연편」)

子貢問政, 子曰:"足食, 足兵, 民信之矣." 子貢曰:"必不得已而去, 於斯三者何先?"曰:"去兵." 子貢曰:"必不得已而去, 於斯二者何先?"曰:"去食. 自古皆有死, 民無信不立!"(論語顔淵篇)

자공이 다른 사람을 비평하자,[8] 공자가 말했다.

"너는 참 현명하기도 하지! 나는 그럴 겨를이 없건만."(『논어』「헌문편」)

子貢方人, 子曰:"賜也賢乎哉! 夫我則不暇."(論語憲問篇)

자공이 고삭(告朔) 의식의 양을 폐지하려 하자,[9] 공자가 말했다.

"너는 그 양이 아깝더냐. 나는 그런 예가 사라져간다는 게 안타까운걸!"(『논어』「팔일편」)

---

8) 본문의 '방'(方)을 다른 사람들의 잘잘못을 비평한다는 의미로 해석했다. 주자의 『논어집주』나 유보남의 『논어정의』 등 대다수가 이렇게 해석하지만, 육덕명(陸德明)의 『경전석문』(經典釋文)을 따라 '비방'(謗)으로 해석하기도 한다.

9) 고삭을 매월 초하룻날 묘당에 제사를 지내는 조향(朝享)으로 정현은 해석했는데, 실제로 노나라는 문공 때부터 고삭의 예가 사라졌다. 따라서 자공은 유명무실해진 의식에 희생양만 낭비하는 것을 바로잡고자 했으리라. 공자도 자공의 뜻을 이해하지 못한 것은 아니나, 좋은 전통이 사라져가는 세태를 안타까워했으므로 이렇게 말한 것이다. 달력도 춘추시대엔 제후국에서도 일반화됨으로써 굳이 천자로부터 달력을 받을 필요가 없었다. 때문에 묘당에 간직한 달력의 의미가 퇴색되었고, 아울러 고삭 의식도 유명무실해졌을 것이다. 다산(茶山) 정약용(丁若鏞)은 『논어고금주』(論語古今註)에서 희양(餼羊)이란 왕의 사자를 예우하기 위한 것이라 했다.

子貢欲去告朔之餼羊, 子曰：“賜也, 爾愛其羊, 我愛其禮!”(論語
八佾篇)

나의 생각은 이렇다.

자공과 공자의 문답은 매우 많아 다 실을 수 없다. '다학장'이나 '문
정장'(問政章)과 이 두 장은 모두 학식의 높고 낮음과 연계되어 있으므
로 골라 실었다.

按：子貢與孔子問答之言甚多, 不勝其載. '多學' 問政 及此二條皆有
關於學識之高下, 故擇而載之.

【부론】 자공이 공자에게 물었다.

"저는 어떻습니까?"

"너는 그릇이니라."

"어떤 그릇입니까?"

"호련(瑚璉)[10]이니라."(『논어』「공야장편」)

【附論】 子貢問曰：“賜也何如?”子曰：“女, 器也.”曰：“何器也?”曰：
“瑚璉也.”(論語公冶長篇)

【부론】 공자가 말했다.

"자공은 교명(敎命)[11]을 받지 않고도 재화를 늘리는데, 예측이 자주
들어맞더구나."(『논어』「선진편」)

---

10) 종묘의 제사에 쓰이는 중요한 제기로 기장(黍)이나 피(稷)를 담았다.
11) 주자는 『논어집주』에서 '명'(命)을 '천명'으로 보았다. 따라서 천명을 받지 않
   았는데도 부자가 되었다는 뜻이 되는데, 아무리 부귀가 하늘에 달렸다는 운명
   론이 있다 하더라도 무리가 따른다. 공자는 천명을 점치는 사람도 아니고, 또
   그것을 알 수도 없기 때문이다. 이와 달리 하안(何晏)은 『논어집해』(論語集
   解)에서 '교명'이라고 해석했는데, 본 역주에서도 이를 따라 재산을 불린 것
   으로 해석했다. 유월(兪樾, 1821～1906)도 『군경평의』(群經平議)에서 하안의
   설을 따라 고대의 상업 활동은 모두 관이 주관했음을 밝히고 있다.

【附論】子曰:“賜不受命而貨殖焉, 億則屢中.”(論語先進篇)

2. 자공의 재산 증식을 변증함(辨鬻財之說)

한나라 사마천은 『사기』 「화식열전」(貨殖列傳)을 쓰면서 자공을 일컬어 “조(曹)나라[12]와 노나라를 오가며 물건을 사고팔았다”고 했으며, 또 이렇게도 말했다.

“공자의 명성이 천하에 널리 알려진 것은 자공이 곁에서 모시고 도왔기 때문이다. 이른바 ‘형편이 좋으면 이름이 더욱 드러난다’가 아니고 그 무엇이랴!”

漢司馬遷作貨殖傳, 稱子貢“鬻財於曹魯之間”, 且曰: “使孔子名布揚於天下者, 子貢先後之也, 所謂‘得勢而益彰’者乎!”

나는 이렇게 생각한다.

옛날 금이나 곡식을 모두 ‘화’(貨)라 일컬었으며, ‘식’(殖)은 생산과 마찬가지이다. 따라서 이른바 ‘화식’이란 집안의 생산에 유념하고 창고를 살펴 궁핍에 이르지 않도록 하는 것일 따름이지, 값이 싸면 사들였다가 비쌀 때 내다파는 장사가 아니다.

번지(樊遲)가 농사에 대해 묻자, 공자는 “소인”이라고 나무란 적이 있다. 만일 자공이 도를 배우고도 몸소 장사의 길을 걸었다면, 공자는 그런 자공을 어떻게 내쳐야 할지 몰라 했을 터인데, 어찌하여 공자의 말이 겨우 이 정도에 그치고 말았겠는가?

余按: 古者金粟皆謂之‘貨’; ‘殖’, 猶生也; 所謂‘貨殖’云者, 不過留心於家人生産, 酌盈劑虛, 使不至困乏耳, 非糴賤販貴若商賈所爲也. 樊遲請學稼圃, 孔子以“小人”斥之, 若子貢學道而躬行商賈之事, 孔子不知當

---

12) 조나라는 무왕의 동생 숙진탁(叔振鐸)의 봉국이다. 도구(陶丘, 지금의 산동성 定陶縣의 서남쪽)에 도읍했으며, 춘추시대 말 송나라에 멸망당했다.

如何斥之, 何以其辭僅如是而已乎?

더구나 공자의 도가 드러나게 된 것은 자공이 곁에서 모셨기 때문이라고 한다면 그럴 수도 있다. 하지만 자공의 부유함 때문에 공자를 드러나게 할 수 있었다고 한다면, 성인의 도가 어찌 반드시 재물의 힘을 빌린 뒤에 세상에 행해질 수 있단 말인가!

이는 사마천의 격분에서 비롯된 말이다.[13] 그런데도 후세 사람들은 이를 살피지 못하고 마침내 자공을 장사치처럼 여겨버렸으니 잘못이다. 때문에 변증하지 않을 수 없었다.

且謂孔子之道之顯爲子貢先後之, 可也; 謂子貢以富故能顯之, 豈聖人之道亦必藉有財而後能行於世乎! 此乃司馬氏憤激之言; 後人不察, 遂以子貢爲若商賈者然, 謬矣. 故不可以不辨.

오나라 태재(大宰) 백비(伯嚭)[14]가 계강자(季康子)를 부르자,[15] 계강자는 자공을 대신 보내 사양의 뜻을 전하도록 했다. 이에 태재가 힐난했다.

---

13) 한나라 무제 때 태사령(太史令)을 지낸 사마천은 이릉(李陵)을 변호하다가 사형에 해당하는 대벽(大辟)을 언도받았다. 궁형(宮刑)으로 감형되어 죽음을 면할 수 있었지만, 그때의 뼈저린 상처는 『사기』 곳곳에 은연중 드러나 있다. 사마천이 재산가였다면 좀 더 감형될 수도 있었을지 모른다. 최술은 사마천의 처지를 감안하여 이렇게 말한 것이다.

14) 백비(伯嚭)는 오나라 대부로, 당시 태재(太宰) 자리에 있었다. 태재는 춘추시대 다른 나라의 집정(執政)이나 영윤에 해당하는 최고의 관직이다. 백비는 오자서(伍子胥)와 부차(夫差)의 총애를 다퉈 오자서를 자결하도록 했으며, 그도 오래지 않아 월나라 왕 구천(勾踐)에 의해 오나라 멸망이라는 비운을 맞이하게 된다.

15) 애공 7년(기원전 488) 여름, 오나라 왕 부차는 대규모 병력을 이끌고 증(鄫, 당시 정나라의 속읍으로 지금의 산동성 棗莊市 동쪽)에 이르러 노나라와 회합을 가졌다. 이때 막강한 오나라는 노나라에 백뢰(百牢)를 요구하는 등 곤혹스럽게 만들었다. 그렇게 열린 회합에 오나라 왕을 수행한 태재 백비는 애공을 수행하지 않은 계강자를 부른 것이다.

"임금이 먼 길을 나섰거늘,[16] 대부는 성문 밖을 벗어나지도 않았소. 이것이 도대체 무슨 예란 말이오?"

그러자 자공이 대답했다.

"어찌 예라 할 수 있겠습니까? 단지 큰 나라가 두렵기 때문이지요. 큰 나라가 제후를 예로 대우하지 않고 있습니다. 참으로 예로 대우하지 않는 마당에 무슨 일이 일어날지 어찌 알겠습니까! 저희 임금이 이미 당신 나라의 명을 받고 있는 터에, 우리나라의 중신마저 어찌 감히 나라를 비워두고 떠나올 수 있단 말입니까! 태백(太伯)[17]은 단정한 복장으로(端委)[18] 주나라의 예모를 갖추었다지요. 하지만 중옹(仲雍)은 태백의 자리를 이어받아 머리를 자르고 몸에 문신을 새겼으며, 웃옷을 벗고 치장을 했다 합니다. 어찌 그것을 예라고 할 수 있겠습니까! 그럴 만한 까닭이 있어서였겠지요." (『춘추좌전』 애공 7년)

大宰嚭召季康子, 康子使子貢辭. 大宰嚭曰: "國君道長而大夫不出門, 此何禮也?" 對曰: "豈以爲禮, 畏大國也. 大國不以禮命於諸侯, 苟不以禮, 豈可量也! 寡君旣共命焉, 其老豈敢棄其國! 大伯端委以治周禮, 仲雍嗣之, 斷髮文身, 嬴之爲飾, 豈禮也哉! 有由然也." (左傳哀公七年)

오자(吳子)가 숙손(叔孫)[19]을 불러 물었다.[20]

---

16) 오나라에서 증까지의 거리는 1천여 리, 노나라에서 증까지의 거리는 4백여 리에 해당하기 때문에 그렇게 말한 것이다.

17) 태백은 주나라의 선조인 태왕(太王, 古公亶父)의 큰아들이다. 그는 임금 자리를 막내인 계력(季歷)에게 물려줘 조카인 창(昌, 文王)으로 이어지기를 바라는 아버지의 마음을 간파하고, 동생 중옹(仲雍)과 함께 강남(江南)으로 숨어 버렸다고 한다. 이들은 오나라의 시조가 된다. 태백은 태백(泰伯)으로 적기도 한다.

18) 조복(朝服)이 단정하고 여유 있는 모습을 말한다. 단은 현단(玄端)으로 검붉은색 예복이며, 위는 위모(委貌)라는 예모(禮帽)이다.

"그대의 직책이 무엇이오?"

이에 숙손이 대답했다.

"사마(司馬)[21]를 맡아보고 있습니다."

그러자 오왕(吳王) 부차(夫差)는 숙손에게 갑옷과 검피(劍鈹)[22]를 하사하며 말했다.

"그대 임금을 받들어 삼가 명을 게을리 하지 말라!"

그러나 숙손은 어떻게 대답해야 할 줄 몰랐다.[23] 이때 위사(衛賜)[24]가 앞으로 나아가 숙손을 대신해 말했다.

"저 주구(州仇)는 갑옷을 받자옵고 임금님의 명을 따르겠나이다."

이에 숙손주구는 나아가 절하며 갑옷과 검을 받았다.[25] (『춘추좌전』 애공 11년)

吳子呼叔孫曰: "而事何也?" 對曰: "從司馬." 王賜之甲劍鈹曰:

---

19) 숙손은 숙손무숙(叔孫武叔)이다. 노나라 대부로, 이름은 주구(州仇)이다. 공자를 헐뜯기도 했으며, 공자보다 자공이 더 현명하다고 말한 적도 있다.

20) 애공 11년(기원전 484) 봄, 제나라 국서(國書) 등이 노나라를 침공했다. 때문에 노나라는 오나라와 회합을 갖고 애릉(艾陵, 지금의 萊蕪縣 동쪽)에서 제나라와 싸워 승리를 거둔 적이 있는데, 바로 그때 있었던 일이다.

21) 사마는 서주 때부터 춘추전국시대까지 이어진 관직명으로, 군정(軍政)과 군부(軍賦)를 총괄했다. 원문의 '종'(從)은 겸사(謙辭)로, 『논어』 「선진편」과 「헌문편」에서의 "從大夫之後"라는 공자의 말과 같다.

22) 본문의 '검피'(劍鈹)는 『설문해자』 단옥재(段玉裁) 주에 의하면 양쪽에 날을 세우고 칼집이 있는 검이다.

23) 숙손주구가 대처할 바를 몰라 어리둥절한 것은 다름이 아니다. 춘추시대 임금의 갑옷 하사는 흔했지만, 검의 하사는 흔치 않았다. 보통 검을 줄 때는 자결하라는 의미였으며, 상례에 어긋난 오왕의 검 하사에 숙손주구는 어찌할 바를 몰랐던 것이다. 이에 선의를 간파한 자공은 숙손주구를 대신해 기지를 발휘한 것이며, 응대 또한 검을 제외한 갑옷만 언급하고 있다.

24) 자공은 위나라 출신이며, 자가 사였으므로 그렇게 부른 것이다.

25) 원문의 "州仇奉從甲而拜!"는 『춘추좌전』의 원문과 다르다. 『춘추좌전』은 "'州仇奉甲從君'而拜"로 적혀 있다. 동양중각정본과 일본의 『최동벽선생유서』는 『춘추좌전』과 같다. 이는 고힐강 『최동벽유서』의 오류이다. 따라서 "'州仇奉甲從君'而拜"로 바꿔 해석했다.

"奉爾君事, 敬無廢命!" 叔孫未能對. 衛賜進曰: "州仇奉從甲君而
拜!" (左傳哀公十一年)

노나라 애공이 오자 부차와 탁고(橐皐)[26]에서 회합을 가졌는데,
오자가 태재 백비를 시켜 예전의 맹약을 다시 확인하도록 했다. 그
러나 이를 못마땅해한 애공은 자공을 시켜 대꾸하도록 했다.[27] 이에
자공은 태재 백비에게 이렇게 말했다.

"맹약이란 믿음을 공고히 하는 것입니다. 때문에 정성스런 마음
으로 문안을 작성하고, 옥백(玉帛)으로 받들며, 말로 약조하고, 천지
신명으로 맹세하는 것이지요. 저희 임금께서는 굳이 맹약이 있는
터에 다시 고칠 필요가 없다고 여기실 따름입니다. 만약에 바꿀 수
있는 것이라면 날마다 맹약을 맺은들 무슨 소용이 있겠습니까! 지
금 친애하는 당신의 임금께서는 굳이 맹약을 다시 확인코자 하십니
다. 다시 확인할 수 있는 것이라면 또한 무시해버릴 수도 있지 않겠
습니까!"

그리하여 맹약을 확인하지 않게 되었다. (『춘추좌전』 애공 12년)

公會吳於橐皐, 吳子使大宰嚭請尋盟. 公不欲, 使子貢對曰: "盟
所以周信也, 故心以制之, 玉帛以奉之, 言以結之, 明神以要之.
寡君以爲苟有盟焉, 弗可改也已; 若猶可改, 日盟何益! 今吾子曰
必尋盟, 若可尋也, 亦可寒也!" 乃不尋盟. (左傳哀公十二年)

오나라 군대가 위후(衛侯)의 막사를 에워쌌다.[28] 그러자 자복경백

---

26) 탁고는 오나라 속읍이다. 지금의 안휘성 소현(巢縣) 서북쪽 60리에 있는 탁고
진(拓皐鎭)이 바로 그곳이다.
27) 5년 전 오나라는 노나라와 증에서 맹약을 맺은 적이 있으므로, 오나라는 그때
의 맹약을 다시 확인하려 들었다. 하지만 5년 전 맹약은 오나라의 위세에 밀
린 굴욕적인 맹약이었으므로, 노나라는 내키지 않던 것이다.
28) 당시 오나라는 남방의 강국으로 부상하고 있었다. 이러한 오나라는 노나라를

(子服景伯)²⁹⁾이 자공에게 말했다.

"무릇 제후들이 회합했다가 일을 마치면 맹주는 초빙된 제후들에게 예를 갖추며, 회합 장소를 제공한 나라의 임금은 참석자들에게 음식을 제공한 뒤 서로 작별하는 법이지요. 그런데 이제 오나라는 위나라에 예의를 차리지도 않을 뿐만 아니라, 도리어 위나라 임금의 막사를 에워싸 난처하게 만들고 있소이다. 사정이 이러한데도 그대는 어찌하여 태재를 만나보지 않소이까?"

이에 자공은 비단 다섯 필을 가지고 태재를 방문했다.³⁰⁾ 대화가 위나라에 이르렀을 때,³¹⁾ 태재 백비가 말했다.

"우리 임금께서는 위나라 임금을 모시고자 했으나, 위나라 임금이 뒤늦게 왔지요. 해서 우리 임금은 위나라의 배반을 염려하고 계십니다. 때문에 붙잡아두려는 것이랍니다."

그러자 자공이 말했다.

"위나라 임금이 여기로 올 때 반드시 여러 사람과 상의했을 것입니다. 그들 가운데 더러는 가기를 바라고, 더러는 반대했겠지요. 그러다 보니 늦었던 게지요. 임금을 보내려던 자들은 당신 나라의 우당(友黨)이지만, 보내지 않으려던 자들은 당신 나라의 적당(敵黨)입니다. 만일 위나라 임금을 잡아둔다면, 이야말로 우당을 무너뜨리고

도와 제나라의 노나라 침공을 물리치는 등 위세를 떨쳤으며, 오나라는 줄곧 노나라나 위나라를 힘으로 억압하고 있었다. 바로 이 해(애공 12년) 가을에도 오나라 왕 부차는 위나라 출공(出公)을 운(鄆, 오나라 경내로 發揚이라고도 하며, 지금의 강소성 如皐縣 동쪽)으로 불렀다. 그리하여 뒤늦게 도착한 출공은 앞서 도착한 노나라 애공·송나라 황원(皇瑗)과 몰래 회합을 갖고, 오나라와는 맹약을 맺지 않았다. 그러자 오나라는 출공의 환국을 방해한 것이다.

29) 자복경백은 애공을 수행한 노나라 대부로, 이름은 자복하(子服何)이다. 자복은 성, 경백은 시호이다.

30) 춘추시대 방문·혼례·문상 때에는 반드시 선물을 가지고 갔으며, 비단이 가장 많이 쓰였다.

31) 자공은 위나라와 아무 관련도 없이 찾아간 것처럼 가장했다가, 이야기 끝에 넌지시 위나라로 화제를 돌린 것이다.

적당에게 힘을 실어줌이지요. 아마 당신 나라를 미워하는 자들이 뜻을 펴지 않겠습니까!³²⁾ 더구나 제후들과 회합을 갖는 마당에 위나라 임금을 잡아둔다면, 어느 누구인들 감히 두려워하지 않겠습니까! 우당의 힘을 떨어뜨리고 적당의 세력을 높여주며 제후들을 두렵게 만들고서야 누구라도 패자가 되기는 어렵지 않겠습니까?"

태재 백비가 자공의 말을 듣고 기뻐하며 위나라 임금을 풀어주도록 조치했다. (『춘추좌전』 애공 12년)

吳人藩衛侯之舍. 子服景伯謂子貢曰: "夫諸侯之會, 事旣畢矣, 侯伯致禮, 地主歸餼, 以相辭也. 今吳不行禮於衛, 而藩其君舍以難之, 子盍見大宰?" 乃請束錦以行. 語及衛故, 大宰嚭曰: "寡君願事衛君; 衛君之來也綏, 寡君懼, 故將止之." 子貢曰: "衛君之來必謀於其衆, 其衆或欲或否, 是以緩來. 其欲來者, 子之黨也. 其不欲來者, 子之讎也. 若執衛君, 是墮黨而崇讎也, 夫墮子者得其志矣! 且合諸侯而執衛君, 誰敢不懼! 墮黨崇讎而懼諸侯, 或者難以霸乎?" 大宰嚭說, 乃舍衛侯. (同上)

겨울, 노나라가 제나라와 화평을 맺었다. 자복경백이 그 일로 제나라에 가게 되었는데, 자공이 그를 보좌했다. 제나라에 간 자공은 공손성(公孫成)³³⁾에게 이렇게 말했다.

"사람은 모두 다른 사람을 신하로 삼기도 하지만, 때로는 사람을 저버릴 수도 있답니다. 제나라가 비록 지금은 그대를 보살펴주고 있

---

32) 실제로 위나라에서는 많은 논란이 있었다. 행인(行人) 자우(子羽)는 무도한 오나라의 행태를 염려해 가지 말 것을 주장했으며, 대부 자목(子木)은 현실적인 우환에 대비해 갈 것을 주장했다. 당시 자목의 "큰 나무가 쓰러지면 다치지 않을 나무가 없고, 사나운 개가 미쳐 날뛰면 물리지 않을 사람이 없다"(長木之斃, 無不摽也; 國狗之瘈, 無不噬也)는 비유가 유명하다.

33) 공손숙(公孫宿)으로, 성(成)이라는 고을의 읍재였기에 공손성이라 부르기도 한다. 당시 성읍을 가지고 제나라에 귀부한 자이다.

다지만, 어찌 다른 마음이 없다 할 수 있겠습니까! 그대는 그래도 주공의 자손입니다. 커다란 보살핌을 많이 누렸는데도 오히려 불의를 저지르고 있음이지요. 아무런 이득도 없을 뿐더러 고국마저 잃게 될 것입니다. 장차 어찌하려고 그러십니까!"

그러자 공손성이 말했다.

"옳은 말씀이외다. 내 좀 더 일찍이 그대의 말을 들었다면 좋았으련만!"

진성자(陳成子)[34]가 노나라 사신이 묵고 있는 객사로 찾아와 말했다.

"우리 임금께서는 저 진항(陳恒)에게 '과인은 노나라 임금을 위나라 임금처럼 모셨으면 한다'고 아뢰도록 했습니다."

그러자 자복경백은 자공에게 읍하며 대신 나아가 응대하기를 당부했다. 이에 자공이 나아가 말했다.

"우리 임금의 바람이지요! 지난날 진(晉)나라가 위나라를 치자,[35] 제나라는 위나라를 도와 진나라의 관지(冠氏)[36] 고을을 공격하다가 전차 5백 승(乘)을 잃었지요. 그때 제나라는 위나라의 지원을 고맙

---

34) 진성자는 제나라 대신으로 이름은 진항(陳恒, 陳常)이며, 성자는 시호이다. 달리 전상(田常)이나 전성자(田成子)라 부르며, 진(陳)나라 여공(厲公)의 공자인 진완(陳完)의 후손이다. 진완은 내란을 피해 제나라로 망명했으며, 후손이 대대로 제나라의 경과 재상을 지냈다. 그 가운데 진걸(陳乞)은 안영(晏嬰) 이후 제나라의 정치를 독단했으며, 진걸의 아들 진상은 독특한 방법으로 민심을 얻었다. 곧 사람들에게 곡식을 빌려줄 땐 큰 말(斗), 돌려받을 땐 작은 말이었다. 그렇게 민심을 얻은 그는 제나라 간공(簡公) 4년(기원전 481) 임금을 시해하고 평공(平公)을 옹립해 재상이 되었다. 전국시대 초 그의 증손인 진태공(陳太公) 화(和)에 이르러 태공망 여상으로부터 이어졌던 여씨(呂氏, 姜姓)의 제나라를 빼앗아 주나라 안왕(安王)의 허락으로 공식적인 제후가 되었는데, 이후의 제나라를 보통 진제(陳齊) 또는 전제(田齊)라 부른다.
35) 정공 8년(기원전 502) 진나라는 사앙(士鞅)을 앞세워 정나라를 침공하고, 이어서 위나라를 친 적이 있다.
36) 관지는 지금의 산동성 관현(冠縣) 북쪽 지역이다. 지금의 하북성 관도현(館陶縣)이라는 설도 있다.

게 여긴 나머지 위나라에 제수(濟水)의 서쪽 작(禚)·미(媚)·행(杏) 등 세 고을의 남쪽 서사지(書社地) 5백을 떼어준 적이 있습니다.[37) 그런데 오나라가 우리 노나라를 침공하여 어렵게 만들었을 때, 제나라는 우리의 환난을 틈타 환(讙)과 천(闡) 두 고을을 빼앗아갔습니다.[38) 우리 임금은 그 일로 제나라에 서운함을 갖고 있습니다. 만일 제나라가 위나라 임금을 대우하는 것처럼 우리 임금을 대우한다면, 참으로 바라는 바 아니겠습니까!'

이에 진성자는 자공의 말을 듣고 망설이다가 마침내 성읍(成邑)을 노나라에 돌려주도록 조치했다. 그러자 공손숙(公孫宿)은 자신의 병사들을 이끌고 영(嬴)[39)이라는 고을로 달아났다. (『춘추좌전』 애공 15년)

冬, 及齊平. 子服景伯如齊, 子贛爲介, 見公孫成曰: "人皆臣人而有背人之心, 況齊人雖爲子役, 其有不貳乎! 子, 周公之孫也. 多饗大利, 猶思不義, 利不可得而喪宗國, 將焉用之!" 成曰: "善哉, 吾不早聞命!" 陳成子館客, 曰: "寡君使恒告曰: '寡人願事君如事衛君.'" 景伯揖子贛而進之, 對曰: "寡君之願也! 昔晉人伐衛, 齊爲衛故伐晉冠氏, 喪車五百; 因與衛地, 自濟以西, 禚媚杏以南, 書社五百. 吳人加敝邑以亂, 齊因其病, 取讙與闡, 寡君是以寒心. 若得視衛君之事君也, 則固所願也!" 成子病之, 乃歸成. 公孫宿以其兵甲入於嬴. (左傳哀公十五年)

---

37) 고사기(高士奇)의 『지명고략』(地名攷略)에 따르면 작·미·행은 모두 제나라 서쪽 변경 고을이며, 세 고을을 다 준 것이 아니고 남쪽 일부를 떼어준 것이라 했다. 사(社)는 25가(家)을 뜻하며, 25가 단위로 사를 세우고 그곳에 사는 사람들의 명부를 적어 보관했으므로 서사(書社)라 부른다. 그렇다면 제나라는 위나라에 1만 2천5백 호를 떼어준 셈으로 너무 많은 편이다. 때문에 고사기는 세 고을의 일부로 본 것이리라.

38) 애공 8년 5월, 제나라는 오나라의 노나라 침공을 틈타 인접국으로서의 구원은 커녕 포목(鮑牧)을 앞세워 두 고을을 빼앗아간 적이 있다.

39) 영은 제나라 속읍으로, 지금의 내무현(萊蕪縣) 서북쪽이다.

3. 노나라를 보존하고 제나라를 혼란에 빠뜨렸으며, 오나라를 망하게 하고 진나라를 강성하게 했으며, 월나라가 패권을 거머쥐게 만들었다는 이야기를 변증함
(辨存魯亂齊亡吳强晉覇越之說)

『사기』「중니제자열전」에는 자공이 노나라를 보존하고 제나라를 혼란에 빠뜨렸으며, 오나라를 망하게 하고 진나라를 강성하게 했으며, 월나라가 패권을 거머쥐게 만들었다는 이야기가 실려 있다.[40]

史記仲尼弟子列傳載有子貢存魯, 亂齊, 亡吳, 强晉而覇越之事.

나는 이렇게 생각한다.

---

[40] 『사기』「중니제자열전」은 '자공열전'이라 불러도 좋을 만큼 유달리 자공에 대해 심도 있게 다루고 있다. 「중니제자열전」의 3할에 가까운 분량을 할애하고 있을 정도이다. 이는 자공의 외교 능력 발휘와 치부에 대해 그만큼 가치를 부여한 결과이지만, 사마천의 감정이 개재된 것으로 여겨지기도 한다. 사마천은 자공의 존로(存魯)·난제(亂齊)·망오(亡吳)·강진(强晉)·패월(覇越)에 얽힌 활약상을 마치 전국시대를 대표적하는 종횡가 소진(蘇秦)과 장의(張儀)처럼 묘사하고 있는데, 이런 사건은 실로 춘추시대를 마감하는 10여 년에 걸친 대변화였다. 사마천의 「중니제자열전」에 따르면 오로지 자공의 뛰어난 외교술의 결과로 묘사되지만, 지나친 과장이 아닐 수 없다. 아무튼 발단은 제나라 진항이 자신의 입지를 다지기 위해 노나라 침공 기도로 시작된다. 이에 공자는 고국을 지키고자 분연히 일어섰으며, 그 임무를 도맡고 나선 사람이 바로 자공이었다. 제나라로 달려간 자공은 진항에게 힘센 오나라와 싸워야 실익을 챙길 수 있다고 설득했으며, 진항은 자공의 말대로 오나라와 싸운다. 자공은 또 오나라로 달려가 제나라와 싸워 패권을 거머쥐고 내친김에 진나라까지 침공하라고 일러준다. 자공은 진나라로 달려가 제나라와 싸워 지친 오나라를 지구전으로 맞서면 승산이 있다고 일러준다. 자공은 월나라로 달려가 오나라를 공략하여 멸망시키라고 일러준다. 오나라는 제나라를 격파한 뒤 여세를 몰아 진나라로 진군했으나, 지구전으로 맞서는 진나라를 이길 수 없었다. 이에 월나라 왕 구천은 오나라를 향해 진군했으며, 끝내 오나라는 월나라에 멸망당하고 말았다. 이토록 장황한 이야기를 끝맺음하면서 사마천은 결론처럼 "자공이 한번 뜨자 다섯 나라가 소용돌이에 휘말렸다"(子貢一出, 五國有變)고 했다.

『논어』에서는 자공을 언어 부문에 열거했고, 『맹자』에서도 자공을 일컬어 말솜씨가 뛰어나다고 했는데, 이는 응대에 재능이 뛰어났다는 말에 지나지 않는다. 따라서 『춘추좌전』에서처럼 오나라의 맹약에 대한 확인 요청을 그만두게 한 것과 같은 종류였을 따름이지, 교묘한 말로 덕을 어지럽히고 한 나라를 뒤엎은 전국시대 종횡가들 따위와 견줄 수 있는 게 아니다. 그렇거늘 자공을 어찌 진항을 도와 제나라를 찬탈하게 했으며, 오나라 부차를 속여 나라를 망치도록 했다 할 수 있겠는가!

이런 이야기들은 무릇 전국시대 유세객들이 응대에 뛰어난 자공을 빗대 가탁한 것이지, 성현이 했음직한 일이 아니다. 그러므로 이제 싣지 않는다.

余按: 論語列子貢於言語之科, 孟子書中亦稱子貢善爲說辭, 不過其才長於專對, 若春秋傳中辭盟於吳之類耳, 非若戰國縱橫之流巧言亂德以傾覆人國家者比也, 烏有佐陳恒以簒齊, 欺夫差使亡國者哉! 此蓋游說之士因子貢之善於辭令而托之, 非聖賢所爲, 故今不載.

【존참】 노나라의 국법에 의하면, 다른 나라에 노예로 잡혀간 사람을 돈으로 되돌아오게 한 노나라 사람에게는 관청에서 보상금을 주도록 되어 있었다. 그런데 자공은 다른 나라에 잡혀간 사람들을 돈으로 되돌아오게 했지만, 보상금은 받지 않았다.[41] (『설원』)

【存參】 魯國之法, 魯人有贖臣妾於諸侯者取金於府. 子貢贖人於諸侯而還其金. (說苑)

나의 생각은 이렇다.

---

41) 『설원』「정리」(政理)에 들어 있다. 자공은 부유하기 때문에 이를 받지 않았을 수도 있으며, 자신이 위나라 출신이기 때문에 그렇게 했을 수도 있다. 공자는 속신첩(贖臣妾)이 줄어드는 결과를 가져올 수 있다고 자공을 책망하기도 했다. 『여씨춘추』「찰미」(察微), 『회남자』「도응훈」(道應訓)·「제속훈」(齊俗訓), 『공자가어』「치사」(致思)에도 같은 이야기가 거론된다.

이런 일이 반드시 있었다고 보기는 어렵다. 하지만 의리에도 그리 어긋나지도 않고, 또 그 전말 또한 자공의 행위와 엇비슷하므로 그나마 '존참'에 열거한다.

按: 此事未必有, 然於義無所害, 且其事亦類子貢所爲, 姑列之存參.

옛날 공자가 죽은 지 3년이 지났을 때였다. 문인들이 짐을 챙겨 돌아가기에 앞서 여막(廬幕)에 들어가 자공에게 읍하고, 서로 마주 보고 목 메이게 통곡한 뒤 돌아갔다. 자공은 되돌아와 무덤 옆에 집을 짓고 홀로 3년을 더 시묘(侍墓)한 뒤에 돌아갔다. (『맹자』「등문공 상」)

昔者孔子沒, 三年之外, 門人治任將歸, 入揖於子貢, 相嚮而哭, 皆失聲, 然後歸. 子貢反, 築室於場, 獨居三年, 然後歸. (孟子)

【부록】 자금(子禽)이 자공에게 물었다.

"우리 스승님은 어떤 나라에 가시든지 반드시 그 나라의 정사에 관여하십니다. 스승님께서 요구해서입니까? 아니면 자연스럽게 참여하게 된 것입니까?"

이에 자공이 말했다.

"스승님은 온화하고 어질며 공손하고 검소하다오. 그리고 사양하시는데도 그렇게 되신 것이라오. 우리 스승님이 정사에 관여하시는 것은 다른 사람들이 보채는 것과 다르답니다! (『논어』「학이편」)

【附錄】 子禽問於子貢曰: "夫子至於是邦也, 必聞其政, 求之與? 抑與之與?" 子貢曰: "夫子溫良恭儉讓以得之. 夫子之求之也, 其諸異乎人之求之與!" (論語學而篇)

【부록】 숙손무숙이 공자를 헐뜯자, 자공이 말했다.

"그래봤자 소용없답니다. 중니는 헐뜯을 수 없고말고요! 다른 사람은 어질다고 해봤자 언덕과 같아 넘을 수 있지만, 중니야말로 해와 달 같아 넘을 수 없습니다. 사람들이 비록 제 스스로 무시하려 든다지만, 어찌 해와 달을 손상시킬 수 있겠습니까! 거의가 자신의 국량(局量)을 제대로 알지 못한 게지요. (『논어』「자장편」)

【附錄】叔孫武叔毀仲尼, 子貢曰: "無以爲也, 仲尼不可毁也! 他人之賢者, 邱陵也, 猶可踰也; 仲尼, 日月也, 無得而踰焉. 人雖欲自絶, 其何傷於日月乎! 多見其不知量也."(論語子張篇)

'

자공이 공자를 추존하는 말은 이미 『정록』인 『수사고신록』에 실었다.[42] 오직 이 둘은 싣지 않았으므로 이제 여기에 채워넣는다.

子貢推尊孔子之言已載正錄; 惟此二條未載, 今補於此.

【부론】 봄, 주(邾)나라 은공(隱公)[43]이 노나라에 왔다. 이때 자공은 두 임금이 예를 행하는 모습을 주의 깊게 살펴보았다. 주자(邾子)는 옥을 받드는 자세가 너무 높아 우뚝한 모습이었으며, 정공(定公)은 옥을 받드는 자세가 너무 낮아 구부정한 모습이었다.[44] 이에 자공이 말했다.

"예의를 행하는 모습으로 미루어 짐작건대 두 임금은 모두 머지않아 죽을 것만 같구나.[45] 높고 우뚝한 모습은 교만이며, 낮고 구부정한 모

---

42) 최술은 『수사고신록』「사후의 모습들」의 '부통론'에서 『논어』를 인용하여 공자에 대한 자공의 존경심을 거론하고 있다.

43) 주나라의 성은 조(曹)로 자작(子爵)이며, 고양씨(高陽氏)의 후예이다. 주루(邾婁)나 추(鄒)로 부르기도 한다. 지금의 산동성 제령현(濟寧縣) 부근에 위치한 작은 나라이다.

44) 옥(玉)은 홀(笏)이나 규(珪)를 말한다. 고대 제왕이나 제후가 중요한 의식을 거행할 때 두 손으로 모아들었던 옥으로 만든 예기(禮器)로, 위쪽은 뾰족하고 아래쪽은 모가 나게 만들었다. 신분에 따라 모양이 달랐는데, 공(公)·후(侯)·백(伯)은 '규'(圭)라 했고, 자(子)·남(男)은 '벽'(璧)이라 했다.

45) 『춘추좌전』에는 다음처럼 자공의 설명이 이어진다. "무릇 예의란 생사와 존망의 표현이다. 때로는 좌와 우로, 때로는 이리저리 몸을 돌리며, 때로는 나아가고 물러나며, 때로는 몸을 구부리고 펴는 것을 보고 그 기미를 알 수 있다. 또한 조회(朝會)·제사·복상(服喪)·융사(戎事) 등으로 기미를 살필 수도 있

습은 기력이 쇠함이다. 교만은 혼란의 징조이며, 기력이 쇠하면 병의 전조이다. 우리 임금이 주인 된 입장이니, 아마 먼저 돌아가시지 않겠는가?"

여름 5월, 임신일에 정공이 죽었다.[46] 이에 공자가 말했다.

"불행스러운 일이지만 자공의 말이 맞고 말았구나. 이런 일 때문에 사(賜)가 말 많은 사람이라 여겨지게 될 게야!"(『춘추좌전』정공 15년)

【附論】春, 邾隱公來朝, 子貢觀焉. 邾子執玉高, 其容仰; 公受玉卑, 其容俯. 子貢曰:"以禮觀之, 二君者皆有死亡焉. 高仰, 驕也; 卑俯, 替也. 驕近亂; 替近疾. 君爲主, 其先亡乎?"夏五月壬申, 公薨. 仲尼曰:"賜不幸, 言而中, 是使賜多言者也!"(左傳定公十五年)

【부론】봄, 월자(越子) 구천(句踐)이 설용(舌庸)[47]을 노나라로 보내 빙문하는 길에, 주(邾)나라 땅 문제를 상의해 태상(駘上)[48]을 노나라와 주나라의 경계로 삼도록 했다.[49] 2월, 평양(平陽)[50]에서 월나라와 맹약을 맺게 되었는데, 삼자(三子)[51]가 모두 애공을 수행했다. 이때 월나라

다. 이제 정월에 두 나라 제후가 서로 만나건만 모두 법도에 어긋났으니, 이는 마음이 이미 흐트러진 것이다. 저처럼 중요한 의식도 제대로 할 수 없는데 어찌 오래갈 수 있겠는가?'

46) 임신(壬申)일은 22일이며, 『춘추』에서는 "공이 고침에서 죽었다"(公薨于高寢)고 했다. 주나라 은공은 오나라의 위세를 등에 업고 약소국임에도 꽤나 교만을 떨었다. 그러다가 결국 노나라의 몇 해에 걸친 공격 끝에 애공 7년(기원전 488년) 노나라로 압송되었으며, 다음해 오나라의 구원으로 환국했다가, 2년 뒤 다시 노나라로 망명했다.

47) 설용은 월나라 대부이다. 본문의 '后庸'은 '舌庸'의 오기이다.

48) 태상은 호태(狐駘)라는 곳으로, 지금의 산동성 등현(滕縣) 동남쪽 20리 지역이다.

49) 노나라가 주나라 땅을 침탈한 적이 있었으므로, 오나라를 멸망시킨 월나라 구천은 패자의 위치에서 두 나라 사이의 분쟁을 조정한 것이다.

50) 평양은 서평양(西平陽)이라는 곳으로, 지금의 산동성 추현(鄒縣)이다.

51) 삼자는 삼환씨의 수장인 계강자(季康子)·숙손문자(叔孫文子)·맹무백(孟武伯)을 말한다.

와의 맹약을 마뜩찮게 여긴 계강자는 자공을 떠올리며 이렇게 말했다.

"자공만 이 자리에 있었더라도 우리가 결코 이 지경에 이르지 않았으련만!"[52]

그러자 맹무백이 말했다.

"분명 그러합니다. 그런데 어찌하여 지금이라도 그를 부르지 않습니까?"

"그렇잖아도 이제 곧 그를 부를 참이오."

이에 숙손문자가 말했다.

"이후로 그런 마음을 잊지 않았으면 합니다."(『춘추좌전』 애공 27년)

【附論】春, 越子使后庸來聘, 且言邾田封於駘上. 二月, 盟于平陽, 三子皆從. 康子病之, 言及子贛, 曰："若在此, 吾不及此夫!"武伯曰："然何不召？"曰："固將召之."文子曰，"他日請念."(左傳哀公二十七年)

나의 생각은 이렇다.

『춘추좌전』에서의 자공의 뛰어난 일처리는 한두 가지가 아니지만, 크게 관련 없는 것을 이루 다 실을 수 없었다.[53] 다만 주나라 은공과 노나라 정공의 예의에 관한 전말은 공자가 자공을 경계한 말이 들어 있으므로 실었다. 아울러 계강자가 자공이 없음을 아쉬워한 것도 뒤쪽에 열거했다.

按：春秋傳所述子貢料事之明不一而足, 然不關大得失, 無庸盡載. 惟受玉一事因孔子之戒子貢故載之；而並季孫之思子貢亦列於後.

---

52) 계강자는 만이(蠻夷)의 나라인 월나라와 맹약을 맺어야만 한다는 사실, 일개 대부에 불과한 설용과 마주하여 애공과 삼자가 모두 맹약의 자리에 참가해야만 한다는 사실, 더구나 자공처럼 뛰어난 외교술을 발휘할 만한 자도 없어 이를 거절하지 못한 점 등이 못내 안타까웠던 것이다.

53) 노나라 애공 때 자공의 활약은 매우 눈부시다. 그러나 최술은 『수사고신여록』의 종지와 크게 관련 없는 것은 생략했다.

나의 생각은 이렇다.

『논어』「자장편」에서의 공자를 추앙하고 존경하는 자공의 말은 매우 지극하다.[54] 공자의 도가 세상에 널리 드러날 수 있었던 것은 대체로 자공의 힘이었기에 그의 공로를 무시할 수 없다. 그리고 "너와 안회 가운데 누가 더 뛰어날까?"라는 공자의 물음 또한 그가 안회와 백중지간이었음을 충분히 짐작할 수 있다. 그러므로 자공을 민자건·염백우·중궁의 뒤쪽에 싣는다.

按: 論語子張篇, 子貢之推尊孔子至矣, 則孔子之道所以昌明於世者大率由於子貢, 其功不可沒也, 而"與回孰愈"之問亦似伯仲可見者, 故次之於閔冉仲弓之後.

4. 자공이 처한 상황이나 공적은 증자와 다르다
(子貢時勢功業與曾子不同)

주자는 이렇게 말하고 있다.

"증자는 본래 지둔(遲鈍)하고 우졸(愚拙)했지만 끝내 깨우칠 수 있었다. 그러므로 공자의 준칙과 정론을 지킬 수 있었으며, 제자를 가르치는 데에도 법도를 지녔기에 전수될 수 있었다. 반면에 자공과 같은 사람은 매우 총민(聰敏)하여 보면 쉽사리 터득했다. 그도 때로는 사람을 가르쳤겠지만 증자처럼 정론과 준칙을 지킬 수 없었으므로 전수되지 않은 듯하다."

朱子云: "曾子本是魯拙, 後旣有所得, 故守得夫子規矩定, 其敎人有法, 所以有傳. 若子貢則甚敏, 見得易, 往往敎人, 亦不似曾子守定規矩,

---

54) 『논어』「자장편」의 뒤쪽 네 장은 모두 공자의 성대한 덕을 추앙하고 존경하는 자공의 말로 이루어져 있다. 곧 위나라 공손조(公孫朝)의 물음에 대한 대답, 자공이 공자보다 더 현명할 것이라는 숙손무숙의 의문에 대한 자공의 생각, 숙손무숙이 공자를 헐뜯으려 했을 때의 답변, 진자금(陳子禽)의 회의에 대한 답변 등이다.

故其後無傳."

나는 이렇게 생각한다.

『사기』에 기록된 제자들의 나이를 비록 있는 그대로 믿을 수는 없지만, 그래도 대강은 그리 엉뚱하지 않으리라. 이제 『논어』『춘추좌전』『예기』의 내용으로 살펴볼 때, 계강자의 물음에서는 자로를 처음에 내세우고 이어서 자공과 염구로 이어졌으며,[55] 맹무백의 물음에서는 자로를 앞세운 뒤 염구와 공서화로 이어졌다.[56] 그리고 『춘추좌전』에는 자로와 염유 및 자공에 관한 내용이 많은데, 그 가운데 자공에 관한 내용이 더욱 많다. 하지만 증자나 자유, 자하에 관한 내용은 없다. 반면에 『예기』에서는 공자가 죽고 난 뒤 증자와 자유, 자하, 자장 등의 언행에 관한 기록은 많지만, 염유나 자공에 관한 내용은 드물다.

余按: 史記所載弟子年歲雖不足盡信, 然大要不甚遠. 今以論語春秋傳戴記之文考之, 康子之問先由而賜而求, 武伯之問先由而求而赤; 春秋傳多載子路冉有子貢之事, 而子貢尤多, 曾子游夏皆無聞焉; 戴記則多記孔子沒後曾子游夏子張之言而冉有子貢罕所論著.

그렇다면 대체로 공자의 제자들 가운데 자로의 나이가 가장 많았으며, 민자건 · 중궁 · 염유 · 자공은 나이가 엇비슷했을 것이다. 이들은 공자가 살아 있었을 때에는 해와 달처럼 밝은 선생의 빛에 가렸고, 공자 사후 분명 그리 오래 살지는 못했으리라. 그 가운데 자공은 공자 당시에 이미 제후들에게 이름이 드러났으며, 벼슬자리에 있었던 기간도 이미 오래였다. 따라서 제자들을 가르칠 만한 시간이 거의 없었기에 후

---

55) 『논어』「옹야편」에서 계강자가 공자에게 정사를 맡길 만한 제자를 이런 순서로 물었다.
56) 『논어』「공야장편」에서 맹무백이 공자에게 제자들의 능력을 물으면서 이런 순서로 연이어 묻는다.

학들의 종사(宗師)가 될 수 없었을 따름이다.

蓋聖門中子路最長, 閔子仲弓冉有子貢則其年若相班者, 孔子在時旣爲日月之明所掩, 孔子沒後爲時亦未必甚久; 而子貢當孔子世已顯名於諸侯, 仕宦之日旣多, 講學之日必少, 是以不爲後學所宗耳.

자유·자하·자장·증자와 같은 사람들은 자로·민자건·중궁·염구·자공보다 뒤에 태어났다. 때문에 공자를 모신 기간은 짧지만, 제자들을 가르칠 수 있었던 기간은 길었다. 그러므로 공자가 살아 있을 때는 그다지 드러난 게 없었지만, 그들의 훌륭한 말이나 단서를 마련해주는 논의들이 공자 사후에 많이 등장하게 된 것이다.

그런 이유가 아니라면, 민자건은 "성인의 모습을 갖추었지만 조금 모자랐다"고 했고, 중궁은 "남면할 만한 자질이 충분하다"고 했는데, 어찌하여 그들의 제자에 관한 이야기를 전혀 들을 수 없는 것일까? 오히려 "한 부문에서 뛰어났다"던 제자들만 못하여 그들이 홀로 후세에 경전을 전수하도록 그냥 두었겠는가?

若游夏子張曾子則視諸子爲後起, 事孔子之日短, 教學者之日長, 是以孔子在時無所表見, 而名言緖論多見於孔子沒後也. 不然, 閔子"具體而微", 仲弓"可使南面", 何以門人皆無聞焉, 反不如"得一體"者獨能傳經於後世乎?

이로 미루어 말한다면 당시 성인 공자의 도에 날개를 달고 힘차게 날 수 있도록 한 것은 안회·민자건·자공·자로·염구 등의 힘이었으며, 그 가운데에서도 자공이 유달랐다. 그리고 성인의 도가 후세에 전해지게 된 것은 자유·자하·증자·자장의 공이며, 그 가운데에서도 증자가 가장 순수했다.

시기와 형세가 다르면 공적도 다를 수밖에 없는 법, 자공이 증자만 못하다고 할 수는 없다. 그러므로 이제 자공에 대한 자취를 살피면서 아울러 이를 논의했다.[57]

由是言之, 羽翼聖道於當時者顏閔子貢由求之力, 而子貢爲尤著; 流傳聖道於後世者游夏曾子子張之功, 而曾子爲尤純. 時勢不同, 功業亦異, 未可謂子貢之不如曾子也. 故今因敍子貢之事而備論之.

---

57) 동양중각정본 목록에서 최술은 민자건·염백우·중궁·자공 뒤에 이렇게 적고 있다. "민자건과 염백우는 모두 덕행으로 이름난 현인이며, 공자를 추존하는 데 있어서 자공은 공로가 가장 뛰어났다. 그러므로 이들을 안자와 증자의 뒤쪽에 놓았다."(閔冉皆德行名賢, 推尊孔子貢爲最, 故次之.)

수사고신여록 제2권

洙泗考信餘錄 卷之二

자로 子路

『사기』의 기록은 이렇다.
"중유(仲由)의 자는 자로(子路)이다."[1]
史記 : "仲由, 字子路."

자로는 가르침을 듣고 미처 그것을 실행하기 전에 또 다른 가르침을 들을까 두려워했다. (『논어』「공야장편」)
子路有聞未之能行, 唯恐有聞. (論語公冶長篇)

자로는 다른 사람이 자신의 허물을 일러주면 기뻐했다. (『맹자』「공손추 상」)
子路, 人告之以有過則喜. (孟子)

자로는 한 번 허락한 일을 미룬 적이 없었다. (『논어』「안연편」)
子路無宿諾. (論語顔淵篇)

---

1) 『사기』「중니제자열전」에서는 변읍(卞邑) 사람으로, 공자보다 아홉 살 어리다 했으며, 『공자가어』에서는 자가 계로(季路)라 했다.

【부론】 공자가 말했다.

"한쪽 말만 듣고도 송사를 판결할 수 있는 사람은 아마 자로일 게야?"(『논어』「안연편」)

【附論】 子曰: "片言可以折獄者, 其由也與?"(同上)

1. 옷을 차려입고 검을 찼다는 이야기를 변증함
(辨盛服持劍之說)

『설원』에서는 칼을 차고 다니는 자로를 공자가 나무랐으며, 자로는 유자(儒者)의 옷으로 갈아입고 옷깃을 여미며 공자를 모셨다고 했다.[2]

또 『설원』에서는 자로가 옷을 잘 차려입고 공자를 뵙자, 공자는 이를 나무랐으며, 이에 자로는 옷을 갈아입고 들어왔다고 했다.[3]

說苑稱子路持劍, 孔子非之; 子路請攝齊以事孔子. 又稱子路盛服而見, 孔子非之; 子路改服而入.

나는 이렇게 생각한다.

『설원』에 실려 있는 공자의 말은 모두 양주의 논지와 유사한데, 대체로 전국시대 사람들이 지어낸 이야기일 것이다. 자로가 강직하고 허물을 고치기에 용맹스러웠으므로 가탁했을 뿐이다. 실제로 당시엔 옷을

---

2) 『설원』「귀덕」(貴德)의 이야기이며, 그 내용은 이렇다. 칼을 차고 다니는 자로를 보고 공자가 물었다. "자로야, 그 칼은 어디에 쓰려느냐?" "옛사람은 이것으로 좋은 일을 할 수도 있고, 어려울 땐 자신을 지킬 수 있다 했습니다." "글쎄다, 군자는 진실을 바탕으로 삼고 인으로 자신을 지킨다더구나. 그러므로 집을 나서지 않아도 천리 밖까지 소문이 나는 법이지. 좋지 않은 일이 있으면 진실로 적을 감화시키고, 사나움이 있으면 인으로 자신을 지키면 그만일 터, 칼을 차고 다녀야만 하겠느냐?" 그러자 자로가 말했다. "이제부터 저는 유복(儒服)으로 갈아입고 스승님을 모시겠습니다." 『공자가어』「호생」(好生)에도 들어 있다.
3) 『설원』「잡언」의 이야기로, 자만하는 사람은 발전할 수 없다는 공자의 가르침이다. 『한시외전』과 『공자가어』「삼서」(三恕) 및 『순자』「자도」(子道)에도 나온다.

잘 차려입고 검을 차는 것쯤이야 누구나 하는 흔한 일이었으므로, 그리 흠잡을 일도 아니다. 그러므로 싣지 않는다.[4]

余按 : 說苑(剛按, 此二字補入)所載孔子之言皆類楊氏之旨, 蓋戰國人 所爲 ; 以子路之行行而勇於改過也, 故託之耳. 其實古人盛服佩劍皆尋常 之事, 不足爲病. 故不錄.

중유는 계손씨의 가재(家宰)가 되어 삼도(三都)의 성벽을 헐어버 리려 했다.[5] 이에 숙손씨는 자진해서 후읍(郈邑)의 성벽을 헐었으 며, 계손씨도 비읍(費邑)의 성벽을 헐 생각이었다. 그러자 공산불요 (公山不擾)[6]와 숙손첩(叔孫輒)이 비읍 사람들을 이끌고 노나라 도성

---

4) 원문의 '說苑' 두 글자는 고힐강이 보충한 것인데, 앞쪽에 이미 거론한 이상 굳이 그럴 필요까지는 없으리라 여겨진다.

5) 삼도는 곧 계손씨의 비읍(費邑, 지금의 산동성 費縣의 서북쪽), 맹손씨의 성 읍(成邑, 지금의 산동성 寧陽縣 동북쪽), 숙손씨의 후읍(郈邑, 지금의 산동성 東平縣 동남쪽)을 말한다. 노나라 환공 이후로 줄곧 삼환씨, 곧 계손씨와 맹 손씨(후에 仲孫氏라 부르기도 함) 및 숙손씨는 노나라의 정사를 독단하다시 피 했다. 이들은 자신들의 힘을 강화하기 위해 성을 견고하게 쌓았지만, 그것 은 화근이 될 때도 있었다. 곧 가신들이 성읍(城邑)을 기반으로 반란을 일으 키곤 했던 것이다. 예컨대 남괴(南蒯)가 비읍의 백성들을 꼬드겨 계손씨를 곤 혹스럽게 한 적이 있으며, 숙손씨의 가신인 후범(侯犯)이 후읍을 거점으로 반 란을 일으킨 적도 있었다. 따라서 자신들의 터전이지만 한편으로는 후환거리 이기도 했다. 때문에 사구(司寇)였던 공자의 건의를 받아들인 정공은 12년 (기원전 498)에 삼도를 헐기로 했으며, 계손씨의 가신이었던 자로가 이 일을 맡았다. 우여곡절 끝에 숙손씨와 계손씨의 후읍과 비읍의 성벽은 헐었으나, 맹손씨의 반발로 성읍은 허물지 못하고 말았다. 이 일을 계기로 공자와 자로 는 기득권층의 신뢰를 잃고, 노나라를 떠나 여러 나라를 전전하게 되었다.

6) 공산불요는 노나라 집정이었던 계손씨의 사읍(私邑)인 비읍의 읍재였다. 성 은 공산, 이름은 불요, 자는 자설(子洩)이다. 달리 공산불뉴(公山不狃)로 적은 곳도 많은데, 본 역주에서는 모두 공산불요로 적었다. 「공자세가」에 의하면 정공 8년 계환자가 공산불요를 신임하지 않자, 그는 양호와 결탁하여 향례(享 禮)를 핑계로 계환자를 초대한 뒤 죽일 음모를 꾸몄으며, 계환자는 이를 눈치 채고 용케 빠져나왔다고 한다. 『논어』「양화편」에서는 공산불요가 공자를 부 르자, 공자가 가려 했다는 내용이 들어 있다. 최술은 이에 대해 『수사고신록』

을 공격했다.[7] 이에 정공과 삼자는 계손씨 저택으로 들어가 무자대
(武子臺)[8]로 올라갔다.

비읍 사람들이 공격해 들어왔으나 쉽사리 물리칠 수 없어 곧장 정
공이 있는 곳까지 쳐들어왔다. 이때 공자가 신구수(申句須)와 악기
(樂頎)를 내려 보내 그들을 공격했으므로,[9] 비읍 사람들이 패해 달
아나게 되었다. 노나라 군대가 그들을 추격하여 고멸(姑蔑)[10]에서
무찌를 수 있었다. 이에 공산불요와 공손첩은 제나라로 달아났으며,
마침내 비읍의 성벽을 헐 수 있었다. (『춘추좌전』 정공 12년)

仲由爲季氏宰, 將墮三都. 於是叔孫氏墮郈, 季氏將墮費. 公山
不狃叔孫輒帥費人以襲魯. 公與三子入於季氏之宮, 登武子之臺.
費人攻之, 弗克; 入及公側. 仲尼命申句須樂頎下伐之, 費人北.
國人追之, 敗諸姑蔑. 二子奔齊, 遂墮費. (左傳定公十二年)

【비람】자로가 계손씨의 가재가 되었을 때였다. 계손씨가 날이 채 밝
기도 전에 묘제(廟祭)[11]를 지내기 시작했으나, 해가 져도 다 끝마치지
못해 불을 밝히고서야 겨우 끝마칠 수 있었다. 때문에 비록 건장한 체

「노나라의 사구가 되다·하」의 '공산불요가 공자를 불렀다는 설을 변증함'에
서 부당성을 자세히 밝히고 있다. 유보남(劉寶楠)은 『논어정의』에서 『춘추좌
전』을 근거로 『논어』의 내용에 의문을 제기한 최술의 주장을 받아들이지 않았
으며, 전목(錢穆)도 『공자전』(孔子傳)에서 최술의 주장은 억지라 했다.

7) 숙손첩은 가문의 수장인 숙손주구(叔孫州仇)에게 인정받지 못해 불만을 품고
   있던 사람이다. 때문에 공산불요와 함께 반란을 획책한 것이며, 자로가 군대를
   이끌고 비읍의 성벽을 허물러 갔기에 허술한 노나라 도성을 공격한 것이다.
8) 무자대는 계무자(季武子)가 지었다는 누대이다. 고조우(顧祖禹)의 『방여기
   요』(方輿紀要)에 의하면 곡부성의 동북쪽 5리에 있었다 한다.
9) 당시 공자는 사구(司寇) 벼슬을 지내고 있었다. 사구는 형벌이나 치안을 담당
   한 장관에 해당되며, 후세의 형부상서(刑部尙書) 정도로 보면 된다. 신구수와
   악기는 당시 노나라 대부들이다.
10) 지금의 산동성 사수현(泗水縣) 동쪽 45리 지역이다.
11) 계손씨, 즉 계환자(季桓子)가 자신의 가묘에서 제사지냄을 뜻한다.

력과 정성스러운 마음을 지닌 자들이라도 모두 지치고 늘어졌다. 제사를 돕는 관리들의 바르지 못한 자세는 불경스럽기 짝이 없었다.

다른 날 제사를 지냈는데, 이때는 자로가 관여했다. 자로가 실사(室事)[12]는 문에서 제수(祭需)를 건네받게 했으며, 당사(堂事)[13]는 계단에서 제수를 건네받게 했다. 그리하여 날이 밝은 뒤에 제사를 시작했지만, 해가 지기 전에 끝마칠 수 있었다. (『예기』「예기」)

【備覽】 子路爲季氏宰. 季氏祭, 逮闇而祭, 日不足, 繼之以燭, 雖有強力之容, 肅敬之心, 皆倦怠矣. 有司跛倚以臨祭, 其爲不敬大矣. 他日祭, 子路與. 室事交乎戶, 堂事交乎階; 質明而始行事, 晏朝而退. (戴記禮器)

2. '전유장'은 다섯 가지가 의심스럽다(顓臾章可疑五事)

『논어』「계씨편」에서는 이렇게 말하고 있다.

"계씨(季氏)[14]가 장차 전유(顓臾)[15]를 칠 생각이었다. 그러자 염유와 계로가 공자를 찾아뵙고 말했다. '계씨가 머지않아 전유를 칠 것 같습니다.' 이에 공자가 말했다. '염구야, 네가 말릴 수 없다면 그것은 바로 너의 잘못이 아니겠느냐? 전유는 옛날 선왕들께서 동몽(東蒙)[16]의 제사를 주관케 했고, 또 강역 안에 있으니 우리나라의 신하인 셈이다. 그런 전유를 어찌 친단 말이냐!'……"[17]

---

12) 방안에서 지내는 정제(正祭)이다.
13) 방안에서 정제가 끝난 뒤 사당으로 옮겨 지내는 제사이다.
14) 계환자를 이은 계강자(季康子)를 말한다. 계강자는 자신의 읍성인 비읍에서 멀지 않은 동몽을 병합함으로써 세력을 키우려 한 것이다.
15) 전유는 복희씨(伏羲氏)의 후예로 풍성(風姓)이며, 노나라 강역에 자리한 부용국(附庸國)이다. 지금의 산동성 비현 서북쪽 80리에 있었다 한다.
16) 동몽은 몽산(蒙山)을 가리키며, 지금의 산동성 몽음현(蒙陰縣) 남쪽에 있다. 몽산은 노나라 동쪽에 위치하므로 동몽산(東蒙山)이라 불렸다. 짐작건대 전유국은 동몽산 아래 위치했던 것으로 여겨진다.
17) 이후로 2백여 자에 달하는 긴 문답이 이어지는데, 그 가운데에는 "有國有家

論語季氏篇云: "季氏將伐顓臾, 冉有季路見於孔子曰: '季氏將有事於顓臾.' 孔子曰: '求無乃爾是過與? 夫顓臾, 昔者先王以爲東蒙主, 且在邦域之中矣, 是社稷之臣也, 何以伐爲!' 云云."

나는 이렇게 생각한다.

'전유장'은 의심스러운 곳이 다섯이다.

『논어』에 기록된 공자의 말은 모두 간결하고 직설적인데, 이 장은 유독 번거롭고 완곡하다. 이처럼 『논어』의 글과 비슷하지 않음이 첫 번째이다.

자로가 계씨의 가재가 된 시기는 정공 때였고, 염유가 계씨의 가재가 된 시기는 애공 때였다.[18] 이처럼 그 시기가 맞지 않음이 두 번째이다.

余按: 此章可疑者五. 論語所記孔子之言皆簡而直, 此章獨繁而曲, 其文不類, 一也. 子路爲季氏宰在定公世, 冉有爲季氏宰在哀公世, 其時不合, 二也.

자로는 세 고을의 성벽을 헐자고 주장한 사람으로, 그의 강직함은 평소에도 그랬다. 자로는 노나라로 되돌아온 뒤에도 반란을 주도한 사람에게 보증을 서주라는 계씨의 제의마저 거절한 적이 있다.[19] 따라서 그는 틀림없이 줄곧 지켜왔던 절개를 하루아침에 꺾고 계씨에게 아부하려 들지 않았으리라. 이처럼 이치에 어긋남이 세 번째이다.

者, 不患寡而患不均, 不患貧而患不安"이나 "遠人不服, 則脩文德以來之" 및 "季孫之憂, 不在顓臾, 而在蕭牆之內"라는 공자의 말이 들어 있다.

18) 자로는 계환자의 가재가 되어 노나라 정공 12년 공자와 함께 삼환씨의 삼도를 헐어버리려 했으며, 애공 때 자로는 위나라 공회(孔悝)의 가신으로 있다가 내란에 휘말려 죽는다. 따라서 염구가 애공 때 계강자의 가재가 된 시기와는 다르다.

19) 애공 14년 소주(小邾)의 역(射)이 구역(句繹) 고을을 가지고 망명하여 자로의 보증을 요구했으나, 자로는 불충한 자와 약속할 수 없다고 외면해버린 적이 있다. 뒤쪽에서 자세히 다루게 된다.

전유를 쳤다는 내용은 『춘추』나 『춘추좌전』 어디에도 보이지 않는다. 그래서 홍홍조(洪興祖)는 공자의 만류로 그만두었기 때문에 그랬을 것이라 여겼는데,[20] 그렇다면 전부를 거두어들인 것은 공자가 만류했는데도 어찌 그만두지 않았던 것일까?[21] 이처럼 그 사실을 증빙할 수 없음이 네 번째이다.

子路主墮都之謀, 其剛直有素, 歸魯之後不肯承季氏意以盟叛人, 必不一旦隳其晚節以阿季氏, 其理不似, 三也. 顓臾之伐不見於經傳, 洪氏意其因孔子之言而中止, 然則田賦之用何以不因孔子之言而止? 其事無徵, 四也.

희공(僖公)[22] 21년 『춘추좌전』에서는 "임(任)[23] · 수(宿)[24] · 수구(須句)[25] · 전유(顓臾)의 성은 풍(風)이며, 실제로 대호(大皥)[26]와 유제(有濟)[27]의 제사를 담당했다"고 했는데, 여기에서도 동몽의 제사를 주관했다고 말하지 않았으며, 노나라의 신하라고 말하지도 않았다.[28]

<hr />

20) 홍홍조(1090~1155)는 송나라 단양(丹陽) 사람으로, 자는 경선(慶善)이다. 태상박사(太常博士)를 지냈으며, 박학다식으로 유명했다. 『노장본지』(老莊本旨) · 『주역통의』(周易通義) · 『초사보주』(楚辭補註) · 『초사고이』(楚辭考異) 등을 남겼다. 주자는 『사서집주』에서 홍홍조의 설을 많이 인용했는데, 홍씨는 "伐顓臾之事, 不見於經傳, 其以夫子之言而止也與?"라고 했다.
21) 『춘추좌전』 애공 11년에 의하면 계손씨가 전부를 시행하려 하면서 염구를 시켜 공자의 의견을 물었던 적이 있다. 그때 공자는 이를 말렸지만 결국 이듬해 전부를 시행했다. 「염유」에서 자세히 다루게 된다.
22) 희공은 노나라 장공(莊公)의 작은아들로 민공(閔公)을 이어 기원전 659~627년 재위했다.
23) 임은 지금의 산동성 제령시(濟寧市)에 있었던 작은 나라이다.
24) 수는 지금의 산동성 동평현(東平縣) 동남쪽 20리에 있었던 작은 나라이다.
25) 수구는 지금의 산동성 동평현 동남쪽에 있었던 작은 나라이며, 『춘추공양전』에서는 '수구'(須朐)라 적었다.
26) 이들 네 나라는 태호씨(太皥氏)의 후손이므로, 그 제사를 담당한 것이라 한다.
27) 유제는 제수(濟水)를 말한다. '유'는 별다른 의미 없이 쌍음절을 만들기 위해 덧붙인 글자이다.
28) 『논어정의』에서는 전유가 유제와 동몽의 제사를 같이 주관했지만, 『춘추좌

이처럼 그 말이 한결같지 않음이 다섯 번째이다.

僖二十一年傳云: "任宿須句顓臾, 風姓也, 實司大皥與有濟之祀." 不
言爲東蒙主, 亦不言爲魯臣, 其說不同, 五也.

더구나 「계씨편」의 글은 모두 '공자'라고 일컫고 있어 앞쪽에 놓인
『논어』15편과 다르다.[29] 따라서 공자의 제자가 기록한 게 분명 아니
다. 이러한 「계씨편」의 내용은 비록 의리에는 크게 어긋남이 없지만, 그
런 일이 꼭 있었던 것은 아니리라. 아울러 자로에게 후세에 오래도록
무고를 받게 하고 싶지도 않았다. 그러므로 싣지 않는다.

且此篇文皆稱孔子, 與前十五篇異, 其非孔氏之徒所記甚明. 雖於義無
大害, 然其事未必有, 且不欲子路受誣於百世, 故不載.

공백료(公伯寮)[30]가 계손씨에게 자로를 비방했다. 이에 자복경백
이 공자에게 이를 알리며 말했다.

"계손씨가 공백료의 말에 솔깃했을지 모르겠으나, 제 힘만으로도
그를 죽여 저잣거리에 늘어놓을 수 있습니다."[31]

그러자 공자가 말했다.

"도가 장차 행해지는 것은 천명이다. 도가 장차 행해지지 않는
것도 천명이다. 공백료가 그런 천명을 어찌하겠는가!"(『논어』「헌
문편」)

전』과 『논어』에서는 하나만 거론한 것이라 했다.

29) 최술은 『논어』20편 가운데 뒤쪽 5편, 곧 「계씨편」「양화편」「미자편」「자장
편」「요왈편」은 의심스러운 부분이 많다고 했다. 그리하여 『수사고신록』「사
후의 모습들」의 '『논어』의 뒤쪽 5편은 의심스럽다'에서 이를 철저히 고증하고
있다.

30) 공백료는 노나라 사람으로 자는 자주(子周)이다. 한때 공자의 제자였다고 하
나 확실치 않다.

31) 본문의 '사'(肆)는 사람을 죽여 시체를 저잣거리에 늘어놓는 것을 말한다. 주
나라 때 극형에 처한 사람의 시체를 사흘 동안 저잣거리에 늘어놓았다 한다.

公伯寮愬子路於季孫. 子服景伯以告, 曰:"夫子固有惑志於公伯寮, 吾力猶能肆諸市朝." 子曰:"道之將行也與, 命也. 道之將廢也與, 命也. 公伯寮其如命何!"(論語憲問篇)

나는 이렇게 생각한다.

공백료의 비방에 대해 공자는 도의 실행 여부로 말하고 있는데, 그렇다면 이는 공자가 노나라를 떠나고 자로가 계씨를 떠난 것 모두 이러한 비방과 연관되어 있으리라.[32] 그러므로 여기에 실었다. 이와 연관된 이야기는 이미 『정록』의 「노나라의 사구가 되다」에서도 언급한 적이 있다.[33]

按: 伯寮之愬, 孔子以道之行廢言之, 則是孔子之去魯, 子路之去季氏, 皆因此一愬也. 故次之於此. 說已見正錄爲魯司寇篇中.

【부록】 공자의 병이 깊어지자 자로는 기도드리기를 간청했다. 그러자 공자가 자로에게 말했다.

"그런 일이 있다더냐?"

"있습니다. 뇌(誄)[34]에서도 '천지의 신에게 너를 기도드린다'고 말하지 않았습니까?"

"그런 것이라면 나도 기도드린 지 이미 오래였느니라!"(『논어』「술이편」)

【附錄】子疾病, 子路請禱. 子曰:"有諸?" 子路對曰:"有之. 誄曰: '禱爾于上下神祇.'" 子曰:"丘之禱久矣!"(論語述而篇)

---

32) 공백료가 계환자에게 자로를 헐뜯은 것은, 자로가 하는 일이 공실에는 이롭지만 삼가에게는 불리하다고 말했을 가능성이 높다. 따라서 자로와 함께 공실의 권위회복을 위해 일을 추진한 공자도 실각의 길을 걷게 된 것이다.
33) 『수사고신록』「노나라의 사구가 되다·하」의 '공자가 노나라를 떠난 해에 대해' 참조.
34) 뇌는 죽은 사람의 공덕을 적어 애도를 표시하는 글이다.

【부록】 공자의 병이 깊어지자 자로는 제자들에게 신하의 예로 공자를 장사지낼 궁리를 했다. 병세가 좀 누그러졌을 때 공자가 말했다.

"오래로구나, 자로가 엉뚱한 짓거리를 했음이! 나에게 신하가 없건만 신하가 있는 것처럼 꾸미려 하다니. 내가 누구를 속이랴! 하늘이라도 속이잔 말이더냐! 나는 죽어서 신하들의 손으로 장례를 치르기보다는, 차라리 제자인 너희들의 손으로 장례가 치러졌으면 했건만! 더구나 내가 죽어 비록 거창스러운 장례야 치를 수 없다손 치더라도, 길바닥에서 죽어가기야 하겠느냐!"35) (『논어』 「자한편」)

【附錄】 子疾病, 子路使門人爲臣. 病間, 曰: "久矣哉由之行詐也! 無臣而爲有臣, 吾誰欺, 欺天乎! 且予與其死於臣之手也, 無寧死於二三子之手乎! 且予縱不得大葬, 予死於道路乎!" (論語子罕篇)

이 두 장은 모두 어느 시기의 일인지 확실치 않다. "신하가 없건만 신하가 있는 것처럼 꾸미려 했다"는 공자의 말로 짐작건대, 틀림없이 대부가 되었다가 물러난 뒤였으리라. 그래서 여기에 덧붙여 싣는다.

此二章皆不知的在何時; 然觀孔子之言"無臣而爲有臣", 當在爲大夫而去位之後. 姑附錄於此.

진(陳)나라에서 양식이 떨어져 따르던 제자들이 굶주려 일어설 수도 없었다. 그러자 자로가 불만스러운 투로 말했다.

"군자도 이렇게 궁색할 때가 있습니까?"

이에 공자가 말했다.

"군자는 궁색하더라도 어려움을 잘 버텨내지만, 소인은 궁색하면 허튼짓을 하거든!" (『논어』 「위영공편」)

在陳絕糧, 從者病, 莫能興. 子路慍見曰: "君子亦有窮乎?" 子

---

35) 자로는 공자가 일찍이 사구로서 대부 자리에 있었으므로, 제자들을 가신으로 꾸며 대부의 장례처럼 치르려 한 것이다.

曰: "君子固窮; 小人窮, 斯濫矣!"(論語衛靈篇)

【부록】 자로가 석문(石門)[36]에서 묵었다. 이에 문지기가 물었다.

"어디에서 오시는 길이오?"

그러자 자로가 대답했다.

"공씨의 집에서 오는 길이외다."

"아! 안 되는 줄 알면서도 굳이 하려 드는 그분 말씀인가요?"(『논어』「헌문편」)

【附錄】 子路宿於石門. 晨門曰: "奚自?" 子路曰: "自孔氏." 曰: "是知其不可而爲之者與?"(論語憲問篇)

【부론】 공자가 말했다.

"도가 행해지지 않으니 뗏목을 타고 바다라도 건너가고 싶구나.[37] 나를 선뜻 따라나설 자는 아마 자로이겠지?"

자로가 이 말을 듣고 기뻐했다. 그러자 공자가 말했다.

"자로는 용맹스러움이 나보다 더하지만, 뗏목 만들 나무를 구할 수 있을지 모르겠군."[38] (『논어』「공야장편」)

---

36) 노나라 도성 외문(外門) 가운데 하나이다. 『후한서』「채옹전」(蔡邕傳)의 주에서는 『태평환우기』(太平寰宇記)를 인용하여 "옛날 노나라 도성에 일곱 개 성문이 있었는데, 남쪽의 두 번째 문을 석문이라 한다"(古魯城凡有七門, 次南第二門, 名石門)고 했다.

37) 공자의 이 말에 대한 해석은 논란이 많다. 청나라 유보남은 『논어정의』에서 『한서』「지리지」와 안사고(顔師古)의 주를 거론하며, 구체적으로 발해(渤海)를 건너 동이족(東夷族)이 살고 있는 요동(遼東)이나 조선(朝鮮)이라 했다. 이는 한나라 시기엔 공자의 의도가 전해졌기 때문에 그렇게 기술했다고 여긴 것으로, 타당성이 높아 보인다. 하지만 공자의 속내는 도를 구현할 수 없는 시대상황에 대한 자조(自嘲)였으므로, 구체적인 행동으로 확대 해석할 필요는 없다.

38) 『논어정의』에서는 정현의 주를 인용하여 자로가 정말로 알고 실행에 옮기려는 태세였으므로, 공자가 말꼬리를 돌린 것이라 했다. 주자는 "無所取材"의

【附論】子曰：“道不行, 乘桴浮於海, 從我者其由與？”子路聞之喜. 子曰：“由也好勇過我, 無所取材.”（論語公冶長篇）

나의 생각은 이렇다.

석문에 머물거나 바다를 건너가고 싶다는 탄식이 어느 시기에 있었던 일인지 분명치 않다. 상황으로 미루어 짐작건대 틀림없이 노나라를 떠난 뒤로부터 위나라에서 벼슬하기 전이었으리라. 그러므로 진나라에서의 어려움 뒤쪽에 싣는다.

按：石門之宿, 浮海之歎, 不知何時；以理度之, 當在去魯之後, 仕衛之前. 故次之於在陳之後.

소주(小邾)³⁹⁾의 대부 역(射)이 구역(句繹)⁴⁰⁾ 고을을 가지고 노나라로 망명하며 말했다.

“자로가 저와 약속만 해줄 수 있다면, 저로선 맹약쯤이야 필요치도 않습니다.”⁴¹⁾

그리하여 계강자(季康子)는 자로에게 그렇게 해주라고 했으나, 자로는 이를 거부했다. 그러자 계강자는 염유를 시켜 자로에게 이렇게 당부하도록 했다.

“천승지국인 우리 노나라의 맹약도 믿지 않고 그대의 말만 믿으려하거늘, 그대는 뭐가 그리 못마땅한 게요!”

‘材’를 ‘裁’로 보고, “사리에 맞게 재단할 줄 모르는 자로를 나무란 말”(譏其不能裁度事理)로 해석했다.

39) 소주는 춘추시대 주(邾)라는 작은 나라이다. 희공 7년에 소주자(小邾子)라 일컬은 기록이 보인다.

40) 구역은 지금의 산동성 추현(鄒縣) 지역이다. 『춘추좌전』 애공 2년에 노나라의 숙손주구(叔孫州仇)와 중손하기(仲孫何忌), 주자(邾子)가 이곳에서 맹약한 적이 있다.

41) 『논어』 「안연편」에서도 “子路無宿諾”이라 했다. 따라서 그만큼 자로의 말은 믿음직스러웠으며, 역 또한 자로의 약속을 받아내려 했던 것이다.

이에 자로가 대답했다.

"우리 노나라가 소주와 싸울 일이 있다면, 감히 까닭을 묻지 않고 싸워 그 성 아래 죽어도 좋습니다. 그러나 그는 불충한 사람입니다. 그런데도 그의 요구를 들어준다면, 그를 의로운 사람으로 인정한 꼴이 됩니다. 저는 그런 일을 차마 할 수 없답니다!"(『춘추좌전』 애공 14년)

小邾射以句繹來奔, 曰:"使季路要我, 吾無盟矣." 使子路, 子路辭. 季康子使冉有謂之曰:"千乘之國不信其盟而信子之言, 子何辱焉!" 對曰:"魯有事於小邾, 不敢問故, 死其城下, 可也. 彼不臣而濟其言, 是義之也, 由弗能!"(左傳哀公十四年)

가을, 제나라 진관(陳瓘)[42]이 초나라로 가는 도중 위나라를 지나가게 되었다. 이때 중유가 진관을 찾아가 말했다.

"하늘이 어쩌면 진씨를 부근(斧斤)[43]으로 삼아 제나라 공실을 찍어내려는지, 아니면 다른 사람이 그것을 가질지에 대해선 알 수 없지요. 끝까지 누릴 수 있을지에 대해서도 알 수 없답니다. 그러니 노나라와 우호를 다지며 때를 기다린다면 그 또한 좋지 않겠소이까. 그런데 어찌 그다지도 노나라와 사이가 좋지 않은 겝니까!"

그러자 자옥(子玉), 곧 진관이 말했다.

"옳은 지적이오만 나는 지금 임금의 명으로 멀리 가는 길이외다. 그대가 사람을 보내 내 아우 진항에게 일러주었으면 합니다."

겨울, 노나라는 제나라와 화친을 맺었다.[44] (『춘추좌전』 애공 15년)

---

42) 제나라 대부인 진성자(陳成子, 陳恒)의 형으로, 자는 자옥(子玉)이다.

43) 날카로운 무기인 도끼이지만, 황제나 제후의 권위를 상징한다. 따라서 진씨가 제나라의 임금이 될 수 있다는 의미이다.

44) 당시 제나라의 실권자인 진항은 1년 전인 애공 14년(기원전 481)에 간공(簡公)을 서주(舒州)에서 시해한 뒤 평공(平公)을 즉위시켰으며, 자신은 제나라의 집정이 되어 전권을 휘두르던 때였다. 그리고 1백여 년이 흐른 기원전 386

秋, 齊陳瓘如楚, 過衛, 仲由見之日:"天或者以陳氏爲斧斤, 旣斷喪公室, 而他人有之, 不可知也. 其使終饗之, 亦不可知也. 若善魯以待時, 不亦可乎, 何必惡焉!"子玉日:"然. 吾受命矣, 子使告我弟."冬, 及齊平. (左傳哀公十五年)

위나라 공어(孔圉)[45]는 태자 괴외(蒯聵)[46]의 누님에게 장가들어 아들 회(悝)를 낳았다. 당시 공씨의 젊은 하인 혼량부(渾良夫)는 키가 크고 미남이었는데, 공문자(孔文子) 어가 죽은 뒤 공희(孔姬)[47]와 사통했다. 태자 괴외가 척(戚)[48]에 머물 때, 공희는 혼량부를 괴외에게 심부름 보냈다. 이에 태자는 혼량부와 약조했다.

"참으로 그대가 나를 귀국시켜 임금 자리에 오를 수 있도록 도와준다면, 나는 그대를 대부로 삼고 세 번의 죽을죄를 용서하겠소."

혼량부는 태자와 맹세한 뒤 공백희(孔伯姬)에게 청을 넣었다.

윤달인 12월, 혼량부는 태자를 모시고 위나라로 잠입하여 공씨의 집밖 채원(茱園)에 머물렀다. 날이 어두워진 뒤 태자와 혼량부는 여인의 옷을 뒤집어쓰고 수레에 올랐으며, 공씨의 시종 라(羅)는 수레

년 진항의 후손인 진화(陳和, 田和라고도 부름)에 이르러 강씨를 대신해 제나라 공식적으로 제나라의 제후가 되었다.

45) 공어는 위나라 양공(襄公) 때 집정이었던 공성자(孔成子)의 손자로, 공문자(孔文子) 또는 중숙어(仲叔圉)라 부른다. 영공(靈公) 때 집정을 맡아보았으며, 공자가 위나라에 머물 때 가까운 사이였다.

46) 괴외는 위나라 장공(莊公)이며, 기원전 480~478년 재위했다. 영공의 태자였지만, 영공의 부인 남자(南子)와 반목 끝에 진(晉)나라로 망명했다. 영공을 이어 괴외의 아들 출공(出公) 첩(輒)이 즉위했지만, 13년 뒤 누나인 백희의 도움으로 집정 공회를 겁박하여 출공을 축출한 뒤 임금 자리에 올랐다. 하지만 무리한 토목공사 등으로 인한 석포(石圃)의 반란에 휘말려 망명중 피살되었다.

47) 공희는 백희 또는 공백희라 부른다. 공문자의 아내, 공회의 어머니, 태자 괴외의 누나로 혼량부와 사통한 여자이다.

48) 척은 위나라 고을로, 지금의 하남성 복양현(濮陽縣) 북쪽이다. 괴외는 진나라에 머물다 당시 척으로 옮겨와 살고 있었다.

를 몰고 공씨 집으로 들어갔다. 이때 공씨의 집사 난녕(欒寧)이 묻자, 사돈집 첩이라 둘러댄 뒤 마침내 공씨 집으로 들어가 공백희를 만났다. 식사를 마친 뒤 공백희는 창을 지팡이 삼아 앞섰으며, 태자는 다섯 사람과 함께 무장을 갖춰 수퇘지를 싣고 뒤따랐다.[49] 그리하여 순식간에 공회를 구석으로 몰아붙여 강제로 맹약을 맺은 뒤, 마침내 공회를 이끌고 누대로 올라갔다.

난녕은 술을 마시려던 참이었는데, 미처 고기 안주가 익지 않았을 때였다. 변란을 들은 난녕은 계자(季子)[50]에게 이를 알리고, 획(獲)을 불러 수레를 준비시켰으며,[51] 술과 고기를 먹은 뒤에야 위후(衛侯) 첩(輒)을 모시고 노나라로 망명했다.[52]

성문에 들어서려던 계자는 성문을 빠져나오는 자고(子羔)[53]를 만났다. 이때 자고가 계자에게 말했다.

"공씨 집 대문은 이미 닫혔을 텐데요!"

"그렇더라도 나는 가보리다."

"이미 늦었습니다. 괜한 어려움에 휘말리지 마십시오."

"공씨의 녹을 먹었거늘 그의 어려움을 모른 척할 수는 없지요!"

그리하여 자고는 하는 수 없이 혼자 자리를 벗어났다.

도성으로 들어간 자로가 공씨의 대문에 이르렀을 때, 공손감(公孫敢)[54]이 문을 걸어잠그며 소리쳤다.

---

49) 제후들이 맹약할 땐 보통 소의 귀를 잘라 그 피로 삽혈(歃血)하지만, 당시 괴외는 임시변통으로 수퇘지를 마련한 것이다.
50) 계자는 곧 공자의 제자인 자로로, 당시 위나라 집정인 공회의 가신이었다.
51) 두예는 소획을 위나라 대부라 했지만, 양백준은 유월(兪樾)의 설을 따라 "획이라는 사람을 불렀다"로 해석하고 있다. 양백준의 해석을 따랐다.
52) 고대 먼 길을 떠날 땐 술과 안주를 먹는 것이 상례였는데, 이는 아무리 위급해도 두려움이 없다는 것을 보여주기 위함이라 한다.
53) 두예는 공자의 제자 고시(高柴)로 위나라 대부라 했지만, 그가 대부 자리에 있었던 것으로 보이지는 않는다.
54) 이어지는 말투로 보아 공손감도 자로와 마찬가지로 공회를 모신 사람일 것이

"들어와봤자 별 도리가 없을 겝니다!"

"아, 공손감이로군. 제 한 몸 살겠다고 주인의 어려움을 모른 체하다니, 나는 그럴 수 없소이다! 그의 녹을 받았으니 기필코 그의 환란을 돕겠소이다."

가까스로 사자가 나오는 틈을 타 안으로 들어선 자로가 소리쳤다.

"태자는 공회를 어찌하려는 겝니까! 비록 그분을 죽인다 하더라도 반드시 그분을 대신하여 누군가는 끝까지 싸우지 않겠습니까!"

또 이렇게 소리쳤다.

"태자의 용맹도 소용이 없을 겝니다. 누대에 불을 질러 반쯤 타들어갈 때쯤이면 공숙을 놓아주지 않을 수 없겠지요."

태자는 자로의 외침을 듣고 두려움에 떨며, 석기(石乞)와 우염(盂黶)을 내려보내 자로와 싸우게 했다.[55] 그들이 창으로 자로를 공격하는 가운데 자로의 갓끈이 끊어졌다. 그러자 자로가 말했다.

"군자는 죽더라도 관을 벗지 않는 법이오!"

자로는 그렇게 갓끈을 맨 뒤 죽었다. 이에 공자는 위나라의 변란 소식을 듣고 말했다.

"고시는 살아오겠지만, 중유는 죽었을 게야!"

이윽고 공회는 장공을 즉위시켰다.[56] (『춘추좌전』 애공 15년)

衛孔圉取大子蒯聵之姊, 生悝. 孔氏之豎渾良夫長而美, 孔文子卒, 通於內. 大子在戚, 孔姬使之焉. 大子與之言曰: "苟使我入獲國, 服冕乘軒, 三死無與." 與之盟. 爲請於伯姬. 閏月, 良夫與大

다. 공손감은 이미 공회가 태자 괴외와 맹약까지 맺은 터라 더 이상 어쩔 도리가 없음을 내비친 것이다.

55) 우염은 「중니제자열전」에 호염(壺黶)으로, 「위세가」(衛世家)에서는 우염(盂黶)으로 적었다. 두 사람은 무장을 갖춘 다섯 명 가운데 일부였을 것이며, 평복 차림의 자로는 패할 수밖에 없었다. 『효자전』에 자로의 아들 중자최(仲子崔)가 호염(狐黶)과 결투를 벌여 죽였다는 이야기가 들어 있다.

56) 자로가 죽은 4개월 뒤, 기원전 479년 4월 공자도 죽었다. 자로의 죽음이 공자를 그만큼 충격에 빠뜨렸다는 설도 있다.

子入, 舍於孔氏之外圃. 昏, 二人蒙衣而乘, 寺人羅御, 如孔氏. 孔
氏之老欒寧問之, 稱姻妾以告, 遂入, 適伯姬氏. 旣食, 孔伯姬杖
戈而先, 大子與五人介, 輿豭從之. 迫孔悝於廁, 强盟之, 遂劫以登
臺. 欒寧將飲酒, 炙未熟, 聞亂, 使告季子. 召獲駕乘車, 行爵食
炙, 奉衛侯輒來奔. 季子將入, 遇子羔將出, 曰:"門已閉矣!"季子
曰:"吾姑至焉."子羔曰:"弗及, 不踐其難."季子曰:"食焉不辟其
難!"子羔遂出. 子路入, 及門, 公孫敢門焉, 曰:"無入爲也!"季子
曰:"是公孫也. 求利焉而逃其難, 由不然! 利其祿必救其患."有
使者出, 乃入, 曰:"大子焉用孔悝! 雖殺之, 必或繼之!"且曰:"大
子無勇, 若燔臺半, 必舍孔叔."大子聞之懼, 下石乞盂黶敵子路.
以戈擊之, 斷纓. 子路曰:"君子死, 冠不免!"結纓而死. 孔子聞衛
亂, 曰:"柴也其來, 由也死矣!"孔悝立莊公. (左傳哀公十五年)

【존참】 자로가 누님 상을 당해 상복을 벗어야 할 때가 되었는데도 벗
지 않았다. 이에 공자가 자로에게 말했다.

"어찌하여 상복을 벗지 않는가?"

"저는 형제가 적습니다. 그래서 차마 벗을 수가 없었습니다."

"선왕께서 예법을 만드셨지만, 그것을 실행하는 사람이라면 어느 누
구나 차마 하지 못하는 마음도 있는 법이지."

자로는 공자의 말을 듣고 마침내 상복을 벗었다. (『예기』「단궁편」)

【存參】子路有姊之喪, 可以除矣而弗除也. 孔子曰:"何弗除也?"子路
曰:"吾寡兄弟而弗忍也."孔子曰:"先王制禮, 行道之人皆弗忍也."子
路聞之, 遂除之. (檀弓)

이 일은 사리에도 그리 어긋나지 않고, 자로의 평소 행동과도 엇비슷
하다. 그래서 여기에 남겨둔다.

此事無害於理而與子路素行相似, 姑存之.

【존참】 자로가 포읍(蒲邑)[57]를 다스린 지 3년이 되었을 때, 공자가 그곳을 지나게 되었다. 공자는 포읍의 경계에 들어서며 자로를 칭찬했다.

"중유는 공손하고 공경함으로써 믿음을 주었구나!"

포읍에 들어서며 공자는 다시 말했다.

"훌륭하구나, 중유는 충직하고 미더움으로써 너그럽게 했구나!"

그리고 치소(治所)에 이르러 또 이렇게 말했다.

"훌륭하구나, 중유는 명확하게 살펴 잘 처결했구나!"

이에 자공이 공자가 탄 수레의 고삐를 잡은 채 물었다.

"스승님께서는 미처 중유를 만나지도 않으셨는데 벌써 세 번이나 칭찬하셨습니다. 이유를 말씀해주시겠습니까?"

그러자 공자가 말했다.

"경계에 들어섰을 때 밭에 잡초가 매우 깔끔하게 치워져 있더구나. 이는 공손하고 공경함으로써 믿음을 주었기에 백성들이 힘을 다한 것이지. 포읍에 들어섰을 때 담장과 집들이 잘 정리되었으며, 나무들도 매우 무성하더구나. 이는 충직하고 미더움으로써 너그럽게 했기에 백성들이 부지런한 것이지. 그의 치소에 이르렀을 때 매우 한적하더구나. 이는 명확하게 살펴서 잘 처결했기에 백성들이 흔들리지 않은 것이지."[58] (『한시외전』)

【*存參*】 子路治蒲三年, 孔子過之. 入境而善之, 曰："由恭敬以信矣!" 入邑, 曰："善哉, 由忠信以寬矣!" 至庭, 曰："善哉, 由明察以斷矣!"子貢執轡而問曰："夫子未見由而三稱善, 可得聞乎?" 孔子曰："入其境, 田疇草萊甚辟, 此恭敬以信, 故民盡力. 入其邑, 墉屋甚尊, 樹木甚茂, 此忠信以寬, 其民不偸. 其庭甚閒, 此明察以斷, 故民不擾也."(韓詩外傳)

---

57) 위나라 고을로, 지금의 하남성 장원현(長垣縣) 지역이다.
58) 『공자가어』 「변정」(辯政)에도 같은 이야기가 실려 있다.

이 이야기는 말씨가 번잡스럽다. 틀림없이 공자의 말은 아니었으리라. 하지만 그런 일이 혹시 있었을 법도 하다. 따라서 곧장 버리지는 않고 '존참'에 열거해둔다. 이것과 앞쪽 누님의 상복을 벗었던 일도 모두 어느 시기에 있었는지 알 수 없으므로 모두 뒤쪽에 싣는다.

此文文詞冗弱, 必非孔子之言. 然其事則容或有之; 未便刪削, 姑列之於存參. 又此與上除姊喪事皆不知在何時, 故統列之於後.

【부론】 공자가 말했다.

"해진 온포(縕袍)[59]를 입고 여우나 담비 털로 만든 좋은 옷을 입은 사람과 같이 서 있으면서도 부끄러워하지 않을 사람은 아마 중유일 게야? '시기하지도 않고 욕심 부리지도 않으니, 어찌 칭찬하지 않으랴!'[60]인 게지."

그러자 자로는 이 구절을 언제나 읊조렸다. 이에 공자가 말했다.

"그것만 가지고야 어찌 훌륭하다고 하겠는가!"(『논어』「자한편」)

【附論】 子曰: "衣敝縕袍與衣狐貉者立而不恥者, 其由也與? '不忮不求, 何用不臧!'" 子路終身誦之. 子曰: "是道也何足以臧!"(論語子罕篇)

3. 어버이가 죽은 뒤 초나라에 갔다는 설을 변증함
   (辨親沒遊楚之說)

세상에 전해지는 이야기로 이런 것도 있다.

자로가 어버이를 모실 때, 명아주잎이나 콩잎을 먹으며 1백 리 밖에서 쌀을 구해온 적도 있었다. 그러나 어버이가 돌아가시고 난 뒤에는 남쪽 초나라로 가서 벼슬했는데, 그를 따르는 수레가 1백 대에 쌓아놓은 곡식이 1만 종(鍾)[61]이었으며, 몇 겹 방석에 앉아 그릇을 늘어놓고

---

59) 온포는 서민의 겨울옷이다. 온(縕)은 삼 북데기나 헌솜을 말한다.
60) 『시경』「패풍」(邶風) '웅치'(雄雉)의 마지막 구절이다.

식사했다.[62]

世傳子路事親, 嘗食藜藿, 負米百里之外；親沒之後, 南遊於楚, 從車
百乘, 積粟萬鍾, 累茵而坐, 列鼎而食.

나는 이렇게 생각한다.

『논어』에서는 자로를 일컬어 해진 온포를 입고 여우나 담비 털로 만
든 좋은 옷을 입은 사람과 같이 서 있어도 부끄러워하지 않을 사람이라
고 했다. 그렇다면 자로가 젊었을 때 가난했다는 것은 확실해 보인다.
하지만 남쪽 초나라로 가서 벼슬했고, 그를 따르는 수레가 1백 대였으
며, 쌓아놓은 곡식이 만 종이나 되었다는 이야기는 사실이 아니다.

자로는 공자를 따라 노나라를 떠났고, 진나라와 채나라 사이에서 어
려움을 겪었으며, 위나라를 거쳐 노나라로 돌아왔다. 그리고 다시 위나
라에서 벼슬하다가 환란에 휘말려 죽었다. 자로의 이런 행적을 낱낱이
살필 수 있거늘, 초나라에 가서 벼슬한 적이 언제였단 말인가!

그리고 수레 1백 대나 곡식 1만 종으로 호사를 누렸다는 것 또한 자
로의 처신답지 않다. 이런 이야기는 모두 후세 사람들이 덧붙인 것이므
로 싣지 않는다.

余按：論語稱子路衣敝縕袍與衣狐貉者立而不恥, 則子路少年之貧固
當有之；若南遊於楚, 從車百乘, 積粟萬鍾, 則無是事也. 子路從孔子去
魯, 厄於陳蔡, 由衛反魯, 復仕於衛而死於難, 傳記歷歷可考, 何嘗有遊
楚之時！而百乘萬鍾以自奉亦非子路之所爲也. 此皆後人附會之詞, 故
不載.

【부론】공자가 말했다.

"어찌하여 중유가 내 집에서 거문고를 타는가!"

---

61) 종은 고대 도량형 단위이다. 6두 4승을 1부라 하고, 10부를 1종이라 했다.
62) 『공자가어』와 『설원』에 들어 있다.

그러자 여러 제자들이 자로를 공경하지 않았다. 이에 공자가 말했다. "중유는 대청에 올랐지만, 아직 방에는 들어가지 못함인 게야."(『논어』「선진편」)

【附論】子曰: "由之瑟奚爲於丘之門!"門人不敬子路. 子曰: "由也升堂矣, 未入於室也."(論語先進篇)

4. 거문고 소리에 북방의 살벌함이 묻어났다는 설을 변증함
(辨瑟有北鄙聲之說)

『설원』에서는 자로의 거문고 소리에 북방의 비루하고 살벌함이 묻어났기에 공자가 이를 듣고 이러쿵저러쿵 말했다는데,[63] 대체로 『논어』「선진편」의 말에서 비롯된 것이다.

說苑稱子路鼓瑟, 有北鄙殺伐之聲, 孔子聞之云云, 蓋本於此.

하지만 음악이란 팔방(八方)의 갖가지 소리를 펼치는 것으로,[64] 본래 어느 하나도 소홀히 할 수 없다. 그러므로 『춘추좌전』에서도 "몇 차례 북풍을 노래하다가 또 남풍을 노래했다"[65]고 했거늘, 어찌 남풍만을 높이고 북풍은 무시할 수 있단 말인가! 그 말씨도 천박스럽고 자질구레하여 공자의 말이 아니라는 점은 매우 분명하다.[66]

---

63) 『공자가어』「변악해」(辯樂解)에도 들어 있다.
64) 지역 특색을 반영한 음악을 말한다. 『여씨춘추』「유시」(有始) · 『회남자』「지형」(地形) · 『설문해자』에 세목이 보이지만 조금씩 다르다.
65) 양공 18년, 진나라 태사 사광(師曠)의 말이다. 기원전 555년 가을, 초나라의 정나라 침공 때 평공(平公)이 초나라의 중원 진출을 염려하자, 사광은 이렇게 말했다. "걱정하지 마십시오. 제가 몇 차례 북풍을 연주하다 다시 남풍을 연주했는데, 남풍은 힘도 없고 죽은 소리였습니다. 하오니 초나라는 틀림없이 이득이 없을 것입니다." 당시 정나라는 성문을 닫고 싸우지 않았으며, 초나라 군대는 폭우와 추위로 거의 얼어 죽었다.
66) 공자는 자로의 거문고 소리를 듣고 염구와 음악에 대해 말하는데, 그 대강은

더욱이 음악이란 덕을 드러낸다. 거문고 소리가 조화를 이루지 못했다면, 기질이 아직 순화되지 못함에서 비롯된 것이다. 따라서 차분하게 함양함이 마땅하리라. 음악이란 이레를 굶었다고 해서 변화될 수 있는 것도 아니다.[67]

이는 덧붙여진 이야기이므로 싣지 않는다.

然樂以宣八風, 原不可以偏廢, 故傳云"驟歌北風, 又歌南風", 而何得崇南而棄北乎! 其詞意亦淺蔓, 必非孔子之言明甚. 且樂以象德, 瑟之不和由於氣質之未化, 當從容而涵養之, 亦非七日不食之所能變也. 此附會之言, 故不載.

【부론】 어떤 사람이 증서(曾西)[68]에게 물었다.

"스승님과 자로 가운데 누가 더 훌륭합니까?"

이에 증서가 미간을 찌푸리며 말했다.

"나의 선친께서도 경외했던 분이거늘!"(『맹자』 「공손추 상」)

【附論】 或問乎曾西曰: "吾子與子路孰賢?" 曾西蹵然曰: "吾先子之所畏也!"(孟子)

나는 이렇게 생각한다.

자로는 공자의 문인들 가운데 나이가 가장 많았으며, 공자도 자주 그

이렇다. 먼저 남방과 북방의 음악을 말한 뒤 군자와 소인의 음악을 이야기한다. 그러면서 순임금은 남풍을 즐겼기에 필부였지만 천자 자리에 오를 수 있었으며, 주왕은 북방의 비루한 음악을 즐겼기에 천자였지만 패망의 길로 접어들게 되었다고 말한다. 이어서 자로는 필부로 누추한 신분인데도 선왕의 제도에는 뜻이 없고 망국의 소리만 즐기니, 어찌 7척 제 몸뚱이나마 제대로 보존할 수 있겠느냐고 말한다. 이처럼 부질없는 소리를 한없이 늘어놓고 있는데, 그게 어찌 공자의 말이겠느냐는 최술의 주장이다.

67) 『설원』에서는 염구가 공자와 나눈 대화를 자로에게 일러주자, 자로는 깊이 뉘우치며 이레를 굶어 뼈만 앙상했고, 그런 자로를 보고 공자는 "자로야말로 허물을 고칠 줄 안다"고 말하고 있다.

68) 증자의 아들 증신(曾申)이며, 자는 자서(子西)이다.

를 칭찬했다. 비록 호되게 꾸짖고 나무란 적도 있지만, 참으로 자로만큼 칭찬을 많이 들은 사람도 없다. 아마 "대청에 올랐으나 아직 방에는 들어가지 못했다"는 것이야말로 공자의 정론이었으리라. 그러므로 앞쪽에 싣는다.

按: 子路於及門中年最長而孔子亦屢稱之 ; 雖時有所督責而貶之, 固不如褒之者之多也. "升堂入室", 孔子有定論矣. 故先之.

유자 有子

미호(微虎)가 밤에 오나라 왕의 진영을 공격할 생각으로, 은밀히 7백 명을 모아 군막의 뜰에서 세 번을 뛰어넘게 했다.[1] 그리하여 뽑힌 3백 명 가운데 유약(有若)[2]도 끼어 있었다. 직문(稷門)[3]에 이르렀을 때, 어떤 사람이 계강자에게 말했다.

"오나라 왕을 해칠 수 없을 뿐더러 우리나라의 훌륭한 젊은이들만 죽이게 될 것입니다. 하오니 그만두는 것이 낫겠습니다."

이에 계강자는 이를 그만두게 했다. 오자(吳子)는 이 소식을 듣고 하루 저녁에 세 번이나 거처를 옮겼다. (『춘추좌전』 애공 8년)

微虎欲宵攻王舍, 私屬徒七百人, 三踊於幕庭. 卒三百人, 有若與焉. 及稷門之內, 或謂季孫曰: "不足以害吳而多殺國士, 不如已也." 乃止之. 吳子聞之, 一夕三遷. (左傳哀公八年)

---

1) 애공 8년(기원전 487) 3월, 오왕 부차가 노나라의 주(邾)나라 침공을 빌미로 쳐들어왔다. 이때 대부인 미호는 오왕을 기습할 요량으로 날쌘 병사들을 선발하기 위해 장애물을 설치한 뒤 뛰어넘게 한 것이다.
2) 유약의 자는 자유(子有)로, 『사기』「중니제자열전」에서는 공자보다 마흔세 살이 어리다 했으며, 『공자가어』에서는 서른세 살 어리다 했다.
3) 직문은 노나라 도성의 성문 가운데 하나이다. 당시 오나라는 동양(東陽, 지금의 산동성 비현 서남쪽)을 함락한 뒤, 경종(庚宗, 지금의 사수현 동쪽)을 거쳐 곡부 바로 앞 사수(泗水)에 진을 치고 있었다.

애공이 유약에게 물었다.

"흉년이 들어 나라의 경비가 부족하니 어쩌면 좋겠소?"

"어찌 철법(徹法)[4]을 시행하지 않습니까?"

"10분의 2로도 오히려 부족한 형편인데, 어찌 철법을 시행한단 말이오?"[5]

"백성들이 풍족하다면 임금께서야 뭐가 부족하겠습니까! 백성들이 풍족하지 않다면, 임금께서 풍족할 게 뭐란 말입니까!"(『논어』「안연편」)

哀公問於有若曰: "年饑, 用不足, 如之何?" 有若對曰: "盍徹乎?" 曰: "二, 吾猶不足, 如之何其徹也?" 對曰: "百姓足, 君孰與不足! 百姓不足, 君孰與足!"(論語顔淵篇)

공자가 죽은 뒤 어느 날이었다. 자하와 자장, 자유가 유약이야말로 성인답다고 여겨, 공자를 섬긴 것처럼 그를 섬기기로 작정하고 증자에게 이를 강권했다. 그러자 증자가 말했다.

"옳지 않습니다. 장강(長江)이나 한수(漢水)에 옷을 빨아 한여름 뙤약볕에 말리는 것과 같거늘, 스승님의 고결하심을 따를 수 없지 않겠습니까!"(『맹자』「등문공 상」)

他日, 子夏子張子游以有若似聖人, 欲以所事孔子事之, 彊曾子. 曾子曰: "不可, 江漢以濯之, 秋陽以暴之, 皞皞乎不可尙已!"(孟子)

1. 스승으로 삼으려다 그만두었다는 설을 변증함
   (辨爲師被黜之說)

『사기』에서는 이렇게 말하고 있다.

"공자가 죽은 뒤 사모함을 가눌 수 없었던 제자들은, 유약의 생김새가 공자와 흡사하므로 제자들 모두 그를 스승으로 삼아 공자처럼 떠받들었다. 그러던 어느 날 어떤 제자가 유약에게 물었다. '옛날 공자님께서는 길을 나서며 제자들에게 우비를 갖추라 하셨는데, 이윽고 비가 내렸습니다. 그래서 제자들이 여쭈었지요. 스승님께서는 어떻게 비가 올 줄 아셨나요? 그러자 공자님께서 말씀하셨지요. 『시』에서도 말하지 않더냐. 달이 필성(畢星)[6]에 걸렸으니 큰비가 오려나 보다[7]라고 말이다. 어젯밤 달이 필성에 머물러 있지 않았더냐? 하지만 요사이 어느 날 달이 필성에 걸려 있었는데도 끝내 비는 오지 않았습니다. 그래서 감히 유자님께 공자님께서는 비가 올 것을 어떻게 미리 알았는지에 대해 여쭙고 싶습니다.' 그러나 유약은 입을 다물고 대답하지 않았다. 이에 제자들은 자리를 털고 일어나며 말했다. '유자께서는 자리에서 일어나주시오! 이 자리는 당신이 앉을 자리가 아닌 듯합니다.'"

史記云: "孔子旣沒, 弟子思慕; 有若狀似孔子, 弟子相與共立爲師. 他日問曰: '昔夫子當行, 使弟子持雨具; 已而果雨. 弟子問曰: 夫子何以知之? 夫子曰: 詩不云乎: 月離于畢, 俾滂沱矣. 昨暮月不宿畢乎? 他日月宿畢, 竟不雨. 敢問夫子何以知此.' 有若默然無以應. 弟子起曰: '有子避之! 此非子之座也.'"

나는 이렇게 생각한다.

많은 제자들이 공자를 존경한 것은 도가 크고 덕이 높아서였지, 비가 오거나 오지 않음을 잘 알아서였음은 아니다. 그리고 유약을 섬기려던

---

6) 필성은 이십팔수의 하나로 백호칠성(白虎七星) 가운데 다섯 번째 별이다. 『모시전』에서는 "달이 음성(陰星)에 걸치면 비가 온다"고 했는데, 필성은 음성에 속한다.

7) 『시경』「소아」 '점점지석'(漸漸之石)의 한 구절이다.

것도 언행이나 학문이 거의 성인 공자에 가까웠기 때문이지, 비가 올지 안 올지를 공자처럼 잘 알았기에 그런 것은 아니다. 그렇거늘 비가 올지 안 올지를 모른다 하여 어찌 유약을 내칠 수 있단 말인가!

『논어』에는 공자의 언행에 대한 기록이 많은데, 모두가 평실(平實)하고 일상적인 것이며 자질구레한 말이나 억측은 없다. 과연 날씨가 맑거나 비가 오는 것을 잘 알았으므로 공자를 성인이라 했다면, 『논어』 가운데 그런 말이나 일에 대해 낱낱이 실었음은 당연한 이치이다. 그런데 어찌하여 그런 이야기는 끝내 찾아볼 수 없는 것일까?

余按: 諸弟子所以尊孔子者, 以其道大德崇, 非以其能知雨不雨也; 所以事有若者, 以其言行學問幾於聖人, 非以其能知雨不雨爲似聖人也; 烏有因其不知雨不雨遂黜有若者哉! 論語記孔子言行多矣, 皆平實切於日用, 無多言億中之事. 果以能知晴雨之故聖孔子, 則論語中亦當載其一言一事, 何以竟杳然也?

어떤 사람이 체사(禘祀)에 대해 묻자, 공자는 "알 수 없다"고 했다. 그러니 정녕코 모르는 게 있다 하여 박대한다면, 아마 공자가 맨 먼저 제자들로부터 박대를 받았어야 마땅하리라.

스승의 도리란 구차스러운 게 아닐 뿐만 아니라, 그 존귀함은 임금이나 아버지와도 같다. 그러므로 "백성은 세 가지로 살아갈 수 있으니, 이들 섬기기를 한결같이 해야 한다"[8]고 말한 것이다.

---

8) 『국어』「진어」(晉語)에 나오는 말로, '군사부일체'(君師父一體)의 어원이기도 하다. 기원전 709년 곡옥백(曲沃伯) 무공(武公)은 익(翼)을 공격하여 진나라 애공과 대부 난공자(欒共子)를 생포했는데, 애공은 죽이고 난공자는 죽이지 않았다. 일찍이 난공자의 아버지 난빈(欒賓)이 무공의 조부인 환숙(桓叔)의 스승이었기 때문이다. 그러면서 무공은 난공자에게 넌지시 일렀다. "나는 그대를 천자에게 사신으로 보낼 것이며, 상경으로 삼아 우리 진나라의 정사를 맡아보게 할 것이오." 그러나 난공자는 단호히 거부하며 "사람이라면 세 가지로 살아갈 수 있는데, 이들 섬기기를 한결같이 해야 합니다. 아버지는 나를 낳아주셨고, 스승은 나를 가르쳐주셨으며, 임금은 나에게 녹봉을 주셨습니다. ……저는

따라서 스승을 섬기는 자는 처음부터 신중하지 않을 수 없다. 반드시 스승으로 삼을 만한지를 꼼꼼히 살핀 뒤에 스승으로 섬기며, 이미 스승으로 섬겼으면 마땅히 종신토록 바꾸지 말아야 한다. 그렇거늘 어찌 한 가지 일을 모른다거나 한마디 말이 틀렸다고 해서 쫓아낼 수 있단 말인가! 이런 처사는 속된 선비로서 의리를 조금만 아는 사람들이라면 그렇게 하려 들지 않을 터인데, 공자의 제자들이 도리어 그런 짓을 저질렀단 말인가!

或問禘之說, 子曰: "不知也." 苟以有所不知而薄之, 則孔子當先薄於諸弟子矣. 師之道非苟然而已, 其尊與君父等, 故曰 "民生於三, 事之如一", 從師者不可不愼之於始也. 必審知其可師而後師之, 旣已師之則當終身勿替, 安有因一事之未知, 一言之未合而遂黜之者! 此在世俗之士少知義理者猶不肯爲, 而謂孔子弟子反爲之乎!

맹자는 "어느 날 자하와 자장, 자유가 유약이야말로 성인답다고 여겨, 공자를 섬긴 것처럼 그를 섬기려 했다"고 했는데, 여기에서 맹자는 유약이 성인답다고만 했지, 그가 공자와 닮았다고 말한 적은 없다. 그리고 단지 자유나 자하 등이 유약을 스승으로 삼으려 했다고만 말했을 뿐이지, 유약이 공공연히 스스로 스승 자리에 앉으려 했다고 말한 적도 없다.

맹자는 "유약의 지혜로움은 성인을 알아보기에 충분했다"고 했으며, 또 유자는 "이 세상에 사람이 살기 시작한 이후로 아직 공자만큼 위대한 분은 없었다"는 말을 기술했다. 이처럼 유약은 세상에 인류가 태어난 이래로 있어본 적이 없는 사람이 바로 공자라는 것을 이미 알고 있었으니, 결단코 감히 자유나 자하에게 공자를 섬긴 것처럼 자기를 섬기

감히 사사로운 이익을 위해 인간의 도리를 저버릴 수 없습니다"라고 말한 뒤 애공을 따라 죽었다. 기원전 678년 무공은 많은 보물을 주나라 이왕(釐王)에게 보냈고, 이왕은 괵공(虢公)을 보내 무공을 진나라 제후에 봉했다.

라고 하지 않았음이 분명하다.

孟子曰: "他日, 子夏子張子游以有若似聖人, 欲以所事孔子事之." 但
言其似聖人, 未嘗言其似孔子也; 但言游夏之徒欲師有若, 未嘗言有若公
然自居於師也. 孟子曰: "有若智足以知聖人." 又述有子言云: "自生民以
來未有盛於孔子也." 有子旣知孔子爲生民所未有, 則其斷斷不敢使游夏
以事孔子者事己, 明矣.

자유나 자하가 유약을 스승으로 섬기려던 것을 허물이 없다고 할 수
야 없겠지만, 그들의 마음은 그나마 그럴 만한 근거가 있었다. 만약 유
약이 공공연히 스스로를 헤아리지 않고 마침내 공자처럼 대우받으려
했다면, 어찌 그러고서도 유약답다 할 수 있겠는가! 그렇다면 당시 자
하·자장·자유 등 세 사람이 유약을 스승으로 모시려 했지만, 정작 유
약이 받아들이지 않은 까닭에 중도에 그만둔 것이리라. 그런데도 호사
가들이 이를 핑계로 견강부회하여 이야기를 지어냈을 뿐이다.

무릇 70제자의 문인들은 제각기 자신들의 스승을 기꺼이 높이면서
다른 제자를 헐뜯었기에 이런 종류의 이야기는 거의 믿을 수 없다. 그
러므로 싣지 않는다.

游夏此擧固不得爲無過, 然其心尙可原; 若有子公然不自量竟自擬於
孔子, 豈尙足以爲有若哉! 然則當日之事, 蓋三子欲師有若而有若不肯
居, 是以中輟; 好事者因之, 遂附會爲此言耳. 大抵七十子之門人各好自
尊其師而詆諆他人, 故此等語多不可信. 故不載.

나는 이렇게 생각한다.

자유나 자하가 유자를 성인답다고 여겼다면, 유자의 언행은 틀림없
이 뛰어난 점이 있었으리라. 그리고 『논어』에서 '유자'라고 일컫고 있
는데, 주자는 증자나 유자의 문인들이 대부분 논어를 엮었기 때문이라
여겼다. 이치상 대체로 그랬을 것이다.

하지만 독실한 행동과 후학에 대한 성취에서는 아마 증자에 비길 수

는 없었으리라. 그러므로 자로의 뒤쪽에 싣는다.

　按: 游夏以有子似聖人, 則其言行必有過人者. 而論語稱爲有子, 朱子以爲多曾子有子門人所記, 理或然也. 然踐履篤實, 成就後學, 或尙非曾子之比. 故次之於子路之後.

2. 유자와 자로는 뭇 제자들이 미칠 수 있는 바가 아니다
(有子子路非諸弟子所及)

　경전에서는 염유와 자로를 함께 일컬은 곳이 많다. 때문에 세상 사람들은 마침내 이들을 엇비슷한 것으로 여긴다. 그러나 자로는 계씨에게 등용되어 비읍의 성벽을 헐었고, 염유는 계씨에게 등용되어 재산을 늘려주었다. 이들이 한 일은 서로 너무 다르다.

　그런데도 이들을 대부분 함께 일컬은 이유는 단지 정사에 대한 재능이 서로 엇비슷했기 때문이다. 이는 마치 언어 부문에서 재아와 자공을 함께 일컬은 것과 마찬가지이지, 둘의 능력이 같다는 의미로 보아서는 안 된다.

　經傳之文多以冉有季路并稱, 世遂視之若班焉者. 然子路用於季氏而爲之墮費, 冉有用於季氏而爲之聚斂, 其行事之相去甚遠也. 所以多并稱者, 但以其政事之才相埒耳; 猶言語之稱宰我子貢, 非謂二子等量而齊觀也.

　하물며 공자가 "뗏목을 타고 함께 바다로 나갈 만한 사람"이라 인정한 것과 "시기하지도 않고 욕심 부리지도 않는다"고 칭찬한 것은 어느 누구도 쉽사리 도달할 수 있는 경지가 아니다.

　그리고 "근본에 힘쓴다"는 취지와 "조화로움을 귀하게 여긴다"는 유자의 말은 모두 공자와 같은 성인이 미처 발언하지 않은 심오함을 능히 발현하고 있다. 이처럼 터득한 의미가 깊었기에 자유나 자하도 "성인답다"고 평가한 것이다. 뿐만 아니라 "왜 철법을 시행하지 않습니까?"라는 요청으로 선왕의 훌륭한 제도를 회복하려 했으니, 그는 식견도 매우 탁월했다.

따라서 자로나 유자는 비록 안회나 민자건에게는 미치지 못했다 하더라도, 참으로 뭇 제자들이 감히 바랄 수 있는 그런 경지는 아니었다. 그러므로 두 사람을 여러 제자들 앞쪽에 싣는다.

況"浮海"之許, "不忮不求"之贊, 皆他人所不易得者. 至有子"務本"之旨, "貴和"之說, 咸能發聖人未發之蘊; 意其所得有深焉者, 是以游夏有"似聖人"之品目也. 而"盍徹"之請欲復先王之制, 其識亦殊卓. 則二子雖未逮夫顔閔而固非諸弟子所敢望也. 故冠之於諸賢之先.

원사 原思

『사기』의 기록은 이렇다.

"원헌(原憲)의 자는 자사(子思)이다."[1]

史記: "原憲, 字子思."

원사가 공자의 가재가 되었다. 그리하여 그에게 봉록 9백 석을 주었더니 사양했다. 이에 공자가 말했다.

"사양하지 마라. 너의 이웃이나 마을 사람들에게 나누어줄 수도 있지 않겠느냐!" (『논어』「옹야편」)

原思爲之宰. 與之粟九百, 辭. 子曰: "毋, 以與爾鄰里鄉黨乎!" (論語雍也篇)

【부론】 원사가 공자에게 물었다.

"이기기를 좋아하고, 뽐내며, 원망하고, 욕심 부리는 행위를 하지 않는다면 인이라고 할 수 있겠습니까?"

"아주 어려운 일이라 할 수 있겠지만, 인이라 하기엔 나도 자신이 없

---

1) 『공자가어』에서는 송나라 사람으로 공자보다 서른여섯 살 어리다고 했으나, 『사기』에서는 나이를 언급하지 않았다.

구나."(『논어』「헌문편」)

【附論】"克伐怨欲不行焉, 可以爲仁矣?"子曰; "可以爲難矣; 仁則吾
不知也."(論語憲問篇)

1. 해진 의관으로 자공을 맞이했다는 이야기를 변증함
   (辨敝衣冠見子貢之說)

『사기』「중니제자열전」에서는 이렇게 말하고 있다.

"자공이 위나라의 재상이 되어 말 네 마리가 끄는 수레를 타고, 풀섶
을 헤치며 궁벽한 시골의 원헌을 찾아갔다. 이때 원헌은 해진 의관을
차려입고 자공을 맞이했다. 자공은 그를 안쓰럽게 여겨 이렇게 말했다.
'그대는 어찌하여 이토록 곤궁하십니까?' 그러자 원헌이 말했다. '내
가 듣기로는 이렇더이다. 재물이 없음을 가난이라 하고, 도를 배우고
실천하지 않음을 곤궁이라 하더이다. 그러니 나 같은 사람을 가난하다
고 말할 수야 있겠지만, 곤궁하다고 말할 수야 없겠지요.' 자공은 이를
부끄럽게 여기고 불쾌한 마음으로 떠나갔다."

史記云: "子貢相衛, 結駟連騎, 排藜藿, 入窮閭, 過謝原憲. 憲攝敝衣
冠見子貢. 子貢恥之, 曰: '夫子豈病乎?' 原憲曰: '吾聞之, 無財者謂之
貧, 學道而不能行者謂之病. 若憲, 貧也, 非病也.' 子貢慚, 不懌而去."

나는 이렇게 생각한다.

자공이 "가난하지만 아첨하지 않으며, 부유해도 교만하지 않는다면
어떻습니까?"라고 공자에게 물었을 때, 공자는 "괜찮지. 하지만 가난
하면서도 도를 즐기며, 부유하면서도 예를 좋아하는 것만 하겠느냐?"
고 대답했다. 따라서 자공을 일컬어 재산을 잘 관리했고, 한때 가난했
으나 뒷날 부자가 되었다고 말할 수는 있으리라. 하지만 그를 일컬어
가난을 부끄러워하고 부유함을 자랑스러워했다면, 자공으로서 단연코
그럴 리 없었으리라.

余按: 子貢曰: "貧而無諂, 富而無驕, 何如?" 子曰: "可也, 未若貧而樂, 富而好禮者也." 子貢長於理財, 先貧後富則有之, 若以貧爲恥, 以富爲榮, 則子貢斷不至是.

이는 바로 전국시대 빈천하면서도 거들먹거리던 사람이 이런 이야기를 꾸며 제 스스로 고상한 척하려던 것으로, 원헌이 가난했고 자공은 부자였기에 꾸며낸 이야기일 뿐이다.

『신서』에도 이런 이야기가 실려 있는데, 내용은 더욱 번잡스럽기만 하다.[2] 대체로 뒷사람들이 부풀린 것이지, 한결같이 실제로 있었던 이야기는 아니다. 그러므로 이제 모두 싣지 않는다.

此乃戰國貧賤驕人之士設爲此說以自高者; 以原思之貧子貢之富也, 故託之耳. 新序亦載此事而文更繁, 蓋後人所衍, 皆非實事. 故今並不錄.

---

2) 유향의 『신서』는 『사기』와 줄거리는 같지만 과장되고 군더더기가 많기에 한 말이다. 원헌이 사는 모습을 더욱 세밀하고 궁핍하게 묘사했으며, 찾아오는 자공의 맵시를 과장했다. 원헌이 자공을 빗대 신랄하게 꾸짖는 내용도 들어 있다. 『한시외전』에도 『신서』와 같은 내용이 보인다.

공서화 公西華

『사기』의 기록은 이렇다.

"공서적(公西赤)의 자는 자화(子華)이다."[1]

史記: "公西赤, 字子華."

자화가 공자의 심부름으로 제나라에 갔다. 이에 염유는 자화의 어머니에게 곡식을 주자고 공자에게 간청했다. 그러자 공자는 이렇게 말했다.

"1부(釜)를 주어라."

염유가 더 줄 것을 요구하자, 공자가 말했다.

"그렇다면 1유(庾)를 주어라."

그러나 염유는 곡식 5병(秉)을 주었다.[2] 이에 공자가 말했다.

"자화는 제나라에 갈 때 살찐 말을 타고 좋은 옷을 입었느니라. 내가 알기로 군자는 어려운 사람을 돕지만, 부유함을 늘려주지는 않

---

1) 『사기』「중니제자열전」과 『공자가어』에서는 모두 공자보다 마흔두 살 어리다 했다.
2) 1부는 6두 4승이며, 1유는 16두이고, 1병은 10유다. 그렇다면 5병은 곧 1부의 125배가 되는 셈이다.

는다 하더구나.”(『논어』「옹야편」)

子華使於齊. 冉子爲其母請粟, 子曰: “與之釜.” 請益, 曰: “與
之庾.” 冉子與之粟五秉. 子曰: “赤之適齊也, 乘肥馬, 衣輕裘. 吾
聞之也, 君子周急不繼富.” (論語雍也篇)

【존참】 공자가 죽자, 공서적이 지(志)³⁾를 만들었다. 관의 장식에 삽
(翣)⁴⁾을 놓고 피(披)⁵⁾를 마련한 것은 주나라 제도이고, 숭(崇)⁶⁾을 마
련한 것은 은나라 제도이며, 도련(綢練)⁷⁾과 조(旐)⁸⁾를 마련한 것은 하
나라 제도이다. (『예기』「단궁편 상」)

【存參】 孔子之喪, 公西赤爲志焉: 飾棺牆, 置翣, 設披, 周也; 設崇, 殷
也; 綢練, 設旐, 夏也. (檀弓)

나의 생각은 이렇다.

공자가 사구가 되었을 때 원사를 가재로 삼았으니, 반드시 취할 만한
능력이 있었으리라. 그의 거리낌 없는 성격도 다른 사람들이 따르기 어
려웠을 것이다. 자화는 응대에 뛰어난 재주를 지녔으므로 심부름 보냈
을 터, 그 또한 남다른 점이 있었으리라.

더욱이 공자는 이 두 사람을 나무란 적도 없다. 그러므로 원사와 공
서화를 유자의 뒤쪽에 싣는다.

按: 孔子爲司寇以原思爲宰, 必有可取者在; 而狷介之操亦人所難能.

---

3) 지는 장례에 사용하는 각종 치장을 말한다. 죽은 사람의 작위나 덕행 등을 고
려해 만든다.
4) 삽은 보통 ‘운삽’(雲翣)이라 한다. 나무로 틀은 넓이가 3자, 높이가 2자 6치였
다. 가운데 흰 천에 구름 문양을 그렸다.
5) 피는 관을 드는 양쪽 줄로, 관이 기울지 않게 하는 장치이다.
6) 숭은 ‘숭아’(崇牙)라 부르기도 한다. 정기(旌旗)의 주변을 톱니처럼 장식하는
것을 말한다.
7) 도련은 정기의 장대를 흰 비단으로 감싸는 것을 말한다.
8) 조는 거북과 뱀을 그린 폭이 넓은 검은색 깃발이다.

至子華以應對長才承命出使, 亦卓卓者. 且孔子於二子皆無貶詞. 故幷次
於有子之後.

자천 子賤

『사기』의 기록은 이렇다.

"복불제(宓不齊)[1]의 자는 자천(子賤)이다."[2]

史記: "宓(當作宓)不齊, 字子賤."

【비람】 자천은 선보(單父)[3]를 다스리며 거문고나 탈 뿐, 몸이 집밖을 나서지 않고서도 선보를 잘 다스렸다. 반면에 무마기(巫馬期)는 별을 보고 나가 별을 보고 들어오며, 밤낮으로 쉴 틈도 없이 직접 뛰며 선보를 잘 다스렸다. 이에 무마기가 자천에게 연유를 묻자, 자천이 말했다.

"나는 사람에게 일을 맡겼고, 그대는 자신에게 맡겼기 때문이지요. 사람에게 맡기는 자는 한가롭고, 자신에게 맡기는 자는 수고롭답니다." (『여씨춘추』[4]와 『한시외전』에 같이 실려 있음)

---

1) 원문의 '밀'(宓)은 「중니제자열전」에는 '복'(宓)으로 적었다. '복'(宓)은 '복'(宓) 또는 '복'(伏)과도 통용되는 글자이고, 복희(伏羲)를 복희(宓義)나 복희(宓義)로 적기도 한다.

2) 『사기』에서는 공자보다 서른 살 어리다 했으며, 『공자가어』에서는 공자보다 마흔아홉 살 어리다 했다.

3) 선보는 노나라 고을로, 지금의 산동성 선현(單縣) 남쪽이다.

4) 『여씨춘추』「찰현편」(察賢篇)에 들어 있다.

【備覽】子賤治單父, 彈鳴琴, 身不下堂而單父治. 巫馬期以星出, 以星入, 日夜不處, 以身親之, 而單父亦治. 巫馬期問於子賤, 子賤曰: "我任人, 子任力. 任人者佚, 任力者勞." (呂覽, 韓詩外傳同)

【비람】자천이 선보의 읍재를 지내고 돌아와 공자에게 말했다.

"그곳에는 저보다 어진 사람이 다섯으로, 저에게 다스리는 방법을 가르쳐주었습니다." (『사기』「중니제자열전」)

【備覽】子賤爲單父宰, 反命於孔子曰: "此國有賢不齊者五人, 敎不齊所以治者." (史記仲尼弟子列傳)

【부론】공자가 자천을 일컬어 이렇게 말했다.

"군자로다, 저 사람이야말로! 하지만 우리 노나라에 군자가 없었다면, 저 사람이 어디에서 저런 행동을 본받을 수 있었겠는가!" (『논어』「공야장편」)

【附論】子謂子賤: "君子哉若人! 魯無君子者, 斯焉取斯!" (論語公冶長篇)

1. 『설원』에 기록된 선보의 읍재가 되었을 때의 네 가지 일에 대해(說苑記宰單父事四則)

『설원』에는 복자천이 선보를 다스렸을 때의 네 가지 일이 기록되어 있다. 그 가운데 하나는 "사람에게 일을 맡기는 것과 자신에게 일을 맡기는 것"이란 대답인데, 이는 『여씨춘추』나 『한시외전』과 동일하다. 다른 하나는 복자천이 선보로 떠나가기에 앞서 공자에게 작별인사를 했고, 이에 공자는 "사람을 받아들였으면 그의 말을 거부하지 말며, 명성만을 믿고 함부로 허락하지 말라"고 일러준 것이다.[5]

---

5) 『설원』「정리」에 등장하는 이야기이다. 『관자』(管子)「구수」(九守)와 『육도』

또 다른 하나는 양주(陽畫)라는 사람이 그에게 '양교(陽橋)와 방어 (魴魚)'⁶⁾ 두 종류 물고기에 대해 일러주자, 복자천은 지혜로운 노인과 어진 사람들을 초청하여 그들과 함께 선보를 다스렸다는 이야기이다.⁷⁾ 그리고 또 다른 하나는 선보에서의 다스림에 대한 공자의 물음인데,⁸⁾ 대답은 『사기』의 의미와 거의 비슷하지만 그 가운데 "아버지처럼 섬기는 분이 셋이고, 형처럼 모시는 분이 다섯이며, 친구처럼 사귀는 사람이 열한 명"이라는 말은 『사기』에 없다.

說苑記子賤宰單父事凡四則. 一"任人任力"之對, 與呂覽詩傳同. 一則辭於孔子, 而孔子告之以"毋迎而距, 毋望而許"也. 一則陽畫告以'陽橋魴魚'之說而子賤請其耆老尊賢者而與之共治也. 一則孔子問以治單父之政, 所對與史記意略同, 而其中有"父事三人, 兄事五人, 所友者十一人"之語, 則史記所未及也.

나는 이렇게 생각한다.

복자천이 선보의 읍재였다는 이야기는 『여씨춘추』 『한시외전』 『사기』 『신서』 등 여러 책에 보이며, 『설원』에도 자주 등장한다. 그렇다면 당연히 있었던 사실이리라. 다만 이야기들이 번잡스럽고 천박하여 춘추시대 어투와 사뭇 다르다. 게다가 선보는 매우 작은 고을이었으며, 무성(武城)은 제법 큰 고을이었는데도 자유(子游)는 겨우 한 사람을

(六韜) 「문략」(文韜) '육례'(六禮)에도 흡사한 논조의 경구가 기록되어 있다.
6) 양교는 낚시를 드리우면 덥석 미끼를 무는 물고기로, 살도 얇고 맛도 없다. 반면에 방어는 미끼를 잘 물지 않지만, 크고 맛도 좋다. 따라서 제 발로 다가오는 사람을 멀리하라는 충고이다.
7) 『설원』 「정리」에 등장하는 이야기이다. 선보의 읍재가 된 복자천은 떠나기에 앞서 양주라는 사람을 찾아가 조언을 부탁했다. 그러자 양주는 미천한 자신은 백성을 다스리는 방법은 말해줄 수 없지만, 대신 낚시를 말하겠다며 양교와 방어에 대해 일러준다. 그리하여 복자천이 선보에 미처 당도하기도 전에 의관을 갖춘 선보 사람들이 영접을 나왔지만, 복자천은 저들이야말로 양주가 말한 양교와 마찬가지라 여기고 거들떠보지 않았다 한다.
8) 『사기』·『공자가어』「변정」(辯政)·『한시외전』에도 보인다.

얻을 수 있었다고 했다.[9] 선보에는 어찌하여 그토록 어진 사람들이 많았던 것일까?

무릇 공자가 일찍이 복자천을 군자라 칭찬하면서 "우리 노나라에 군자가 없다면, 저 사람이 어디에서 저런 행동을 본받을 수 있었겠는가!"라고 말했다. 따라서 복자천은 대체로 현명한 사람을 가까이하고 어진 사람을 벗 삼으며, 좋은 의견을 잘 받아들여 자신 및 사람들을 잘 다스린 자였으리라. 때문에 이야기를 꾸미는 사람들이 복자천의 말이었다고 견강부회한 것으로, 의미는 옳지만 언사는 당시의 말투가 아니다.

그나마 『여씨춘추』『한시외전』『사기』의 기록이 제법 사리에 가깝고 글도 간결한 편이다. 그러므로 이제 세 책에서의 이야기만 뽑아 '비람'에 열거함으로써, "어디에서 저런 행동을 본받을 수 있었겠는가"라는 『논어』의 증거를 삼도록 했으며, 나머지는 모두 싣지 않는다.

余按: 子賤之宰單父, 見於呂覽詩傳史記新序, 而說苑又屢見之, 然則此事固當有之. 惟其言之繁冗淺弱, 多不類春秋時語. 且單父, 小邑耳, 武城大邑, 子游僅得一人, 單父何遽多賢如此? 蓋孔子嘗稱子賤爲君子, 而云"魯無君子者, 斯焉取斯", 則子賤蓋能親賢友仁, 集思廣益, 以自治而治人者, 故說者因以其言而附會之; 其意則是, 而其言則非當日之言也. 惟呂覽韓詩史記所載, 事尙近理, 文亦較爲簡潔. 故今但採三書之文列之備覽, 以爲論語"焉取"之證, 其餘槪不載也.

2. 일부러 팔꿈치를 잡아당겼다는 설을 변증함(辨掣肘之說)

『신서』에서는 이렇게 말한다.

"복자천이 선보 고을의 읍재가 되었을 때였다. 그는 임금에게 헌서(憲書)[10]와 교품(敎品)[11]을 쓸 글씨 잘 쓰는 두 사람을 요청했다. 그리

---

9) 『논어』「옹야편」의 말로, 뒤쪽 「자유」에서 자세히 다룬다.
10) 헌서는 법령이나 제도 등에 관한 글이다.

하여 그들이 선보에서 글씨를 쓰는데 복자천이 다가가 그들의 팔꿈치를 건드렸으며, 그런 뒤에 글씨가 잘못되었다고 나무랐다. 이에 글씨를 쓰던 자들이 되돌아가 노나라 임금에게 이를 일러바쳤다. 그러자 노나라 임금은 관리에게 '선보에서는 함부로 세금이나 사졸을 거두어들이는 일이 없도록 하라'고 명했다. 이에 선보 고을이 교화되고 잘 다스려졌다."(원문은 매우 번잡하므로 잘라내고 이런 내용만 채록한다.)[12]

新序云:"子賤爲單父宰, 請善書者二人, 使書憲書敎品. 至單父使書, 子賤從旁掣其肘; 書醜則怒之. 書者歸以告魯君; 魯君乃命有司, '無得擅徵發單父.' 單父之化大治."(原文甚繁, 今刪而采之如此)

나는 이렇게 생각한다.

임금에게 사람을 요청한 뒤 그들의 팔꿈치를 건드렸다면 그야말로 대단한 무례이다. 대부라 하더라도 임금에게 그런 무례를 범할 수 없거늘, 하물며 하찮은 읍재가 설마 그럴 수 있었겠는가!

이는 바로 전국시대 책사들이 군주가 일을 맡기면서도 소신껏 하도록 놔두지 않았기에 지어낸 우언(寓言)이며, 복자천이 선보를 잘 다스렸다고 알려졌기에 거짓 꾸며낸 이야기이다. 따라서 실제로 있었던 일은 아니다. 그러므로 이제 싣지 않는다.

余按:請人於君而掣其肘, 無禮甚矣; 大夫且不可施之於君, 況宰乎! 此乃戰國策士因世主之任人不專而寓言者, 以子賤之治單父有能名也故託之, 非實事也. 故今不錄.

---

11) 교품은 백성들을 교화하기 위한 글이다.
12) 『신서』「잡사」의 이야기이다. 복자천의 그런 행위는 지나친 간섭이야말로 치민(治民)에 도움이 될 수 없음을 암시하기 위해서였으며, 노나라 임금은 그 뜻을 헤아렸다고 한다. 『여씨춘추』「구비」(具備)에도 같은 이야기가 기록되어 있다. 최술은 『신서』의 이야기를 인용하면서 원문이 너무 길어 이렇게 축약했다고 자주(自註)를 달았는데, 줄곧 축약 인용했던 최술이 굳이 이 말을 덧붙인 것은 이해되지 않는다.

나의 생각은 이렇다.

공자가 복자천을 '군자'라 칭찬했으며, 전해지는 기록도 그의 어짊에 관한 이야기가 많다. 대체로 그는 성인 문하의 뛰어난 제자였으리라. 그러므로 원사와 공서화의 뒤쪽에 싣는다.

按: 孔子以'君子'稱子賤而傳記亦多載其賢者, 蓋聖門高弟也. 故次之 於原思公西華之後.

자유 子游

『사기』의 기록은 이렇다.
"언언(言偃)의 자는 자유(子游)이다."[1]
史記: "言偃, 字子游."

자유가 무성의 읍재가 되었다. 이에 공자가 자유에게 물었다.
"너는 좋은 사람을 사귀었더냐?"
"담대멸명(澹臺滅明)[2]이라는 사람이 있습니다. 그는 빠른 길로 질러가지 않으며, 공적인 일이 아니면 저에게 온 적이 없습니다."
(『논어』「옹야편」)

子游爲武城宰. 子曰: "女得人焉爾乎?" 曰: "有澹臺滅明者, 行不由徑, 非公事未嘗至於偃之室也."(論語雍也篇)

---

1) 『사기』와 『공자가어』에서는 모두 공자보다 마흔다섯 살 어리다 했다. 『사기』는 오나라 사람이라 했으며, 『공자가어』는 노나라 사람이라 했다.
2) 담대멸명은 무성 사람으로, 자는 자우(子羽)이다. 강남으로 이주하여 3백 명의 제자를 거느렸으며, 제후들에게 익히 알려졌다고 한다. 생김새가 보잘것없었으므로 공자는 그를 중시하지 않았다는 이야기도 전해진다.

1. 혜자를 위해 격에 넘친 상복을 입었다는 설을 변증함
(辨爲惠子重服之說)

『예기』「단궁편」에서는 이렇게 말하고 있다.

"위나라 사구 혜자(惠子)[3]가 죽자, 자유는 마최(麻衰)에 모마질(牡麻絰)[4]을 갖춰 입고 조문했다. 그러자 문자(文子)는 이를 사양했다.[5] 그러나 자유는 이렇게 말했다. '저의 조복은 예에 맞습니다.' 이에 문자는 자리로 돌아가 곡을 했고, 자유는 종종걸음으로 신하의 위치에 섰다. 이에 문자는 또다시 사양했다.[6] 하지만 자유는 이렇게 말했다. '그렇더라도 저는 이 자리에 서렵니다.' 그때서야 문자는 적자(嫡子)를 부축하여 상주(喪主)의 위치에서 남면하게 했다.[7] 그러자 자유도 종종걸음으로 빈객의 위치에 섰다."

자유의 행동을 이렇게 풀이하기도 한다.

"혜자가 적자를 버려두고 서자로 후사(後嗣)를 세웠기 때문에, 자유는 과분한 상복으로 조문하여 기롱(譏弄)한 것이다."[8]

---

3) 혜자는 위나라 소공(昭公)의 아들이다. 소공은 문자(文子)와 혜숙란(惠叔蘭)을 낳았는데, 혜숙란이 바로 사구 혜자이다. 혜자의 아들은 아버지의 관직명을 따라 사구난호(司寇煖虎)라 불렀다.

4) 마최는 삼(大麻)으로 짠 조복이며, 모마(牡麻)는 수삼이다. 원래 삼베의 원료인 대마초는 자웅이주(雌雄異株)이다. 고운 삼베는 암삼(雌麻)으로 짜며, 수삼은 거칠어 질이 좋지 않다. 그러므로 상복이나 조복에서 마최는 가벼운 상복이며, 모마복은 무거운 상복이다. 질은 상례 때 머리나 허리에 두르는 띠이다. 자유의 마최에 수삼으로 짠 띠를 두른 조복은 격에 맞지 않음을 뜻한다.

5) 문자는 사구혜자의 형으로 위나라 장군이었으며, 이름은 미모(彌牟)이다. 조문을 거절한 것은 자유의 상복이 예에 지나친 것을 보고 자신의 동생을 욕보이기 위한 의도적인 행위임을 알았기 때문이다.

6) 사구혜자와 자유는 교우 관계이지 주신(主臣) 관계는 아니다. 그런데도 신하의 자리에 섰기 때문에 거절한 것이다.

7) 자유의 힐난으로 문자가 적자인 사구난호를 적장자(嫡長子)의 위치에 세웠다는 말이다.

8) 송나라 진호(陳澔, 1261~1341)의 『예기집설』(禮記集說)에 들어 있는 말이다.

戴記檀弓篇云：“司寇惠子之喪, 子游爲之麻衰牡麻絰. 文子辭；子游曰：‘禮也.’ 文子退反哭；子游趨而就諸臣之位. 文子又辭；子游曰：‘固以請.’ 文子退, 扶適子南面而立；子游趨而就客位.” 釋之者曰：“惠子廢適立庶, 故子游爲之重服以譏之.”

하지만 나는 이렇게 생각한다.

적자를 폐하고 서자를 세우는 것쯤이야 그렇게 한 사람의 잘못이다. 따라서 그것을 일깨워주면 그만이리라. 그런데 제 스스로 예에 맞지 않는 행동으로 처신했다면, 도리어 자신이 실례를 저지른 것이 아니고 무엇이랴! 그리하여 만약에 문자가 끝내 깨우치지 못했다면, 자신만 실례를 저지르고 다른 사람의 잘못은 바로잡아주지도 못했으리라. 자유가 했음직한 일이 아니다. 그러므로 싣지 않는다.

余按：廢適立庶, 其過在人, 諫之可也；自處於非禮, 不反失己乎! 使文子終不悟, 是徒失己而無救於人也；非子游之事. 故不錄.

【존의】공자가 무성에 갔을 때, 거문고와 노랫소리가 들려왔다. 그러자 공자는 빙그레 웃으며 말했다.

“닭을 잡는 데 어찌하여 소 잡는 칼을 쓰는가!”

이에 자유가 말했다.

“옛날 저는 스승님으로부터 ‘군자가 도를 배우면 사람을 사랑하고, 소인이 도를 배우면 다스리기 쉽다’는 말씀을 들은 적이 있습니다만.”

그러자 공자가 말했다.

“얘들아, 자유의 말이 옳으니라. 내가 앞에 한 말은 농담이었을 뿐이다.”(『논어』「양화편」)

【存疑】子之武城, 聞弦歌之聲. 夫子莞爾而笑曰：“割鷄焉用牛刀!” 子游對曰：“昔者偃也聞諸夫子曰：‘君子學道則愛人, 小人學道則易使也.’” 子曰：“二三子, 偃之言是也；前言戲之耳.”(論語陽貨篇)

2. 「현가장」의 의심스러운 부분에 대해(弦歌章可疑處)

나는 이렇게 생각한다.

노나라는 예악의 전통이 이어져온 나라이다. 그러므로 공자도 "노나라가 한 번 바뀌면 선왕(先王)의 도에 가까이 갈 수 있다"[9]고 말했으며, 거문고와 노랫소리도 무성 고을에만 있었던 것은 아니다.

그리고 공자가 이미 그것 때문에 기뻐했다면 어찌하여 칭찬하지 않고 곧장 농담을 함으로써 듣는 사람의 의아심을 염두에 두지 않았단 말인가? 총명하고 민첩한 자유마저도 분명 농담으로 받아들이지 않고 진담으로 오해했다.

더구나 공자 앞에서 '부자'라 호칭한 것도 춘추시대의 어투는 아니다. 이런 이야기는 아마 전해지면서 참모습을 잃었을 터인데, 『논어』의 「양화편」을 엮은 사람이 잘못 끼워넣었을 뿐이다. 그러므로 이제 '존의'에 열거한다.

按: 魯爲禮樂之邦, 故孔子曰 "魯一變至於道", 弦歌之聲不必武城而後有之. 孔子旣喜之, 何以不獎之而乃戲之, 獨不慮聞者之疑之乎? 以子游之聰敏, 亦不當聞戲言而誤以爲實也. 且於孔子之前而稱夫子, 亦非春秋時語. 此蓋傳而失其眞者, 撰此篇者誤采之耳. 故今列之存疑.

---

9) 『논어』 「옹야편」의 "제나라가 한 번 바뀌면 노나라에 가까이 갈 수 있을 것이다"(齊一變, 至於魯)라는 내용 뒤에 이어지는 공자의 말이다. 곧 패도(覇道)를 넘어 예악으로 나라를 다스리고, 참다운 예악으로 나라를 바로잡는다면 선왕의 이상적인 정치도 그리 멀지 않으리라는 공자의 염원이다.

자하子夏

『사기』의 기록은 이렇다.

"복상(卜商)의 자는 자하(子夏)이다."[1]

史記: "卜商, 字子夏."

자하가 거보(莒父)[2]의 읍재가 되어 정사에 대해 물었다. 이에 공자가 말했다.

"서두르지 말고 작은 이익에 집착하지 마라. 서두르면 이루지 못하고, 작은 이익에 집착하면 큰일을 이룰 수 없느니라." (『논어』「자로편」)

子夏爲莒父宰, 問政. 子曰: "無欲速; 無見小利. 欲速則不達; 見小利則大事不成." (論語子路篇)

---

1) 『사기』와 『공자가어』에서는 공자보다 마흔네 살 어리다 했으며, 『공자가어』는 위나라 사람이라 했다.
2) 노나라 속읍으로 지금의 산동성 거현(莒縣) 지역이다. 정공 14년(기원전 496), 거보에 성을 쌓은 적이 있다.

1. 재물에 인색했다는 이야기를 변증함(辨短於財之說)

『설원』에서는 이렇게 말하고 있다.

"공자가 외출하려는데 우산이 없었다. 이에 한 제자가 말했다. '자하에게 우산이 있습니다.' 그러자 공자가 말했다. '상(商)은 재물을 매우 아끼는 성격이다. 내가 알기로 사람을 사귈 땐 상대의 장점은 들추되, 단점은 슬며시 피한다 하더구나. 그래야 오래갈 수 있는 게지.'"[3]

說苑云: "孔子將行, 無蓋. 弟子曰: '子夏有之.' 孔子曰: '商之爲人短於財. 吾聞與人交者, 推其長, 違其短, 故能久長矣.'"

나는 이렇게 생각한다.

자하는 성인의 문하에서도 대단히 뛰어난 사람이다. 그런 그가 결코 스승에게 우산 하나를 가지고 인색하게 굴었을 리 없다. 그리고 자하는 부자로 알려지지도 않았다. 따라서 공자와 여러 제자들은 모두 우산이 없었는데, 자하 혼자만 갖고 있지도 않았으리라.

더구나 어투가 천박스럽기 그지없다. 틀림없이 후세 사람들이 덧붙여 지어낸 이야기이다. 그러므로 이제 신지 않는다.

余按: 子夏之在聖門亦卓卓者, 必不至吝一蓋於師. 子夏不以富稱, 未必孔子與諸弟子皆無蓋而子夏獨有之. 且其語甚淺陋, 必後人所附會. 故今不錄.

【비람】 위성자(魏成子)[4]는 식록이 1천 종인데, 열에 아홉은 나라 밖 사람을 위해 쓰고 열에 하나는 나라 안에서 쓰지요. 그리하여 동쪽에서

---

3) 『설원』 「잡언」의 이야기이며, 『공자가어』 「치사편」(致思篇)에도 같은 내용이 들어 있다.
4) 위성자는 위나라 문후(文侯)의 동생으로 집정을 맡아보았다. 문후는 전국시대 초 위나라를 세웠으며, 성은 위(魏), 이름은 사(斯)이다. 안읍(安邑, 지금의 山西省 夏縣 서북쪽)에 도읍하여, 기원전 424~387년 재위했다.

복자하(卜子夏) · 전자방(田子方) · 단간목(段干木)과 같은 훌륭한 사람을 얻을 수 있었습니다.[5] 세 사람은 우리 임금이 한결같이 스승으로 모시는 사람들이지요.[6] (『사기』「위세가」)

【備覽】魏成子以食祿千鍾, 什九在外, 什一在內, 是以東得卜子夏田子方段干木. 此三人者, 君皆師之. (史記魏世家)

【비람】 자하는 서하(西河)[7]에 머물며 제자들을 가르쳤다. (『사기』「중니제자열전」)

【備覽】 子夏居西河教授. (史記仲尼弟子列傳)

2. 「시서」는 자하가 지은 게 아니다(詩序非子夏作)

선대의 유학자들은 대부분 『모시』(毛詩)[8]는 자하로부터 전해졌으며, 지금의 「시서」(詩序)[9]도 자하가 지은 것이라 했다.[10]

---

5) 전자방과 단간목은 문후 때의 현자이다. 뒤쪽에서 자세히 다룬다.
6) 위성자와 적황(翟璜)을 놓고 누구를 재상으로 삼을까 망설였던 문후가 이극(李克)에게 의견을 물었는데, 이극은 에둘러 위성자가 적임자임을 내비쳤다. 이에 적황은 이극에게 서운함을 토로했고, 이극은 적황에게 위성자의 뛰어난 점을 이렇게 일러준 것이다. 『한시외전』에는 매우 과장된 이야기가 실려 있다.
7) 전국시대 위나라 지역으로, 지금의 섬서성 동부에서 황하 서쪽에 걸친 지역을 말한다.
8) 『모시』는 곧 『시경』이다. 모공(毛公)에 의해 후세에 전해졌기 때문에 『모시』라 부른다. 『한서』「예문지」에는 『모시』 29권과 『모시고훈전』(毛詩故訓傳) 30권이 있는데, 모공이라고만 했지 이름을 밝히지 않았다. 정현의 『시보』에서 처음으로 대모공(大毛公)과 소모공(小毛公)으로 구분했다. 삼국시대 오나라 육기(陸機)가 엮은 『모시초목조수충어소』(毛詩草木鳥獸蟲魚疏)에 의하면 대모공은 한나라 초 노나라 모형(毛亨)이며, 소모공은 한나라 초 조나라 모장(毛萇)이라 했다. 지금 전해지는 『시경』은 대모공이 엮은 것인데, 정현이 『모시전』을 엮으면서 『제시』(齊詩) · 『노시』(魯詩) · 『한시』(韓詩)를 버렸으므로 『모시』만 전해지게 되었다.
9) 「시서」는 「소서」(小序)와 「대서」(大序)로 구분된다. 「소서」는 『모시』 각 편의 앞쪽에 시의 주제를 풀이한 것이며, 「대서」는 첫 번째 편인 「관저」(關雎)의 「소

先儒多謂毛詩傳自子夏, 今詩序乃子夏所作.

하지만 나는 이렇게 생각한다.

서한시대 이전 책에서는 『모시』의 「서」를 언급한 적이 없다. 오로지 『후한서』(後漢書)[11] 「위굉전」(衛宏傳)에서 위굉이 『모시』의 「서」를 지었다고 했는데,[12] 그렇다면 「시서」는 위굉이 지은 것이다.

게다가 「시서」에는 경전의 의미와 맞지 않은 부분이 매우 많으며, 전해지는 기록과 어긋난 곳도 많다. 그리고 문사(文詞)도 『논어』에 훨씬 못 미친다. 따라서 자하가 짓지 않았음이 분명하다. 한나라 말이나 위진시대 『모시』를 전하는 사람들이 자하의 이름을 빌려 중시하려던 것에 지나지 않는다. 그런데도 후세 사람들은 자하라는 이름에 짓눌려 마침내 누구나 감히 논의하려 들지 않았으며, 비록 주자가 매우 상세히 변증했음에도 사람들은 오히려 믿으려 들지 않는다.[13] 심하구나, 고서의 진위를 알기란 참으로 쉽지 않음이여!

그러므로 이제 「시서」를 지었다는 이야기는 싣지 않는다. 「시서」의 오류에 대해서는 이미 여러 곳에서 지적했으므로 여기에서 거듭 들추

서」 뒤쪽에 들어 있는 『모시』 전체를 개괄한 부분이다.

10) 정현은 『시보』(詩譜)에서 "「대서」는 자하가 지었으며, 「소서」는 자하와 모공이 함께 지은 것"(大序爲子夏作, 小序子夏毛公合作)이라 했다.

11) 『후한서』는 후한의 정사로 120권이다. 「본기」 10권과 「열전」 80권은 남조(南朝) 송나라 범엽(范曄)이 엮고, 당나라 이현(李賢)이 주를 달았다. 「지」 30권은 진나라 사마표(司馬彪)가 엮고, 양(梁)나라 유소(劉昭)가 주를 달았다. 범엽은 『동관한기』(東觀漢紀)를 바탕으로 이 책을 엮었는데, 사형을 당하는 바람에 완성할 수 없었다. 풍부한 역사적 사실과 정련된 필치로 유명하다. 『사기』와 『한서』의 체례를 따르면서도 「당고」(黨錮)·「독행」(獨行)·「일민」(逸民)·「열녀」(列女) 등의 「전」을 덧붙였는데, 이는 후대 기전체 역사서에 많은 영향을 미쳤다. 송나라 웅방(熊方)의 「보후한서연표」(補後漢書年表)가 있다.

12) 범엽은 「위굉전」에서 "위굉이 사만경에게 배운 뒤 지었다"(衛宏受學謝曼卿作)고 했다. 위굉은 후한 동해(東海) 사람이다.

13) 주자는 "궁벽한 시골의 부질없는 사람이 지은 것"(村野妄人所作)이라 했으며, 정초(鄭樵)도 같은 생각이었다.

지 않겠다.[14)]

余按：西漢以前書未有言及毛詩之序者；惟後漢書衛宏傳言爲毛詩作序，則是詩序乃宏所作. 且序之不合於經義者甚多，參之傳記亦多舛誤，而文詞亦不逮論語遠甚，其非子夏所作顯然；不過漢末魏晉之人傳毛詩者借子夏名以爲重耳. 後人震於其名，遂相視莫敢議，雖以朱子詳陳縷辨而人猶不信也. 甚矣識古書之眞僞非易事也！故今不載作序之事. 其序之誤已散見諸錄中，茲不復擧也.

3. 「상복편」과 「대전」은 자하가 지은 게 아니다
(喪服大傳非子夏作)

『예기』의 「상복편」(喪服篇)과 「대전」(大傳)도 선대의 유학자들은 줄곧 자하가 지은 것이라 했다.

禮喪服篇大傳, 先儒相傳亦以爲子夏作.

하지만 나의 생각은 이렇다.

「대전」의 훌륭한 말들은 정치한 의론이 매우 많지만, 종종 경전과 어긋난 곳도 있다. 자하가 지었다면 틀림없이 그렇지만은 않았으리라. 아마 자하의 제자들이 지은 것인데, 후세로 전해지면서 참모습을 잃게 되었을 따름이다. 그러므로 이제 싣지 않는다.

余按：傳之名言精義甚多, 然亦往往有與經抵捂者, 子夏不應如是；或子夏之徒之所爲, 後世傳而失其眞耳. 故今不錄.

【부론】 자유가 말했다.

---

14) 최술은 『독풍우지』(讀風偶識) 4권을 지어 『시경』에 대해 철저히 고증하고 있으며, 또 『풍호고신록』 8권에서도 『시』를 인용하여 많은 부분을 변증하고 있다.

"자하의 문인이나 어린 제자들은 쇄소(洒掃)[15]나 응대(應對) 및 진퇴(進退)에 대해서는 제법이지만, 그것은 말단에 불과하거든. 좀 더 근본적인 배움에 대해서는 색다른 게 없으니 어찌하겠는가?"

자하가 이 말을 듣고 말했다.

"아, 언유(言游)의 잘못이여! 군자의 도에서 무엇을 근본이라고 하여 전수하며, 무엇을 말단이라고 하여 게을리 하겠는가? 풀과 나무에 비유하건대 제각기 구별이 있는 것과 마찬가지인 것을. 군자의 도를 그토록 쉽사리 속단할 수 있단 말인가! 아마 처음과 끝이 한결같은 분은 오로지 성인 공자뿐이련만!"(『논어』「자장편」)

【附論】子游曰："子夏之門人小子, 當洒掃應對進退, 則可矣; 抑末也. 本之則無, 如之何?"子夏聞之, 曰："噫, 言游過矣! 君子之道, 孰先傳焉, 孰後倦焉, 譬諸草木, 區以別矣. 君子之道焉可誣也! 有始有卒者, 其惟聖人乎!"(論語子張篇)

【부론】 자하의 문인이 자장에게 사귐에 대해 묻자, 자장이 말했다.

"너희 스승인 자하께서는 뭐라 하시던고?"

그러자 자하의 문인이 대답했다.

"우리 스승님께서는 '올바른 사람과 어울리고, 그렇지 못한 사람과는 어울리지 말라'고 하셨습니다."

이에 자장이 말했다.

"내가 들었던 것과 다르구나. 군자는 어진 사람을 존경하고 뭇사람을 너그럽게 대하며, 훌륭한 사람은 기리되 그렇지 못한 사람도 불쌍히 여긴다 하더구나. 내가 크게 어질다면 사람들에게 용납되지 못할 게 무엇이겠는가! 내가 어질지 않다면 사람들이 이미 나를 거절할 터인데, 내가 어찌 그들을 거절할 수나 있겠는가!"(『논어』「자장편」)

---

15) 어른이나 자신이 머무는 곳을 물 뿌리고 쓸어 청소하는 것을 말한다. 쇄소(灑掃)라 적기도 한다.

【附論】 子夏之門人問交於子張, 子張曰: "子夏云何?" 對曰: "子夏曰: '可者與之; 其不可者拒之.' 子張曰: "異乎吾所聞. 君子尊賢而容衆, 嘉善而矜不能. 我之大賢與, 於人何所不容! 我之不賢與, 人將拒我, 如之何其拒人也!" (同上)

4. 증자가 자하의 죄를 열거했다는 설을 변증함
(辨曾子數罪之說)

『예기』 「단궁편」에서는 이렇게 말하고 있다.

"자하가 아들을 잃고 슬퍼하다가 눈이 멀자, 증자가 그를 위로하러 갔다. 이에 자하가 이렇게 통곡했다. '하늘이시여, 저는 아무런 잘못도 없으련만!' 그러자 증자가 발끈하여 자하를 나무랐다. '상(商)이여, 그대는 어찌하여 잘못이 없다 하는가! 서하의 백성들이 그대를 우리의 스승인 공자처럼 섬겼소. 이것이 그대의 죄 가운데 첫째라오. 그대는 어버이 상을 치렀음에도 이곳 백성들에게 아무런 모범도 보여주지 못했소. 이것이 그대의 죄 가운데 둘째라오. 그대는 아들을 잃은 나머지 눈마저 잃고 말았소. 이것이 그대의 죄 가운데 셋째라오.'"[16]

戴記檀弓篇云: "子夏喪其子而喪其明, 曾子弔之. 子夏哭曰: '天乎, 予之無罪也!' 曾子怒曰: '商, 女何無罪也! 使西河之民疑女於夫子, 爾罪一也. 喪而親, 使民未有聞焉, 爾罪二也. 喪爾子, 喪爾明, 爾罪三也.'"

나는 이렇게 생각한다.

상을 당했다기에 위로하러 가는 것은 벗으로서의 정리(情理)이다. 하지만 위로하는 마당에 문득 잘못을 꼽아가며 꾸짖는다면, 어찌 인정

---

16) 「단궁편」에 따르면 증자의 질책을 받은 자하는 지팡이를 내던지고 절하며 "내 잘못이오! 내 잘못이오! 내가 여러 벗들과 떨어져 지낸 기간이 너무 오래였나 보오"라고 말한다.

이라 할 수 있겠는가! 더구나 어버이 상과 아들 상을 비교하며 시력 잃은 것을 나무랐으니, 그 말 또한 옳지 않다. 얼마간의 식견을 갖춘 사람이라면 자식에 대한 사랑이 어버이에 대한 효도를 넘어설 수 없음을 모르지 않거늘, 하물며 자하야말로 성인 문하의 뛰어난 제자가 아니던가!

다만 사람이 젊었을 땐 혈기가 왕성하여 충분히 슬픔을 견뎌낼 수 있지만, 늙어 기력이 쇠하면 슬픔을 가누지 못할 수도 있다. 그러므로 예법에 어버이 상을 당해도 쉰 살이 넘으면 술과 고기를 먹으며, 일흔 살이 넘으면 단지 최마(衰麻)의 상복을 몸에 걸치기만 하면 된다고 했다.[17] 설령 자하가 자식을 잃었기에 눈이 멀었다 하더라도, 그 또한 늙은 몸이기에 슬픔을 감당할 수 없어 그랬으리라. 따라서 약간의 잘못은 있을지 모르나, 틀림없이 자식을 잃은 슬픔이 어버이를 잃었을 때의 슬픔보다 더했기에 그런 것은 아니었으리라. 그러니 어버이 상과 견주어 곧장 나무랄 수도 없다.

이것과 "벼슬자리를 잃으면 서둘러 가난해지려 해야 한다"는 이야기는, 한결같이 자신들의 스승은 높이고 다른 스승을 낮추려던 문인들에 의해 만들어진 것으로 믿을 수 없다. 그러므로 싣지 않는다.

余按 : 聞喪而弔, 朋友之情也, 方當慰藉而忽數其罪而責之, 豈人情乎! 且以喪親喪子相較而以喪明爲罪, 語亦非是. 人苟少有知識, 未有愛其子反勝於親者, 況子夏尤聖門之高弟乎! 但人少年血氣盛, 力能勝哀, 及老血氣衰, 力不能勝哀, 故禮, 居親喪, 五十以上飮酒食肉, 七十惟衰麻在身. 縱使子夏果因喪子喪明, 亦以老不勝哀之故, 過則有之, 然必不至喪子之哀反過於喪親, 不得取喪親時相較而遽以爲罪也. 此與"喪欲速貧"一事皆門人各尊其師而譏他人者之所爲說, 不足信. 故不錄.

---

17) 『예기』 「상대기」(喪大記)에서는 "有疾, 食肉飮酒, 可也. 五十不成喪, 七十唯衰麻在身"이라 했으며, 『예기』 「왕제」에서도 "七十致政, 唯衰麻爲喪"이라 했다.

자장子張

『사기』의 기록은 이렇다.

"전손사(顓孫師)의 자는 자장(子張)이다."[1]

史記: "顓孫師, 字子張."

자장은 공자에게 벼슬길에 대해 배우려 했다.[2] (『논어』 「위정편」)

子張學干祿. (論語爲政篇)

【부론】 자유가 말했다.

"나의 벗 자장은 어려운 일을 잘도 해내지만 어질다고 할 수는 없지."
(『논어』 「자장편」)

【附論】 子游曰: "吾友張也爲難能也, 然而未仁." (論語子張篇)

---

1) 『사기』와 『공자가어』에서는 진(陳)나라 사람으로, 공자보다 마흔여덟 살 어리다 했다.
2) 자장의 물음에 대해 공자는 요체를 이렇게 일러주었다. "많은 것에 귀를 기울여 의심스러움을 없애며, 나머지는 말을 삼가라. 그러면 허물이 적을 것이다. 많은 것을 살펴 모호함이 없도록 하라. 그런 뒤에 행동을 신중히 한다면 후회스러움이 적을 것이다. 말에 허물이 없고 행동에 후회할 일이 적다면, 벼슬은 그 가운데 있다."

【부론】증자가 말했다.

"당당하기도 하지, 자장이야말로! 하지만 그와 함께 인을 실천하기는 어렵거든."(『논어』「자장편」)

【附論】曾子曰: "堂堂乎張也! 難與幷爲仁矣."(同上)

1. 천 리를 달려와 노나라 애공을 알현했다는 이야기를 변증함
(辨千里見魯哀公之說)

『신서』에서는 이렇게 말하고 있다.

자장이 노나라 애공을 알현했으나, 이레가 지나도록 애공은 그를 거들떠보지도 않았다. 그러자 그는 애공을 시중 드는 사람에게 이런 말을 전하도록 당부하고 떠나갔다.

"저는 임금께서 인재를 좋아한다는 소문을 들었기에 천 리를 멀다 여기지 않았습니다. 서리와 흙먼지를 무릅쓰면서, 1백 사(舍)[3]의 먼 길을 발이 부르트도록 달려왔습니다. 그리하여 쉴 틈도 없이 임금님을 알현코자 했습니다만……"[4]

新序稱子張見魯哀公, 七日而哀公不禮, 託僕夫而去, 曰: "臣聞君好士, 故不遠千里之外, 犯霜露, 冒塵垢, 百舍重趼, 不見休息, 以見君云云."

나는 이렇게 생각한다.

자장은 성인 문하의 뛰어난 제자이다. 비록 벼슬하고 싶은 마음이 있더라도, 분명 몸을 굽혀가며 알현하려 들지는 않았으리라. 뿐만 아니라

---

3) 사는 하루 행군할 수 있는 거리로, 1사는 30리이다. 따라서 1백 사라면 3천 리가 되는 셈이다.

4) 『신서』「잡사」에서의 이야기이며, 계속하여 장황스런 말이 이어진다. 곧 용을 몹시 좋아했던 섭공(葉公) 자고(子高)가 정작 용을 만나자 혼비백산했다는 이야기를 들먹이며, 참다운 인재를 알아보지 못한 애공을 아쉬워하고 있다.

애공 또한 애초부터 인재를 좋아한 적도 없다. 더구나 자장은 공자를 따라 노나라에 오랫동안 머물렀으며, 공자가 죽은 뒤에도 여전히 자유나 자하와 어울려 곧잘 논란을 벌이기도 했다. 그렇다면 자장은 노나라에 살고 있었을 터인데, 어찌 서리와 흙먼지를 무릅쓰며 불원천리(不遠千里) 했겠는가!

어투를 살펴보면 바로 전국시대 책사들의 말버릇인데, 아마 종횡가(縱橫家)들이 가탁한 이야기이리라.[5] 그러므로 싣지 않는다.

余按: 子張, 聖門高弟, 雖有干祿之心, 必不至屈身以求見; 而哀公亦初無好士之事. 且子張從孔子在魯久矣, 孔子沒後, 子張猶與游夏時問難焉, 則是居於魯也, 有何塵垢霜露而不遠千里乎! 觀其語乃戰國策士之習, 蓋縱橫家之所托. 故不錄.

【존참】 자장은 병이 깊어지자 신상(申祥)[6]을 불러놓고 이렇게 말했다. "군자의 죽음을 종(終)이라 하고, 소인의 죽음을 사(死)라 한다더구나. 나도 오늘에야 겨우 종에 가까워진 것이려니?"[7] (『예기』「단궁편」)

【存參】 子張病, 召申祥而語之曰: "君子曰終, 小人曰死; 吾今日其庶幾乎?" (檀弓)

나의 생각은 이렇다.

자유와 자하는 예를 강설하고 시를 돈독하게 함으로써 후학을 이끌었으니, 성인 문하에 공을 세웠다고 말할 수 있다. 자장은 고상함을 즐기고 잡다한 일에 힘을 쏟기도 했지만, 자유나 자하와 더불어 모두 성

---

5) 『장자』「천도」(天道)에도 같은 이야기가 들어 있는데, 이는 유가의 이중성을 헐뜯기 위한 장치에 지나지 않는다.

6) 신상은 자장(子張)의 아들이다.

7) 진호는 『예기집설』에서 '종'은 '시'(始)에 대칭되는 말이며, '사'는 죽어 썩어 없어진다는 의미라 했다. 따라서 자장도 죽음에 임박해서야 나름대로 군자의 유시유종(有始有終)에 가까이 갈 수 있었다고 자부한 것이다.

인 공자의 한 부문을 체득했다고 일컬어졌으니, 무릇 자장도 어진 사람이다.

다만 공자를 모셨던 것처럼 유약을 모시려 했음은 평생에 걸친 큰 허물이다. 그러므로 이 세 사람을 복자천의 뒤쪽에 싣는다.

按: 子游子夏說禮敦詩以詔後學, 可謂有功於聖門矣. 子張好高務外, 而與游夏均稱得聖人之一體, 蓋亦賢也. 但欲以事孔子者事有若, 則生平之大疵. 故幷次之子賤之後.

재아 宰我

『사기』의 기록은 이렇다.

"재여(宰予)의 자는 자아(子我)이다."[1]

史記: "宰予, 字子我."

재여가 낮잠을 잤다. 이에 공자가 말했다.

"썩은 나무는 조각할 수 없고, 푸석푸석한 흙으로 쌓은 담장은 흙손질 할 수 없거든. 그러니 저런 재여를 꾸짖은들 무슨 소용이 있겠는가!"(『논어』「공야장편」)

宰予晝寢. 子曰: "朽木不可雕也, 糞土之牆不可杇也; 於予與何誅!"(論語公冶長篇)

애공이 재아에게 사직단(社稷壇)에 대해 묻자, 재아가 이렇게 대답했다.

"하나라는 소나무를 심었고, 은나라는 잣나무를 심었으며, 주나

---

1) 『사기』나 『공자가어』에도 나이에 관한 기록은 없다. 장대년(張垈年) 주편(主編)의 『공자대사전』에서는 공자보다 스물아홉 살 어리다 했는데, 무엇을 근거로 했는지 알 수 없다. 『공자가어』에서는 노나라 사람이라 했다.

라는 밤나무를 심었지요. 주나라가 밤나무를 심은 것은 일테면 '백성들로 하여금 두려워하도록 만들려던 것'이지요."[2)

공자가 이 말을 전해 듣고 말했다.

"이미 이루어진 일을 말해 무엇 하며, 다 된 일을 일러 무엇 하며, 이미 지나간 일을 탓해 무엇 하랴."[3)] (『논어』 「팔일편」)

哀公問社於宰我, 宰我對曰: "夏后氏以松; 殷人以柏; 周人以栗, 曰 '使民戰栗.'" 子聞之, 曰: "成事不說, 遂事不諫, 旣往不咎." (論語八佾篇)

【부록】 재아가 공자에게 물었다.

"어진 사람은 우물에 사람이 빠졌다고 일러주면 곧장 달려가 우물로 뛰어들겠지요?"

"왜 그리 하겠는가! 군자를 달려가게 할 수야 있겠지만, 무작정 뛰어들게 할 수는 없다. 군자를 이치로 속일 수는 있어도, 엉뚱한 소리로 속일 수는 없느니라."(『논어』 「옹야편」)

【附錄】 宰我問曰: "仁者雖告之曰井有仁焉, 其從之也?" 子曰: "何爲其然也! 君子可逝也, 不可陷也; 可欺也, 不可罔也."(論語雍也篇)

【부록】 재아가 공자에게 물었다.

"삼년상은 기간이 너무 깁니다. 군자가 3년 동안 예를 익히지 않으면 예가 반드시 무너질 것이며, 3년 동안 음악을 연주하지 않으면 음악도 반드시 무너질 것입니다. 묵은 곡식도 이미 다하고 새 곡식을 거두어들이며, 찬수(鑽燧)[4)]로 불씨도 바뀌는 마당에 1년이면 충분할 것입

---

2) 사직단 주위의 나무로 해석하기도 하며, 달리 위패를 만든 나무의 종류라 해석하기도 한다.

3) 최술은 『고고속설』 「삼대경제통고」에서 재아를 혹독하게 나무란 것은 "使民戰栗"이란 말 때문이지 나무의 종류 때문은 아니라고 변증한다.

4) 고대 불씨를 얻는 방법 가운데 하나이다. 불씨를 얻기 위해서는 양수(陽燧)와

니다."

이에 공자가 말했다.

"그렇게 하고서도 쌀밥을 먹고 비단옷을 입었을 때, 네 마음이 편안할까?"

"아마 편안할 것 같습니다."

"그래, 네가 편안하다면 그렇게 하는 게지! 무릇 군자는 상을 당하면 맛있는 것을 먹어도 달지 않으며, 음악을 들어도 즐겁지 않고, 어떤 자리에 있어도 편치 않는 법이다. 그래서 그렇게 하지 않는 것이니라. 이제 네가 편안하다면 그렇게 하려무나!"

재아가 자리를 뜨자, 공자는 말했다.

"재여는 참 매정하구나! 자식이 태어나 3년이 지난 뒤에야 부모의 품을 벗어날 수 있지. 그래서 삼년상은 천하의 보편적인 상례인 게야.[5] 재여도 부모에게 3년의 보살핌을 받았으련만!"(『논어』「양화편」)

【附錄】宰我問: "三年之喪, 期已久矣. 君子三年不爲禮, 禮必壞; 三年不爲樂, 樂必崩. 舊穀旣沒, 新穀旣升, 鑽燧改火, 期可已矣." 子曰: "食夫稻, 衣夫錦, 於女安乎?" 曰: "安." "女安則爲之! 夫君子之居喪, 食旨不甘, 聞樂不樂, 居處不安, 故不爲也. 今女安, 則爲之!" 宰我出. 子曰: "予之不仁也! 子生三年然後免於父母之懷. 夫三年之喪, 天下之通喪也. 予也有三年之愛於其父母乎!"(論語陽貨篇)

찬수 두 가지 방법을 썼다. 양수는 오목한 구리거울로 햇빛을 모아 불씨를 얻는 방법이며, 찬수는 나무에 구멍을 뚫고 나무꼬챙이를 꽂아 세차게 돌려 불씨를 얻는 방법이다. 불이 일반화된 뒤에도 한식(寒食) 다음날 찬수의 유풍이 있었다 한다.
5) 『예기』「왕제」에서는 "삼년상은 천자로부터 서인까지 통용된다"(三年之喪, 自天子達庶人)고 했다.

1. 호화롭게 꾸민 초나라의 수레를 거절했다는 이야기를 변증함
(辨卻楚車飾之說)

『공총자』(孔叢子)[6]에서의 이야기이다.

"공자가 재여를 초나라로 심부름 보냈는데, 초나라 소왕(昭王)은 호화롭게 꾸민 안거(安車)[7]를 공자에게 선물하려 했다. 그러자 재여가 말했다. '우리 스승님께서는 이를 받아들이지 않을 것입니다. 우리 스승님의 말씀은 도를 떠나지 않으며, 행동은 인을 어기지 않습니다. 의를 귀하게 여기고 덕을 높이며, 깔끔하고 소박하며 검소함을 즐기십니다. 벼슬하여 받은 녹봉도 쌓아두는 법이 없으며, 마음에 맞지 않으면 벼슬에서 물러나더라도 아쉬워하지 않습니다. 아내에게 비단옷을 입히지 않으며, 비첩(婢妾)에게도 명주옷을 입히지 않습니다. 수레나 그릇에 무늬를 새기지 않으며, 말에게 곡식을 먹이지 않습니다. 그러므로 저는 우리 스승님께서 이런 수레를 타지 않으리라 생각합니다……"[8]

孔叢子云:"孔子使宰予使於楚, 楚昭王以安車象飾遺孔子, 宰予曰: '夫子無以此爲也. 夫子言不離道, 動不違仁, 貴義尙德, 淸素好儉, 仕而有祿, 不以爲積, 不合則去, 退無吝心, 妻不服綵, 妾不衣帛, 車器不雕, 馬不食粟, 故臣知夫子之無用此車也.' 云云."

---

6) 『공총자』는 공자의 9대손 공부(孔鮒, 기원전 246?~208)가 엮었다는 책으로, 3권본과 7권본이 전해진다. 공자 이하 자사(子思)·자고(子高)·자순(子順) 등의 언행을 기록했으며, 한나라 무제 때 공자의 후손 공장(孔臧)이 자신의 『연총자』(連叢子) 상하편을 덧붙였다. 주자는 한나라 때 엮인 것이라고 했으며, 명나라 호응린(胡應麟)은 공자 12세손 공계언(孔季彦) 등이 엮은 것으로 보았다. 청나라 요제항(姚際恒)은 송나라 송함(宋咸)이 지은 것이라 했다.
7) 안거는 앉아서 탈 수 있는 작은 수레이다. 부인들이 타는 수레이지만, 고관이나 나이 든 사람이 타기도 했다. 보통 말 한 마리가 끌었으나, 존귀한 사람이 탈 경우에는 네 마리가 끌 때도 있었다.
8) 『공총자』「기의」(記義)의 내용을 축약한 것이다.

나는 이렇게 생각한다.

맹자도 일찍이 재아를 일컬어 지혜로움이 성인을 알아보기에 충분하다고 했다. 그런데 그의 말이 고작 이런 정도라면, 성인을 제대로 모르는 사람이라 하더라도 결코 재여 같지는 않았으리라. 재여는 말솜씨가 뛰어나다고 했는데, 그의 말이 이처럼 천박하고 비루하다면, 이야말로 말을 제대로 할 줄 모르는 사람이라 하더라도 재여 같지는 않았으리라. 그러니 이 어찌 잘못된 게 아니랴!

余按: 孟子嘗稱宰我智足以知聖人, 而其言止於如是, 是天下之不知聖人者莫宰予若也; 宰予以言語著, 而此言乃淺陋鄙俗如是, 是天下之不能言者亦莫宰予若也, 而豈不謬哉!

『공총자』라는 책은 대체로 성인 공자를 아름답게 꾸밀 목적으로, 때로는 있는 사실을 부풀리기도 하고, 때로는 없는 사실을 날조하기도 했다. 애석하도다. 이 책을 엮은 사람의 무지함이여! 그가 극찬해 떠벌린 것이란 한결같이 얄팍한 지식에 우쭐대는 시골 선비나 했음직한 짓거리이다. 성인을 높이려다 도리어 성인을 천박스럽게 몰아가면서도 깨닫지 못함이로다!

그러므로 무릇 『공총자』에 실린 이야기는 모두 싣지 않는다. 아울러 그따위 이야기들을 모두 변증할 수도 없으므로, 그나마 한두 가지 이야기만 들추어 언급했다.

孔叢子一書大抵皆欲歸美聖人, 或附會以所有, 或撰造以所無. 惜乎其人無識, 其所亟稱而大書者, 皆里巷之士, 少知自好者之所能爲. 欲尊聖人, 而適以淺視夫聖人而不知也! 故凡孔叢子之所載一槪不採. 不能盡辨, 姑擧其一二事言之.

【부론】 공자가 말했다.

"처음에 나는 사람을 상대하면서 그 사람의 말을 듣고 그의 행동도 믿었느니라. 그런데 지금은 사람을 상대하면서 그 사람의 말을 듣고도 다시 그의 행동까지 살피게 되었구나. 재여 때문에 그렇게 바뀐 게지!"
(『논어』「공야장편」)

【附論】子曰: "始吾於人也, 聽其言而信其行, 今吾於人也, 聽其言而
觀其行; 於予與改是!"(論語公冶長篇)

나는 이렇게 생각한다.

이 글은 '자왈'(子曰)이 앞머리에 놓여 있어 이것 자체를 마땅히 별
도의 장으로 만들어야 할 것이며, 재아의 평소 언행에 대해 말한 것이
지 오로지 낮잠 때문에 한 말로 여겨지지는 않는다.[9] 『논어』를 엮은 사
람들이 모두 재아에 관계된 내용이므로, 비슷한 것끼리 모아 언급했을
뿐이다. 그러므로 이제 뒤쪽에 별도로 실었다.

按: 此文以'子曰'冠之, 自當別爲一章, 乃論宰我平日之事, 非專爲晝
寢而發也; 記者以其皆論宰我事, 因連類而及之耳. 故今別錄於後.

2. 전상과 함께 난을 일으켰다는 설을 변증함
(辨與田常作亂之說)

『사기』「중니제자열전」에서는 이렇게 말하고 있다.

"재아는 임치(臨菑)[10]의 대부가 되어 전상(田常)[11]과 함께 난을 일
으켰다가 멸족의 화를 당했다. 공자는 이를 부끄럽게 여겼다."

史記云: "宰我爲臨菑大夫, 與田常作亂, 以夷其族; 孔子恥之."

---

9) 『논어』「공야장편」에서 이 장은 썩은 나무와 부스럭 흙으로 쌓은 담장에 비유
   하며 낮잠 자는 재아를 책망한 말이 이어진다. 이처럼 한 장에 '자왈'이 겹쳐
   지는 경우가 매우 드물기 때문에 그렇게 생각한 것이다. 유보남의 『논어정의』
   에서도 장을 분리했다.
10) 임치는 제나라 도성으로 지금의 산동성 치박시(淄博市) 동쪽이다.
11) 전상은 앞쪽에서 여러 차례 거론된 제나라의 권신 진성자(陳成子, 陳恒·田成
    子)를 말한다.

그리고 『설원』에서도 이렇게 말하고 있다.

"전성자 상(常)과 재아가 다퉜다. 재아는 밤중에 병졸들을 매복시켜 놓은 뒤 전성자를 칠 생각이었다. 이에 전성자가 깃발을 만들어 이를 흔들자, 재아의 복병들이 모여들었다.[12] 그 틈에 재아를 공격하여 죽일 수 있었다."[13]

說苑云: "田成子常與宰我爭: 宰我夜伏卒, 將以攻田成子; 田成子因 爲旗節以起宰我之卒, 以攻之, 遂殘之也."

한편 『사기색은』(史記索隱)[14]에서는 또 이렇게 말하고 있다.

"『춘추좌전』을 살펴보면 재아가 전상과 난을 일으켰다는 내용은 없다. 하지만 감지(闞止)라는 사람이 있는데, 그의 자가 자아(子我)였다. 그는 진항(陳恒)과 임금의 총애를 다투다 끝내 진항에게 죽임을 당했다. 아마 감지라는 사람의 자가 재아(宰我)와 비슷했기에 잘못 일컬어진 것이 아닌가 싶다."

索隱云: "按左氏無宰我與田常作亂之文, 然有闞止字子我, 而因爭寵, 遂爲陳恒所殺, 恐字與宰我相涉, 因誤云然."

---

12) 최술이 『설원』을 축약 인용했기에 잘 보이지 않지만, 그 전말은 이렇다. 병졸을 매복시킨 재아는 깃발을 흔들기 전 절대 움직이지 말라 명령했다. 그런데 전성자는 낌새를 알아차리고 깃발을 대신 흔들어버림으로써, 재아의 병졸들이 적당한 때를 놓치게 만들었다. 전성자에게 이를 귀띔해준 사람은 도주공 (陶朱公)이라 하며, 도주공은 월왕 구천을 도와 오나라를 멸망시킨 범려(范蠡)라는 사람이다. 범려는 구천의 사람됨이 환난은 같이할 수 있어도 안락은 함께 누릴 수 없음을 알고, 오나라를 멸망시킨 뒤 곧장 제나라 도(陶)로 옮겨 부를 축적했고, 수시로 재물을 빈민에게 분배했다는 유명한 인물이다.
13) 『설원』 「지무편」(指武篇)의 이야기이다.
14) 『사기색은』은 당나라 사마정(司馬貞)이 엮은 『사기』의 주석서이다. 사마정은 배인(裴駰)의 『사기집해』(史記集解)를 참고로 이 책을 엮었다. 사마정은 국자 박사(國子博士)와 홍문관학사(弘文館學士)를 지냈으며, 『사기색은』 이외에도 『보삼황기』(補三皇記) 30권을 엮었다.

나는 이렇게 생각한다.

『춘추좌전』의 기록에 의하면 제나라 간공(簡公)¹⁵⁾ 때 진항과 감지 두 사람이 함께 정사를 돌보다가 끝내 서로 다투게 되었다. 그러니 달리 재여가 그들 사이에 끼어들 수도 없었다. 재여에게 과연 그런 일이 있었다면, 『춘추좌전』에서 끝내 한마디 언급조차 없지는 않았으리라.

이는 『사기』나 『설원』에서 말한 재여가 곧 『춘추좌전』의 감지임이 매우 분명하며, 『사기색은』의 말이 옳다. 감아(闞我)의 이름은 지(止)이며, 재아(宰我)의 이름은 여(予)이다. 감아는 제나라에 있었고, 재아는 노나라에 있었다. 뿐만 아니라 감아라는 사람은 간공을 섬겼고, 재아라는 사람은 공자를 모셨다. 그렇거늘 어찌 끝내 같은 사람이라고 할 수 있겠는가!

余按: 左傳所紀, 簡公之世止有陳闞二人共政, 以致相爭, 不容復有宰予參於其間. 宰予果有此事, 亦不容左傳終無一語及之. 是史記說苑所稱宰予卽傳之闞止甚明, 索隱之說是也. 闞我自名止, 宰我自名予；闞我自在齊, 宰我自在魯；闞我自事簡公, 宰我自事孔子：烏得遂以爲一人哉!

노나라 애공 5년에 제나라 경공이 죽었으며, 그때 제나라 공자 양생(陽生)이 노나라로 망명했다.¹⁶⁾ 그리고 이듬해인 6년에 진희자(陳僖子)¹⁷⁾가 양생을 제나라로 불러들였을 때, 감지는 미리 노나라 도성 밖

---

15) 간공은 춘추시대 말 제나라 임금으로, 이름은 임(壬), 도공(悼公)의 아들이다. 기원전 484~481년 재위했다.

16) 양생은 제나라 경공(景公)의 아들로 우여곡절 끝에 즉위한 도공이다. 기원전 490년, 53년 동안 재위했던 경공이 죽었는데, 경공은 육사(鬻姒)의 소생 도(荼)를 총애했으며, 국하(國夏)와 고장(高張)은 그런 안유자(晏孺子) 도를 즉위시켰다. 즉위한 안유자는 경공의 여러 아들을 국외로 추방했는데, 양생 또한 노나라로 망명했다. 이듬해 국하와 고장 등을 몰아낸 진희자(陳僖子)는 곧장 안유자를 축출하고 양생을 즉위시켰다.

17) 진희자는 달리 진걸(陳乞) 또는 전걸(田乞)이라 부르며, 희자는 시호이다. 전성자 진항의 아버지이다.

에서 양생을 기다리고 있었다. 이때 공자 양생은 감지에게 "어떻게 된 일인지 알 수 없으니, 그대는 먼저 돌아가 내 아들 임(壬)과 잘 조처하도록 하시오"라고 당부했는데, 당시에 재아는 공자를 따라 진나라와 채나라 사이에서 어려움을 겪다가, 진나라에서 위나라로 되돌아가 머물고 있었다. 그렇거늘 어떻게 재아가 둘로 나뉘어 노나라에 있었으며, 또 간공과 함께 있을 수 있었단 말인가!

그런데도 후세 사람들은 오히려 『사기』나 『설원』의 말에 짜 맞출 요량으로, 재여는 실제로 감씨(闞氏)였는데 일찍이 재(宰)를 지낸 적이 있으므로 '재아'라고 일컫게 되었다고 말하기도 한다. 이 또한 힘은 들었겠지만 졸렬하기 그지없음이로다! 그러므로 이제 이런 이야기는 싣지 않는다.

魯哀公之五年, 齊景公卒, 公子陽生來奔. 六年, 陳僖子召陽生, 闞止先待諸外; 公子曰: "事未可知, 反與壬也處." 是時宰我方從孔子於陳蔡之間, 由陳反衛, 安得分身在魯而與簡公共處也哉! 乃後之人猶欲曲全其說, 謂予實闞氏, 以嘗爲宰故稱宰我, 亦勞而拙矣! 故今不載此事.

3. 『사기』의 오류는 이사로부터 비롯된 것이다
(史記之誤本於李斯)

송나라 소식(蘇軾)[18]은 『동파지림』(東坡志林)[19]에서 이렇게 말하고

---

18) 소식(1036~1101)은 송나라를 대표하는 대문호로, 자는 자첨(子瞻), 미산(眉山) 사람이다. 삼소(三蘇)로 일컬어지는 소순(蘇洵)의 아들이며, 소철(蘇轍)의 형이다. 신종 때 왕안석의 신법에 반대하여 황주(黃州)로 유배간 뒤, 동파에 거처하며 동파거사(東坡居士)라 자호했다. 철종 때 한림학사(翰林學士)와 예부상서(禮部尙書)를 지냈으며, 시호는 문충(文忠)이다. 문장과 시사(詩詞) 및 서화에 두루 능통한 천재였으며, 『역전』(易傳)·『서전』(書傳)·『논어설』(論語說)·『구지필기』(仇池筆記)·『동파지림』을 남겼다. 후세 사람들이 엮은 『동파칠집』(東坡七集)이 있다.
19) 『동파지림』은 일명 『동파수택』(東坡手澤)이라 부르며, 후세에 소식의 글을 모

있다.

"이사(李斯)[20]가 글을 올려 이세(二世)[21]에게 간했는데, 대략은 이렇다. '전상은 제나라 간공의 신하로 은혜로움과 덕을 널리 베풀어, 아래로 백성들의 민심을 얻고 위로 여러 신하들의 환심을 샀습니다. 그리하여 슬그머니 제나라를 빼앗고 조정에서 재여를 죽였습니다.' 이는 재여가 전상의 요구를 따르지 않았기에 전상에게 죽임을 당했다는 의미이다. 그런데도 『사기』 「중니제자열전」에서는 '재여가 전상과 함께 난을 일으켰다'고 말해버림으로써, 우리의 선사(先師)인 공자의 문하에도 반신(叛臣)이 있었던 것처럼 되어버리고 말았다. 이 어찌 영원히 밝힐 수 없는 의혹이 아니고 무엇이겠는가! 그리하여 요사이 아들 매(邁)[22]에게 옛 책들을 살펴 그 원인을 고찰하도록 했는데, 재아가 반란을 저지르지 않았음을 분명하게 증명할 수 있었다."

더구나 주에서는 이렇게 말한다.

"이사는 순경(荀卿)[23]을 스승으로 삼았는데, 순경은 공자로부터 그

아 엮은 책이다. 잡다한 기록으로, 5권본과 『구지필기』까지 포함된 12권본이 있다.

20) 이사(기원전 ?~208)는 전국시대 말 초나라 상채(上蔡) 사람으로, 순경(荀卿)의 제자이다. 진나라 왕을 도와 육국(六國)을 병탄하는 데 공헌했으며, 축객령의 위기에서 「간축객서」(諫逐客書)로 복직된 뒤 승상을 지냈다. 군현제와 협서율(挾書律)을 시행했으며, 주문(籀文)을 소전(小篆)으로 바꾸었다. 조고(趙高)의 농간에 휘말려 요참(腰斬)을 당했다.

21) 이세는 진나라 시황제의 작은아들 호해(胡亥)이다. 조고와 이사의 공모로 태자 부소(扶蘇) 대신 황제가 되었으나, 조고와 이사에게 농락당한 무능한 군주의 대명사가 되었다. 지록위마(指鹿爲馬) 등의 고사를 남겼으며, '망진자호'(亡秦者胡)라는 참언(讖言)의 엉뚱한 결과를 낳은 인물이다.

22) 소매(蘇邁)는 소식의 큰아들로, 자는 백달(伯達)이다. 문장과 정사에 뛰어났으며, 웅주방어사(雄州防禦使)와 가부원외랑(駕部員外郎)을 지냈다.

23) 순경은 순자(荀子, 기원전 313?~238)에 대한 존칭으로, 이름은 황(況)이다. 한나라 선제(宣帝) 유순(劉詢)의 피휘(避諱)로 손경(孫卿)이라 불리기도 했다. 조(趙)나라 사람으로 제나라 양왕 때 직하(稷下) 학궁(學宮)의 좨주를 지냈으며, 초나라 춘신군(春申君)의 도움으로 난릉령(蘭陵令)을 지낸 뒤 저술로 일관했다. 『순자』 32편이 전해지며, 한비자(韓非子)와 이사는 그의 제자이

리 멀지 않은 시기에 살았다. 따라서 틀림없이 실상을 알고 있었을 것이다."

宋蘇氏志林云: "李斯上書諫二世, 其略曰: '田常爲簡公臣, 布惠施德, 下得百姓, 上得羣臣, 陰取齊國, 殺宰予於庭.' 是宰予不從田常, 爲常所殺也. 弟子傳乃云'宰予與田常作亂', 使吾先師之門乃有叛臣焉, 豈非千載不蠲之惑也! 近令兒子邁考閱舊書, 究其所因, 則宰我之不叛其驗甚明." 且註云: "李斯事荀卿, 去孔子不遠, 宜知其實."

나는 이렇게 생각한다.

『사기』에서의 이야기는 바로 이사의 말을 따른 것인데, 감지와 관계된 사건을 재여로 오해했을 뿐이다. 이른바 "전상과 난을 일으켰다"는 것은 곧 전상과 서로 다투었음을 말한 것인데, 글자의 배치를 눈여겨보지 않은 까닭에 끝내는 진항과 한패처럼 되어버린 것이다. 따라서 이사의 말과 다른 내용이 아니다.

과연 진항과 한패였다면, 진씨야말로 제나라의 정사를 제멋대로 주물러 임금의 생사도 그의 손에 달려 있거늘, 어느 누가 재아를 멸족시킬 수 있었단 말인가? 더구나 이사의 말대로라면 임금이 잘못해도 바로잡지 않으며, 임금이 위태로워도 구하지 않고, 자신의 영달만 추구하다가 끝내 임금도 죽이고 자신도 죽음을 당하게 된다.[24] 이 또한 어찌 현명한 자가 했음직한 일이랴!

그런데도 소식은 『사기』에서의 의미를 제대로 이해하지 못한 채, 겨우 이사의 말을 근거로 『사기』를 반박한 것이다. 이사의 무고를 배척하기는커녕 도리어 이사의 말이 옳다고 했다. 애석하구나, 경전은 믿지

다. 유가를 근본으로 도가·법가·명가·묵가까지 겸비했다. 신유학 이전 공자의 정통으로 간주되었으나, 신유학의 도통론(道統論) 확립 이후 아류로 이해되곤 한다.

24) 당시 진항은 기원전 481년 간공을 시해한 뒤 평공(平公)을 옹립했으며, 자신은 재상으로 전권을 휘둘렀다.

않고 이사의 말만 믿었으니, 아예 그의 박식보다는 차라리 그의 과문(寡聞)이 더 나았으리라!

余按: 史記之說卽本之李斯之言, 誤以闕止之事爲宰予耳; 所謂"與田常作亂"者, 卽謂與田常相爭, 而措詞不審, 遂若黨於陳恒然者, 非與李斯爲二說也. 果黨陳恒, 則陳氏實專齊政, 君之生死懸於其手, 又誰能夷宰我之族者? 且如李斯之言, 則君過不能匡, 君危不能救, 貪榮希進, 卒殺其君而喪其身, 亦豈賢者之所爲乎! 乃蘇氏誤會史記之意, 斤斤焉據李斯之言以駁之, 不斥李斯之誣而反謂李斯之得其實, 嗚呼不信經傳而信李斯, 與其博也毋寧寡學問之爲愈乎!

대체로 재여는 성인 문하의 뛰어난 제자로, 그의 자가 자아라는 것을 모르는 사람은 아무도 없다. 그리하여 진항이 죽인 사람을 자아라 하자, 마침내 재여라고 여겨버렸을 따름이다. 이는 마치 백거이(白居易)[25]가 그의 시에서 "퇴지(退之)는 유황을 먹었지만, 한사코 병은 낫지 않았다"[26]고 읊었을 뿐인데, 송나라 사람의 잡설에서는 마침내 위퇴지(衛退之)에 관한 이야기를 가지고 한창려(韓昌黎)를 매도한 것과도 같다.[27]

장호(張淏)의 『운곡잡기』(雲谷雜記)[28]에서도 『춘추좌전』을 근거로

---

25) 백거이(772~846)는 당나라 태원(太原) 사람으로, 자는 낙천(樂天)이다. 헌종 때 한림학사로 좌습유(左拾遺)와 태자소부(太子少傅)를 지냈다. 만년 향산에 거처하며 호를 향산거사(香山居士)라고 했다. 「비파행」(琵琶行)·「장한가」(長恨歌)·「신악부」(新樂府) 등을 지었는데, 누구나 알기 쉬운 시를 썼기에 인기가 매우 높았다. 원진(元稹)과 함께 '원백'(元白), 유우석(劉禹錫)과 함께 '유백'(劉白)으로 일컬어진다. 『백씨장경집』(白氏長慶集)이 있다.

26) 백거이의 시 「옛 친구를 생각하며」(思舊)의 일부분이다. 이 시에서의 '퇴지'는 금오위대장군(金吾衛大將軍)을 지낸 위중립(衛中立)의 자이다.

27) 송나라 공평중(孔平仲)이 엮은 『형황신론』(珩璜新論), 일명 『공씨잡설』(孔氏雜說)이라는 책에서 공평중은 백거이의 「옛 친구를 생각하며」라는 시의 '퇴지'를 한퇴지, 곧 한유(韓愈, 768~824)로 착각하고 그처럼 평소에 금석약 복용을 경계하던 인물도 말년에 유황(硫黃)을 복용한 적이 있다고 매도했다.

소식의 잘못을 반박했는데, 그것은 옳다. 다만 『사기』의 이런 기록이 『공자가어』「제자해」를 따른 것이라고 말한 것은 고증이 상세하지 못한 결과이다.[29]

아무튼 『사기』의 잘못은 바로 이사의 말을 그대로 따른 것이며, 『동파지림』에서는 이를 오해하여 둘로 나누고 말았을 뿐이다.

蓋宰予爲聖門高弟, 人莫不知有子我者, 陳恒所殺者子我, 則遂以爲宰予耳, 猶之乎白居易詩云"退之服琉黃, 一病訖不瘥", 而宋人雜說遂以衛退之事而譏韓昌黎也. 張淏雲谷雜記亦據左傳以駁蘇子之誤, 是矣; 但謂史記此傳實以家語弟子解篇爲之, 則猶考之未詳. 史記之誤正沿李斯之說, 志林誤分以爲二耳.

나의 생각은 이렇다.

언어에서 재아의 재능은 자공에게 뒤지지 않을 정도였다. 하지만 썩은 나무의 비유나 우물로 뛰어든다는 질문 및 전율로 응대한 것이나 상복 입는 기간을 줄여야 한다는 등의 숱한 잘못을 벗어날 수는 없다. 그러므로 자장의 뒤쪽에 싣는다.

按: 宰我言語之才不亞子貢; 而朽木之喩, 從井之問, 戰栗之對, 短喪之請, 愆尤未免太多. 故次之於子張之後.

---

28) 『운곡잡기』는 송나라 장호가 엮은 책이다. 원본은 실전되었으며, 지금의 4권본은 『영락대전』(永樂大典)에서 뽑아 엮은 것이다.

29) 『공자가어』야말로 『사기』보다 훨씬 뒤에 날조된 책인데도, 장호는 그것을 알지 못했다는 최술의 힐난이다.

염유 冉有

『사기』의 기록은 이렇다.

"염구(冉求)의 자는 자유(子有)이다."[1]

史記: "冉求, 字子有."

제나라가 식(鄎) 침공에 대한 보복으로,[2] 국서(國書)[3]와 고무비(高無丕)[4]는 군대를 이끌고 노나라를 치기 위해 청(淸)[5]에 이르렀다. 이에 계강자가 가재 염구에게 물었다.

"제나라 군대가 청에 주둔함은 틀림없이 우리나라를 치려는 속셈일 것이오. 이 일을 어쩌면 좋겠소?"

---

1) 『사기』와 『공자가어』에서는 공자보다 스물아홉 살 어리다 했다.
2) 1년 전인 애공 10년(기원전 485) 봄, 노나라는 오나라 · 주(邾)나라 · 담(郯)나라와 회합을 갖고, 제나라의 남쪽 경계지역인 식(鄎)을 침공한 적이 있었다.
3) 국서는 제나라 대부로 국하(國夏) 아들이다.
4) 고무비는 제나라 대부로 고장(高張) 아들이다.
5) 고사기의 『지명고략』과 강영(江永)의 『지명고실』(地名考實)에 따르면, 청은 제나라 변읍(邊邑)으로 지금의 산동성 장청현(長淸縣) 동쪽이라고 한다. 이와 달리 심흠한(沈欽韓)은 『산동통지』(山東通志)를 인용하여 지금의 동아현(東阿縣) 대청하(大淸河)의 서쪽이라고 했다. 양백준은 뒤에 이어지는 계손씨와 염구의 말로 근거로 심흠한의 설을 따랐다.

"세 분 가운데 한 분은 도성을 지키고, 나머지 두 분은 임금과 함께 국경에서 제나라의 침공을 막으십시오."6)

"저들이 그러려 하지 않을걸세."

"그렇다면 교외에서 적을 맞아 싸울 수밖에요."

이에 계강자는 숙손씨와 맹손씨에게 권했지만, 숙손씨와 맹손씨는 그렇게 할 수 없다고 했다. 그러자 염구가 말했다.

"그들이 하지 않겠다고 하더라도, 당신은 나가 싸우지 않을 수 없습니다. 당신 혼자서라도 군대를 이끌고 나가 도성을 등지고 싸우십시오. 싸우지 않으려는 자는 노나라 사람도 아닌 게지요! 그나마 우리 노나라 경대부들이 보유한 전차가 제나라 전차보다 많고, 계씨의 전차만으로도 제나라를 대적할 수 있습니다.7) 그러니 걱정하실 게 뭐란 말입니까! 두 분은 마땅히 싸우고 싶지 않을 것입니다. 정사를 계손씨가 독차지했기 때문이지요. 하지만 당신이 정사를 맡은 터에 제나라가 쳐들어왔는데도 싸우지 않는다면, 이야말로 당신의 치욕입니다. 나아가 제후들과 어울릴 수도 없겠지요!"

계강자는 공조(公朝)에 들어가면서 염구와 함께 가다가, 염구에게 당씨지구(黨氏之溝)8) 옆에서 대기하도록 했다. 이때 숙손무숙(叔孫武叔)이 염구를 불러 제나라와의 싸움에 대해 물었다. 이에 염구가 대답했다.

"숙손대부께서 깊이 생각하고 계실 터인데, 저 같은 소인이야 어찌 알겠습니까!"

---

6) 계손씨·맹손씨·숙손씨 가운데 하나는 국내에 남아 도성을 지키고, 둘은 애공과 함께 국경으로 나가 제나라와 싸워야 한다는 염구의 생각이다.

7) 계손씨는 소공 5년(기원전 537)에 노나라의 공실을 넷으로 나눠 둘을 차지했다. 따라서 노나라 병력의 반을 차지하고 있었던 셈이다.

8) 당씨는 곡부 동북쪽 8리로, 노나라 대부 당씨가 살던 곳이다. 장공 32년(기원전 662)에 당씨의 딸 맹임(孟任)을 아내로 맞아들인 적이 있었는데, 짐작건대 '당씨지구'는 맹임이 머물던 도성 안쪽이었으리라 생각된다.

다시 맹의자(孟懿子)가 다그쳐 묻자, 염구가 마지못해 대답했다.

"저야말로 재량껏 말씀드리고, 힘닿는 대로 도울 수밖에요."

그러자 숙손무숙이 투덜거렸다.

"저 사람은 나보고 대장부답지 않다고 말하는 게로군!"

이윽고 공조에서 물러나온 계강자는 군대와 전차를 점검했다. 이에 맹유자(孟孺子) 설(洩)[9]이 우군(右軍)을 통솔하게 되었는데, 안우(顔羽)는 그 전차를 몰고, 병설(邴洩)은 우사(右士)를 맡았다.[10] 그리고 염구가 좌군(左軍)을 통솔하게 되었는데, 관주보(管周父)는 전차를 몰고, 번지(樊遲)는 우사를 맡기로 했다.[11] 그러자 계강자가 염려스러운 듯 말했다.

"수(須)는 너무 어리지 않겠소."[12]

이에 염구가 말했다.

"맡은 일을 감당하기에 충분할 것입니다."

이때 계손씨의 군대는 갑사(甲士) 7천 명이었으며, 염구는 무성 고을의 병사 3백 명을 자신의 도졸(徒卒)[13]로 삼았다. 염구는 나이가 많거나 어린 사람들은 도성을 지키도록 조처하고, 우문(雩門)[14]

---

9) 맹유자 설은 맹의자의 아들로 흔히 맹무백(孟武伯)이라 부른다. 이름은 중손체(仲孫彘)이며, 설은 그의 자이다. 공자에게 효를 물은 적이 있다. 맹의자가 직접 싸움에 참여하지 않고 아들을 대신 내보낸 것이다.

10) 안우와 병설은 모두 맹의자의 가신이다. 당시 싸움은 주로 전차전(戰車戰)이며, 우두머리가 왼쪽을 맡고, 전차를 모는 사람과 오른쪽을 맡는 무사가 동승했다.

11) 관주보나 번지는 모두 계손씨의 가신이다. 그 가운데 번지는 번수(樊須)라 부르기도 하며, 자는 자지(子遲)이다.

12) 「중니제자열전」에서 번지는 공자보다 서른여섯 살 어리다 했는데, 사실이라면 당시 번지는 이미 서른두 살로 어리다 할 수 없다. 반면에 『공자가어』에서는 번지가 공자보다 마흔여섯 살 어리다 했다. 『공자가어』를 엮은 사람은 『춘추좌전』의 이런 내용을 근거로 번지의 나이를 기록했을 가능성도 있다.

13) 전차를 뒤따르는 일반병사를 말한다.

14) 우문은 노나라 도성 정남쪽 성문이다.

밖에 진을 쳤다. 5일이 지난 뒤에야 우군은 염구의 좌군을 따라나섰다.[15] (『춘추좌전』 애공 11년)

齊爲鄎故, 國書高無丕帥師伐我, 及清, 季孫謂其宰冉求曰:"齊師在清, 必魯故也, 若之何?" 求曰:"一子守, 二子從公禦諸竟." 季孫曰:"不能." 求曰:"居封疆之間." 季孫告二子, 二子不可. 求曰:"若不可, 則君無出. 一子帥師背城而戰, 不屬者非魯人也! 魯之羣室衆於齊之兵車, 一室敵車, 優矣, 子何患焉! 二子之不欲戰也宜, 政在季氏. 當子之身, 齊人伐魯而不能戰, 子之恥也, 大不列於諸侯矣!" 季孫使從於朝, 俟於黨氏之溝. 武叔呼而問戰焉, 對曰:"君子有遠慮, 小人何知!" 懿子强問之, 對曰:"小人慮材而言, 量力而共者也." 武叔曰:"是謂我不成丈夫也!" 退而蒐乘. 孟孺子洩帥右師, 顔羽御, 邴洩爲右. 冉求帥左師, 管周父御, 樊遲爲右. 季孫曰:"須也弱." 有子曰:"就用命焉." 季氏之甲七千, 冉有以武城人三百爲己徒卒, 老幼守宮, 次于雩門之外. 五日, 右師從之. (左傳哀公十一年)

노나라 군대가 제나라 군대와 교외에서 싸우게 되었는데, 이때 제나라 군대는 직곡(稷曲)[16]으로부터 진군해 들어왔다. 그러나 노나라 병사는 해자(垓字)를 건너 적을 맞아 싸우려 들지 않았다. 그러자 번지가 염구에게 말했다.

"병사들이 해자를 건너지 못하는 게 아닙니다. 단지 그대를 믿지 못하기 때문입니다. 하오니 저들에게 삼각(三刻)[17]을 실시한 뒤 그

---

15) 맹유자의 우군은 소극적으로 싸움에 임했으며, 결국 제나라 군대에 패하게 된다.

16) 곡부의 북쪽에 곡지(曲池)라는 곳이 있는데, 그곳이 바로 직곡이었을 가능성이 있다.

17) 삼각은 세 차례에 걸쳐 호령을 주지시킨다는 뜻이다. 여기에서 '각'(刻)은 약속을 의미하며, 상벌을 분명히 밝히고 병졸들을 설득함으로써 자신감을 심어

대가 먼저 건너가십시오."

번지의 말대로 하자 병사들도 염구의 뒤를 따라 해자를 건넜으며,
곧장 제나라 진영으로 쳐들어갈 수 있었다. (『춘추좌전』 애공 11년)

師及齊師戰於郊, 齊師自稷曲. 師不踰溝. 樊遲曰: "非不能也,
不信子也; 請三刻而踰之." 如之, 衆從之, 師入齊軍. (同上)

염구가 이끄는 노나라의 좌군은 제나라의 갑사(甲士) 80명의 목
을 베었다. 그러자 제나라 진영이 무너져 대오를 수습할 수 없게 되
었다. 그날 밤 척후병이 달려와 염구에게 보고했다.

"제나라 군대가 달아나고 있습니다."

이에 염구는 계강자에게 추격을 간청했다. 세 번에 걸친 간청에도
불구하고 계강자는 허락하지 않았다. (『춘추좌전』 애공 11년)

師獲甲首八十. 齊人不能師. 宵諜曰: "齊人遁." 冉有請從之,
三, 季孫弗許. (同上)

【부론】 염유는 제나라 군대와 싸울 때 창을 사용하도록 했다. 그리하
여 제나라 진영으로 쳐들어갈 수 있었던 것이다.[18] 이에 공자가 말했다.

"염유의 행동은 의(義)에 합당하다." (『춘추좌전』 애공 11년)

【附論】 冉有用矛於齊師, 故能入其軍. 孔子曰: "義也." (同上)

계강자가 전부(田賦)[19]를 달리 마련할 생각으로 염구를 시켜 공자

준 뒤에 싸우라는 번지의 조언이다.

18) 염구는 적과 싸울 때 자루가 긴 창이 유리하다는 것을 간파하고, 좌군의 모든
병사들에게 창을 사용하도록 한 것이다.

19) 계강자가 시행하려던 전부에 대한 해석은 설이 분분하다. 당시 노나라에서 실
시한 전부법은 선공 15년(기원전 594)에 개혁한 세무(稅畝)나 성공 원년(기
원전 590)에 개혁한 구갑(丘甲)이었을 것이다. 토지세인 세무는 수확량의 2
할을 냈으며, 병역법인 구갑은 매우 복잡했다. 구(丘)는 농토를 구역으로 나
누는 고대 중국의 측정 단위이다. 『주례』 「지관」 '소사도'(小司徒)에 의하면

에게 물어보도록 했다. 이에 공자는 말했다.

"저는 그런 일이라면 모르겠소이다."[20]

세 번이나 같은 질문을 했지만 똑같은 말뿐이었다. 그러자 끝내 계강자가 말했다.

"그대는 우리 노나라의 국로(國老)[21]입니다. 그래서 의견을 듣고 시행하려 하거늘, 어찌하여 그대는 말해주지 않습니까?"

그러나 공자는 대답하지 않고 슬며시 염구에게만 말했다.

"군자가 무슨 일을 하려면 예에 합당한지를 헤아려야만 할 것이다. 은혜를 베푸는 데는 두터움을 취하고, 일을 하는 데는 중도(中道)를 시행하며, 징세(徵稅)는 가볍게 해야 한다. 그렇게 하려면 지금의 구부법(丘賦法)[22]만으로도 충분할 것이다. 만일 예를 헤아리지 않고 거두어들이는 데만 욕심을 부린다면, 전부를 시행한다고 하더라도 오래지 않아 또다시 부족하게 될 것이다. 더구나 자네가 모시는 계손씨가 법도에 맞게 행하려 한다면, 이미 주공이 마련한 법이 있다. 그럼에도 굳이 새롭게 전부를 시행하려는 마당에 어찌 내게 다시 묻는단 말인가!"

이렇게 말했으나, 결국 계강자는 공자의 말을 듣지 않았다. 12년

9부(夫)가 1정(井)이 되고, 4정이 1읍(邑)이 되며, 4읍이 1구가 되고, 4구가 1전(甸)이 된다고 했다. 따라서 1부를 장정 한 사람으로 보았을 때, 1구는 장정 144인이 사는 마을이며, 1전은 장정 576명이 사는 고을을 의미한다. 이렇게 구역을 나눈 1전에서는 전차 1승(乘), 융마(戎馬) 4마리, 소 12마리, 갑사(甲士) 3명, 보졸(步卒) 72명을 바쳤다고 한다. 그렇다면 1구에서는 적어도 말 1마리와 소 3마리 정도를 바친 셈이다.

20) 원문의 "某不識也"는 『춘추좌전』에서는 "丘不識也"로 적었다. 염유가 계강자를 대신해 물었기에 공자의 이름을 적은 것인데, 최술은 『논어』에서처럼 '丘'를 '某'로 바꿨다.

21) 국로는 국가의 원로로, 보통 경대부를 지낸 사람을 국로라 일컬었다. 공자도 정공 때 사구 등을 지낸 적이 있기 때문에 계강자는 그렇게 호칭한 것이다.

22) 전목은 본문의 '丘'를 「주관저작시대고」(周官著作時代考)에서 구갑이나 구부가 아닌 공자의 이름으로 해석하고 있다.

봄 정월, 전부를 시행했다. (『춘추좌전』 애공 11년과 12년)

季孫欲以田賦, 使冉有訪於仲尼. 仲尼曰: "某不識也." 三發, 卒曰: "子爲國老, 待子而行, 若之何子之不言也?" 仲尼不對, 而私於冉有曰: "君子之行也度於禮: 施取其厚, 事擧其中, 斂從其薄, 如是則以邱亦足矣. 若不度於禮而貪冒無厭, 則雖以田賦, 將又不足. 且子季孫若欲行而法, 則周公之典在; 若欲苟而行, 又何訪焉!" 弗聽. 十二年春王正月, 用田賦. (左傳哀公十一, 十二年)

【부론】 계손씨는 주공보다도 부유하건만,[23] 염구는 그를 위해 세금을 거둬들여 더욱 부유하게 만들어주었다. 이에 공자가 말했다.

"저 염구는 이제 나의 제자가 아니다! 얘들아, 북을 울려 그를 성토해야 하지 않겠느냐!" (『논어』 「선진편」)

【附論】 季氏富於周公而求也爲之聚斂而附益之. 子曰: "非吾徒也! 小子鳴鼓而攻之可也!" (論語先進篇)

【부록】 염구가 일을 마치고 돌아오자, 공자가 물었다.

"어찌 그리 늦었느냐?"

"정무(政務)가 있었습니다."

"정무가 아니라 사무(私務)였던 게지! 만일 정무였다면 내 비록 관여하지 않는다 하더라도 들었을 게야."[24] (『논어』 「자로편」)

【附錄】 冉子退朝, 子曰: "何晏也?" 對曰: "有政." 子曰: "其事也! 如

---

23) 주공은 무왕의 동생 희단(姬旦)으로, 천자의 총재(冢宰)이자 노나라의 첫 번째 제후이다. 계강자는 주공과는 비교할 수 없는 제후의 대부에 지나지 않는데도 치부에 골몰함을 공자가 못마땅해한 것이다.

24) '조(朝)'가 애공이 주재하는 공조(公朝)인지, 계강자가 주재하는 사조(私朝)인지에 따라 해석이 달라진다. 공조라면 정무라고 할 수 있겠지만, 사조라면 정무는 어울리지 않는다. 계강자의 전부에 대한 집착과 이에 동참한 염구를 공자가 힐난한 말이다.

有政, 雖不吾以, 吾其與聞之."(論語子路篇)

【부록】계손씨가 태산에서 여제(旅祭)²⁵⁾를 지내려 한다는 소식을 듣
고, 공자는 염구에게 말했다.

"네가 그것을 말릴 수 없었더냐?"

"그럴 수 없었습니다."

그러자 공자가 허탈한 듯이 말했다.

"아, 일찍이 저 태산이 임방(林放)만도 못하랴!"²⁶⁾(『논어』「팔일편」)

【附錄】季氏旅於泰山. 子謂冉有曰:"女弗能救與?"對曰:"不能."子
曰:"嗚呼, 曾謂泰山不如林放乎!"(論語八佾篇)

【존참】백고(伯高)²⁷⁾가 죽었을 때였다. 공자가 보낸 조문객이 미처
당도하기 전에, 염구는 공자를 대신하여 비단 열 필과 말 네 마리로 조
문을 마쳤다. 이에 공자가 말했다.

"잘못이로고, 부질없이 백고에 대한 나의 정성을 그르치게 했음이
여!"(『예기』「단궁편 상」)

【存參】伯高之喪, 孔子之使者未至, 冉子攝束帛乘馬而將之. 孔子曰:
"異哉, 徒使我不誠於伯高!"(檀弓)

이 일은 자못 염유의 평소 행태와 흡사하다. 그러므로 남겨둔다. 하
지만 끝내 그런 일이 반드시 있었다고 볼 수는 없다.

---

25) 제후가 경내의 명산대천에 지내는 제사이다. 따라서 대부인 계강자가 이러한
제사를 지낸다면, 그것은 예에 맞지 않는 참람한 행위가 된다.
26) 임방은 공자의 제자라고 하나 확실치 않다. 임방이 공자에게 예의 근본에 대
해 물은 적이 있으므로, 공자는 신령스런 태산이 임방만도 못하겠느냐고 아쉬
움을 토로한 것이다.
27) 백고가 어떤 사람인지 알 수 없지만, 공자가 위나라에 머물 때 친분이 있었던
사람 가운데 하나이리라.

此事頗類冉有所爲, 故存之; 然終未有以見其必然也.

【부록】 봄, 송나라 경조(景曹)가 죽었다. 이에 계강자는 염구를 보내 조문하고 장례에 참여토록 하면서 이렇게 말하도록 했다.

"저의 나라에 사정이 있고, 저 또한 그 일에 참여해야만 합니다. 그러므로 장례에 참석하여 상여(喪輿)의 줄을 잡을 수 없게 되었나이다. 이에 저의 가신인 염구를 보내 상여를 따르게 했나이다."

또 이런 말도 전하도록 했다.

"이 몸 비(肥)는 송나라의 먼 외손(外孫)이옵니다. 선친의 하찮은 말 한 필을 염구를 시켜 부인의 가재(家宰)에게 드리오니, 말장식이나마 감당할 수 있을지 모르겠나이다."[28] (『춘추좌전』 애공 23년)

【附錄】 春, 宋景曹卒. 季康子使冉有弔, 且送葬, 曰: "敝邑有社稷之事, 使肥與有職競焉, 是以不得助執紼; 使求從輿人." 曰: "以肥之得備彌甥也, 有不腆先人之産馬使求薦諸夫人之宰, 其可以稱旌繁乎?" (左傳哀公二十三年)

【부론】 염구가 말했다.

"선생님의 도를 좋아하지 않는 것은 아닙니다만, 저는 힘이 부칩니다."

그러자 공자가 말했다.

"힘이 부치는 사람은 끝까지 하다가 중도에서 그만두련만, 이제 자네는 미리 선을 긋는 게로군."(『논어』 「옹야편」)

【附論】 冉求曰: "非不說子之道, 力不足也." 子曰: "力不足者中道而

---

28) 경조는 송나라 원공(元公)의 부인이며, 당시 송나라 임금인 경공(景公)의 어머니이다. 주(邾)나라 임금의 딸로, 노나라 계환자의 외조모이다. 따라서 당시 노나라의 집정이었던 계환자의 아들 계강자(季康子, 季孫肥)는 자신을 외손이라고 말한 것이다.

廢；今女畫."（論語雍也篇）

　나의 생각은 이렇다.

　염유의 정사에 대한 능력은 성인 문하에서도 매우 뛰어났다. 하지만 최선을 다하지 않고 선을 긋는 등 스승에게 자주 책망을 들었으며, 더욱이 북을 울려 그를 성토하라던 공자의 말은 사소한 잘못과 견줄 수 없을 정도로 크다. 그러므로 재아의 뒤쪽에 싣는다.

　按：冉有政事之略亦聖門卓卓者；然畫退屢見責於師，鳴鼓之攻尤非尋常小過可比．故次之於宰我之後．

자고子羔

『사기』에서는 이렇게 말하고 있다.

"고시(高柴)의 자는 자고(子羔, 羔를 皋로 쓴 곳도 있음)이다."[1]

史記: "高柴, 字子羔.(或作皋)"

【보】고자고(高子皋)는 어버이 상을 당해 3년 동안 피눈물을 흘렸으며, 이를 드러낸 적이 없었다. (『예기』「단궁편 상」)

【補】高子皋執親之喪也, 泣血三年, 未嘗見齒. (戴記檀弓)

【부록】자로가 자고를 비(費)의 읍재로 삼으려 했다.[2] 그러자 공자가 말했다.

"남의 훌륭한 아들을 망치려고 그러는가!" (『논어』「선진편」)

【附錄】子路使子羔爲費宰. 子曰: "賊夫人之子!" (論語先進篇)

---

1) 『사기』와 『공자가어』에서는 공자보다 서른 살 어리다 했다. 『사기』는 "5척도 안 되는 난쟁이"(長不盈五尺)라 했는데, 『공자가어』에서는 "매우 못생겼다"(狀貌甚惡)고 했다.
2) 비읍은 계손씨 읍성이다. 정공 12년(기원전 498)에 성을 헐었는데, 주도적인 역할을 한 자로가 자고를 읍재로 삼으려 했는지도 모른다.

성문에 들어서려던 계자는 성문을 **빠져나오는** 자고를 만났다. 이때 자고가 계자에게 말했다.

"공씨 집 대문은 이미 닫혔을 텐데요!"

"그렇더라도 나는 가보리다."

"이미 늦었습니다. 괜한 어려움에 휘말리지 마십시오."

"공씨의 녹을 먹었거늘, 그의 어려움을 모른 척할 수는 없지요!"

자고는 마침내 밖으로 **빠져나왔다**. 그러나 자로는 안으로 들어갔다. (『춘추좌전』 애공 15년)

　季子將入, 遇子羔將出, 曰: "門已閉矣!" 季子曰: "吾姑至焉." 子羔曰: "弗及, 不踐其難." 季子曰: "食焉不辟其難!" 子羔遂出. 子路入. (左傳哀公十五年)

1. 형벌을 받은 사람이 성문을 **빠져나가도록** 도왔다는 이야기를 변증함(辨刖者脫諸郭門之說)

『설원』에는 이런 이야기가 들어 있다.

"자고가 위나라에서 정무를 볼 때, 발뒤꿈치 자르는 형벌을 내린 적이 있었다. 그런데 위나라에서 군신 사이의 난이 일어나자, 자고는 곽문(郭門)으로 달려갔다. 성문은 닫혀 있었는데, 마침 자고에게 발뒤꿈치가 잘린 사람이 성문을 지키고 있었다. 그가 말했다. '저쪽에 허물어진 성벽이 있습니다.' '군자는 담을 넘지 않는 법이라오.' '그렇다면 저쪽에 구멍 난 곳이 있습니다.' 그러나 이번에도 자고는 말했다. '군자는 구멍으로 나가지 않는 법이네.' '정 그러시다면 여기 숨을 만한 방이 있습니다.' 그때서야 자고는 방으로 들어가 숨었고 자고를 뒤쫓던 사람들은 찾지 못한 채 되돌아갔다. 자고는 떠나면서 문지기에게 물었다. '나는 몸소 그대에게 발뒤꿈치 자르는 형벌을 내린 적이 있소. 지금이야말로 그대가 나에게 원한을 갚을 수 있는 더없이 좋은 기회이거늘, 그대는 어찌하여 나를 도망갈 수 있도록 도와준 것이오?' 이에 형벌을 받은 문지기가 말했다. '발꿈치가 잘린 것은 진실로 저의 죄 때문이었으니 어쩔 도리가 없었지요. 판결을 내리고 죄가 확정되어 형벌을 시행할 때, 당신께서는 안쓰러워하는 모습이 얼굴에 역력했습니다. 바로 제가 당신을 위험에서 벗어나게 해드리는 까닭이랍니다.'[3]

說苑云: "子羔爲衛政, 刖人之足. 衛之君臣亂, 子羔走郭門. 郭門閉, 刖者守門, 曰: '於彼有缺.' 子羔曰: '君子不踰.' 曰: '於彼有竇.' 子羔曰: '君子不遂.' 曰: '於此有室.' 子羔入; 追者罷. 子羔將去, 謂刖者曰: '吾親刖子之足, 此子報怨時也, 何故逃我?' 刖者曰: '斷足, 固我罪也, 無可奈何. 獄決罪定, 臨當論刑, 君愀然不樂, 見於顏色, 此臣之所以脫君也.'"

나는 이렇게 생각한다.

이 이야기는 세상 사람들에게 깨우침을 주기에는 충분하지만, 그런 일이 반드시 있지는 않았으리라. 위나라에서 자고의 지위는 낮았으므로 정사에 참여할 정도도 아니었다.

혼량부가 난동을 피웠을 때, 공회의 사인(舍人) 난녕은 오히려 먹던 술을 마저 먹은 뒤에 떠났다고 했다. 그런데 유독 자고만 뒤쫓을 겨를이 있었겠는가? 더구나 위나라 성곽에 무너지고 구멍 난 곳이 있었다면, 이 또한 어찌 나라답다고 할 수나 있겠는가!

후세 사람들이 이런 이야기를 지어내 정사에 참여하는 사람들을 권면시키려 했거나, 아니면 근거가 있었지만 전해지면서 진실이 왜곡되었을 수도 있다. 하지만 어느 것도 확실치는 않다. 그러므로 이제 싣지 않는다.

余按: 此說殊足風世, 然其事則未必有之. 子羔在衛位卑, 非與聞政事者, 良夫之亂, 欒寧猶行爵而後出, 何暇獨追子羔. 且衛之郭門而有缺有竇, 亦豈可爲國乎! 此或後人設爲此言以爲從政者勸, 或有所本而傳之失

---

3) 『설원』 「지공」(至公)의 이야기이며, 『한비자』 「외저설」(外儲說)과 『공자가어』 「치사」에도 보인다.

其眞, 均未可知. 故今不錄.

노나라와 제나라가 몽(蒙)⁴⁾에서 맹약을 맺었는데, 맹무백이 이를
보좌했다. 이때 맹무백이 고시에게 물었다.

"제후들과 회맹할 때, 누가 소의 귀(牛耳)⁵⁾를 잡지요?"

이에 고시가 말했다.

"증연(鄫衍)의 회맹에서는 오나라의 공자 고조(姑曹)가 잡았고,⁶⁾
발양(發陽)의 회맹에서는 위나라의 석퇴(石魋)가 잡았습니다."⁷⁾

그러자 맹무백이 말했다.

"그렇다면 이번에는 내 차례인 셈이군." (『춘추좌전』 애공 17년)

公會齊侯盟於蒙, 孟武伯相. 武伯問於高柴曰: "諸侯盟, 誰執牛
耳?" 季羔曰: "鄫衍之役, 吳公子姑曹. 發陽之役, 衛石魋." 武伯
曰: "然則彘也." (左傳哀公十七年)

나는 이렇게 생각한다.

이 글로 보면 자고는 위나라를 떠나 노나라로 왔으며, 노나라에서 벼
슬했다. 그러므로 노나라에서 있었던 내용을 뒤쪽에 싣는다.

按: 此文則是子羔去衛之後適魯而遂仕於魯也. 故以在魯之事次於此
後.

【존참】 성읍(成邑)에서 형이 죽었는데도 재최복(齊衰服)⁸⁾을 입지
않은 사람이 있었는데, 자고가 곧 성읍의 읍재로 온다는 소문을 듣고

---

4) 몽은 지금의 산동성 몽음현 동쪽 10리 지역이다.
5) 제후들이 회맹할 때 소의 귀를 잡고 피를 받아 서로 입술을 적시며 약속의 징
   표로 삼았으며, 회맹의 주도자 쪽에서 소의 피를 받았다 한다.
6) 애공 7년에 있었던 오나라와의 회맹을 말한다.
7) 애공 12년 위후(衛侯) 및 송나라 황원(皇瑗)과의 회맹을 말한다.
8) 형제가 죽었을 때 입는 상복이다.

마침내 상복을 입었다. 그러자 성읍 사람들이 수군거렸다.

"길쌈은 누에가 하지만 광주리는 게에게 있고,[9] 관은 벌에게 있지만 갓끈은 매미에게 있다네.[10] 형님이 죽었건만 자고를 위해 상복을 입는다네!"(『예기』「단궁편 하」)

【存參】成人有其兄死而不爲衰者, 聞子皐將爲成宰, 遂爲衰. 成人曰: "蠶則績而蟹有匡; 范則冠而蟬有緌; 兄則死而子皐爲之衰!"(檀弓)

【존참】자고(子羔)[11]가 아내를 장사지내다가 남의 곡식을 상하게 했다. 이에 신상(申祥)이 말했다.

"배상을 하시는 것이 좋겠습니다."

그러자 자고가 말했다.

"맹손씨도 이 일로 나를 나무라지 않고, 벗들도 나를 저버리지 않는 것은 내가 이곳의 읍재이기 때문이지요. 그런데 내가 길 값을 치르고 장사지낸다면, 뒷사람들이 어려움을 겪게 된답니다."[12] (『예기』「단궁편 하」)

【存參】子羔葬其妻, 犯人之禾. 申祥以告, 曰: "請庚之." 子皐曰: "孟氏不以是罪予, 朋友不以是棄予, 以吾爲邑長於斯也. 買道而葬, 後難繼也."(同上)

---

9) 누에는 실을 토해 고치를 만들지만, 누에에게는 실을 담을 광주리가 없다. 반면에 게는 등에 광주리를 짊어지고 다니지만, 게의 광주리는 누에와 아무런 관련이 없다는 뜻이다.

10) 벌은 머리에 관을 쓴 형상을 하고 있지만 매는 끈은 없다. 반면에 매미는 갓끈처럼 기다란 더듬이를 배 부분에 늘어뜨리고 있지만, 벌의 관은 매미의 끈과 아무런 관련이 없다는 뜻이다.

11) 『예기』의 원문은 계자고(季子皐)로 적었다. 때문에 공자의 제자인 자고로 보는 사람도 있고, 그렇지 않은 사람들도 있다. 정현은 자고로 보았지만, 공영달 (孔穎達)이나 왕부지(王夫之)는 공자의 제자가 아닌 또다른 계씨(季氏)로 해석한다. 최술은 공자의 제자로 본 것이다.

12) 과오가 없지 않지만, 그렇다고 길을 사들여 장사를 치르는 선례를 남긴다면, 나중에 오는 읍재들을 곤란하게 만든다는 자고의 배려이다.

번지 樊遲

『사기』의 기록은 이렇다.

"번수(樊須)의 자는 자지(子遲)이다."[1]

史記: "樊須, 字子遲."

맹유자 설이 우군을 통솔하게 되었는데, 안우는 전차를 몰고, 병설은 우사를 맡았다. 그리고 염구가 좌군을 통솔하게 되었는데, 관주보는 전차를 몰고, 번지는 우사를 맡기로 했다. 그러자 계강자가 염려스러운 듯 말했다.

"번수는 너무 어리지 않겠소."

이에 염구가 말했다.

"맡은 일을 감당하기에 충분할 것입니다." (『춘추좌전』 애공 11년)

孟孺子洩帥右師, 顏羽御, 邴洩爲右. 冉求帥左師, 管周父御, 樊遲爲右. 季孫曰: "須也弱." 有子曰: "就用命焉." (左傳哀公十一年)

노나라 군대가 제나라 군대와 교외에서 싸우게 되었는데, 이때 제

---

1) 『사기』에서는 공자보다 서른여섯 살 어리다 했지만, 『공자가어』에서는 마흔여섯 살이 어리다고 했다.

나라 군대는 직곡으로부터 진군해 들어왔다. 그러나 노나라 병사는 해자를 건너 적을 맞아 싸우려 들지 않았다. 그러자 번지가 염구에게 말했다.

"병사들이 해자를 건너지 못하는 게 아닙니다. 단지 그대를 믿지 못하기 때문이지요. 하오니 저들에게 세 번 군령을 내린 뒤 그대가 먼저 건너가십시오."

번지의 말대로 하자 병사들도 염구의 뒤를 따라 해자를 건넜으며, 곧장 제나라 진영으로 쳐들어갈 수 있었다. (『춘추좌전』 애공 11년)

師及齊師戰於郊, 齊師自稷曲. 師不踰溝. 樊遲曰："非不能也, 不信子也；請三刻而踰之." 如之, 衆從之, 師入齊軍. (同上)

【부록】 번지가 공자를 따라 무우(舞雩)[2] 아래에서 노닐 때, 공자에게 물었다.

"감히 여쭙겠습니다. 덕을 높이고 사악함을 다스리며 의혹을 변별하려면 어찌해야 합니까?"

"훌륭하구나, 너의 물음이여!" (『논어』 「안연편」)

【附錄】 樊遲從遊於舞雩之下, 曰："敢問崇德修慝辨惑." 子曰："善哉問!" (論語顏淵篇)

【부록】 번지가 오곡 농사에 대해 묻자, 공자가 말했다.

"내가 농사꾼만하겠느냐."

이에 다시 채소 농사에 대해 묻자, 공자가 말했다.

"내가 채소 가꾸는 사람만하겠느냐."

---

2) 우는 기우제를 뜻한다. 『주례』 「춘관」 '사무'(司巫)에서는 나라에 큰가뭄이 들면 무녀(巫女)들에게 우단(雩壇)에서 춤추게 했다고 한다. 따라서 무우라 부르게 된 것이다. 『수경주』(水經注) 「사수」(泗水)에 의하면 노나라의 우단은 높이가 3장(丈)으로, 노현(魯縣)의 옛성 남쪽 우문(雩門) 밖에 있었다 한다.

번지가 밖으로 나가자, 공자가 말했다.

"소인이로고, 번수야말로! 윗사람이 예를 좋아하면 공경하지 않을 백성이 없고, 윗사람이 의로움을 좋아하면 복종하지 않을 백성이 없으며, 윗사람이 미덥게 한다면 감히 사사로운 감정을 앞세우는 백성들이 없게 될 것이다. 무릇 그렇게 한다면 이웃나라의 백성들도 아이를 강보에 싸서 업고 올 것이거늘, 어찌하여 굳이 농사지으려 한단 말인가!"[3] (『논어』「자로편」)

【附錄】 樊遲請學稼, 子曰: "吾不如老農." 請學爲圃, 曰: "吾不如老圃." 樊遲出, 子曰: "小人哉樊須也! 上好禮則民莫敢不敬, 上好義則民莫敢不服, 上好信則民莫敢不用情: 夫如是, 則四方之民襁負其子而至矣, 焉用稼!"(論語子路篇)

【부록】 번지가 인을 묻자, 공자가 말했다.

"다른 사람을 사랑함이니라."

다시 지혜로움을 묻자, 공자가 말했다.

"다른 사람을 아는 것이지."

번지가 의미를 이해하지 못하자, 공자는 다시 말했다.

"정직한 사람을 등용하여 그렇지 못한 사람들 위에 놓으면, 정직하지 못한 사람들도 정직하게 될 수 있느니라."

그래도 그 의미를 잘 이해하지 못한 번지는 물러나와 자하에게 물었다.

---

3) 유보남은 번지의 엉뚱한 질문은 나름대로 이유가 있었을 것이라 여겼다. 그리하여 『논어정의』에서는 춘추시대 경대부 자리는 세습되었으므로 달리 현명한 사람이라 하더라도 봉록을 받기 어려웠으며, 때문에 번지는 농사에 대해 물음으로써 공자의 의중을 넌지시 떠본 것이라 했다. 이러한 유보남의 설은 매우 설득력이 있어 보인다. 아무리 수준이 낮은 번지라 하더라도 공자에게 농사에 대해 묻는다는 것은 스승의 박학다식을 빈정대는 것이 아니고서야 있을 수 없는 질문이기 때문에서이다.

"조금 전에 제가 스승님을 뵙고 지혜로움에 대해 여쭈었지요. 그랬더니 스승님께서는 '정직한 사람을 등용하여 그렇지 못한 사람들 위에 놓으면, 정직하지 못한 사람들도 정직하게 될 수 있다'고 말씀하셨습니다. 도대체 무엇을 말씀하신 것일까요?"

그러자 자하가 말했다.

"성대하도다, 우리 스승님의 말씀이여! 순임금이 천하를 다스릴 때 무리들 가운데에서 고요(皐陶)⁴⁾를 등용하자, 어질지 않은 사람들이 멀리 달아났다고 합니다. 탕왕이 천하를 다스릴 때 무리들 가운데에서 이윤(伊尹)⁵⁾을 등용하자, 어질지 않은 사람들이 멀리 도망갔다고 하더이다."(『논어』 「안연편」)

【附錄】 樊遲問仁, 子曰: "愛人." 問知, 子曰: "知人." 樊遲未達, 子曰: "擧直錯諸枉, 能使枉者直." 樊遲退, 見子夏曰: "鄕也吾見於夫子而問知, 子曰 '擧直錯諸枉, 能使枉者直', 何謂也?" 子夏曰: "富哉言乎! 舜有天下, 選於衆, 擧皐陶, 不仁者遠矣. 湯有天下, 選於衆, 擧伊尹, 不仁者遠矣."(論語顔淵篇)

나는 이렇게 생각한다.

『논어』에 자고는 겨우 두 번 나오지만, 모두 칭찬하는 말은 아니다. 하지만 그와 관계된 이야기가 전기에 제법 보이며, 그가 한 말도 꽤나 많은 편이다. 아마 자고는 나이가 어리고, 공자 사후에 노나라에서 벼슬했기에 『논어』에는 그리 드러나지 않았을 뿐이리라.

---

4) 고요는 순임금의 신하로 형옥을 맡아 공평하게 처리했다는 전설상 인물이다. 달리 구요(咎繇)라 적기도 한다.

5) 이윤은 상나라를 세운 탕왕의 신하이며, 이름은 지(摯)이다. 탕왕의 아내가 시집올 때 따라온 요리사였다 한다. 탕왕을 도와 하나라를 무찔렀으며, 존경의 의미로 아형(阿衡)이라 일컬었다. 탕왕의 손자 태갑(太甲)이 즉위하여 탕왕이 제정한 법제를 무너뜨리자, 이윤은 태갑을 동궁(桐宮)에 유폐시켰다가 3년 뒤 복위시켰다. 주나라의 주공과 함께 명신의 대명사처럼 일컬어지는 인물이다.

번지의 문답은 자장의 경우와 비슷한 부분이 많다. 하지만 농사에 대한 물음이나 정직한 사람을 등용하여 그렇지 못한 사람들 위에 놓는다는 가르침을 이해하지 못한 것으로 미루어보아, 도에서도 매우 수준이 낮은 사람으로 여겨지며, 조잡하고 이익을 챙긴다는 꾸지람은 분명 까닭이 없지만은 않았으리라. 그러므로 자고와 번지 두 사람을 재아와 염유 뒤쪽에 싣는다.

按: 論語, 子羔僅兩見而皆非美辭; 然其事旁見於傳記者不一, 其言亦有足多者. 蓋子羔年少, 其仕魯在孔子卒後, 是以不著於論語耳. 樊遲問答之多略類子張, 而稼圃之請, 擧錯之疑, 亦似於道甚淺者, 粗鄙近利之譏不爲無因. 故又次二人於宰我冉有之後.

사마우 司馬牛

『사기』의 기록은 이렇다.

"사마경(司馬耕)의 자는 자우(子牛)이다."[1]

史記: "司馬耕, 字子牛."

상퇴(向魋)는 위나라로 달아나고, 상소(向巢)는 노나라로 달아났다.[2] ……이에 사마우(司馬牛)[3]도 자신의 봉읍과 규장(珪璋)[4]을 송나라에 반납하고 제나라로 갔다. 상퇴가 위나라로 들어서자 공문씨(公文氏)가 그를 공격하며, 하나라 왕실로부터 전해지는 패옥(佩玉)을 요구했다. 이에 상퇴는 속임수를 써서 다른 패옥을 주고 제나라

---

1) 『사기』나『공자가어』에도 나이에 관한 기록은 없다.
2) 상퇴는 환퇴(桓魋)라 부르기도 하며, 송나라에서 사마를 지냈기에 사마환퇴로 더 잘 알려진 인물이다. 송나라 병권을 거머쥐고 위세를 떨쳤지만, 끝내 송나라 경공(景公)과의 알력으로 쫓기는 신세가 되었다. 좌사(左師)였던 상퇴의 형 상소도 동생 때문에 위나라·노나라·제나라를 전전했다.
3) 상퇴의 동생 사마경으로, 공자의 제자이다. 상퇴의 행태를 매우 못마땅하게 여긴 인물이다. 상퇴의 동생으로 사마우 이외에 자기(子頎)와 자거(子車)가『춘추좌전』에 보인다.
4) 고귀한 신분을 상징하는 길쭉한 옥판(玉板)이다. 위쪽은 둥글거나 뾰족했고, 아래쪽은 모나게 만들었다.

로 달아났다. 제나라 진성자는 그를 차경(次卿)으로 삼았다. 이에 사마우는 또 제나라 봉읍을 내놓고 오나라로 갔다. 그러나 오나라에서 그를 싫어했기에 송나라로 되돌아가려 했다. 그때 조간자(趙簡子)[5]가 그를 불렀고, 진성자도 그를 초청했으나 가지 않았다. 그는 송나라로 돌아가던 도중 노나라 교외에서 죽었는데, 노나라 갱씨(阬氏)가 그를 구여(丘輿)[6]에 장사지냈다. (『춘추좌전』 애공 14년)

　　向魋奔衛, 向巢來奔. 司馬牛致其邑與珪焉, 而適齊. 向魋出於衛地, 公文氏攻之, 求夏后氏之璜焉; 與之他玉而奔齊. 陳成子使爲次卿. 司馬牛又致其邑焉而適吳. 吳人惡之而反. 趙簡子召之, 陳成子亦召之. 卒於魯郭門之外; 阬氏葬諸丘輿. (左傳哀公十四年)

【부론】 사마우가 우울한 모습으로 말했다.

"사람들은 누구나 형제가 있건만, 나만 홀로이구나!"[7] (『논어』 「안연편」)

　　【附論】 司馬牛憂曰: "人皆有兄弟, 我獨亡!" (論語顔淵篇)

---

5) 조간자는 춘추시대 말 진나라 정경(正卿) 조앙(趙鞅)으로, 달리 지보(志父)나 조맹(趙孟)이라 부르기도 한다. 적자(嫡子)인 백로(伯魯, 智伯)를 폐하고 비천한 몸에서 태어난 무휼(無恤)을 후계자로 삼았는데, 적장자인 지백과 무휼의 반목은 전국시대로 진입하는 계기가 되기도 했다.

6) 구여는 지금의 산동성 비현 서쪽이다. 달리 여성(輿城)이라고 적기도 한다. 『청일통지』(淸一統志)에서는 비현의 남성산(南城山)에 사마우의 묘가 있다고 했다.

7) 사마우의 형제는 적어도 5명이었지만, 악행을 저지른 환퇴 때문에 뿔뿔이 흩어지게 된 처지를 비관한 말이다.

칠조개 漆雕開

『사기』의 기록은 이렇다.

"자는 자개(子開)이다."[1]

史記: "字子開."

공자가 칠조개에게 벼슬하라 했더니, 칠조개가 공자에게 이렇게 말했다.

"저는 벼슬에 아직 자신이 없습니다."

그러자 공자가 기뻐했다. (『논어』「공야장편」)

子使漆雕開仕, 對曰: "吾斯之未能信." 子說. (論語公冶長篇)

나의 생각은 이렇다.

사마우와 칠조개 두 사람은 성인 공자의 문하에서 별로 드러난 게 없다. 그러므로 여러 현인들 뒤쪽에 싣는다.

按: 二子在聖門皆無所表見, 故幷次之於諸賢之後.

---

1) 『공자가어』에서는 채(蔡)나라 사람으로 공자보다 열한 살 어리며, 자는 자약(子若)이라 했다.

공야장 公冶長

『사기』의 기록은 이렇다.
"자는 자장(子長)이다."[1]
史記: "字子長."

공자는 "공야장은 사위로 삼을 만하다. 그가 비록 감옥에 갇힌 적이 있지만, 그의 죄는 아니다"라고 말하고, 사위로 삼았다. (『논어』「공야장편」)
子謂"公冶長, 可妻也, 雖在縲紲之中, 非其罪也", 以其子妻之. (論語公冶長篇)

1. 새가 하는 말을 알아들었다는 이야기를 변증함
(辨通鳥言之說)

세상에 전해지는 이야기로 공야장은 새가 하는 말을 알아들을 수 있었다고 한다. 호랑이가 양을 물고 산으로 들어간 적이 있었는데, 새가

---

1) 『사기』나 『공자가어』에 나이에 관한 기록은 없으며, 『공자가어』에서는 이름을 장(萇)이라 했다.

공야장에게 이를 일러주며 양을 가져오도록 했다. 그런데 양을 잃어버린 사람이 발자취를 밟아 공야장이 훔쳐간 것으로 여기고 관아에 고발했다. 그래서 공야장이 옥사에 갇히게 되었으며······[2]

世傳公冶長通於鳥言, 有虎負羊於山, 鳥告長使取之; 喪羊者跡得之, 以爲竊也, 訟之於吏, 以此陷於縲絏云云.

이런 이야기는 황당무계하고 비루하여 변명할 가치도 없다. 하지만 호기심 많은 사람들이 이런 이야기를 이끌어 『논어』를 해석하는 자도 있으니, 자못 후학들을 그르침이 적지 않다.

더구나 공야장에게 과연 그런 일이 있었다면, 자신의 배를 채우고자 일부러 남의 물건을 취한 것이며, 그래서 형벌을 받았다면 비록 훔친 것은 아니라 하더라도 죄가 없다고 말할 수는 없다. 그런데 공자는 어찌하여 "그의 죄가 아니다"라고 말할 수 있었겠는가! 배우는 사람은 이런 이야기를 그야말로 도저히 믿지 못할 '제동지어'(齊東之語)[3]처럼 여겨야 하리라.

其說荒誕鄙陋, 本不足辨, 而好奇之士亦有援以釋論語者, 貽誤後學非小也. 且使長果如此, 是長以口腹故取非其有, 以陷於刑, 雖非盜竊, 亦不得爲無罪, 孔子何得謂之"非其罪"乎! 學者等諸'齊東之語'可矣.

---

2) 황간(皇侃)의 『논어의소』(論語義疏)에서의 말이다. 황간은 지금으로서는 알 수 없는 『논석』(論釋)이라는 책을 인용하여 공야장은 새의 말을 알아들었으며, 죽은 사람 고기를 먹었으므로 살인으로 의심받아 옥에 갇혔다 했다. 하지만 도저히 믿기지 않는 말이다. 형병(邢昺)도 『논어소』(論語疏)에서 이를 논박한 적이 있다.

3) 제나라 동쪽에 살고 있는 야인들의 말로, 전혀 귀 기울일 필요 없는 허무맹랑한 이야기라는 뜻이다. 보통 제동야어(齊東野語)라 한다. 『맹자』 「만장 상」에서 "이는 군자의 말이 아니고, 제나라 동쪽 야인의 말이다"(此非君子之言, 齊東野人之言也)라고 했다.

남용 南容

『사기』의 기록은 이렇다.

"남궁괄(南宮括)의 자는 자용(子容)이다."[1]

史記: "南宮括, 字子容."

『논어집해』(論語集解)[2]에서는 이렇게 말하고 있다.

"남용은 공자의 제자 남궁도(南宮縚)로, 노나라 사람이다."

論語集解: "南容, 弟子南宮縚, 魯人也."

　공자는 "남용이야말로 나라에 도가 있으면 포의(布衣)로 그냥 두지 않을 것이며, 나라에 도가 없어도 형벌을 모면할 사람"이라 말하고, 조카사위로 삼았다.[3] (『논어』「공야장편」)

---

1)『사기』나『공자가어』에 나이에 관한 기록은 없으며,『공자가어』는 그를 맹희자의 아들인 중손열이라 했다.

2)『논어집해』는 삼국시대 위나라 하안(何晏, ?~249)이 엮은『논어』에 대한 최초의 집주본이다. 하안과 이 책에 대해 뒤쪽「논어원류부고」(論語源流附考)에서 자세히 다룬다.

3)『공자가어』「본성해」에서는 공자의 이복형으로 맹피(孟皮)가 있다고 했으나 확실치 않다. 다만 공자의 자가 둘째를 뜻하는 중니(仲尼)였음을 감안할 때 형이 하나쯤 있었을 법도 하다.『공자가어』에서는 형의 아들로 공멸(孔蔑)이 있

子謂"南容, 邦有道不廢, 邦無道免於刑戮", 以其兄之子妻之. (論語公冶長篇)

남용이 시를 읊다가 '백규'(白圭)[4] 구절을 세 번 반복하자,[5] 공자는 조카사위로 삼았다. (『논어』 「선진편」)

南容三復白圭, 孔子以其兄之子妻之. (論語先進篇)

1. 남용은 남궁괄이지 남궁경숙이 아니다
(南容即南宮适非南宮敬叔)

『논어집주』에서는 이렇게 말하고 있다.

"남용의 이름은 도(縚)이며, 또 다른 이름은 괄(适)이다. 시호는 경숙(敬叔)이며, 맹의자의 형이다."

이는 『논어』에서의 남용이 바로 『춘추좌전』의 남궁경숙이라는 말이다.

論語集註云: "南容, 名縚, 又名适, 諡敬叔, 孟懿子之兄也." 是謂論語之南容, 即春秋傳之南宮敬叔矣.

나는 이렇게 생각한다.

이런 주장은 정현(鄭玄)[6]의 『예기주』(禮記註)에서 비롯되었으며,[7]

었다고도 했다.

4) 백규는 『시경』 「대아」 '억편'(抑篇)의 시구로, 곧 "희고 맑은 구슬의 티는 그래도 갈아낼 수 있건만, 말의 티는 어찌할 수 없다네"(白圭之玷, 尙可磨也. 斯言之玷, 不可爲也)이다.

5) 주자는 『논어집주』에서 "남용은 하루에 세 번 이 구절을 반복해서 읊었다"(南容一日三復此言)고 했다. 유보남은 『논어정의』에서 남용이 어느 날 「대아」의 '억편'을 읊조리며 '백규지점' 네 구절을 세 번 반복해 읊은 것이지, 매일 이 구절을 세 번 반복한 것은 아니라 했다.

6) 정현(127~200)은 후한 말 경학자로, 자는 강성(康成), 북해(北海, 지금의 산

『사기색은』에서도 그대로 답습한 것이다. 하지만 경전이나 제자서(諸子書)로 살펴볼 때 한결같이 다른 사람으로 되어 있다.

『춘추좌전』에서는 "맹희자가 죽음을 앞두고 대부들을 불러놓고 말했다. '내가 죽거든 반드시 내 아들 열(說)과 하기(何忌)를 공구(孔丘)에게 맡기시오. 그리하여 공구를 섬기며 예를 배울 수 있도록 하시오'"8)라고 했다. 그렇다면 남궁경숙의 이름은 그대로 열이며, 도나 괄이라고 부르지 않았다.

이것이 첫 번째 잘못이다.

余按: 此說本之鄭氏康成禮記註中, 而史記索隱亦相承用之; 然以經傳諸家考之, 皆兩人也. 春秋傳云: "孟僖子將死, 召其大夫曰: '我若獲沒, 必屬說與何忌於夫子, 使事之而學禮焉.'" 然則南宮敬叔自名說, 不名絅與适也. 其誤一也.

『논어』에서 임금이나 대부를 호칭할 때에는 반드시 그들의 시호를 썼

동성 高密) 사람이다. 시종 재야의 학자로 지냈지만, 훈고학과 경학의 시조로 존경받았다. 금문경학과 고문경학에 두루 정통했으며, 천문과 역수(曆數)에도 조예가 깊었다. 마융에게 『역』 『서』 『춘추』를 배운 뒤 마흔 살이 넘어 귀향할 때, 마융은 "나의 학문이 정현과 함께 동쪽으로 떠나가는구나"라고 탄식했다 한다. 마흔네 살 때 당고(黨錮)의 화를 당한 뒤로 연구와 저술에만 몰두했다. 고문경과 금문경을 막론하고 가장 옳다고 믿는 학설을 취해 『주역』 『상서』 『모시』 『주례』 『의례』 『예기』 『논어』 『효경』 등에 주를 달았다. 『천문칠정론』(天文七政論) · 『육예론』(六藝論) · 『모시보』(毛詩譜) · 『박허신오경이의』(駁許愼五經異義) 등을 지었다 하나, 『모시전』(毛詩箋) · 『주례』 『의례』 『예기』의 주해만 전해진다. 청나라 원균(袁鈞)이 엮은 『정씨일서』(鄭氏佚書)가 있으며, 그의 『논어』 주석 일부가 근래 신강지역 당나라 무덤에서 출토되기도 했다.

7) 정현은 『예기』 「단궁편」의 주에서 "남궁도는 맹희자의 아들 남궁열로, 자는 자용이다. 그의 아내는 공자의 형 딸이다"(南宮絅, 孟僖子之子南宮閱, 字子容, 其妻孔子兄女)라고 했다.

8) 『춘추좌전』 소공 7년의 내용인데, 이는 소공 24년(기원전 518)의 맹희자의 유언을 옮겨 적은 것에 지나지 않는다. 소공 7년 당시엔 맹의자나 남궁경숙이 태어나지도 않았다.

다. 예컨대 정공·애공·환자·강자·무숙·경백 등이 모두 그랬으며, 맹의자나 맹무백은 모두 공자의 제자였는데도 시호를 썼다. 남용이 과연 노나라 대부였다면, 어찌하여 그만 홀로 시호를 사용하지 않았을까? 이것이 두 번째 잘못이다.

論語稱君大夫必擧其諡, 若定公哀公桓子康子武叔景伯皆然; 孟懿子與武伯皆遊聖門, 亦擧其諡. 南容果魯大夫, 何以獨不擧其諡乎? 其誤二也.

남궁경숙은 노나라 대부로 화재가 났을 때 조치를 재빨리 취한 것 이외에는 별다른 게 없으며,[9] 태도 또한 맹의자와 별로 다를 게 없는 사람이었다. 맹의자와 남궁경숙은 비록 공자에게 예를 배운 적이 있지만, 그들은 대대로 이어지는 대부의 자제로서 실제로 성인 공자를 존경할 줄도 몰랐던 사람들이다.

공백료가 자로를 헐뜯자 자복경백은 공백료를 죽이려 했으며, 숙손무숙이 공자를 비난하자 자복경백은 그런 사실을 자공에게 일러주곤 했지만, 남궁경숙은 그럴 때마다 못 들은 체했던 사람이다. 따라서 예(羿)나 오(奡)에 대한 물음은 틀림없이 남궁경숙이 했음직한 질문도 아니며, 더구나 예나 오에 대해 말한 의도를 살펴보면 은연중 삼가를 풍자한 것으로 여겨진다. 그러니 더욱 남궁경숙의 말답지 않다. 이것이 세 번째 잘못이다.

敬叔爲魯大夫, 自救火一事外無所表見, 度亦懿子一流人耳. 懿子敬叔雖嘗學禮聖門, 然皆世祿子弟, 實不知尊聖人. 公伯寮之愬, 景伯欲殺之, 武叔之毀, 景伯告之子貢, 而敬叔皆若弗聞也者. 羿奡之問必非敬叔所能; 且玩其意似皆隱刺三家, 尤不似敬叔語也. 其誤三也.

---

9) 『춘추좌전』에 의하면 애공 3년(기원전 492) 5월 28일에 노나라 도성에 화재가 났으며, 많은 관청과 함께 환궁(桓宮)과 희궁(僖宮)도 불에 탔다. 이때 남궁경숙은 공문서를 챙기는 등 재빠르면서도 침착한 모습을 보여줬다.

공자는 남용을 일컬어 "나라에 도가 있으면 버려지지 않을 것"이라고 말했는데, 이는 벼슬하지 않은 포의지사(布衣之士)를 두고 한 말인 듯하다. 그런데 남궁경숙은 맹손씨의 아들로, 애초부터 버려지지 않는다는 것쯤이야 당연한 사실로 공자가 입을 뗄 필요조차 없다.

그리고 남용이 '백규' 구절을 세 번 반복하여 읊조렸으므로, 공자는 "나라에 도가 없어도 형벌을 모면할 것"이라고 말했다. 그런데 『예기』 「단궁편」에는 남궁경숙이 보물을 싣고 조정을 들락거렸다는 이야기가 들어 있다. 모두 사실일 수는 없다 하더라도, 요컨대 남궁경숙은 '백규' 구절을 세 번 반복하여 읊조릴 만한 사람은 아닌 듯하다.

이것이 네 번째 잘못이다.

孔子稱南容曰"邦有道不廢", 似謂布衣之士者然; 敬叔, 孟氏餘子, 固當不廢, 無待孔子言之. 南容三復白圭, 故孔子曰"邦無道免於刑戮"; 而戴記檀弓篇, 敬叔乃有載寶而朝之事, 其言雖不必盡實, 要其人不似三復白圭者. 其誤四也.

『논어』 가운데 남용은 모두 세 번 나온다. 그런데 때로는 남용 때로는 남궁괄이라 불렸지, 단 한 번도 경숙이라거나 열이라고 부른 적은 없다. 뿐만 아니라 『춘추좌전』에서의 남궁경숙과 관련된 내용은 어디에도 없다. 그렇다면 공자가 조카사위를 삼은 사람은 그냥 남용이며 남궁경숙과 상관없다.

그리고 『춘추좌전』에서 남궁경숙은 모두 세 번 나온다. 그런데 때로는 열 때로는 경숙이라 호칭했지, 단 한 번도 남용이라거나 괄이라고 부른 적은 없다. 아울러 『논어』에 나오는 남용과 연관된 이야기는 하나도 없다. 그렇다면 노나라의 대부인 사람은 그냥 남궁경숙이지, 남용과는 아무런 관계도 없다. 이처럼 확연히 서로 다른 사람임이 너무나 분명한데, 어찌 그들을 한 사람으로 합칠 수 있단 말인가!

이것이 다섯 번째 잘못이다.

論語中, 南容凡三見, 或謂之南容, 或謂之南宮适, 未嘗一稱爲敬叔與

說也, 亦未嘗有春秋傳中南宮敬叔之一事也; 然則孔子以兄子妻之者自
南容, 與敬叔無涉也. 春秋傳中, 南宮敬叔亦凡三見, 或謂之說, 或謂之
敬叔, 未嘗一稱爲南容與适也, 亦未嘗有論語中南容之一事也; 然則爲魯
大夫者自南宮敬叔, 與南容亦無涉也. 其爲判然兩人甚明, 奈何合之! 其
誤五也.

『사기』「공자세가」에서 남궁경숙이 공자에게 예를 배웠다는 기록은
곧 『춘추좌전』의 남궁경숙과 관계된 일인데, 이 역시 경숙이라고 일컬
었지 『논어』의 남용을 일컫지는 않았다. 주나라에 간 것도 그렇다. 그리
고 『사기』「중니제자열전」에서도 "남궁괄의 자는 자용이다"라고 하여
경숙이라 말한 적도 없으며, 더욱이 맹손씨의 아들이라 말한 적도 없
다. 남용에 관한 「중니제자열전」의 세 가지 기록은 모두 『논어』에서 따
온 것인데, 이 역시 『춘추좌전』의 남궁경숙과 하나도 연관이 없다.

그렇다면 『사기』에서도 남용은 그냥 남용이고, 남궁경숙은 그냥 남궁
경숙이라고 여긴 것이다. 그런데 정현은 도대체 무슨 근거로 남용이 바
로 남궁경숙이라는 것을 알 수 있었단 말인가?

이것이 여섯 번째 잘못이다.

史記孔子世家記學禮事, 是卽春秋傳中南宮敬叔事也, 亦稱爲敬叔, 不
稱爲論語之南容; 於適周事亦然; 至於弟子列傳, 則云 "南宮括, 字子
容", 不復言爲敬叔, 並不言爲孟氏之餘子矣. 所記三事皆采之論語中, 亦
無春秋傳敬叔之一事. 然則史記亦以爲容自容, 敬叔自敬叔矣. 康成何由
而知南容之卽爲南宮敬叔也哉? 其誤六也.

왕숙(王肅)[10]은 『논어주』(論語註)[11]에서 "남용은 제자 남궁도로 노

---

10) 왕숙(195~256)은 삼국시대 위나라 학자로, 자는 자옹(子雍), 동해 담(郯, 지
금의 산동성 郯城縣 서남쪽 30리) 사람이다. 왕랑(王朗)의 아들로 시사와 제
도에 밝았으며, 중령군(中領軍)과 산기상시(散騎常侍) 등을 지냈다. 왕랑에

나라 사람이다"라고 했다. 이처럼 남용을 노나라의 대부였다고 말하지 않았는데, 이는 위(魏)나라 때도 같은 사람으로 여기지 않았음이다. 위소(韋昭)[12]의 『국어주』(國語註)에서는 "경숙은 노나라 대부 남궁열이다"라고 했다. 여기에서도 남궁경숙을 남궁괄이라 하지 않았는데, 이는 오나라 사람들도 같은 사람으로 여기지 않았음이다.

왕숙이나 위소만 그런 게 아니다. 『공자가어』는 진(晉)나라와 송나라 시기의 사람들에 의해 만들어진 것임에도, 이 책의 「제자해편」에서 경숙이라 하지 않았으며, 경숙에 관한 이야기는 하나도 없다. 다만 노자에게 예를 배웠다는 「관주편」(觀周篇)의 기록에서는 경숙이라고 했고, 또 맹희자의 상복을 벗었다는 「정론편」(正論篇)의 기록에서는 남궁열이라고 했다. 이처럼 한결같이 남용이라고 말하지는 않았다. 따라서 『공자가어』도 서로 다른 사람으로 여긴 것이다.

대체로 당시 정현의 설은 아직 크게 유행하지 않았기에, 학자들은 그나마 옛날 경전 및 한나라 초의 훈고를 이어받아 해석했던 것이다. 오

게 금문학을 배운 뒤 고문학자인 가규(賈逵)와 마음의 현실주의적 해석을 이어받았다. 참위설과 예학에 치우친 정현의 학설을 반박하기 위해 『성증론』(聖證論)을 지었으며, 공안국의 『상서전』 『논어주』 『효경주』를 근거로 『공자가어』와 『공총자』를 엮어 자신의 설을 뒷받침하려 했다. 딸이 사마소(司馬昭)에게 시집가 진나라 무제(武帝) 사마염(司馬炎)을 낳았으므로, 왕숙의 학설은 관학으로서 최고의 권위를 떨쳤는데, 이는 제왕의 힘이 학문의 방향 설정에 얼마나 많은 영향을 미치는지에 대한 본보기가 되기도 했다.

11) 왕숙의 『논어주』는 달리 『논어왕씨의설』(論語王氏義說)이라 부르기도 한다. 완효서(阮孝緒)의 『칠록』(七錄)에 왕숙의 『논어주』 10권이란 기록이 있으나, 『수서』 「경적지」에는 없어졌다고 했으며, 『당서』(唐書) 「예문지」와 육덕명(陸德明)의 『경전석문서록』에는 왕숙의 『논어주』 10권이란 기록이 있다. 지금은 전해지지 않으며, 하안의 『논어집해』에 인용된 39개 구절이 있을 뿐이다.

12) 위소(204~73)는 삼국시대 오나라 운양(雲陽) 사람으로, 자는 홍사(弘嗣)이다. 시중(侍中)으로 국사 편찬을 도맡았지만, 과격한 간언으로 손호(孫皓)에게 죽임을 당했다. 『수서』 「경적지」에 그의 저술로 『오서』(吳書) · 『동기』(洞記) · 『국어주』 · 『변석명』(辯釋名) · 『효경해찬』(孝經解讚)이 보인다. 『삼국지』에서는 위요(韋曜)라 적었는데, 이는 사마소(司馬昭)를 피휘한 것이다.

로지 진나라 두예만이 『춘추좌전』에 주를 달면서 정현의 설을 따른 것으로 보이나, 거기에서도 이들에 대해 별다른 말이 없었다.

王肅論語註云: "南容, 弟子南宮縚, 魯人也." 不言爲魯大夫, 是魏人未嘗以爲一人矣. 韋昭國語註云: "敬叔, 魯大夫南宮說." 不言爲南宮适, 是吳人亦未嘗以爲一人矣. 微獨肅之與昭而已, 家語乃晉宋間人之所撰, 而於弟子解篇亦不言爲敬叔, 不載敬叔一事, 至觀周篇記學禮事則云敬叔, 正論篇記除僖子喪事則云南宮說, 皆不言爲南容, 是家語亦以爲兩人矣. 蓋當是時康成之說尙未盛行, 故學者猶承古經傳及漢初訓詁而用之. 惟晉杜預註春秋傳頗似用康成說而未明言.

그런 가운데 사마정(司馬貞)은 정현의 설을 따라 『사기』에 주를 달았고, 주자는 다시 이를 근거로 『논어』의 주를 달았다. 그리하여 마침내 그들이 서로 다른 두 사람이라는 것을 아는 사람이 없게 되었으며, 나아가 후세 사람들에게 덕을 숭상하는 자도 때로는 보물을 싣고 벼슬을 구걸하는 것으로 의심하게 만든 것이다. 이런 오류는 어찌 보면 작은 잘못인 듯하지만, 결코 작은 잘못이 아니다.

이제 나는 남용처럼 어진 사람이 남궁경숙을 대신해 욕을 먹게 하고 싶지 않다. 그러므로 이를 위해 변증했으며, 무릇 남궁경숙에 관한 이야기는 모두 넣지 않는다.

自司馬氏采之以註史記, 而朱子復據之以註論語, 世遂無復有知其爲兩人者, 致使後人疑尙德之人有載寶之事, 其失似小而正非小也. 今不欲使賢者代人受過, 故爲之辨, 而凡敬叔之事槪不附焉.

【부록】 남궁괄이 공자에게 물었다.

"예(羿)는 활을 잘 쏘고,[13] 오(奡)는 물에서 배를 밀 만큼 힘이 셌다

---

13) 예에 대해 세 가지 설이 있지만, 공통적으로 활을 잘 쏘았다는 것은 일치한다. 하나라 때 유궁씨(有窮氏) 임금으로, 활솜씨를 믿고 사냥만 일삼다가 한착(寒

고 합니다.[14] 하지만 그들은 모두 올바로 죽지 못했습니다. 우왕과 후직(后稷)[15]은 몸소 농사를 지었습니다. 그런데도 천하를 차지하게 되었습니다."

그러나 공자는 아무런 대답도 하지 않았다. 이윽고 남궁괄이 밖으로 나가자, 공자가 말했다.

"군자로다, 저 사람이야말로! 덕을 숭상하는구나, 저 사람이야말로!" (『논어』「헌문편」)

【附錄】 南宮适問於孔子曰:"羿善射, 奡盪舟, 俱不得其死然; 禹稷躬稼, 而有天下."夫子不答. 南宮适出, 子曰:"君子哉若人! 尙德哉若人!" (論語憲問篇)

【존참】 남궁도의 아내가 시어머니 상을 당했을 때였다. 이때 공자는 좌(髽),[16] 곧 북상투를 꼬집어 이렇게 말했다.

"너는 너무 쭈뼛하구나! 너는 너무 펑퍼짐하구나! 개암나무로 비녀를 만들되, 길이는 한 자로 하거라.[17] 그리고 총(總)은 여덟 치로 하거라."[18] (『예기』「단궁편 상」)

浞)에게 죽임을 당했다 한다.『초사』「천문」 및 『회남자』에서는 요임금 시절 나타난 태양 열 개 가운데 아홉 개를 쏘아 떨어뜨렸다 했으며,『설문해자』에서는 제곡씨(帝嚳氏)의 활쏘기 스승이라 했다.

14) 오는 요(遶)로 적기도 하며, 한착의 아들이라 한다. 힘이 장사로 뭍에서 배를 끌 수 있었다 한다.

15) 후직은 주나라 시조로 알려져 있으며, 태씨(邰氏)의 딸 강원(姜嫄)이 거인의 발자국을 밟고 잉태하여 낳았다 한다. 들판에 버렸으므로 이름을 '기'(棄)라 했으며, 요순시대 농관(農官)을 지냈다 한다.

16) 좌는 상투처럼 삼끈으로 머리를 묶는 여자들의 조문법이다. 노나라 양공 4년(기원전 569) 가을 주(邾)나라·거(莒)나라가 증(鄫)나라를 침공했을 때, 증나라를 지원하기 위해 주나라 깊숙이 쳐들어갔던 노나라 대부 장홀(臧紇, 臧武仲)은 호태(狐駘)에서 참패를 당했다. 이에 수많은 병사가 죽었고, 노나라 여인들이 손쉬운 상복으로 주검을 맞이하면서 생겨난 풍습이라 한다.

17) 비녀의 길이는 평소엔 1자 2치, 상중엔 1자였다고 한다.

18) 베로 머리를 동여매는 것을 총이라 하며, 동여맨 뒤 끈을 여덟 치만 늘어뜨리

2. 괄과 도에 대해(括與縚)

나의 생각은 이렇다.

『논어』에서 공자가 조카사위로 삼은 사람은 남용이다. 그런데 『사기』 「중니제자열전」에서는 남궁괄(南宮括, 『논어』에서는 '适'로 적었음)이라 했고, 『논어집해』에서는 남궁도(南宮縚)라 했다.

『예기』 「단궁편」을 자세히 살펴보면 남궁도의 아내는 바로 공자 형님 딸처럼 보이며, 괄(括)도 용(容)과 의미가 서로 가깝다.[19] 어쩌면 본래 이름이 위(圍)와 건(虔),[20] 앙(鞅)이나 지보(志父)[21]처럼 두 가지였던 것인지, 아니면 옮겨 적다가 글자가 달라져 마치 위(蔿)가 위(薳),[22] 사(姒)가 익(弋)처럼[23] 된 것은 아닌지 알 수 없다. 그러므로 모두 남겨둠으로써 참고할 수 있도록 했다.

按: 論語, 孔子妻之者南容也, 而史記謂卽南宮括(論語作适), 集解謂卽南宮縚. 玩檀弓文, 縚妻似是孔子兄子, 而括亦與容義相近. 豈本有兩

라는 뜻이다.

19) '괄'(括) 자는 약속이나 포용의 의미로 쓰이며, '용'(容) 자도 용납이나 관용의 의미로 쓰인다.

20) 초나라 공자 웅위(熊圍)는 공왕(共王)의 아들이며, 강왕(康王)의 동생이다. 조카 겹오(郟敖)를 시해한 뒤 즉위하면서 이름을 건(虔)으로 바꿨다.

21) 춘추시대 말 진나라 정경 조앙(趙鞅, 趙簡子)은 진양(晉陽)을 기반으로 반기를 든 뒤, 이름을 지보(志父)로 바꿨다.

22) 위자빙(蔿子馮)은 초나라 강왕 때 영윤를 지낸 위엄(蔿掩)이다. 『춘추좌전』 양공 18년(기원전 555), 초나라가 정나라를 침공하는 부분에서는 '위자빙'으로 적었지만, 양공 25년 그의 죽음을 기록한 부분에서는 "楚薳子馮卒"로 적었다.

23) '사'(姒)는 우왕(禹王) 후손으로 이어지는 하나라의 성이지만, 이를 '익'(弋)으로 적기도 한다.

名, 如圉與虡, 鞅與志父耶, 抑傳寫異文, 如蔿與薳, 姒與弋邪? 故幷存之, 以備參考.

3. 공야장과 남용을 사위로 삼은 것은 같은 시기의 일이 아니다
(妻長妻容非一時事)

어떤 사람은 공야장의 어짊이 남용에 미치지 못하므로 공자는 공야장을 사위로, 남용을 조카사위로 삼았다고 말한다. 이에 대해 정자는 "이는 사심(私心)으로 성인을 헤아림이다. 두 딸을 시집보낼 때 나이에 걸맞게 했을 뿐이다"[24]라고 했다.

說者或謂公冶長之賢不及南容, 故孔子以子妻長而以兄子妻容. 程子曰: "此以私心窺聖人也, 二子之妻或因其年之相當耳."

나는 이렇게 생각한다.

두 가지 내용은 『논어』를 엮은 사람들이 엇비슷한 내용을 기록한 것에 지나지 않는다. 따라서 그 간극(間隙)이 몇 년인지, 아니면 10여 년인지에 대해서는 알 수 없다. 원래 한 시기에 있었던 일이 아니었을 터인데, 공야장과 남용을 놓고 요모조모 따질 수 있었단 말인가!

무릇 공야장은 옥에 갇힌 적이 있고, 남용은 형벌을 모면할 수 있다고 했다. 이처럼 사정이 서로 맞지 않음에도 불구하고 공자는 모두 사위로 삼았다. 만일 보편적인 감정으로 형벌을 모면할 만한 사람을 고른다면, 옥에 갇힌 자는 버려야만 할 것이다. 그리고 만일 옥에 갇힌 것쯤이야 흠이 되지 않는다면, 굳이 형벌을 모면할 수 있는 자만 골라 사위

---

24) 주자의 『논어집주』를 간추린 것인데, 주자도 어디에서 공야장과 남용의 우열을 감안하여 혼사를 치렀다고 했는지에 대해서는 구체적으로 밝히지 않았다. 남조 양나라의 경학자 황간(皇侃)은 『논어의소』(論語義疏)에서 이런 주장을 펴고 있는데, 정자나 주자도 이를 수용한 것으로 여겨진다.

로 삼지도 않았으리라. 바로 여기에서 성인의 사람을 보는 관점이나 사위를 고름이 보편타당했다고 할 수 있는데, 단지 실제로 화근을 자초하지 않음을 취했을 뿐, 그의 처지가 행이냐 불행이냐는 따지지 않았던 것이다.

이런 관점에서 원인을 찾지 않고 부질없이 그들의 됨됨이를 가지고 구별하려 했으니, 제대로 글을 읽지 않은 자들이라고 말할 수밖에 없다. 따라서 정자의 말이 옳다. 하지만 사리에 아직도 미진한 구석이 있으므로, 이제 덧붙여 논의했다.

余按: 此二事不過記者類而記之, 其相隔未知數年或十數年, 原非一時之事, 而烏得有所較量區別於其間哉! 蓋公冶長在縲絏中而南容免於刑戮, 其事若相反而孔子皆妻之. 若世俗之情, 知取其免刑戮者, 則在縲絏者爲所棄; 若不以縲絏爲病, 則亦未必求其免刑戮者而妻之. 於此見聖人之觀人擇壻得其中正, 但取其實之不至於取禍, 而遇之幸不幸不計焉. 不求之此而妄意區別於其間, 可謂不善讀書者矣. 程子之論是矣, 然於事理尚未盡, 故今附論之.

4. 공야장과 남용이 반드시 공자의 제자인 것은 아니다
(長與容未必爲孔子弟子)

나의 생각은 이렇다.

남용의 신중한 언행은 어짊이며, 공야장을 사위로 삼았다면 그 또한 틀림없이 괜찮은 구석이 있었을 것이다. 그러나 『사기』에서는 「중니제자열전」에 이들을 실어놓기는 했지만, 『논어』를 살펴보면 공야장과의 문답은 전혀 없다. 그리고 남궁괄도 겨우 예와 오에 대한 물음 하나가 있을 뿐인데, 그것도 깊이 있는 문답으로 보기는 어렵다. 따라서 이들을 반드시 제자였다고 볼 수는 없다. 그러므로 여러 제자들 뒤쪽에 덧붙여 싣는다.

按: 南容之謹言, 賢矣; 卽公冶長之可妻亦必有所以取之. 然史記雖載之於弟子傳中, 而以論語之文考之, 長絶無問答之語, 适僅有羿奡一問而亦非質疑問難之比, 未見其必爲弟子也者. 故附次之於諸弟子之後.

수사고신여록 제3권

洙泗考信餘錄 卷之三

좌자 左子

【보】『좌씨전』(左氏傳) 30권. (『한서』「예문지」)

【補】左氏傳三十卷. (漢書藝文志)

【존참】 노나라의 군자 좌구명(左丘明)[1]은 제자들이 저마다 이단에 물들고, 나름대로의 생각에 젖어 참됨을 잃을까 염려했다. 때문에 공자가 쓴 역사 기록에 따라 그 내용을 자세히 거론하며 『좌씨춘추』를 엮었다.[2] (『사기』「십이제후연표서」)

【存參】 魯君子左邱明懼弟子人人異端, 各安其意, 失其眞, 故因孔子史記具論其語, 成左氏春秋. (史記十二諸侯年表序)

---

1) 좌구명은 춘추시대 노나라 사람으로 알려져 있으나 확실치 않다. 사마천이나 반고는 '좌'는 성이고 '구명'은 이름이라 했지만, 주이존(朱彝尊)은 『경의고』(經義考)』에서 '좌구'는 성이고 '명'은 이름이라 했다. 좌구명의 생존 시기나 성명 및 『좌씨전』에 대한 종합적인 탐구는 양백준의 『춘추좌전주』「전언」(前言)이 가장 상세하다. 최술은 좌구명(左丘明)이라는 이름이 등장할 때마다 좌구명(左邱明)이라고 적고 있는데, 『논어』를 비롯하여 『사기』나 『한서』 등 어디에서도 좌구명(左邱明)으로 기록한 곳은 없다. 이는 공자의 이름인 '丘'를 피하기 위한 최술만의 조치로 여겨진다.

2) 공자의 역사 기록이란 『춘추』를 말하며, 이 말 뒤에는 탁초(鐸椒) 이후 동중서(董仲舒)까지의 『춘추』에 관계된 저술을 열거하고 있다.

1. 좌씨는 좌구명이 아니다(左氏非左丘明)

유흠(劉歆)[3]은 이렇게 말했다.

"좌구명의 호오(好惡)는 성인 공자와 같았으며, 그는 공자를 직접 만났다."[4]

이는 『춘추좌전』을 지은 사람이 바로 『논어』의 좌구명이라는 말이다. 이후로 반고(班固)[5]는 『한서』에서 공자와 좌구명은 사관의 기록을 보았다고 했으며, 두예(杜預)[6]는 『춘추좌씨전집해』(春秋左氏傳集解)에서 좌구명이 공자로부터 『춘추』의 경문을 전수받았다고 했는데, 이런 말은 모두 유흠에서 비롯되었다.

당나라 담조(啖助)[7]나 조광(趙匡)[8] 그리고 송나라 정자나 주자 이

---

3) 유흠(기원전 50?~기원후 23)은 유향(劉向)의 아들이다. 자는 자준(子駿)이었으나, 뒤에 이름을 수(秀)로 바꾸고 자를 영숙(穎叔)이라 했다. 아버지를 이어 육예에 관한 책을 정리한 뒤 목록학의 중요도서인 『칠략』(七略)을 엮었으며, 『주례』 『춘추좌전』 『모시』 『고문상서』 등 고문경에도 박사를 둘 것을 건의했다. 왕망을 모살하려다 실패한 뒤 자결했다. 천문과 율력에도 밝아 『삼통력보』(三統曆譜)를 남겼다.

4) 『한서』 「초원왕전」(楚元王傳)에 인용된 유흠의 「이양태상박사서」(移讓太常博士書)에서의 말인데, 이는 『논어』 「공야장편」의 "巧言令色足恭, 左丘明恥之, 丘亦恥之; 匿怨而友其人, 左丘明恥之, 丘亦恥之"에 근거해 속단한 것으로 여겨진다.

5) 반고(32~92)는 한나라 부풍(扶風) 안릉(安陵) 사람으로, 자는 맹견(孟堅)이다. 흉노를 정벌하고 서역 원정으로 유명한 반초(班超)의 형이다. 아버지 반표(班彪)를 이어 『한서』를 거의 완성했다. 『한서』는 여동생 반소(班昭)에 의해 마무리되었기에 이를 달리 '반사'(班史)라 일컫기도 한다.

6) 두예(222~284)는 진나라 두릉(杜陵) 사람으로, 자는 원개(元凱)이다. 진남대장군(鎭南大將軍)이 되어 양양(襄陽)에 주둔할 때 수리사업으로 농업을 진작시켰으므로, 백성들로부터 '두부'(杜父)라 칭송받았다. 오나라를 멸망시킨 공으로 당양현후(當陽縣侯)에 봉해졌다. 책략에 뛰어난 그를 사람들은 '두무고'(杜武庫)라 불렀지만, 자칭 '좌전벽'(左傳癖)이라 부를 만큼 『춘추좌전』에 밝았다. 그가 엮은 『춘추좌씨전집해』는 현존하는 최초의 『춘추좌전』 주석서이다.

7) 담조(724~770)는 당나라 조주(趙州) 사람으로, 자는 숙좌(叔佐)이다. 천보

후로 드디어 『춘추좌전』을 지은 사람은 공자와 같은 시대가 아니며, 『논어』의 좌구명이 아니라 했다. 심지어 좌구명은 진(秦)나라 사람이라 말하는 자도 있었다.

劉歆云："左邱明好惡與聖人同，親見夫子."是謂作春秋傳者卽論語之左邱明也. 由是班固漢書謂孔子與左邱明觀史記，杜氏集解謂左邱明受經於孔子，蓋皆本之於此. 自唐啖趙，宋程朱以來，始謂此作傳者與孔子不同時，非論語之左邱明；而甚者至謂爲秦時人.

나는 이렇게 생각한다.

『춘추좌전』은 지백(智伯)의 패망으로 끝을 맺었으며,[9] 그것을 도공(悼公)[10]의 시호(諡號)로 기록하고 있다. 그렇다면 공자가 죽은 지 이미 수십 년 지난 때이다.[11] 그리고 『춘추좌전』의 필법(筆法)도 경문의 의미와 맞지 않은 곳이 매우 많다.[12] 따라서 공자와 직접 자리하지 않

때 단양주부(丹陽主簿)를 지냈다. 『춘추집전』(春秋集傳)과 『춘추통례』(春秋統例)가 있었다 하나 실전되었으며, 제자 육순(陸淳, 陸質)의 『춘추집전찬례』(春秋集傳纂例)에서 그 일단을 엿볼 수 있을 뿐이다.

8) 조광은 당나라 하동(河東) 사람으로, 자는 백순(伯循)이다. 담조의 제자로 『춘추』에 밝았으며, 육순의 스승이다.

9) 지백은 지백(知伯)이라 적기도 한다. 진나라의 중신으로 애공(哀公)을 옹립하는 등 전권을 행사했으며, 범씨(范氏)·중항씨(中行氏)를 멸하고 한강자(韓康子)·위환자(魏桓子) 등과 땅을 나눠 가졌다. 조간자(趙簡子)의 적장자였지만 이복동생 조양자(趙襄子, 無恤)에게 후계자의 자리를 빼앗긴 뒤, 줄곧 조양자와 반목하다가 기원전 453년에 죽었다. 욕심 많고 거만한 지백은 한강자와 위환자를 끌어들여 조양자를 공격했다가 도리어 삼가(三家)의 연합에 휘말려 최후를 맞이한 것이다.

10) 도공은 노나라 애공의 아들 영(寧)으로, 기원전 468~431년 재위했다. 삼환(三桓)에게 전권을 넘겨준 나약한 제후였다.

11) 최술은 공자가 죽은 지 이미 수십 년이라 말하고 있는데, 공자가 죽은 기원전 479년에서 지백이 죽은 기원전 453년까지는 26년이다. 『춘추좌전』 마지막 부분에서도 조양자의 시호를 쓰고 있는데, 조양자는 공자보다 53년 뒤에 죽었다.

12) 일례로 공자는 괴력난신(怪力亂神)은 말하지 않았는데, 『춘추좌전』은 괴력난신에 관한 기록이 넘쳐날 정도이다.

았음이 매우 분명하므로『논어』의 좌구명에 해당될 수 없다.

전국시대 글은 분방(奔放)한데『춘추좌전』의 글은 평이하고 간결하여『논어』나『예기』의「곡례」와「단궁」등 여러 편과 가깝다. 따라서 결코 전국시대 글처럼 보이지도 않거늘, 어찌 진나라 때 지어진 것이라 할 수 있겠는가?

양공(襄公)과 소공(昭公)에 관한 글은 번무(繁蕪)하여 문공(文公)·선공(宣公) 이전과 사뭇 다르지만, 정공(定公)과 애공(哀公)에 관해서는 도리어 간략하여 빠뜨린 내용이 많다. 이는 애공 말기에 사건도 제대로 기록되지 않았으며, 틀림없이 정공과 애공 시대를 기록한 문서마저 세상에 드러난 게 별로 없었기 때문이었으리라. 그렇다면『춘추좌전』이 만들어진 시기는 정공과 애공 시대로부터 그리 멀지 않았으며, 전국시대 후기 사람이 썼다고 말할 수도 없다.

余按: 左傳終於智伯之亡, 係以悼公之諡, 上距孔子之卒已數十年, 而所稱書法不合經意者亦往往有之, 必非親炙於孔子者明甚, 不得以論語之左邱明當之也. 戰國之文恣橫, 而左傳文平易簡直, 頗近論語及戴記之曲禮檀弓諸篇, 絶不類戰國時文, 何況於秦. 襄昭之際, 文詞繁蕪, 遠過文宣以前; 而定哀間反略, 率多有事無詞; 哀公之末, 事亦不備, 此必定哀之時紀載之書行於世者尙少故爾. 然則作書之時上距定哀未遠, 亦不得以爲戰國後人也.

더구나『사기』에서는『춘추좌전』을 좌구명이 지었다고만 했지, 어느 때 사람이라고 말하지 않았으며, 그가 공자를 직접 만났다는 내용도 없다. 따라서 두 사람의 성명이 우연히 같았던 것인지, 아니면『좌씨춘추』라고 전해지기에 사마천은 마침내 이를 억측하여『논어』의 좌구명으로 여겨버렸는지에 대해서는 알 수 없다.

그런가 하면『논어』를 해설하는 자들 가운데 좌구(左丘)는 복성(複姓)으로, 공양(公羊)이나 곡량(穀梁)과 같다고 말하는 사람들도 있다. 하지만『춘추』를 전한 사람을 말할 때 공양씨의『춘추』라거나 곡량씨의

『춘추』라고 하는데, 이것만은 유달리 좌씨의 『춘추』라 했지 좌구씨의 『춘추』라고 말하지 않았다. 따라서『춘추좌전』을 지은 사람은 좌씨이지 좌구씨는 아닌 것 같다. 그렇다면『춘추』를 전한 사람의 성명이 과연 좌구명인지도 섣불리 결정지을 수 없다.

且史記但以傳爲左邱明所作, 不言爲何時人, 而亦未有親見孔子之文, 不知二人姓名之偶同邪? 抑相傳爲左氏春秋, 而司馬氏遂億料之以爲論語之左邱明邪? 說論語者以左邱爲複姓, 與公羊穀梁正同. 乃傳經者云公羊氏春秋, 穀梁氏春秋, 而此獨云左氏春秋, 不云左邱氏, 又似作傳者左氏而非左邱氏也者. 然則傳春秋者其姓名果爲左邱明與否固未可定.

하지만 이런『춘추좌전』이 없었다면 삼대의 남겨진 제도와 동주시대의 사실은 물론이고, 성현의 사적에 대한 연월의 선후를 모두 고찰할수 없었으리라. 그렇다면『좌씨전』이야말로 공자 이후 가장 큰 공신이며, 그 사람에 대해 주목하지 않을 수 없다.

이미『좌씨춘추』라고 전해지기 때문에 곧 좌자(左子)로 표제를 삼고그의 이름과 자는 비워두었다.[13] 단지『사기』의 내용만을 '존참'에 실었으며, 아울러 후세 사람들의 경중을 논의한 말을 실어 절충할 수 있도록 했다.

然無此傳則三代之遺制, 東周之時事, 與聖賢之事跡年月先後, 皆無可考, 則此書實孔子以後一大功臣也, 不可不標其人. 旣相傳爲左氏春秋, 故卽題以左子而缺其名與字, 但載史記之語以存參, 幷識後人軒輊之言

---

13) 최술은 '자'(子)를 함부로 쓰지 않았다. 안자와 증자 및 유자가 고작이며, 가끔 민자건을 민자로 썼지만 표제로 사용하지는 않았다. 유자도『논어』의 기록 때문에 그렇게 불렸을 따름이지 흔쾌히 붙인 것처럼 보이지 않는데, 이는 유자를 민자건이나 자공 및 자로 등 많은 제자들 뒤쪽에 놓은 것만 보아도 뚜렷이 알 수 있다. 그런 최술이 '좌자'라고 표제를 삼은 것은 이름과 자를 확정지을 수 없었기에 취한 조치일 수도 있겠지만, 한편으로는『춘추좌전』에 대한 신뢰감도 작용했을 것으로 여겨진다.

以折衷焉.

2. 『국어』는 좌씨가 지은 게 아니다(國語非左氏作)

『사기』「태사공자서」에서는 이렇게 말하고 있다.

"좌구명은 눈이 멀자, 이에 『국어』를 지었다."

사마천이 이렇게 말한 뒤로 학자들 모두 『국어』와 『춘추좌전』은 한 사람이 지은 것이라 했으며,[14] 동한의 학자들은 『국어』를 마침내 『춘추외전』(春秋外傳)이라 불렀다.[15]

史記自序云: "左邱失明, 厥有國語." 由是世儒皆謂國語與春秋傳爲一人所撰, 東漢之儒遂題之曰春秋外傳.

나는 이렇게 생각한다.

『춘추좌전』의 글은 연월이 분명하며, 내용도 거의 실제적인 기록이다. 하지만 『국어』는 황당무계하여 모순투성이이다. 『춘추좌전』의 기록은 간결하며, 말씨도 매우 적절하다. 반면에 『국어』는 말씨가 지리멸렬하고 용렬하여 종잡을 수 없다. 따라서 결코 한 사람의 손에서 나온 게 분명 아니다. 더구나 『국어』 가운데 주나라와 노나라의 기사는 거의 평이하고, 진나라와 초나라의 기사는 매우 첨예하며, 오나라와 월나라에 대한 기사는 꽤나 분방하다. 이 또한 『국어』를 한 사람이 지은 게 아니기 때문에 그렇다.

余按: 左傳之文, 年月井井, 事多實錄, 而國語荒唐誣妄, 自相矛盾者甚多; 左傳紀事簡潔, 措詞亦多體要, 而國語文詞支蔓, 冗弱無骨, 斷不

---

14) 반고는 『한서』「사마천전」 찬(贊)에서 "孔子因魯史記而作春秋, 而左丘明論輯其本事以爲之傳, 又纂異同爲國語"라 하여 좌구명이 『국어』마저 지었음을 의심하지 않았다.

15) 왕충은 『논형』「안서」(案書)에서 "國語, 左氏之外傳也"라고 했으며, 위소(韋昭)는 「국어해서」(國語解序)에서 "其文不止於經, 故號曰外傳"이라 했다.

出於一人之手明甚. 且國語, 周魯多平衍, 晉楚多尖穎, 吳越多恣放, 卽
國語亦非一人之所爲也.

대체로『춘추좌전』은 각국의 역사서를 모아 엮은 것이다.「사춘」(師
春)이야말로 이에 대한 확실한 증거이다.[16) 반면에『국어』는 후세 사람
이 옛사람들의 이야기를 모아 그럴듯하게 엮은 것이다. 그래서 사건에
대한 기록은 적고 말만 많다. 때문에『춘추좌전』에서 단 한 마디로 끝낼
수 있는 이야기를,『국어』에서는 숱하게 이야기를 늘어놓아도 완전하지
않다. 그러므로 이를 일컬어『국어』라 한 것이며, 어(語)는 기사(紀事)
와는 달리 말을 위주로 한다는 의미이다.

이처럼『춘추좌전』과『국어』는 흑과 백처럼 전혀 다르고 하늘과 땅처
럼 현격한 차이가 있는데도, 세상 사람들은 같은 사람이 지었다고 여기
니 이 또한 이상스럽기만 하다.

蓋左傳一書采之各國之史, 師春一篇其明驗也. 國語則後人取古人之
事而擬之爲文者, 是以事少而詞多, 左傳一言可畢者, 國語累章而未足
也. 故名之曰國語, 語也者, 別於紀事而爲言者也. 黑白迥殊, 雲泥遠隔,
而世以爲一人所作, 亦已異矣.

더욱이『사기』「태사공자서」를 살펴보면 문왕과 공자를 비롯하여 모
두 일곱 가지 내용을 기록하고 있는데,[17) 그 가운데 무고(誣告)로 유리

---

16) 진나라 무제 태강 2년(218) 급군(汲郡)의 부준(不準)이라는 도굴꾼에 의해
전국시대 위(魏)나라 양왕(襄王)의 묘가 파헤쳐졌는데, 과두문자(蝌蚪文字)
로 쓰인 수많은 죽간이 쏟아져 나왔다. 이를 보통 급총서(汲塚書) 또는 급총
죽서(汲塚竹書)라 부른다. 그 가운데『국어』3편은 초나라와 진나라 역사이
며,「사춘」(師春)은『춘추좌전』의 복서(卜筮)를 따로 묶은 것이다. 따라서
『춘추좌전』과『국어』는 저작의 시대와 인물이 각기 다를 수밖에 없다는 최술
의 주장이다.
17)『사기』「태사공자서」(太史公自序)는 사마천의 울분과 극복 과정을 살필 수 있
는 자서전적인 기록으로, 자신의 가계(家系)와『사기』전체의 골격에 대해 상

(羑里)에 갇힌 문왕에 대해서는 내가 이미 변증했거니와,[18] 공자가 『춘추』를 지은 시기도 진나라나 채나라에 머물 때가 아니다. 그리고 「이소」(離騷)[19]·『병법』(兵法)[20]·『여씨춘추』·「세난」(說難)[21] 등을 지은 사실도 모두 『사기』의 기록과 다르다. 따라서 이 말도 모두 믿을 수 없다.

더구나 좌구를 굴원(屈原) 뒤에 열거했으며, 눈이 멀었다고만 했지 이름이 명이라고 말하지 않았다. 이는 그때까지도 『춘추좌전』을 지은 사람이 과연 좌구명인지 아닌지에 대해서 모르고 있었기에 섣불리 같은 사람이라 말할 수 없었던 것이리라. 그러므로 이제 이런 내용은 싣지 않는다.

又按史記自敍, 自文王孔子以下凡七事, 文王羑里之誣余固已辨之矣, 孔子之作春秋亦不在於陳蔡, 離騷兵法呂覽說難之作皆與本傳之說互異,

---

세히 적고 있다. 무제 천한(天漢) 2년(기원전 99) 이릉을 변호하다 궁형을 당한 그는 "이것이 내 죄란 말인가! 이것이 내 죄란 말인가! 몸은 망가져 쓸모없게 되었구나!"라고 탄식한 뒤, 분연히 역사서 완성을 목표로 매진한다. 사마천은 자신의 작업을 일곱 가지 역사적 사례에 견주었는데, 문왕이 유리에 갇힌 것은 『주역』으로, 공자가 진나라와 채나라 사이에서 어려움을 겪은 것은 『춘추』로, 굴원이 축출당한 것은 「이소」(離騷)로, 좌구명이 눈이 먼 것은 『국어』로, 손빈(孫臏)이 정강이뼈를 도려내는 형벌을 받은 것은 『손빈병법』(孫臏兵法)으로, 여불위가 촉으로 좌천된 것은 『여씨춘추』로, 한비자가 진나라에 갇힌 것은 「세난」(說難)과 「고분」(孤憤)으로 승화되었다고 했다.

18) 최술은 『풍호고신록』 제2권 '유리에 갇혀 『주역』을 지었다는 설을 변증함'(辨羑里演易之說)에서 이를 상세히 고증하고 있다.

19) 「이소」는 『초사』(楚辭)의 편명으로 전국시대 굴원(屈原, 屈平)이 지은 장편 서사시이다. 초나라 회왕(懷王)의 좌도(左徒)로 신임이 두터웠던 굴원은, 근상(靳尙)의 참소로 축출된 뒤 「이소」를 지어 자신의 결백을 표출했다. 유향은 『초사』를 편집하면서 이를 높여 「이소경」이라 불렀으며, 충신이 군주를 사모하는 글(忠臣戀主之詞)의 대명사처럼 되었다.

20) 여기에서의 병법은 『손빈병법』을 말한다. 손빈은 오왕 합려(闔廬)의 장수 손무(孫武)의 후손으로, 전국시대 제나라 위왕(威王) 때 병법으로 이름을 날렸다. 1972년 산동성 은작산(銀雀山) 한묘(漢墓)에서 『손자병법』과 『손빈병법』의 죽간 일부가 발견되기도 했다.

21) 『한비자』의 편명으로, 유세(遊說)의 어려움을 기술한 글이다.

然則此言亦未可盡信也. 且列左邱於屈原後, 言失明而不言名明, 尙未知
其意果以爲卽作傳者之左邱明否, 不得强指爲一人也. 故今不採此文.

3. 『춘추좌전』은 『공양전』과 『곡량전』보다 훨씬 훌륭하다
(左傳遠勝公穀二家)

주자는 좌씨를 역사학자로 보았고, 공양씨와 곡량씨를 경학자로 보
았다. 그리하여 "『춘추좌전』의 기사는 자세하고 풍부하지만 옳고 그름
에 오류가 많으며, 『공양전』과 『곡량전』의 기사는 비록 엉성하지만 공
자의 의도와 거의 합치된다"고 말한다.

朱子以左氏爲史學, 公穀爲經學, "左氏紀事詳瞻而是非多謬, 公穀紀
事雖疎而多得聖人之意".

나는 이렇게 생각한다.

『춘추좌전』의 내용이 『춘추』 경문의 의도와 맞지 않는다고 한다면,
그것은 그렇다고 인정할 수 있다.[22] 하지만 『공양전』과 『곡량전』이 경
문의 의도와 합치된다고 말한다면, 나는 그것을 인정할 수 없다.

공양씨와 곡량씨의 설은 대체로 월일이나 이름과 자를 많이 취하여
견강부회했으므로, 언뜻 성인 공자의 필법이 들어 있는 것처럼 보인다.
하지만 정확한 사실이야말로 의리(義理)의 본바탕인데, 사실은 소략하
면서 의리만 합치되기를 어찌 바랄 수 있겠는가!

---

22) 『춘추좌전』은 『춘추』에서 언급하지 않은 부분에 대해서도 많은 내용을 기술
하고 있지만, 『춘추공양전』과 『춘추곡량전』은 『춘추』의 체례를 그대로 따랐기
에 일견 경문에 매우 충실한 것처럼 보인다. 뿐만 아니라 『춘추좌전』은 『춘
추』의 경문과 어긋나는 부분도 많지만, 『춘추좌전』이 대부분 역사적 사실과
일치한다. 예컨대 소공 8년의 경문 "夏四月辛丑, 陳侯溺卒"과 『춘추좌전』의
"夏四月辛亥, 哀公縊"을 비교할 때, 분명 『춘추좌전』의 기록이 맞다. 일식에
관한 기록도 『춘추좌전』이 명확하다. 때문에 공영달도 『춘추좌전정의』에서
"經傳異者, 多是傳實經虛"라 했다.

余按: 左氏之不盡合於經意, 誠有然矣, 謂公穀之能得經意則未見也.
公穀之說, 大抵多取月日名字穿鑿附會, 以爲聖人書法所在. 且事實者義
理之根柢, 苟事實多疎, 安望義理之反當乎!

『춘추좌전』은 비록『춘추』의 경문과 합치되지 않은 곳이 많지만, 2백
여 년간의 사실이 간책(簡冊)에 모두 실려 있다. 따라서 주의를 기울여
찾는다면 성인의 의도를 자연스럽게 엿보고 헤아릴 수 있을 것이다.
『춘추좌전』이『공양전』이나『곡량전』보다 훨씬 뛰어난 점은 바로 의리
에 있는 게 아니고 사실에 있다는 점이다.

무릇 경(經)과 사(史)는 한나라 이후로 나누어 말했을 뿐이며, 하·
은·주 등 삼대 이전에는 이른바 경이라는 것이 바로 당시의 역사였다.
그리하여『상서』도 역사요『춘추』도 역사였으니, 경전과 사서가 아직
나눠지지 않았던 듯싶다.

그러므로 이제 오직 좌자(左子)만 여러 현인들의 뒤쪽에 놓았다. 이
는 참으로『좌씨전』이야말로 결코 버릴 수 없는 것으로 생각했기 때문
이다.

左傳雖多不合於經, 然二百餘年之事備載簡冊, 細心求之, 聖人之意自
可窺測; 左傳之遠勝於二家者正不在義理而在事實也. 夫經史者, 自漢以
後分別而言之耳, 三代以上所謂經者, 卽當日之史也. 尙書, 史也, 春秋,
史也, 經與史恐未可分也. 故今獨以左子繼諸賢之後, 誠見此一書有斷不
可廢者耳.

자사 子思

『사기』「공자세가」의 기록은 이렇다.

"백어(伯魚)가 급(伋)을 낳았는데, 자는 자사(子思)이다."[1]

史記: "伯魚生伋, 字子思."

자사가 위나라에 살고 있을 때, 제나라 군대가 쳐들어왔다. 이에 어떤 사람이 말했다.

"적들이 쳐들어오는데 어찌 피하지 않습니까?"

그러자 자사가 말했다.

"만일 나마저 피해버린다면, 임금은 누구와 함께 도성을 지킨단 말인가!" (『맹자』「이루 하」)

子思居於衛, 有齊寇. 或曰: "寇至, 盍去諸?" 子思曰: "如伋去, 君誰與守!" (孟子)

【부론】 맹자가 말했다.

---

1) 도광 4년의 동양중각정본과 1903년 일본에서 출판한 『최동벽선생유서』의 목록에는 '자사자'(子思子)로 자사의 뒤에 '자'를 덧붙였는데, 이는 자사의 공로에 대한 최술의 인식을 말해준다고 하겠다.

"자사는 신하였으며 지위도 낮았다."[2] (『맹자』「이루 하」)

【附論】孟子曰："子思, 臣也, 微也."（同上）

1. 호백구를 사양했다는 설을 변증함(辨辭狐白裘之說)

『설원』에는 이런 이야기가 실려 있다.

"자사가 위나라에 살고 있을 때이다. 자사는 온포(縕袍)에 받쳐 입을 만한 겉옷조차 없었으며, 스무 날에 아홉 끼니가 고작이었다. 이에 전자방(田子方)[3]이 소문을 듣고 사람을 시켜 호백구(狐白裘)[4]를 보내주었지만, 자사는 사양하고 받지 않았다."[5]

說苑云："子思居於衛, 縕袍無表, 二旬而九食. 田子方聞之, 使人遺狐白之裘；子思辭而不受."

나는 이렇게 생각한다.

---

2) 맹자가 증자와 자사의 처한 상황을 들어 설명한 말이다. 증자는 무성(武城)에 머물 때 월나라가 쳐들어오자 피난을 서둘렀지만, 자사는 위나라에서 벼슬할 때 제나라가 쳐들어왔으나 피난을 떠나지 않았다. 이를 두고 맹자는 각기 다른 처신은 상황에 따른 처신일 뿐 도의 차이는 아니라고 말한다. 곧 증자는 스승과 어른의 위치에 있었지만, 자사는 그렇지 않았기에 피난할 수 없었다는 말이다.
3) 전자방은 전국시대 위나라 문후(文侯)의 스승으로, 이름은 무택(無擇)이다. 뒤쪽 「전자방」에서 자세히 다룬다.
4) 호백구는 여우 겨드랑이 흰털 가죽으로 만든 갖옷으로, 1천 명의 식객을 거느렸으며 제나라 재상을 지낸 맹상군(孟嘗君)이 갖고 있었다고 말할 정도로 귀한 옷이다.
5) 『설원』「입절」의 이야기로, 전자방은 혹시 자사가 받지 않을 것을 걱정하여 "나는 남에게 무엇이든 빌려주면 곧장 잊어버린다"고 말했고, 그래도 자사가 사양하자 "나는 넉넉하고 그대는 여유가 없는데 왜 받지 않는가?"라고 물었다. 이에 자사는 "내가 알기로 남에게 함부로 물건을 줄 바엔 차라리 시궁창에 버리는 것만 못하다 하더이다. 내 비록 가난하지만 내 몸을 시궁창으로 만들 수야 없지요."라고 말했다.

자사는 노나라 사람인데, 그가 위나라에 머문 것은 위나라에서 벼슬했기 때문이다. 따라서 이처럼 가난하지는 않았으리라. 그리고 전자방은 고결한 사람으로, 호백구를 가지고 있을 만한 사람도 아니다.

   이 이야기는 증자가 봉읍을 사양한 이야기와 서로 이어져 있는데, 모두 양주의 무리들이 거짓으로 지어낸 이야기이므로 싣지 않는다. 이에 대해서는 앞쪽 「증자」에서도 거론했다.

   余按: 子思, 魯人, 其居衛者, 仕於衛也, 不至如是之貧; 而田子方, 高士, 亦非有狐白之裘者. 此與曾子辭邑之事相屬, 皆楊氏之徒所僞托, 故不錄. 說竝見前曾子篇中.

2. 구변을 천거했다는 설을 변증함(辨薦苟變之說)

『공총자』에서의 이야기이다.

   "자사가 위나라에 머물고 있었을 때, 위나라 임금에게 구변(苟變)을 추천하며 이렇게 말했다. '그의 능력은 전차 5백 승을 거느리기에 충분합니다. 임금께서 그에게 군대를 맡겨 통솔하게 한다면, 천하에 대적할 자가 없을 것입니다.' 그러자 위나라 임금이 말했다. '나도 그의 능력이 장수감이라는 것을 알고 있소이다. 하지만 그가 관리를 지낼 적에 세금을 거둬들이면서 백성의 계란 두 개를 먹었답니다. 때문에 나는 그를 등용하지 않았지요.' 이에 자사가 말했다. '무릇 성군의 인재 등용은 훌륭한 목수가 재목을 쓰는 것과 마찬가지입니다. 바로 좋은 점은 취하고 나쁜 점은 버림이지요. 이제 임금께서는 나라와 나라가 서로 다투는 전국(戰國)시대에 처하여 용감무쌍한 인재를 뽑아야만 하거늘, 겨우 계란 두 개 때문에 간성(干城)의 장수를 내팽개치고 있습니다. 이야말로 이웃나라에 소문이 나서는 안 될 일이지요.'"[6]

   孔叢子云: "子思居衛, 言苟變於衛君, 曰: '其材可將五百乘, 君任軍

---

6) 구변은 『공총자』「거위편」(居衛篇)에 언급되었을 뿐 별다른 기록은 없다.

旅帥得此人, 則無敵於天下矣.' 衛君曰: '吾知其材可將; 然變也嘗爲吏, 賦於民而食人二雞子, 以故弗用也.' 子思曰: '夫聖人之官人猶大匠之用木也, 取其所長, 棄其所短. 今君處戰國之世, 選爪牙之士, 而以二卵棄干城之將, 此不可使聞於鄰國者也.'"

나는 이렇게 생각한다.

위나라 영공이 공자에게 병법에 대해 묻자, 공자는 "군대에 관한 일은 배우지 못했습니다"라고 했으며, 맹자가 제나라나 위(魏)나라에 갔을 때에도 인정(仁政)을 베풀라 권했고, 군대를 일으켜서 이웃나라와 원한을 맺음은 재앙이라 했다. 그런데 이제 자사는 위나라에 벼슬하면서 치국안민(治國安民)을 도울 만한 신하를 천거했다는 소리는 들을 수 없고, 오로지 위나라 임금에게 무용(武勇)이 뛰어난 사람을 모아 천하에 대적할 자가 없기를 권장하고 있다. 도대체 그 의도가 무엇이란 말인가?

余按: 衛靈公問陳於孔子, 孔子對曰: "軍旅之事, 未之學也." 孟子之於齊梁亦勸以施仁政而以興兵構怨爲有災; 今子思用於衛, 不聞進治國安民之臣, 而惟勸衛君羅爪牙之士以期無敵於天下, 其意何居焉?

진나라 문공은 송나라를 구원하기에 앞서 누구를 원수로 삼을까에 대해 물은 적이 있다. 이에 조최(趙衰)[7]는 "극곡(郤縠)이 좋을 듯합니다. 그는 예악(禮樂)을 즐겨 말하며, 시서(詩書)에도 능통합니다"라고 했는데, 자사가 이렇게 말했다면 패자들마저도 비웃지 않았겠는가? 더구나 자사가 살던 시기는 위로 춘추시대 말엽과 그리 멀지 않았는데,

---

7) 조최(기원전 ?~622)는 춘추시대 진나라 문공의 총신(寵臣)으로, 자는 자여(子餘)이다. 보통 조성자(趙成子)라 일컬으며, 성계(成季)·맹자여(孟子餘)·조맹(趙孟)이라 부르기도 한다. 문공이 국외로 19년을 떠돌 때 호언(狐偃) 등과 함께 보필했으며, 패업 달성에 많은 공을 세웠다.

곧장 '전국'(戰國)이라 어찌 일컬을 수 있었겠는가?[8]

대체로 전국시대에는 섣부른 인재나 방탕한 재주꾼들이 온갖 병폐를 야기했으며, 그들은 자잘한 허물은 묻지 않고 능력만을 높이 사는 주군(主君)이 없을까 기대했다. 그러므로 자사의 이름을 빌려 넌지시 자신을 드러내려고 했을 뿐이다.

위무지(魏無知)[9]는 한왕(漢王)에게 "제가 말하는 것은 능력이고, 폐하께서 묻는 것은 행실입니다. 초나라와 한나라가 서로 다투는 마당에 저는 뛰어난 모략을 지닌 인사를 추천함이니, 그의 계책이 참으로 우리를 이롭게 하는 데 충분한지를 따질 뿐입니다. 하오니 형수와 사통했건 아니면 뇌물을 받았건 간에, 그런 것들이야 또 어찌 따질 필요가 있겠습니까!"[10]라고 했는데, 자사의 의도가 이와 꼭 들어맞는 셈이다. 그렇다면 이는 전국시대 이후 사람이 지어낸 이야기이지, 자사가 했음직한 말이 분명 아니다. 단지 『공총자』를 엮은 사람이 잘못 끼워넣었을 뿐이다.

晉文公將救宋, 謀元帥, 趙衰曰: "郤縠可, 說禮樂而敦詩書." 子思之此爲毋乃爲霸者之所笑乎? 且子思之世上去春秋之末未遠, 何得卽自名爲 '戰國'邪? 蓋戰國之時, 跅弛之士多蒙物議而患無棄瑕錄用之主, 故假託之子思以風世耳. 魏無知之對漢王曰: "臣所言者能也, 陛下所問者行也. 楚漢相距, 臣進奇謀之士, 顧其計誠足以利國家不耳, 盜嫂受金又何足疑乎!" 其意與此正相類. 然則其爲戰國以後之人所撰, 非子思之事明甚, 撰書者誤采之耳.

---

8) 전국시대 사람들은 자신들이 사는 시대를 결코 '전국'이라고 부르지 않았다. 한나라 때 『전국책』(戰國策)에 해당하는 시기를 일컫는 말이기 때문이다.

9) 위무지는 한나라 고조 유방의 신하로 진평을 추천한 인물이다. 유방은 위무지의 말을 따라 파격적인 인재를 등용함으로써 천하를 차지할 수 있었고, 이에 위무지를 호유후(戶牖侯)에 봉했다.

10) 진평(陳平, 기원전 ?~178)을 추천하면서 한 말이다. 진평은 뛰어난 모략과 군공(軍功)으로 한나라 개국공신 가운데 한 사람이지만, 형수와 사통했으며 재물을 밝혔다는 소문이 파다했다.

『공총자』라는 책에는 자사의 언행에 관한 기록이 매우 많지만, 한결같이 자사의 어짊을 드러낼 만한 것은 없으며, 글도 천박하고 비루하기 그지없다. 대부분 후세 사람들이 견강부회한 것이므로, 그것들을 다 변증할 수도 없다. 하지만 이 이야기는 사람들 입에 자주 오르내리므로 들추어 변증할 수밖에 없었다. 그러니 한 모서리만 보고도 세 모서리를 짐작할 수 있으리라.

孔叢子一書記子思言行甚多, 皆不足見子思之賢, 而文詞亦淺陋, 蓋皆後人之所附會, 不能悉辨, 此事頗熟於人口, 姑取而辨之; 擧一隅, 以三隅反, 可也.

【존참】 자사 어머니가 위나라에서 죽었다.[11] 그러자 유약(柳若)[12]이 넌지시 자사에게 말했다.

"그대는 성인의 후예입니다. 모든 사람들이 그대의 예를 주시하고 있거늘, 그대는 어찌 신중을 기하지 않습니까!"

이에 자사가 말했다.

"내가 무엇을 신중히 하리요! 내가 알기로는 이렇소. 예를 차릴 일이 있어도 재물이 없으면 군자는 행하지 않는다 하오. 또 예를 차릴 일이 있고 재물이 있다 하더라도, 시기가 적절치 않으면 군자는 행하지 않는다 하오. 그러니 내가 무엇을 신중히 하리요!"(『예기』「단궁편 상」)

【存參】 子思之母死於衛. 柳若謂子思曰: "子, 聖人之後也, 四方於子乎觀禮, 子盍愼諸!" 子思曰: "吾何愼哉! 吾聞之, 有其禮, 無其財, 君子弗行也; 有其禮, 有其財, 無其時, 君子弗行也. 吾何愼哉!"(戴記檀弓篇)

---

11) 공자의 며느리이며 공리(孔鯉)의 아내이다. 진호(陳澔)는 『예기집설』에서 공리가 죽은 뒤 아내가 위나라로 재가했다고 했다.
12) 자사의 지인이었겠지만 별다른 기록은 없다. 진호는 『예기집설』에서 위나라 사람이라 했다.

3. 자사의 모친이 위나라로 재가했다는 설을 변증함
(辨子思母嫁於衛之說)

『예기』「단궁편」에서는 또 이렇게 말하고 있다.

"자사 어머니가 위나라에서 죽자, 자사에게 부음이 전해졌으며, 자사
는 사당에서 곡을 했다. 이에 자사의 문인이 말했다. '서씨(庶氏)의 어
머니가 죽었는데, 어찌하여 공씨 사당에서 곡을 하시는 것입니까?'"[13]

戴記檀弓篇又云: "子思之母死於衛, 赴於子思; 子思哭於廟. 門人曰:
'庶氏之母死, 何爲哭於孔氏之廟乎?'"

정현은 마침내 이 이야기를 근거로 앞쪽 '존참'의 『예기』「단궁편」의
내용에 대해서 "유약은 재가한 어머니를 위해 상복을 입으려는 자사를
보고, 예에 어긋난 행동을 할까 염려되어 타이른 것"이라 풀이했다.

康成鄭氏遂本此以解前章, 謂 "柳若見子思欲爲嫁母服, 恐其失禮,
戒之."

나는 이렇게 생각한다.

여자가 소중히 여기는 바는 정절이다. 중인(中人)이라도 자중자애
(自重自愛)하는 자들이라면 정절을 지키려 하거늘, 하물며 성인의 며
느리이며 현자의 아내임에랴! 더욱이 자사의 어머니가 과연 다른 사람
에게 재가했다면, 무릇 관곽이나 수의 준비는 남편이나 그 아들이 주관
했을 것이다. 그런데도 자사가 "재물이 있으면 이렇고" "재물이 없으면
저렇고"라고 말해 어찌하겠단 말인가?

정현도 스스로 이해할 수 없었던 모양이다. 그래서 죽은 자를 위해

---

13) 정현은 『예기』를 근거로 자사의 어머니는 위나라 서씨에게 재가했다고 했는
데, 이어지는 최술의 변증처럼 문제가 많다. 『예기』「곡례편」에는 문인의 추
궁으로 자사가 사당이 아닌 다른 방으로 옮겨가 곡을 했다는 내용도 있다.

옷가지를 보낸 것으로 여겨버렸다.[14] 옷가지를 보내는 것쯤이야 하찮은 일이거늘, 여기저기서 왜 그다지도 자사의 예를 보겠다고 몰려든단 말인가?

余按: 女子所重者節, 中人之家少自愛者猶知勉焉, 況聖人之婦, 賢者之妻乎. 且子思之母如果嫁於他氏, 則凡棺槨衣衾之備自有其夫若子主之, 子思所謂"有其財", "無其財"者欲何爲乎? 鄭氏無以自解, 乃以贈襚之屬當之. 贈襚之事微矣, 四方何至遂於此觀禮哉?

맹자가 노나라에서 어머니를 장사지낼 때, 충우(充虞)는 "관곽에 사용하는 나무가 너무 호화로운 듯하다"고 했고, 이에 맹자는 "법으로 정한 제도 때문에 좋은 목재를 쓸 수 없어도 마음이 편치 않고, 재산이 모자라 좋은 목재를 사용할 수 없어도 마음이 편치 않다"고 했다.[15] 맹자의 이런 말은 자사의 말과 매우 흡사하다.

그렇다면 자사가 염두에 둔 것도 관곽이나 장례에 사용하는 옷가지 등속을 말한 것임이 분명하다. 그리고 자사가 직접 관곽이나 옷가지를 장만했다면, 자사의 아버지인 백어의 아내는 애초부터 재가한 적이 없었음이다. 자사가 위나라에서 벼슬한 적이 있으므로, 어쩌면 그의 어머니도 아들의 벼슬길을 따라갔다가 위나라에서 죽었을 수도 있다. 그런데 후세 사람들은 자사의 어머니가 위나라에서 죽었다는 사실만 듣고, 끝내 이를 오해하여 위나라로 재가한 것으로 여겼으며, 때문에 견강부회하여 이런 이야기를 지어낸 것이 아님을 어찌 알 수 있겠는가?

孟子葬母於魯, 充虞曰"木若以美然", 孟子曰"不得, 不可以爲悅; 無財, 不可以爲悅", 正與子思之言相類. 然則子思所指亦謂棺槨衣衾之屬

---

14) 정현은 『예기정의』에서 "喪之禮如子, 贈襚之屬, 不踰主人"이라 했다.
15) 『맹자』 「공손추 하」의 내용이다. 맹자는 이어서 "이제 나도 좋은 목재를 사용할 만한 지위를 얻었고 그럴 만한 재산도 있는데, 어찌 어머니 장례를 그럴듯하게 치르지 못한단 말이냐? 군자는 어떤 경우라도 어버이를 위해 돈을 아끼지 않는 법이다"라고 말한다.

明矣. 若子思治其棺槨衣衾, 則伯魚之妻固未嘗嫁也. 子思嘗仕於衛, 或者其母從宦而遂卒焉, 是未可知. 惡知非後之人聞母之卒於衛, 而遂誤以爲嫁於衛, 因附會而爲此說乎?

대체로 『예기』 「단궁편」은 이야기를 주워 모음이 꽤나 번잡스럽다. 그래서 이 두 장도 이처럼 서로 어긋나게 된 것이며, 애초부터 믿을 수 없는 이야기이다. 그리고 이를 주해하는 사람들도 제대로 알지 못하고 억지로 말을 만들어 그럴듯하게 꾸미려 들었다. 때문에 사리에 어긋난 헛소리만 늘어놓으면서도 끝내 앞뒤가 맞지 않게 된 것이리라.

그러므로 이제 뒷장의 이야기는 싣지 않는다. 여기에 대한 변증은 『정록』인 『수사고신록』의 「고종」에서도 다루었다.[16]

大抵檀弓一篇采摭頗雜, 是以兩章自相矛盾如是, 本不足信; 而註之者不知而强爲之說以合之, 是以費辭傷理而卒於抵捂也. 故今不載後章之文. 說並見前考終篇中.

노나라 목공(繆公)[17]은 자사 곁에 사람을 두지 않으면, 자사를 편안히 모시지 못할까 걱정이었다. (『맹자』 「공손추 하」)

魯繆公無人乎子思之側, 則不能安子思. (孟子)

4. 자사는 늙어서야 노나라로 돌아왔다(子思老始歸魯)

『논어』를 살펴보면 백어는 안연보다 먼저 죽었다. 「사기연표」에는 공자가 죽은 뒤 72년에 목공이 즉위했다고 했다. 그렇다면 자사는 장년시

---

16) 『수사고신록』 「고종」의 '공씨가 2대에 걸쳐 아내를 내쳤다는 설을 변증함' 참조.
17) 목공의 이름은 현(顯)으로, 기원전 407~376년 재위했다. 흔히 목(繆)을 목(穆)으로 적기도 한다.

절 위나라에서 벼슬하다가 늙어서 노나라로 돌아온 것이다.[18] 그러므로 위나라에 머문 뒤쪽에 이런 내용을 싣는다.

按論語, 伯魚卒於顔淵之前; 史記年表, 孔子卒後七十有二年, 繆公始立; 然則子思壯仕於衛, 老始歸於魯也. 故今載之於居衛之後.

【비람】목공은 자사를 대접하는데 안부를 자주 묻고 고기를 자주 보냈다. 그러나 자사는 이를 언짢게 여겼다. 그리하여 마침내 고기를 가져온 사람을 손짓하여 대문 밖으로 내보내고, 자신은 북쪽을 향해 계수재배(稽首再拜)[19]하고 거절하며 이렇게 말했다.

"오늘에야 임금이 개나 말을 기르듯 나를 대접한다는 것을 알았노라!"

아마 이런 일이 있고 난 다음부터 심부름꾼이 고기를 가져오는 일이 없어졌으리라. (『맹자』「만장 하」)

【備覽】繆公之於子思也, 亟問, 亟饋鼎肉. 子思不悅. 於卒也, 摽使者出諸大門之外, 北面稽首再拜而不受, 曰: "今而後知君之犬馬畜伋!" 蓋自是臺無餽也. (同上)

【비람】목공은 자주 자사를 찾아갔다. 그러던 어느 날 목공이 말했다.

"옛날 천승지국의 임금은 선비를 벗으로 삼았다 하는데, 이를 어떻게

---

18) 춘추시대의 연표인 『사기』「십이제후연표」와 전국시대의 연표인 『사기』「육국연표」(六國年表)에 의하면 공자는 기원전 479년에 죽었고, 목공은 기원전 407년에 즉위했다. 따라서 사마천의 기록대로라면 자사는 적어도 여든 살 정도를 산 셈이다.

19) 염약거의 『석지우속』(釋地又續) 및 단옥재(段玉裁)의 『경운루집』(經韻樓集) 「석배」(釋拜)에 따르면 계수는 이마가 바닥에 닿는 절이고, 배는 무릎을 꿇고 양손을 가슴께로 올려 머리가 손에 닿을 정도로 굽히는 절이라 한다. 그런데 재배가 먼저인가 계수가 먼저인가에 따라 의미가 다르다. 재배 뒤에 계수(再拜稽首)는 길배(吉拜)로 예물을 받아들인다는 의미이며, 계수 뒤에 재배(稽首再拜)는 흉배(凶拜)로 받아들이지 않는다는 의미라 한다.

생각하십니까?"

그러자 자사는 언짢아하며 이렇게 말했다.

"옛사람 말이라면 선비를 섬겼다 했겠지요. 어찌 벗으로 삼았다 했겠습니까!"(『맹자』「만장 하」)

【備覽】繆公亟見於子思曰: "古千乘之國以友士, 何如?" 子思不悅曰: "古之人有言曰事之云乎, 豈曰友之云乎!"(同上)

5. 맹자의 말도 다 믿을 수 없다(孟子言未可盡信)

나는 이렇게 생각한다.

목공과 자사는 춘추시대에서 그리 멀지 않은 시기에 살았다. 그런데 두 이야기는 자못 전국시대 분위기와 흡사하다. 따라서 그런 일이 설령 있었다고 하더라도 전해지면서 과장되지 않았다고 보장할 수 없으며, 혹 맹자의 문인들이 기록하면서 실제보다 부풀려졌을 수도 있다. 그러므로 '비람'에 열거한다.

按: 繆公子思上去春秋未遠, 而此二事頗類戰國風氣. 其事固當有之, 然不能保無傳聞之過當, 或門人記言者措詞之少過其實. 故列之備覽.

6. 순우곤의 말은 믿을 수 없다(淳于髡言不足信)

『맹자』에 실려 있는 순우곤(淳于髡)[20]의 말은 이렇다.

"노나라 목공 때 자류(子柳)와 자사는 신하였다."[21]

---

20) 순우곤은 전국시대 제나라의 직하(稷下) 학사로, 박학과 골계(滑稽) 및 능변 (能辯)으로 알려진 인물이다. 제나라에서 위왕과 선왕을 섬겼으며, 위나라의 혜왕을 섬기기도 했다.
21) 『맹자』「고자 하」의 내용으로, 노나라 목공 때 자류나 자사와 같은 어진 사람 이 있었음에도 불구하고 국세가 그처럼 초라한 이유가 무엇이냐고 맹자에게 묻는 순우곤의 말이다.

孟子書中載淳于髡言云: "魯繆公之時, 子柳子思爲臣."

나는 이렇게 생각한다.

자사는 늙어서 노나라로 돌아왔으며, 노나라에서 벼슬한 적은 없다.
그리고 순우곤은 전국시대 변사(辯士)로 옛사람을 빙자하여 자신의 이
야기를 드러내려 했을 뿐이다. 따라서 반드시 모두 실제 있었던 일은
아니었으리라.

거(莒)나라[22]와 싸울 때 기량(杞梁)[23]은 죽고 화주(華周)[24]는 살았
는데도, 순우곤은 "화주와 기량의 아내가 남편을 위해 통곡했다"고 했
다. 이것만 보아도 순우곤의 말이 신빙성이 없음을 미루어 짐작할 수
있다. 그러므로 이제 싣지 않는다.

余按: 子思老始歸魯, 未嘗仕魯; 髡, 戰國之辯士, 不過借古人以自暢
其說, 不必皆實事也. 莒之役, 杞梁死而華周生, 而髡乃曰"華周, 杞梁之
妻善哭其夫", 可類推矣. 故今不載.

---

22) 거나라는 서주 때 소국으로, 성은 영(嬴)이다. 주나라 무왕은 소호씨(少皞氏)
의 후손인 자여(茲輿)를 거에 봉했으며, 춘추시대 말 초나라에 멸망당했다.
거는 지금의 산동성 성양(城陽) 거현(莒縣) 지역이다.

23) 기량은 제나라 대부로, 장공 4년 제나라가 거나라를 치는 과정에서 전사했다.
기량은 달리 기량(芑梁)·기식(杞殖)·기식(杞植) 등으로 여러 책에 등장하
는데, 기량보다도 그의 아내에 얽힌 설화로 더욱 유명하다. 『춘추좌전』 양공
23년에 기량의 처에 대한 이야기가 실려 있으며, 『맹자』 「고자 하」와 『예기』
「단궁편」 및 『한시외전』에도 실려 있다. 기량의 아내 이야기는 『설원』 「입절」
과 유향의 『열녀전』 「정순」(貞順)에 이르러 자못 신비스럽게 변모한다. 곧 기
량이 전사하자 그의 아내는 시체를 베고 누워 통곡했는데, 보는 사람마다 눈
물을 훔치지 않는 자가 없었으며, 그렇게 10일을 울자 성이 무너졌다는 등의
이야기이다. 기량 처의 이름은 맹강(孟姜)이었다는데, 후대 맹강녀에 대한 노
래와 연극이 유행했다.

24) 화주는 기량과 함께 거나라와의 싸움에 참가한 제나라 대부로, 화주(華州)·
화주(華舟)·화환(華還) 등으로 적기도 한다. 『춘추좌전』에 의하면 그 싸움에
서 죽지 않은 것으로 되어 있는데, 다른 책에는 기량과 같이 전사한 것으로 적
고 있다.

【부록】비(費)나라[25] 혜공(惠公)이 이렇게 말했다.

"나는 자사를 스승으로 모시고, 안반(顔般)[26]을 벗으로 사귄다. 하지만 왕순(王順)[27]과 장식(長息)[28]은 나를 섬기는 사람에 지나지 않는다."(『맹자』「만장 하」)

【附錄】費惠公曰："吾於子思則師之矣；吾於顔般則友之矣；王順長息則事我者也."(孟子)

나의 생각은 이렇다.

공자가 죽은 뒤 현명한 제자들이 많았다. 그리고 여러 제자들 이후로 추(鄒)나라[29]·노나라·제나라·위나라 등에서는 여러 현자들이 줄줄이 출현했지만, 세상에서는 자사를 추존하는 사람이 많았다. 하지만 애석하게도 그가 저술한 책이 전해지지 않는다. 세상에 전해지는 『중용』이라는 책도 후세 사람들이 엮은 것에 지나지 않기 때문에, 그것으로 자사의 조예에 대한 깊이를 헤아릴 수는 없다.

그러나 맹자는 줄곧 자사를 칭찬했고, 순경도 비록 자사를 헐뜯으면서도 자사와 맹자를 함께 일컬었다. 그렇다면 자사의 현명함은 이미 다른 사람들이 미칠 바가 아니었으리라. 그러므로 이제 여러 현인들의 뒤쪽에 싣는다.

按：孔子沒後, 諸弟子之賢者多矣；諸弟子之後, 鄒魯齊魏之間羣賢聞風輩起, 然世多推子思, 惜乎所著之書不傳, 而世所傳中庸者特出於後人所撰, 無由而徵其造詣之淺深耳. 然孟子屢稱子思, 荀卿雖毀之, 然以子思孟子同稱, 則其賢固非他人所可及也. 故今錄於諸賢之後.

---

25) 비는 전국시대 소국으로, 노나라 계씨의 비읍과 다른 곳이겠지만 확실치 않다.
26) 안반은 안감(顔敢)이라 부르기도 하며, 자세한 행적은 알 수 없다.
27) 왕순은 왕신(王愼)이라 부르기도 하며, 자세한 행적은 알 수 없다.
28) 장식은 증자 제자 공명고(公明高)의 제자라 한다.
29) 춘추전국시대 노나라 경내의 소국이다. 춘추시대 주(邾)나라로 불리다가, 전국시대 노나라 목공 때부터 추나라로 불렸다. 『사기』는 추(騶)로 적었다.

7. 『중용』은 자사가 지은 게 아니다(中庸非子思作)

세상에서는『예기』의「중용편」은 자사가 지었다고 말한다.[30]

世傳戴記中庸篇爲子思所作.

하지만 나는 이렇게 생각한다.

공자와 맹자의 말은 한결같이 평범하며 일상생활에 절실한 것으로, 고차원적이거나 원대한 말은 없다. 반면『중용』은 유달리 탐색색은(探賾索隱)[31]하여 미묘한 이치를 파헤치려 했다. 이는 공자나 맹자의 말과 전혀 다르다.

이것이 그 의심스러움의 첫 번째이다.

余按: 孔子孟子之言皆平實切於日用, 無高深廣遠之言. 中庸獨探賾索隱, 欲極微妙之致, 與孔孟之言皆不類. 其可疑一也.

『논어』의 글은 간명하고,『맹자』의 글은 곡진하다.『논어』는 유자나 증자의 문인들이 기록한 것이기에 바로 자사와 같은 시대이다. 그런데 어찌하여『중용』의 글은 유독 번거롭고 어려워 위로는『논어』와 확연히 다르고, 아래로는 오히려『맹자』에도 미치지 못하는 것일까?

이것이 그 의심스러움의 두 번째이다.

論語之文簡而明; 孟子之文曲而盡. 論語者, 有子曾子門人所記, 正與子思同時; 何以中庸之文獨繁而晦, 上去論語絶遠, 下猶不逮孟子? 其可

---

30) 「중용」은 원래『예기』의 한 편인데, 주자는 공자에서 증자, 증자에서 자사로 이어지는 심법(心法)이라 여기고『예기』에서「대학」과 함께 단행본으로 뽑아내『논어』『맹자』와 함께 사서(四書)로 묶었다. 주자는『대학』과『중용』의 장구를 지었으며,「장구서」(章句序)에서 이러한 전수 과정을 자세히 밝히고 있다.

31) 깊이 숨겨져 보이지 않는 것을 탐구하고 사물의 숨은 이치를 색출한다는 뜻으로,『주역』「계사 하」(繫辭下)에 나오는 말이다.

疑二也.

'재하위'(在下位)부터 열여섯 글자로 이루어진 문구는 『맹자』에도 보이며, 내용도 대동소이하기에 이를 자사가 맹자에게 전해준 말이라 해석하기도 한다.[32] 하지만 공자와 자사의 명언들이 숱하게 많은데, 맹자는 어찌하여 유독 이 말만 기술했던 것일까? 그리고 맹자는 공자의 말을 서술할 때 한결같이 '공자왈'(孔子曰)이라 했는데, 이 말만 앗아다가 자신의 말로 꾸몄을 리도 없다.

이것이 그 의심스러움의 세 번째이다.

'在下位'以下十六句見於孟子, 其文小異, 說者謂子思傳之孟子者. 然孔子子思之名言多矣, 孟子何以獨述此語? 孟子述孔子之言皆稱'孔子曰', 又不當掠之爲己語也. 其可疑三也.

이로 미루어 짐작건대 『중용』은 분명 자사가 지은 게 아니다. 대체로 자사 이후 자사를 떠받들던 사람이 엮었기에 자사의 이름을 가탁했으며, 오랫동안 전해지다 보니 자사가 지은 것처럼 오인되었으리라. 그 속에 들어 있는 훌륭한 말이나 뛰어난 논의는 모두 공자와 자사가 서로 전해준 말이며, 그 가운데 간혹 지나치게 고원(高遠)하고 유심(幽深)한 것과 논란의 여지가 있는 말(예컨대 '追王大王王季'[33]와 같은 것들)은 여기저기에서 주워 모아 사사롭게 덧붙인 것이리라.

由是言之, 中庸必非子思所作. 蓋子思以後, 宗子思者之所爲書, 故托之於子思, 或傳之久而誤以爲子思也. 其中名言偉論蓋皆孔子子思相傳

---

32) 『중용』 14장의 "在下位不援上, 正己而不求於人則無怨"은 바로 『맹자』 「이루상」에서의 "居下位而不獲於上, 民不可得而治也"와 거의 같다는 최술의 주장이다. 주자는 『맹자집주』에서 이 장을 "此章述中庸孔子之言, …乃子思所聞於曾子, 而孟子所受於子思者"라고 풀이했다.

33) 『중용』 18장으로 논란이 많다. 글자대로라면 주공이 나이 든 형 무왕을 이어 천자 자리에 오른 것처럼 이해될 수 있다.

之言；其或過於高深及語有可議(若 '追王大王王季'之類)者, 則其所旁采
而私益之者也.

뿐만 아니라 '애공문정'(哀公問政) 이하는 『공자가어』에도 들어 있
는데, 『공자가어』에서는 '택선이고집지자야'(擇善而固執之者也)에서
끝마쳤으며, 말을 시작할 때마다 '공왈'(公曰)로 내용을 이끌었다.[34]
이에 주자는 '박학'(博學) 이후는 자사가 보충한 것이며, '공왈'(公曰)
은 자사가 빼버린 부분이라고 했다.[35]

又 '哀公問政'以下, 家語亦有之, 至 '擇善而固執之者也'止, 其中每隔
數語卽有 '公曰'云云以發之. 朱子以 '博學'以下爲子思所補, 而 '公曰'云云
乃子思所刪.

나는 이렇게 생각한다.

『논어』에 기록된 공자의 말은 수백 마디를 이어갈 정도로 번거로운
경우가 없다. 그리고 대가 끊긴 나라의 제사를 이어주고 무너져가는 나
라를 붙들어 다시 세워주는 것과, 적절한 시기에 조빙(朝聘)하는 것은
모두 천자나 할 수 있는 일이다.[36] 그렇다면 공자가 이런 것들을 애공
에게 일러주어 어찌하겠단 말인가?

대체로 공자가 애공에게 일러준 말은 본래 여남은 마디에 지나지 않
았으며, 그 뒷부분은 책을 엮은 사람이 공자의 말을 부연한 것이다. 그
러므로 '호학'(好學)의 문구를 '자왈'(子曰)로 시작한 것이다.[37]

---

34) "子曰: 好學近乎知" 앞에 "公曰: 子之言美矣至矣. 寡人實固, 不足以成之也"라
했고, "凡爲天下國家" 앞에서는 "公曰: 政其盡此而已乎!"라고 했으며, "齊明盛
服" 앞에서는 "公曰: 爲之奈何?"라고 한 뒤 애공의 질문으로 이어지고 있다.
35) 주자가 『중용장구』 20장에서 한 말이다. 곧 주자는 "按孔子家語, 亦載此章而
其文尤詳, …蓋子思刪其繁文, …博學之以下, 家語無之, 意彼有闕文, 抑此或子
思所補也歟!"라고 했다.
36) 『중용』 20장. 애공과 공자의 문답 가운데 들어 있는 "繼絶世擧廢國, 治亂持危,
朝聘以時, 厚往而薄來, 所以懷諸侯也"를 지칭한다.

余按: 論語所記孔子之言未有繁至數百言者, 而繼絶擧廢, 朝聘以時, 皆天子之事, 孔子之告哀公何取焉? 蓋孔子之答哀公本不過十餘言, 其後則撰書者推衍其說, 是以'好學'之句又以'子曰'發之.

근세에 전해지는『공자가어』는 본래 후세 사람들이 위탁하여 엮은 것이다. 그러다 보니 저들은 공자의 말이 어디에서 끝나는지를 알지 못했고, 그래서 그 글도 '택선고집'(擇善固執)까지를 따오게 되었을 뿐이다. 그리고 '공이 말하기를……'(公曰云云)이라고 한 내용은 문맥이 천박하고 비루하며, 게다가 여기에 덧붙인 몇몇 문답은 전후의 문맥과 어긋나 통하지 않는다. 이는 부질없이 덧붙였음을 의심할 나위도 없다 하겠다.

近世所傳家語, 本後人所僞撰, 彼蓋不知孔子之言之於何止, 故采其文逮於'擇善固執'耳. 其'公曰'云云者, 詞理淺陋, 且增此數問, 前後文義亦間隔不通, 乃其所妄增無疑也.

애석하도다!『중용』의 글은『맹자』에서 따왔으며,『공자가어』의 글은『중용』에서 따온 것임을 조금만 의미에 주의를 기울인다면 확연히 발견할 수 있을 터이다. 그럼에도 세상의 학자들이란 도리어『맹자』가『중용』을 이었고,『중용』은『공자가어』를 이었다고 생각한다. 이처럼 엉뚱스럽게 거꾸로 생각하고 있으니, 주자의 명성 때문에 그렇게 된 것이 아니고 무엇이랴![38] 그래서 한유(韓愈)도 "그런 뒤에야 고서의 정위(正僞)를 알 수 있었다"[39]고 말한 것이다. 애석하고 애석하도다! 이토

---

37) 주자는『중용』20장의 "子曰: 好學近乎知"로 시작되는 문장에서 '자왈'은 연문(衍文)이라 했으나, 최술은 후세 사람들이 공자의 말을 이끌어서 덧붙인 보조 증거라 말하고 있다.

38) 최술은『공자가어』를 그대로 수용한 주자를 비판하고, 아울러 주자의 명성에 얽매어 무비판적으로 받아들이는 학자들을 비난하고 있다.

39) 한유의「답이익서」(答李翊書)에 나오는 말로, 삼대의 서적에 대한 확고한 고

록 가벼이 결론지을 수 있는 것이 아니련만!

嗟夫, 中庸之文采之孟子, 家語之文采之中庸, 少究心於文義, 顯然而易見也, 乃世之學者反以爲孟子襲中庸, 中庸襲家語, 顚之倒之, 豈不以其名哉! 韓子云: "然後識古書之正僞." 嗟夫, 嗟夫, 此固未可以輕言也!

8. 『중용』은 한 편이 아니다(中庸非一篇)

세상에 전해지는 『중용』은 49편이지만, 오늘날 『예기』의 「중용」은 한 편에 지나지 않는다. 때문에 사람들은 그 가운데 48편은 이미 사라졌다고 말하곤 한다.

世傳中庸四十九篇, 而今戴記止有中庸一篇; 說者謂其四十八篇已亡.

하지만 내가 보건대 지금 전해지는 『중용』은 한 편이 아니다. 어떻게 그것을 알 수 있는가? '천명지위성'(天命之謂性)에서 '유성자능지'(惟聖者能之)까지는 수백 글자이지만, '중용'(中庸)이라는 단어가 모두 아홉 번 나타나고, '중'(中)이라는 글자는 모두 여섯 번이나 보인다. 뿐만 아니라 나머지도 모두 중용이라는 의미와 서로 연관되어 있다.

하지만 '군자지도'(君子之道) 이후의 수천 글자는 모두 중용의 의미와 무관하며, '중용'이라는 단어도 겨우 한 번 보이는데, 그것도 '광대'(廣大) · '정미'(精微) · '고명'(高明) 등의 문구와 나란히 열거되어 있으므로, 오롯한 '중용'의 의미는 아니다.

이것이 그 의심스러움의 첫 번째이다.

以余觀之, 今世所傳中庸非一篇也. 何以明之? 自'天命之謂性'至'惟聖者能之'僅數百言, 而'中庸'之文凡九見, '中'之文凡六見, 其餘他文亦皆與中庸之義相關. 自'君子之道'以後數千言皆與中庸之義不相涉; '中庸'之文僅一見, 而又與'廣大''精微''高明'之文平列, 非意之所耑

증이 필요함을 역설한 말이다.

注. 其可疑者一也.

　'군자지도'(君子之道) 이하는 모두 일상생활에서의 떳떳한 도리를 말하고, '귀신지위덕야'(鬼神之爲德也) 이하는 모두 예악과 제사에 관한 내용을 말하고 있어 앞쪽과 매우 다르다. 그리고 '애공문정'(哀公問政) 이후의 의미는 더더욱 다르다. 그런데도 주자는 억지로 짜기워 '도불원인'(道不遠人) 세 장은 '비지소자'(費之小者)이며, '순기대효'(舜其大孝) 세 장은 '비지대자'(費之大者)이고, '애공'(哀公) 이후는 '겸대소'(兼大小)라 말하고 있는데,[40] 그 주장이 이미 억지투성이다. 뿐만 아니라 「귀신장」(鬼神章)은 제사에 관해 말한 것인데도, 주자는 귀신의 도는 둘이 아닌 같은 기운의 굴신(屈伸)이라 했으며, 또 '제명성복'(齊明成服) 몇 마디는 제사지내는 귀신을 이끌어서 이를 밝힌 것이라 했다. 그렇다면 같은 장에서도 귀신에 대한 해설이 두 가지인 셈이다. 이야말로 갖은 방법을 다 동원하여 '비은'(費隱)의 의미에 짜기운 셈이다.
　이것이 그 의심스러움의 두 번째이다.
　'君子之道' 以下皆言日用庸行之常, '鬼神之爲德也' 以下皆言禮樂祭祀之事, 逈不相類; '哀公問政' 以後詞意更殊. 朱子曲爲牽合, 以 '道不遠人' 三章爲 '費之小者', '舜其大孝' 三章爲 '費之大者', '哀公' 以後爲 '兼小大', 其說固已矯强; 而鬼神章明言祭祀之事, 乃以鬼神爲道爲一氣之屈伸, 而以 '齊明盛服' 數語爲借祭祀之鬼神以明之, 一章之中, 鬼神凡爲兩說, 委曲宛轉以蘄合於 '費隱' 之義. 其可疑者二也.

　'천하지성위능진기성'(天下至誠爲能盡其性) 이하를 모두 '천도'(天道)와 '인도'(人道)로 나눴고, '우이호자용'(愚而好自用) 두 장은 글이 어긋나며, '총명예지'(聰明睿知) 두 장은 순서가 틀렸다. 그런데도 이

---

40) 『중용장구』 16장 뒤쪽에 주자가 덧붙인 말이다.

것 또한 '소덕'(小德)과 '대덕'(大德) 그리고 '불배'(不倍)와 '불교'(不驕)로 나누어 해석하고 있다. 「우이호자용장」(愚而好自用章)을 '불배'(不倍)라 한다면 그것은 그렇다손 치더라도, 「왕천하유삼중장」(王天下有三重章)은 '불교'(不驕)라 할 수 있는 게 무엇이란 말인가?

이것이 그 의심스러움의 세 번째이다.

自'天下至誠爲能盡其性'以下皆分'天道'·'人道'；而'愚而好自用'二章其文不類, '聰明睿知'二章其序不符, 則又以'小德'·'大德'·'不倍'·'不驕'分釋之. 愚而好自用章以爲不倍, 固已；王天下有三重章其爲不驕者何在？其可疑者三也.

나의 생각은 이렇다.

『한서』「예문지」에서 『악기』 23편이라고 했는데, 오늘날의 『예기』에는 역시 한 편이다. 하지만 『사기』 및 옛사람들의 주장을 살펴보면 지금의 『악기』는 실제로 13편인데, 이는 대성(戴聖)이 10편을 삭제한 뒤 13편을 하나로 묶었을 따름이다.

그렇다면 『중용』 또한 당연히 이와 마찬가지로, 대성이 30여 편을 삭제한 뒤 나머지를 한 편으로 묶은 것이리라. 그리하여 맨 앞편을 '중용'이라고 불렀기에 「중용」이라 통칭하게 된 것이다. 맨 앞장이 '단궁'이었다면 「단궁」이라 통칭했을 것이며, '문왕세자'(文王世子)였다면 「문왕세자」라 통칭하게 되었으리라.

옛날에는 대나무로 책을 만들었기에 글자를 많이 쓸 수 없었지만, 후세에는 종이로 바뀌었기에 많은 글자를 기록할 수 있었다. 그런 가운데 옛날 제목을 남겨두지 않았을 따름이다. 따라서 지금의 「중용」이 한 편이라는 이유만으로, 나머지 48편은 모두 없어졌다고 한다면 잘못이다.

按：漢書藝文志稱樂記二十三篇, 今戴記亦止一篇；然以史記及前人之說考之, 則今樂記實十三篇, 戴氏刪其十篇而合此十三篇爲一耳. 然則中庸亦當類此：蓋戴氏刪其三十餘篇而取其未刪者合爲一篇也. 以其首篇言'中庸'故通稱爲中庸, 猶首章言'檀弓'遂通稱爲檀弓, 首章言'文王世子'遂通稱爲文王世子也. 古者以竹爲簡, 其勢不能多; 後世易之以紙, 故合而錄之, 因不復存其舊目耳. 以今中庸通爲一篇而謂四十八篇盡亡, 誤矣.

9. 『중용』은 한 사람 손으로 엮인 게 아니다(中庸非出一手)

『중용』은 한 편이 아닐 뿐만 아니라, 한 사람 손으로 엮인 것도 아닌 듯하다. 『중용』 속에는 의미가 지극히 정수(精粹)한 것이 있는가 하면, 평범하여 아무런 특징이 없는 것도 있다. 그리고 간간이 의심스러운 곳도 있으며, 공자의 말을 인용한 것도 적절치 않다. 어찌 이토록 엉성할 수 있단 말인가? 따라서 한 사람이 엮은 게 아님이 분명하다. 자세히 살피면 이를 알 수 것이다.[41]

中庸不但非一篇也, 亦不似出於一手者: 其義有極精粹者, 有平平無奇者, 間亦有可疑者, 卽所引孔子之言亦不倫. 何以參差若是? 其非一人所作明甚, 細玩則知之矣.

---

41) 도광 4년 판본인 동양중각정본에 따르면, 최술은 『수사고신여록』 앞쪽에 붙인 「목록」에서 좌자(左子)와 자사(子思) 뒤에 이렇게 적었다. "공자에게 직접 배운 제현(諸賢)들 이후로 도를 전수한 자는 자사였으며, 『춘추』에 공로가 많은 자는 좌자이다. 그러므로 문인들 뒤쪽에 이들에 관한 사실을 특별히 기록한다."(自及門諸賢後傳道者子思, 有功於春秋者左子. 故特錄其事實於門人後.)

부록: 열두 사람

附錄: 十有二人

공자 문하의 여러 현인들 가운데 그다지 알려지지는 않았지만
그래도 근거할 만한 것이 있는 사람들과, 사숙(私淑)한 여러 유자 가운데
경전을 전수한 사람 모두를 여기에 덧붙여 싣는다.

孔門諸賢, 不甚著名而頗有依據, 與私淑諸儒之有事實若傳經者, 幷附載之於此.

금장 琴張 · 목피 牧皮

만장이 맹자에게 물었다.

"감히 여쭙겠습니다만, 도대체 어떤 사람을 광(狂)이라고 말할 수 있습니까?"

"금장 · 증석 · 목피와 같은 사람을 공자께서 말씀하신 포부가 큰 사람이라 할 수 있겠지."

"무엇을 가지고 그들의 포부가 크다고 하십니까?"

"그들은 뜻이 크고 말은 거창해서 입만 열었다 하면 '옛 성현께서는, 옛 성현께서는……'이라 말하지. 하지만 정작 그 행위를 살펴보면 어설픈 구석이 많거든."(『맹자』「진심 하」)

萬章問曰: "敢問何如斯可謂狂矣?" 曰: "如琴張曾晳牧皮者, 孔子之所謂狂矣." "何以謂之狂也?" 曰: "其志嘐嘐然, 曰'古之人, 古之人', 夷考其行而不掩焉者也." (孟子)

1. 상호가 죽자 금장이 노래를 불렀다는 이야기를 변증함
(辨桑戶死而琴張歌之說)

『장자』에서는 이렇게 말한다.

"금장 · 자상호(子桑戶) · 맹자반(孟子反)[1] 세 사람은 서로 어울리는 벗이었다. 그런데 자상호가 죽어 아직 장례를 치르지도 않았는데, 더러는 누에채반을 엮고, 더러는 거문고를 타며 어우러져 노래를 불렀다. 그 노랫가사는 이러했다. '아아, 상호여! 너는 이제 너의 참된 모습으로 되돌아갔구나. 우리는 아직도 인간이련만!'[2]

莊子書稱 "琴張與子桑戶孟子反三人相與友, 子桑戶死, 未葬, 或編曲, 或鼓琴, 相和而歌曰: '嗟來桑戶乎, 而已反其眞, 而我猶爲人猗!'"

나는 이렇게 생각한다.

금장이나 증석의 광은 옛날의 훌륭한 사람을 본받으려고 하나 행동에 어설픈 구석이 많음에 지나지 않는다. 이는 바로 맹자가 말했던 정도와 마찬가지였을 따름이지, 패륜(悖倫)과 훼교(毁敎)를 저지른 것은 아니다. 만일 그들이 패륜과 훼교를 저질렀다면, 공자는 그들에게 무엇을 기대한단 말인가?

이야말로 방탕을 일삼는 사람들이 이따위 이야기를 엮어 자신들의 방자함을 정당화하려 했던 것으로, 금장이 광간(狂簡)으로 이름이 알려져 있었기에 가탁한 것이다. 그런데도 후세 사람들은 마침내 정말로 그런 일이 있었던 것처럼 여기니 잘못이다.

余按: 琴張曾晳之狂, 不過志期古人而行不掩其言, 如孟子所言者是已, 非有悖禮傷敎事也. 如悖禮傷敎, 孔子奚取焉? 此乃放蕩之士撰此言以自恣, 以琴張之有狂名也, 故托之. 而後人或邃以爲實然, 誤矣.

---

1) 맹자반은 춘추시대 노나라 대부로, 맹지측(孟之側)이라 적기도 한다. 자상호와 금장의 벗이다. 『춘추좌전』 애공 11년에 의하면 맹자반은 자신의 공을 자랑하지 않는 사람이었다. 당시 제나라와 싸우던 노나라 군대가 퇴각했는데, 그는 맨 뒤쪽에 처져 전군을 엄호했다. 이윽고 성문에 당도한 그는 자신의 말이 걸음이 느려 어쩔 수 없었다고 말했다. 『논어』 「옹야편」에서도 공자는 그를 일컬어 '불벌'(不伐, 자신의 공을 자랑하지 않음)이라 칭찬한 적이 있다.

2) 『장자』 「대종사」(大宗師)에 실려 있는 이야기이다. 본문은 훨씬 장황하며 공자와 자공도 등장하는데, 그 가운데에 공자와 자공은 현실에 얽매여 참된 도를 모르는 옹졸한 인물로 묘사되어 있다.

금장이 종노(宗魯)[3]가 죽었다는 소식을 듣고 조문을 가려 했다. 그러자 공자가 말했다.

"제표(齊豹)나 맹집(孟縶)을 도적이 되도록 만든 사람인데, 너는 어찌 그런 사람을 조문하려 하는가!" (『춘추좌전』 소공 20년)

琴張聞宗魯死, 將往弔之, 仲尼曰: "齊豹之盜而孟縶之賊, 女何弔焉!" (左傳昭公二十年)

나의 생각은 이렇다.

『사기』「중니제자열전」과 『문옹도』(文翁圖)[4]에는 오로지 증석만 있을 뿐, 금장이나 목피는 없다. 『공자가어』에서도 금뢰(琴牢)의 자는 자장(子張)이라 했지만, 목피라는 사람은 없다. 이제 보충하여 뒤쪽에 덧붙인다.

금장을 금뢰라고 한 것은 『좌전집해』에서 비롯되었지만, 어떤 책을 근거로 한 것인지 알 수 없다. 고증이 요구된다.

按: 史記弟子傳及文翁圖惟有曾晳, 而琴張牧皮皆無之. 家語有琴牢字子張, 亦無牧皮. 今補而附於後. 至以琴張爲牢, 本之左傳集解, 未知所採何書, 當考.

---

3) 종노는 위나라 사구인 제표의 추천으로 영공의 형 맹집를 모신 사람이다. 맹집은 악행을 일삼던 인물이며, 제표 또한 반란에 가담하여 맹집을 살해했다. 그런 와중에 종로는 맹집을 맹목적으로 비호하다 함께 죽음을 당했다.
4) 당나라 때 문옹이 공자묘(孔子廟) 벽에 그린 공자와 72제자 영정이다. 보통 문옹의 「공묘도」(孔廟圖)라 일컫는다.

상구 商瞿 · 계차 季次

【존참】 상구(商瞿)의 자는 자목(子木)이다.[1] 공자는 『역』을 상구에게 전했으며, 상구는 초나라 사람 한비자홍(馯臂子弘)[2]에게 전했다. (『사기』「중니제자열전」)

【存參】 商瞿, 字子木. 孔子傳易於瞿, 瞿傳楚人馯臂子弘. (史記仲尼弟子列傳)

【존참】 공석애(公晳哀)[3]의 자는 계차(季次)이다. 공자는 이렇게 말했다.

"천하의 모든 사람들이 도를 행하려 들지는 않고, 대부분 대부의 가신이 되거나 도성에서 벼슬살이를 하려고만 한다. 그런데 오직 계차만은 벼슬에 나아간 적이 없다."(『사기』「중니제자열전」)

【存參】 公晳哀, 字季次. 孔子曰: "天下無行, 多爲家臣, 仕於都; 惟季次未嘗仕."(同上)

---

1) 「중니제자열전」에서는 노나라 사람으로, 공자보다 스물아홉 살 어리다 했다.
2) 한은 성, 비는 이름, 자홍은 자이다. 『한서』「유림전」에서는 자가 자궁(子弓)으로, 자하의 문인이라 했다.
3) 『공자가어』에서는 제나라 사람으로, 이름은 공석애(公析哀), 자는 계침(季沉)이라 했다.

나의 생각은 이렇다.

두 사람은 모두 『논어』에는 나타나지 않고 유독 『사기』에만 들어 있다. 『사기』 「중니제자열전」에서는 『논어』에 나타나지 않는 자들에 대한 특별한 행적이 없는데, 유달리 두 사람의 행적은 있는 편이다. 그리고 이름이나 자도 간혹 다른 책에 보이는데, 아마도 근거가 있었으리라.[4] 잘못된 기록은 아닐 듯하다. 이제 뒤쪽에 나란히 덧붙여 싣는다.

按: 二子皆不見於論語, 獨史記有之. 然弟子傳中凡不見於論語者皆無事跡可紀, 獨二子尙有之, 而其名字亦間見於他篇當有所本, 或非誤載. 今竝附列於後.

---

4) 『공자가어』 「제자해」·『신서』·『설원』 등에 보인다.

진비자 秦丕玆

맹헌자(孟獻子)는 진근보(秦堇父)[1]를 우사(右師)로 삼았다. 진근
보는 진비자(秦丕玆)를 낳았는데, 진비자는 공자를 섬겼다. (『춘추
좌전』 양공 10년)

孟獻子以秦堇父爲右; 生秦丕玆, 事仲尼. (左傳襄公十年)

나의 생각은 이렇다.

『사기』「중니제자열전」에서는 "진상(秦商)의 자는 자비(子丕)"[2]라
고 하여, 『춘추좌전』과 조금 다르다. 『사기』는 틀린 곳이 많으며, 『춘추
좌전』처럼 당시와 가깝지도 않다. 그러므로 이제 『춘추좌전』의 내용을
따른다.

按: 史記仲尼弟子列傳作"秦商, 字子丕", 與此文小異. 史記多誤, 不
若春秋傳之近古, 今從傳文.

---

1) 진근보는 맹헌자의 가신으로, 공자의 아버지인 숙량흘 및 적사미(狄虒彌)와 함
  께 노나라 양공 10년 복양성(偪陽城, 지금의 산동성 棗莊市 남쪽) 싸움에서 용
  력을 과시한 적이 있다. 때문에 이들 세 사람을 삼호장군(三虎將軍)이라 일컬
  었다.
2) 『공자가어』에서는 자가 비자(丕慈)로, 공자보다 네 살 어리다 했다.

신정申棖

공자가 말했다.

"나는 아직껏 강직한 사람을 보지 못했노라."

그러자 어떤 사람이 말했다.

"신정(申棖)이라는 사람이 있지 않습니까?"

이에 공자가 말했다.

"신정은 욕심이 지나치거늘 어찌 강직하다고 하겠는가!"(『논어』
「공야장편」)

子曰:"吾未見剛者." 或對曰:"申棖." 子曰:"棖也慾, 焉得剛!"
(論語公冶長篇)

나의 생각은 이렇다.

『사기』「중니제자열전」에 신정이라는 사람은 없지만, 『문옹도』에는
들어 있다. 따라서 그가 과연 제자였는지는 확인할 수 없다. 다만 이 내
용을 꼼꼼히 살펴보면 공자의 그에 대한 호칭이 여러 제자들과 다르지
않고, 앞뒤에 놓인 장들도 모두 제자들에 관한 내용이다.[1] 그렇다면 그

---

[1] 신정에 관한 장은 『논어』의 다섯째 편인 「공야장편」에 들어 있으며, 이 장의 앞
은 재여, 뒤는 자공에 관한 기록이다.

를 제자라고 해도 옳을 듯하다.[2] 그러므로 이제 뒤쪽에 덧붙여 싣는다.

按: 史記弟子列傳無申棖, 而文翁圖有之, 未知其果然否. 但玩此文, 孔子名之無異於諸弟子, 而前後章亦皆諸弟子事, 則謂爲弟子者近是. 故今附列於後.

---

2) 『사기』 「중니제자열전」에서는 신당(申黨)의 자가 주(周)라 했고, 『공자가어』에서는 신적(申績)의 자가 자주(子周)라 했는데, 신정과 동일인일 가능성이 높다. 『사기색은』은 정현의 주를 따라 "신정은 노나라 사람으로 공자의 제자"라 했다.

단간목段干木 · 전자방田子方

단간목(段干木)은 담을 넘어 피해버렸다.[1] (『맹자』「등문공 하」)

段干木踰垣而避之. (孟子)

【존참】 전자방(田子方) · 단간목 · 오기(吳起)[2] · 금활리(禽滑釐)[3]

---

1) 단간목은 전국시대 위(魏)나라 현자로, 『사기』「위세가」·『여씨춘추』「기현」(期賢)·「거난」(擧難) 등에 보인다. 『고사전』(高士傳)에 의하면 단간목은 어려서 미천했으며, 공자의 제자 자하와 전자방에게 배웠다고 했다. 이극(李克)·적황(翟璜)·오기(吳起) 등이 위나라의 장군이 되었지만, 그는 끝내 벼슬길에 나아가지 않았다 한다. "담을 넘어 피해버렸다"는 것은 문후가 벼슬을 맡길 요량으로 찾아오자 달아나버렸다는 뜻이다.

2) 오기(기원전 ?~378)는 전국시대 위나라 사람으로 증자의 제자이다. 노나라에서 벼슬하다가 문후의 소문을 듣고 위나라로 갔다. 문후의 장군으로 진나라의 동진을 막는 데 많은 공을 세웠으나, 재상 공숙(公叔)의 시기로 초나라로 망명한 뒤 도왕(悼王)의 영윤이 되었다. 오기는 사졸들과 고락을 같이하며 법령을 엄격히 하고 불필요한 관직을 정리하는 등 부국강병에 힘썼다. 『한서』「예문지」 '병가류'(兵家類)에 『오자』(吳子) 48편이 있다고 했으나, 지금 전해지는 6편은 후세에 가탁된 책이다.

3) 금활리는 전국시대 사람으로, 자하에게 배운 뒤 묵자의 제자가 되었다. 묵자의 명으로 300명을 이끌고 초나라의 공격으로부터 송나라 성을 굳게 지켰다 한다. 때문에 묵수(墨守)라는 말이 생겨날 정도로 묵자 집단은 성을 쌓는 기술자의 집합체라는 설이 생기게 되었다. 『묵자』의 「공수」(公輸)와 「비성문」(備城門)에 보인다. 『열자』나 『여씨춘추』에서는 금활려(禽滑黎)로 적었다.

등은 모두 자하 등에게 학업을 전수받고 임금의 스승이 되었다. (『사기』「유림열전」)

【存參】 田子方段干木吳起禽滑釐之屬皆受業於子夏之倫, 爲王者師. (史記儒林列傳)

1. 전자방과 단간목 등이 모두 자하의 문인은 아니다
(田段等不皆子夏門人)

나의 생각은 이렇다.

『사기』「유림열전」에서 "자하 등에게 배웠다"고 말한 것으로 미루어 보면, 그들이 모두 자하의 문인인 것은 아니다. 아마 「중니제자열전」에도 애초에 뚜렷한 내용이 없는 것으로 보아 사마천도 단지 억측했을 뿐이다. 그러므로 '존참'에 열거한다.

按: 此云"受業於子夏之倫", 則諸子非皆子夏之門人也. 蓋傳記本無明文, 司馬氏特以意度之耳. 故列之於存參.

【존참】 위나라 문후(文侯)는 단간목의 집 앞을 지날 때마다 식(軾)[4]을 짚고 예를 차렸다.[5] (『신서』)

【存參】 魏文侯過段干木之閭而軾. (新序)

---

4) 식은 수레 앞쪽에 손으로 잡을 수 있도록 건너지른 나무를 말한다. 수레에 탄 사람이 예를 표시할 땐 일어나 식을 짚고 상대방을 향해 허리를 굽힌다.
5) 『신서』「잡사」에 들어 있는 내용이며, 이 말 뒤에 마부의 물음에 답하는 형식으로 단간목을 존경한 문후의 설명이 장황하게 이어진다.

2. 위나라가 단간목을 예우함으로써 진나라의 공격을 받지 않았다는 이야기를 변증함(辨魏禮段干木而不受秦攻之說)

『신서』에서는 다음과 같은 이야기를 싣고 이렇게 말한다.

"진(秦)나라가 군대를 일으켜 위나라를 공격하려 했다. 그러자 사마인 당저(唐且)[6]가 간했다. '단간목은 현자이며, 위나라가 그를 예우하고 있음은 천하가 다 아는 사실입니다. 하오니 그런 위나라를 쳐들어갈 수야 없지 않겠습니까?' 이에 진나라 임금도 그렇게 여겨 군대를 거둬들이고 위나라를 공격하지 않았다. 따라서 위나라 문후야말로 용병에도 뛰어났다고 말할 수 있으리라."

新序載此事云: "秦興兵欲攻魏, 司馬唐且諫曰: '段干木, 賢者也, 而魏禮之, 天下莫不聞, 無乃不可加兵乎?' 秦君以爲然, 乃案兵而輟不攻魏. 文侯可謂善用兵矣!"

나는 이렇게 생각한다.

진나라야말로 힘만 숭상하고 덕은 하찮게 여긴 나라이다. 그런 진나라가 어찌 단간목의 어짊을 알아 공경했으며, 마침내 군대를 거둬들이고 공격하지 않았단 말인가?

위나라 문후가 어진 사람을 좋아함은 품행을 귀중하게 여기고 계옥(啓沃)[7]을 위해, 뭇 신하들의 기풍을 진작시켜 정사를 밝게 하려던 것에 지나지 않는다. 따라서 그렇게 함으로써 백성들을 편안하게 하고 나라를 안정시킬 수야 있겠지만, 만일 그것으로 이름을 드높여 이웃나라를 굴복시킬 수는 없었으리라.

---

6) 당저는 진나라 대부로 사마유(司馬庾)라 적기도 한다.
7) 계옥은 정성을 다해 임금에게 충언을 아끼지 않는다는 뜻이다. 곧 치국의 도리로 임금을 계도한다는 의미이다. 『서경』「열명 상」(說命上)의 "啓乃心, 沃朕心"에서 온 말이다.

이는 바로 전국시대 처사(處士)들이 이야기를 지어내 처사도 나라에
보탬이 될 수 있다는 것을 보여주기 위함이었을 뿐이다. 다만 집 앞을
지나면서 예를 차렸다는 이야기에 대해서는 그럴 수도 있으므로, 번잡
스런 내용은 잘라버리고 '존참'에 열거한다.

余按: 秦, 尙力棄德之國, 豈能知段干木之賢而當敬, 而遂輟不攻. 文
侯之好賢, 不過貴其行誼, 資其啓沃, 可以風群臣, 可以通明於政事, 以
安民而治國, 則有之矣, 若藉此爲名高, 以震耀鄰國, 則無此事也. 此特戰
國處士設爲此論以見士之有益於人國耳. 惟過閭而式則理之所有, 故刪
其繁文而列之於存參.

【비람】위성자(魏成子)는 식록이 1천 종인데, 열에 아홉은 나라 밖에
서 쓰고, 열에 하나는 나라 안에서 쓰지요. 그리하여 동쪽에서 복자
하·전자방·단간목을 얻을 수 있었답니다. 세 사람은 우리 임금이 한
결같이 스승으로 모시는 분들입니다.[8] (『사기』「위세가」)

【備覽】魏成子以食祿千鍾, 什九在外, 什一在內, 是以東得卜子夏田子
方段干木. 此三人者, 君皆師之. (史記魏世家)

3. 위나라 문후가 단간목을 맞아 힘들어도 감히 쉴 수 없었다는
   이야기를 변증함(辨魏文侯倦不敢息之說)

『설원』에서는 이렇게 말한다.

"위나라 문후는 단간목을 만나 선 채로 대화를 주고받으며 힘들어도
감히 쉴 수 없었다. 하지만 적황(翟璜)을 만나면 다리를 쭉 뻗은 채 말
을 주고받았다. 그러자 적황이 언짢아했다. 이에 문후는……"[9]

---

8) 앞쪽「자하」에서 이미 언급한 내용이다.
9) 『설원』「존현」(尊賢)의 이야기이며, 뒷부분에 이어지는 문후의 말은 이렇다.
   "단간목은 벼슬을 줘도 받아들이지 않았고, 녹을 준다 해도 사양했다. 그런데

說苑云: "魏文侯見段干木, 立倦而不敢息. 及見翟璜, 踞堂而與之言. 翟璜不說, 文侯云云."

나는 이렇게 생각한다.

이런 이야기는 진나라 해당(亥唐)[10]이나 숙향(叔向)[11]과 연관된 것으로 여겨진다. 대체로 후세 사람들이 제 나름대로 추측하여 견강부회한 이야기이지, 실제로 그런 일이 반드시 있었던 것은 아니다. 그러므로 싣지 않는다.

余按: 此事或以爲晉亥唐叔向事, 蓋皆後人揣度附會之語, 皆未必其實然. 故不載.

4. 빈천한 사람이 거드름을 피울 수 있다고 말했다는 이야기를 변증함(辨貧賤驕人之說)

『설원』에서는 이렇게 말하고 있다.

"위나라 문후가 중산(中山)[12]에서 서둘러 안읍(安邑)[13]으로 달려갈

이제 그대는 벼슬을 하고 싶다기에 재상을 맡겼고, 녹을 원하기에 상경의 자리에 올렸다. 나의 대접을 실컷 받은 터에 다시 나의 예우를 책망하고 있으니, 도대체 나는 어찌해야 할 바를 모르겠다." 이런 이야기는 『여씨춘추』 「하현」(下賢)에도 들어 있다.

10) 해당은 춘추시대 진나라 현자로, 평공(平公)의 극진한 예우를 받은 인물이다. 『맹자』 「만장 상」에서는 평공이 그를 대접할 때, 그가 서서 말하면 서고, 그가 앉아서 말하면 앉고, 그가 식사를 하며 말하면 같이 식사를 했다고 한다. 『고사전』에도 이런 이야기가 등장한다.

11) 숙향은 춘추시대 진나라 대부 양설힐(羊舌肹)이다. 숙힐(叔肹)이나 숙예(叔譽)라 적기도 한다. 양설직(羊舌職)의 아들이며, 양설적(羊舌赤)의 동생이다. 뛰어난 언변으로 천부적인 설득력을 발휘했으며, 평공이 선정을 베풀 수 있었던 것은 그의 공이라 한다. 『춘추좌전』 양공 14년에 보이며, 『설원』에서 자주 언급되는 인물이다.

12) 춘추시대 선우국(鮮虞國)으로 불리다가 전국시대 중산국(中山國)이라 일컫던 소국으로, 지금의 하북성 정현(定縣)과 당현(唐縣) 지역이다. 위나라 문후

때, 전자방이 그를 모셨다. 그런데 태자 격(擊)의 수레와 마주치게 되었고, 태자 격은 수레에서 내려 종종걸음으로 다가왔건만 전자방은 태연스럽게 수레에 앉아 있었다. 그러자 태자는 불쾌한 기색으로 전자방에게 물었다. '알 수 없군요. 빈천한 사람이 거드름 피우는지, 아니면 부귀한 사람이 거드름 피우는지를 말입니다?' 이에 전자방이 대답했다. '빈궁한 사람이 거드름을 피우지 부귀한 사람이야 어찌 감히 거드름을 피울 수 있겠습니까……?'"14)

說苑云:"魏文侯從中山奔命安邑, 田子方從. 太子擊過之, 下車而趨; 子方坐乘如故. 太子不說, 因謂子方曰:'不識貧賤者驕人, 富貴者驕人乎?'子方曰:'貧窮者驕人, 富貴者安敢驕人'云云."

나는 이렇게 생각한다.

사람이라면 부귀와 빈천에 상관없이 어느 누구라도 교만해서는 안 되며, 성현의 처세는 오로지 예에 맞게 처신할 따름이다. 전자방은 이미 현인으로 위나라 문후의 존경을 받던 사람이니 틀림없이 교만을 떨지 않았으리라.

이는 대체로 전국시대 인사들이 이런 이야기를 지어내, 전자방에 가탁함으로써 자신을 높이려 한 것이다. 그러므로 이제 싣지 않는다.

余按: 人無富貴貧賤皆不可以驕人; 聖賢處世惟準乎禮而已. 田子方旣賢人, 爲魏文侯所敬, 必無驕人之事. 此蓋戰國之士設爲此語託之子方以自高者. 故今不錄.

17년에 중산을 정벌한 적이 있는데, 그때 있었던 일이다. 중산국은 조나라에 멸망당했다.

13) 안읍은 지금의 산서성 운성현(運城縣) 지역이다.

14) 『설원』「존현」의 이야기이며, 교만에 대한 전자방의 장황스런 설명과 함께 전자방과 같은 스승이자 벗을 얻어 치국안민의 성과를 올릴 수 있었다는 문후의 술회도 이어진다. 이와 엇비슷한 이야기가 『사기』「위세가」·『한시외전』에도 보인다.

예류泄柳 · 신상申詳

예류(泄柳)는 문을 닫아걸고 받아들이지 않았다.[1] (『맹자』「등문공 하」)

泄柳閉門而不內. (孟子)

나의 생각은 이렇다.

순우곤은 "노나라 목공 때 자류(子柳)는 신하가 되었다"고 했다. 하지만 여기에서의 "문을 닫아걸고 받아들이지 않았다"는 말로 미루어 짐작건대, 그가 노나라에서 벼슬한 적이 있었는지는 확정지을 수 없다. 이에 대한 변증은 이미 앞쪽「자사」에서 다루었다.

按: 淳于髡稱"魯繆公之時, 子柳爲臣", 然以"閉門不內"推之, 仕魯與否未可懸定. 說已見前子思篇中.

예류와 신상(申詳)은 목공 곁에 사람을 두지 않으면 목공을 편안케 할 수 없었다. (『맹자』「공손추 하」)

泄柳申詳無人乎繆公之側, 則不能安其身. (孟子)

---

1) 춘추시대 노나라 현인으로, 자는 자류(子柳)이다. 현명하다는 소문을 들은 목공이 찾아왔을 때의 이야기이다.

나는 이렇게 생각한다.

70제자들이 죽은 뒤 『시』『서』『예』『악』『춘추』가 모두 후세로 전해졌으며, 『논어』 또한 70제자들 이후의 사람들에 의해 기록되었다. 때문에 추(鄒)나라 · 노나라 · 제나라 · 위(魏)나라에 현자들이 적지 않았음을 알 수 있다. 다만 그들의 성이나 이름을 모두 고찰할 수는 없다. 그리하여 짐짓 전기(傳記)에 실려 있거나 당시에 이름이 알려졌던 몇몇 사람만 덧붙여 기록함으로써 그 대강을 짐작토록 했다.[2]

按: 七十子卒後, 詩書禮樂春秋皆傳於後, 而論語一書亦七十子以後之人之所記, 以是知鄒魯齊魏之間賢者蓋不乏人也. 但其姓名皆無可考. 姑就傳記所載名著於當世者附錄數人, 以見其凡.

---

2) 원문의 '齊魏之間'의 '間'은 고힐강의 『최동벽유서』에는 '問'으로 쓰여 있다.

공양씨 公羊氏

【보】『공양전』11권. (『한서』「예문지」)

【補】公羊傳十一卷. (漢書藝文志)

【존참】 "공양자(公羊子)는 제나라 사람이다."

안사고(顏師古)[1]는 이렇게 말했다.

"공양자의 이름은 고(高)이다." (『한서』「예문지」 주)

【存參】 "公羊子, 齊人." 師古曰: "名高." (本註)

1. 공양씨의 학문이 자하로부터 나왔다는 설을 변증함

(辨公羊之學出於子夏之說)

대굉(戴宏)[2]의 「공양전서」(公羊傳序)에서는 이렇게 말하고 있다.

---

1) 안사고(581~645)는 당나라 경학자 안주(顏籒)로, 사고는 그의 자이다. 옹주 (雍州) 만년(萬年, 지금의 섬서성 서안) 출신이며, 『안씨가훈』(顏氏家訓)을 지은 안지추(顏之推)의 조부이다. 수나라 때 안양위(安養尉)를 거쳐 당나라 때 중서시랑(中書侍郎)·비서소감(秘書少監) 등을 지냈으며, 만년에 홍문관학사(弘文館學士)가 되었다. 『오경정의』(五經正義) 편찬에 참여했으며, 당시 그의 고증이나 자의(字義)·자음(字音) 및 속어(俗語)에 관한 해설을 듣고 탄복하지 않은 사람이 없었을 정도로 문자와 훈고에 정통했다 한다. 『한서주』(漢書注)는 그의 문자학과 역사학의 함축으로, 『한서』를 해석하는 중요한 근거가 되고 있다.

"자하는 공양고(公羊高)에게 전수(傳授)했고, 공양고는 그의 아들 평(平)에게 전수했고, 공양평은 아들 지(地)에게 전수했고, 공양지는 아들 감(敢)에게 전수했고, 공양감은 아들 수(壽)에게 전수했다. 한나라 경제 때에 이르러 공양수는 그의 제자 호무자도(胡母子都)[3]와 함께 이를 죽간과 백서에 기록했다."

戴宏序云:"子夏傳之公羊高; 高傳其子平; 平傳其子地; 地傳其子敢; 敢傳其子壽. 至漢景帝時, 壽乃與弟子胡母子都著以竹帛."

나는 이렇게 생각한다.

자하는 춘추시대 말에 살았으니, 한나라 경제 시기와의 간극(間隙)은 4백여 년이나 된다. 그런데 어떻게 겨우 다섯 번 전해져 호무자도에게 이를 수 있겠는가!

이는 『공양전』을 전하는 사람들이 스스로 그들의 스승이 직접 자하에게 배운 것처럼 이야기를 부풀림으로써 자신들을 드러내고자 한 것이므로 믿을 수 없다. 때문에 『한서』「예문지」의 주만 '존참'에 실었으며, 나머지는 감히 함부로 싣지 않았다.

余按: 子夏生於春秋之末, 下去漢景帝時四百有餘歲矣, 安得五傳而至胡母子都! 此乃傳公羊者自侈其說, 以爲其師親受業於子夏, 以炫耀當世而不足信. 故但載漢志之註以存參, 餘不敢妄錄也.

2) 대굉은 후한 사람으로, 자는 원양(元襄)이다. '유종'(儒宗)이라 일컬어질 정도로 학문이 뛰어났으며, 주천태수(酒泉太守)를 지냈다.

3) 호무자도는 한나라 초 제나라 사람으로, 호무(胡母)는 성, 자도는 자이다. 보통 호무생(胡母生)이라 부르며, 『공양전』에 뛰어나 경제 때 박사가 되었다. 말년 고향으로 돌아가 제자들을 가르쳤는데, 제나라 지역에서 『춘추』를 말하는 자들은 거의 그의 제자였다고 한다.

곡량씨 穀梁氏

【보】『곡량전』 11권. (『한서』 「예문지」)

【補】 穀梁傳十一卷. (漢書藝文志)

【존참】 "곡량자(穀梁子)는 노나라 사람이다."

안사고는 이렇게 말했다.

"곡량자의 이름은 희(喜)이다." (『한서』 「예문지」 주)

【存參】 "穀梁子, 魯人." 師古曰: "名喜." (本註)

1. 곡량학은 처음이 확실치 않다(穀梁之學不詳其初)

조씨(晁氏)[1]는 이렇게 말한다.

"응소(應劭)[2]는 『풍속통의』(風俗通義)[3]에서 곡량자의 이름은 적

---

1) 조씨는 조공무(晁公武)를 말한다. 조공무는 송나라 거야(鉅野) 사람으로, 자는 자지(子止)이다. 부문각직학사(敷文閣直學士)와 임안부소윤(臨安府少尹)을 지냈으며, 사람들은 그를 소덕선생(昭德先生)이라 불렀다. 많은 장서를 지니고 있었으며, 이를 바탕으로 『군재독서지』(郡齋讀書志)를 엮었다.

2) 응소는 한나라 말 여남(汝南) 사람으로, 자는 중원(仲遠)이다. 영제 때 효렴(孝廉)에 뽑혀 태산태수(泰山太守)를 지냈다. 『한관의』(漢官儀)와 『풍속통의』를 남

(赤)으로 자하의 제자라 했으며, 미신(糜信)[4]은 진(秦)나라 효공(孝公)과 같은 시대 사람이라 했고, 완효서(阮孝緒)[5]는 이름은 숙(俶)이며 자가 원시(元始)라 했다. 이처럼 한결같이 명확하지 않다."[6]

晁氏云："應劭風俗通稱穀梁名赤, 子夏弟子, 糜信則以爲秦孝公同時人, 阮孝緒則以爲名俶, 字元始, 皆未詳也."

나는 이렇게 생각한다.

곡량자에 대해 말하는 사람들에 의하면 이름도 이미 다르고 시대 또한 서로 다르다. 그러니 학자들이 무엇을 근거로 삼을 수 있겠는가? 무릇 전국시대 이후로 간독(簡牘)은 훼손되고 문서도 사라짐으로써 『곡량전』을 전한 사람들의 초기 상황을 자세히 알 수 없었으리라. 그리하여 나름대로 견강부회함으로써 서로 엇갈려 한결같지 않게 되었을 뿐이다.

『풍속통의』 등 여러 책의 내용을 믿을 수 없을 뿐만 아니라, 『한서』「예문지」의 주라 하더라도 꼭 옳다고 볼 수는 없다. 그러므로 본래의 주만 '존참'에 열거했으며, 나머지는 모두 싣지 않는다.

余按：說穀梁者名既不同, 世亦互異, 學者將何以爲據乎? 蓋自戰國以後簡殘文絕, 傳穀梁者莫詳其初, 各以意附會之爲說, 是以參差而不一

겼는데, 안사고는 반고의 『한서』에 주를 달면서 응소의 주장을 많이 인용했다.
3) 『풍속통의』는 응소가 엮은 책이다. 『후한서』에서 『풍속통』(風俗通) 30권이라 했지만, 원본은 실전되었다.
4) 미신은 삼국시대 위나라 사람으로 낙평태수(樂平太守)를 지냈다. 『춘추곡량전주』(春秋穀梁傳注)를 남겼다.
5) 완효서는 남조 양나라 위지(尉氏) 사람으로, 자는 사종(士宗)이다. 열세 살에 오경을 두루 통했으며, 효성이 지극했다 한다. 『칠록삭번』(七錄削繁)을 남겼다.
6) 조공무의 『군재독서지』 내용이다. 조공무는 『군재독서지』 4권과 『군재독서후지』 2권을 엮었는데, 이는 모두 경사자집(經史子集)으로 분류한 뒤 해제를 붙인 말년의 도서 목록학서이다. 원본(袁本)과 구본(衢本)이 전지는데, 구본은 20권으로 되어 있다.

耳. 不但風俗通諸書不可信, 卽漢志之註亦未有以見其必然也. 故本註但
列之於存參, 而餘一槪不錄.

2. 춘추 삼전과 『춘추』에 대해(三傳與春秋)

『한서』「예문지」에서는 이렇게 말하고 있다.

"『춘추』에서 비난 대상이 된 인물은 당대의 임금이나 대신들이며, 그
들은 위세와 권력을 지니고 있었다. 그들에 관한 사실이 모두『춘추좌
전』에 드러나 있었기에, 책을 숨겨 널리 알려지지 않도록 했다. 그리하
여 당시의 환란을 벗어날 수 있었던 것이다. 그러나 전국시대 말에 이
르러서는 온갖 이야기들이 유행했기에『공양전』이나『곡량전』그리고
『추씨전』(鄒氏傳) · 『협씨전』(夾氏傳)[7] 등의『춘추전』이 등장하게 되
었다."

이는 공자의 의도가 모두『춘추좌전』에 들어 있으며,『공양전』이나
『곡량전』은 모두 헛된 설이라는 의미이다.

漢書藝文志云: "春秋所貶損大人, 當世君臣, 有威權勢力, 其事實皆
形於傳, 是以隱其書而不宣, 所以免時難也. 及末世口說流行, 故有公羊
穀梁鄒夾之傳." 是其意以爲孔子之意皆在左傳, 而公羊穀梁皆妄說也.

나는 이렇게 생각한다.

공자의 의도가 과연『춘추좌전』에 들어 있고,『춘추』의 경문은 세상
에 드러냈지만『춘추좌전』은 숨겼다고 치자. 그리하여 만약『춘추좌전』
이 전해지지 않았다면,『춘추』는 무용지물이 되어버리지 않았겠는가?

---

7)『한서』「예문지」에『추씨전』11권과『협씨전』11권이란 기록이 있다. 이어서
"『추씨전』은 전수가 끊겼고,『협씨전』은 책이 존재하지 않는다"고 했다. 따라
서 반고도 이 책을 보지 못한 채 목록에만 올린 것이다. 완효서의『칠록삭번』에
서는 후한 광무제 때『추씨전』과『협씨전』이 모두 없어졌다고 했으며,『수서』
「경적지」에서는 왕망의 난 때 모두 없어졌다고 했다.

더구나 공자는 어찌하여 『춘추』도 함께 숨기지 않았던 것일까?

  대체로 공자의 『춘추』는 그 의미가 애초부터 이미 분명했지만, 전해지면서 세월이 흐르다 보니 본래의 취지 또한 흐릿하게 되었고, 『춘추』를 전하는 사람들이 나름대로 의미를 훈석(訓釋)했던 것이다. 그 가운데 오직 『춘추좌전』은 성인 공자가 살았던 시기와 가까웠으므로 내용이 가장 광범위했으며, 역사적 진실도 더욱 자세했던 것이다. 그리하여 『춘추』를 이해하는 데 크게 도움이 되었으며, 이는 다른 사람들이 따를 수 없었을 뿐이다.

  余按: 孔子意果在傳, 果宣經而隱傳, 倘傳失其傳, 經不爲無用之書乎? 且孔子何不并經亦隱之也? 蓋孔子之經, 其意本已分明, 傳之漸久而失其旨, 傳經者各自以其意訓釋之; 惟左傳去聖人之世近, 記載最廣, 考核較詳, 爲大有功於春秋, 非他家所可及耳.

  그러므로 『춘추좌전』을 일컬어 『공양전』이나 『곡량전』보다 훨씬 뛰어나다고 말할 수는 있어도, 공자의 의도가 모두 『춘추좌전』에만 들어 있다고 말할 수는 없다. 따라서 『공양전』과 『곡량전』에만 의거하여 성인의 생각을 알아내려 한다면 크게 잘못이다. 두 책을 이용하여 『춘추좌전』과 서로 견주어가며 고찰한다면, 그것도 버리지 못할 중요한 책이다.

  게다가 『춘추좌전』의 경문은 공자가 죽는 데서 끝나는데, 만일 이 두 책이 없었다면 기린을 잡은 데에서 그쳤음을 어떻게 알 수 있었겠는가?[8] 그러므로 『공양전』과 『곡량전』을 모두 『수사고신여록』의 뒤쪽에 덧붙여 싣는다.

---

8) 『춘추좌전』의 경문은 노나라 애공 16년 "夏四月己丑, 孔丘卒"이라는 기사가 마지막이지만, 전문은 10여년 뒤 계강자가 죽고 진나라 지백(智伯)이 몰락한 애공 27년까지 이어진다. 『공양전』과 『곡량전』의 경문과 전문은 모두 애공 14년 봄 기린을 잡은 것으로 끝마치고 있다.

故謂左傳遠勝於二家則可, 謂孔子之意盡在左傳則不可. 如但據公羊穀梁以爲得聖人之意則大謬, 若取此二書以與左傳參互考訂則亦有未可廢者. 且左氏經終於孔子之卒, 若無二家, 何由知其止於獲麟. 故今公羊穀梁并附錄於餘錄之後.

공문제자통고 孔門弟子通考

성인 문하의 여러 현인들에 관한 내용이지만, 굳이 나눌 수 없는 것을 여기에 함께 싣는다.

凡稱聖門諸賢有不可分係者, 通錄於此.

덕행에는 안연·민자건·염백우·중궁이다. (『논어』「선진편」)

德行: 顏淵閔子騫冉伯牛仲弓. (論語先進篇)

염우·민자·안연은 덕행에 뛰어났다. (『맹자』「공손추 상」)

冉牛閔子顏淵善言德行. (孟子)

염우·민자·안연은 공자의 훌륭한 점을 두루 갖추었지만 조금 모자랐다. (『맹자』「공손추 상」)

冉牛閔子顏淵則具體而微. (同上)

언어에는 재아와 자공이다. (『논어』「선진편」)

言語: 宰我子貢. (論語先進篇)

재아와 자공은 언사에 뛰어났다. (『맹자』「공손추 상」)

宰我子貢善爲說辭. (孟子)

재아 · 자공 · 유약의 지혜는 성인을 알아보기에 충분했다. (『맹자』 「공손추 상」)

宰我子貢有若智足以知聖人. (同上)

1. 자신이 사는 나라의 대부는 비방하지 않는다는 순자의 설을 변증함(辨荀子居是邦不非其大夫之說)

『순자』 「자도편」(子道篇)에서는 이렇게 말하고 있다.

"자로가 공자에게 물었다. '노나라 대부가 소상(小祥)인데도 상(牀)을 사용했는데 예라 할 수 있습니까?'¹⁾ 이에 공자는 '모르겠다'고 대답했고, 자로가 물러나자 이번에는 자공이 물었다. '소상인데도 상을 사용하는 것이 예입니까?' 그러자 공자가 말했다. '예가 아니다.' 이에 자공이 밖으로 나와 자로에게 말했다. '스승님은 모르는 게 없더군요. 다만 당신의 질문이 잘못되었던 게지요. 예에 자신이 머물고 있는 나라의 대부는 비난하지 않는다 하더군요.'"²⁾

荀子子道篇云: "子路問曰: '魯大夫練而牀, 禮邪?' 孔子曰: '吾不知也.' 子路出, 子貢問曰: '練而牀, 禮邪?' 孔子曰: '非禮也.' 子貢出, 謂子路曰: '夫子無所不知, 子問非也. 禮, 居是邦, 不非其大夫.'"

---

1) 소상과 대상은 상례의 가장 큰 절차이다. 부모가 죽으면 1년 동안 여막(廬幕)에 머물다가 소상을 지낸 뒤에는 악실(堊室)에 머물며, 대상을 마치고 담제(禫祭)를 올린 뒤에야 상복을 벗고 평상시의 침상을 사용할 수 있다.
2) 최술은 여기에서 『순자』의 글을 축약했기 때문에 경과를 언뜻 알 수 없지만, 그 전말은 이렇다. 대부의 실례를 목격한 자로가 공자에게 물었지만 공자는 직답을 피했고, 의아스러운 자로는 자공에게 이를 푸념처럼 말했으며, 이윽고 자공은 공자로부터 "예가 아니다"라는 대답을 얻어낸다. 이에 자공은 자로에게 질문 자체에 문제가 있었음을 일러준다. 『순자』 원문에는 '거시방'(居是邦)의 '방'(邦)을 '읍'(邑)으로 적었다.

나는 이렇게 생각한다.

『논어』에서 공자는 계씨를 일컬어 "자기 뜰에서 팔일무(八佾舞)³⁾를 추게 하는구나. 저런 일을 서슴없이 할 수 있다면 어느 짓인들 차마 못하랴!"라고 했으며, 또 삼가(三家)가 가묘의 제사에서 「옹시」(雍詩)를 연주하며 철상(撤床)하자, "'제후들이 돕거늘 천자는 의젓하기도 하셔라'를 어찌 저 세 가문의 사당에서 연주한단 말인고!"라 했고, "장문중(臧文仲)⁴⁾은 그저 자리만 지키는 사람이 아니고 무엇이겠는가? 유하혜(柳下惠)⁵⁾의 어짊을 알면서도 그를 천거하지 않았거늘!"이라 했으며, "장무중(臧武仲)⁶⁾은 방(防)이라는 고을로 장손씨의 후손이 노나라에서 식읍을 누리도록 요구했으니,⁷⁾ 임금에게 강요하지 않았다 하더라도 나는 믿을 수 없노라!"라고 했고, 계씨가 태산에 여제(旅祭)를 지내려 하자, "일찍이 태산이 임방(林放)이라는 사람만도 못하랴!"라고 말했다.

이처럼 공자는 계손씨나 장손씨 등 대부들의 잘못에 대해 한결같이 곧바로 지적했지 기피한 적은 없다. 그렇다면 이른바 대부를 비난하지 않는다는 말이 어디에 근거한단 말인가?

---

3) 일은 춤을 추는 줄이다. 따라서 팔일은 여덟 줄 춤을 말하며, 한 줄은 8명이라 한다. 따라서 팔일은 64명이 추는 춤이지만, 이와 달리 줄의 인원이 2명이라는 설도 있다.

4) 장문중은 노나라 장손씨의 수장으로, 이름은 진(辰)이다. 장손씨는 대대로 사구(司寇)를 지냈는데, 그 또한 사구를 맡아보았다.

5) 유하혜는 춘추시대 노나라 대부 전금(展禽)으로, 자는 계(季)이다. 식읍이 유하였으며, 시호가 혜였으므로 보통 유하혜라 부른다. 백이(伯夷)와 병칭될 정도로 인품이 뛰어나 많은 일화가 전해진다.

6) 장무중은 장문중의 아들로, 이름은 흘(紇)이다.

7) 장손씨는 노나라 효공의 아들인 장희백(臧僖伯)에서 시작된 노나라 명문으로, 장애백(臧哀伯)·장문중·장선숙(臧宣叔) 등을 거쳐 장무중으로 이어진다. 장무중은 맹손씨와의 알력으로 주(邾)나라로 망명한 뒤, 자신의 동생 장가(臧賈)가 장손씨의 제사를 이을 수 있도록 선처해줄 것을 요청하기에 이르렀다. 결국 장무중의 또 다른 동생 장위(臧爲)가 장손씨의 수장이 되어 장소백(臧昭伯)으로 이어진다.

余按: 論語孔子謂季氏"八佾舞於庭, 是可忍也, 孰不可忍也!"三家者以雍徹, 子曰: "相維辟公, 天子穆穆, 奚取於三家之堂!"子曰: "臧文仲其竊位者與? 知柳下惠之賢而不與立也!"子曰: "臧武仲以防求爲後於魯, 雖曰不要君, 吾不信也!"季氏旅於泰山, 子曰: "曾謂泰山不如林放乎!"孔子於季孫臧孫之失皆直指之而無所諱, 所謂不非其大夫者安在乎?

　자신이 살고 있는 나라의 임금을 비난하지 않는다면 그럴 수도 있다. 곧 부모의 나라인 고국을 비난한다는 것 또한 신하로서의 의리가 있기 때문이다. 하지만 만일 그 대부를 비난하지 않는다면 아첨일 따름이다.
　공자는 "나라에 도가 없으면 단정하게 행동하고, 말은 겸손하게 해야 한다"고 했으니, 아마 큰 뜻이나 대중이 모인 자리에서 공공연히 떠벌리지 않음으로써 재앙을 피하려 했다면 모르거니와, 그것을 예라고 할 수는 없다. 그런데 문인들과 어울려 사사로이 담론하는 자리에서조차도 시시비비를 가리는 게 실례란 말인가!

　居是邦, 不非其君, 可也, 卽非父母之邦亦有臣之義焉; 若不非其大夫則諂耳. 孔子曰: "邦無道, 危行言孫." 或不公言之於大廷廣衆以避禍則有之矣, 非以是爲禮也; 況與門人私論於几席間, 是是非非而遽爲失禮乎!

　더구나 연(練)[8] · 상(祥)[9] · 담(禫)[10]은 상례의 큰 절차이며, 상(牀)을 사용하고 안하고는 누구나 알 수 있는 예법이다. 따라서 자로나 자

---

8) 연은 사람이 죽어 13개월 만에 지내는 제사로, 보통 소상(小祥)이라 부른다. 또는 소상 이후 입는 옷을 가리키기도 한다. 부드러운 실로 짠 견직물로 옷과 관을 만들었으며, 속에 노란색 옷을 받쳐 입었다.
9) 상은 사람이 죽어 25개월 만에 지내는 제사로, 보통 대상(大祥)이라 부른다.
10) 담은 대상을 지낸 2개월 뒤에 지내는 제사이며, 상주는 이때 비로소 상복을 벗는다.

공 정도라면 그런 것쯤이야 너무나도 잘 알고 있었을 것이다. 그런데 그런 것도 몰라 곧장 물었다면, 이른바 "육예를 몸소 통달했다"[11]는 말은 도대체 무엇이란 말인가?

이런 이야기는 틀림없이 후세 사람들이 부질없이 가탁한 것이지, 공자나 자공 사이에 있었던 이야기가 아니다. 그러므로 이제 싣지 않는다.

且練祥禪, 喪之大節也, 牀不牀, 喪之常禮也, 子路子貢於此其講之熟矣; 是之未知而待臨事之問, 所謂"身通六藝"者安在乎? 此必後人所妄託, 非孔子子貢之事, 故今不錄.

정사 방면에서는 염유와 계로이다. (『논어』「선진편」)

政事: 冉有, 季路. (論語先進篇)

자로가 공자에게 물었다.

"들으면 곧장 행동으로 옮겨야겠지요?"

"부형이 계시거늘 어찌 들었다고 곧장 행동으로 옮길 수 있겠는가!"

이번에는 염구가 공자에게 물었다.

"들으면 곧장 행동으로 옮겨야겠지요?"

"들었으면 곧장 행동으로 옮겨야지."

그러자 공서화가 공자에게 물었다.

"자로가 '들으면 곧장 행동으로 옮겨야 할까요'라고 묻자, 스승님께서는 '부형이 계시니 그러지 말라'고 말씀하셨습니다. 그런데 염구가 똑같은 질문을 하자, 스승님께서는 '들으면 곧장 행동으로 옮겨라'고 말씀하셨습니다. 저는 그 영문을 모르겠습니다. 하여 감히 그 이유를 여쭙고자 합니다."

---

11) 『사기』「공자세가」에서 사마천은 공자의 제자들 가운데 "身通六藝者七十二人"이라 했다.

이에 공자가 말했다.

"염구는 머뭇거리지. 그래서 부추긴 것이다. 하지만 자로는 너무 서두르지. 그래서 말렸던 것이니라."(『논어』「선진편」)

子路問: "聞斯行諸?" 子曰: "有父兄在, 如之何其聞斯行之!" 冉有問: "聞斯行諸?" 子曰: "聞斯行之." 公西華曰: "由也問聞斯行諸, 子曰有父兄在. 求也問聞斯行諸, 子曰聞斯行之. 赤也惑, 敢問." 子曰: "求也退, 故進之. 由也兼人, 故退之."(同上)

계자연(季子然)[12]이 공자에게 물었다.

"중유와 염구는 대신이 될 만한 재목이라고 할 수 있겠습니까?"

"나는 당신 정도라면 색다른 질문을 할 것으로 여겼는데, 겨우 중유와 염구에 대한 물음이군요! 이른바 대신이란 올바른 도리로 임금을 섬기다가 할 수 없으면 그만두는 게지요. 이제 중유와 염구는 대신감이라기보다는 신하의 자리를 채우는 사람 정도라 해야겠지요."

"그렇다면 시키는 대로 따를 사람이란 말입니까?"

이에 공자가 말했다.

"애비나 임금을 시해하는 일이라면 그들은 결코 따르지 않겠지요!"(『논어』「선진편」)

季子然問: "仲由, 冉求可謂大臣與?" 子曰: "吾以子爲異之問, 曾由與求之問! 所謂大臣者, 以道事君, 不可則止. 今由與求也, 可謂具臣矣." 曰: "然則從之者與?" 子曰: "弑父與君, 亦不從也!"(同上)

맹무백이 공자에게 물었다.

"자로는 어집니까?"

---

12) 계자연은 노나라의 실권자였던 계손씨의 일족으로 여겨지나, 구체적인 행적은 알 수 없다.

"알 수 없지요."

그러나 맹무백이 또다시 묻자, 공자는 이렇게 말했다.

"자로는 천승지국의 군대를 다스리기에는 충분하겠지만, 그가 어진지는 알 수 없소이다."

"그렇다면 염구는 어떻습니까?"

"염구는 천실지읍(千室之邑)과 백승지가(百乘之家)의 읍재로서는 충분하겠지만, 그가 어진지는 알 수 없소이다."

"공서적은 어떻습니까?"

"공서적은 관복을 입고 조정에서 빈객을 맞아 대화를 나누기에는 충분하겠지만, 그가 어진지는 알 수 없소이다." (『논어』 「공야장편」)

孟武伯問: "子路仁乎?" 子曰: "不知也." 又問, 子曰: "由也, 千乘之國可使治其賦也, 不知其仁也." "求也何如?" 子曰: "求也, 千室之邑, 百乘之家可使爲之宰也, 不知其仁也." "赤也何如?" 子曰: "赤也, 束帶立於朝可使與賓客言也, 不知其仁也." (論語公冶長篇)

문학 방면에서는 자유와 자하이다. (『논어』 「선진편」)

文學: 子游子夏. (論語先進篇)

자하·자유·자장은 모두 성인 공자의 한 부분을 갖추었다. (『맹자』 「공손추 상」)

子夏子游子張皆有聖人之一體. (孟子)

자공이 공자에게 물었다.

"사(師, 자장)와 상(商, 자하) 가운데 누가 더 현명할까요?"

"사는 넘치고 상은 모자란 편이지."

"그렇다면 사가 좀 낫다는 말씀입니까?"

"넘치는 것은 모자라는 것과 마찬가지이니라." (『논어』 「선진편」)

子貢問: "師與商也孰賢?" 子曰: "師也過, 商也不及." 曰: "然則師愈與?" 子曰: "過猶不及." (論語先進篇)

2. 상복을 벗은 뒤의 거문고 소리에 대한 「단궁편」과 『설원』의 기록 차이에 대해(檀弓與說苑記除喪彈琴之異)

『예기』「단궁편」에서는 이렇게 말하고 있다.

"자하가 상기를 마치고 공자를 찾아뵈었다. 이에 공자가 그에게 거문고를 타게 했다. 그런데 자하는 음을 맞추려 해도 맞춰지지 않았고, 거문고를 타도 제대로 소리가 나지 않았다. 이에 자하는 거문고를 밀치고 일어나 말했다. '상복을 벗긴 했으나 슬픔을 아직 다 잊을 수 없나 봅니다! 선왕이 제정한 예법인지라, 감히 기한을 넘기지 않았을 뿐이지요!' 한편 자장이 상기를 마치고 공자를 찾아뵈었을 때였다. 공자는 그에게 거문고를 타게 했다. 그런데 자장은 음을 맞추면 그냥 맞추어졌고, 거문고를 타면 제대로 소리가 났다. 이에 자장이 일어나 말했다. '선왕이 만든 예법인지라, 감히 기한을 채우지 않을 수 없었지요!'"

戴記檀弓篇云: "子夏旣除喪而見, 予之琴, 和之而不和, 彈之而不成聲, 作而曰: '哀未忘也! 先王制禮而弗敢過也!' 子張旣除喪而見, 予之琴, 和之而和, 彈之而成聲, 作而曰: '先王制禮, 不敢不至焉!'"

『설원』에도 이런 이야기가 실려 있는데, 거기에서는 감히 기한을 넘길 수 없다고 말한 사람은 민자건이며, 감히 기한을 채우지 않을 수 없다고 말한 사람은 자하로 되어 있다.[13] 따라서 「단궁편」과는 반대이다.

대체로 이것들은 전해 들은 이야기이기 때문에, 두 책의 내용이 다르게 되었으리라. 그 가운데 「단궁편」이 더 오래된 이야기처럼 보이지만,

---

13) 『설원』「수문」에 들어 있는데, 공자는 민자건과 자하를 모두 예법으로 절제할 줄 안다며 군자라 일컫고 있다.

「단궁편」역시 그릇된 내용이 많기에 모두 그대로 믿기는 어렵다. 그러므로 이제 이런 이야기는 뺀다.

說苑亦載此事, 而以不敢過者爲閔子騫, 不敢不及者爲子夏, 與檀弓正相反. 蓋皆得之傳聞, 是以彼此異辭. 似檀弓爲近古; 然檀弓之誣者亦多, 皆難取信. 故今缺之.

공자가 자공에게 물었다.

"너와 안회 가운데 누가 더 뛰어난가?"

이에 자공이 대답했다.

"제가 어찌 감히 안회를 따를 수 있겠습니까! 안회는 하나를 들으면 열을 알고, 저야말로 하나를 들으면 둘이나 아는 정도인걸요."

그러자 공자가 말했다.

"그래, 같지 않지. 나도 너와 마찬가지로 그를 따를 수 없더구나!" (『논어』 「공야장편」)

子謂子貢曰: "女與回也孰愈?" 對曰: "賜也何敢望回! 回也聞一以知十, 賜也聞一以知二." 子曰: "弗如也, 吾與女弗如也!" (論語 公冶長篇)

공자를 모시는 자리에서 민자건은 의젓하고, 자로는 꼿꼿하며, 염유와 자공은 부드러웠다.

이에 공자는 만족스러워하면서도 이렇게 말했다.

"자로는 아무래도 제 명에 죽지 못할 것만 같아 아쉽구나!" (『논어』 「선진편」)

閔子侍側, 誾誾如也. 子路, 行行如也. 冉有子貢, 侃侃如也. 子樂, "若由也不得其死然!" (論語先進篇)

계강자가 공자에게 물었다.

"중유는 정사를 맡길 만합니까?"

"유는 결단력이 있으니 정사에 무슨 어려움이 있겠습니까!"

"사(賜, 자공)는 정사를 맡길 만합니까?"

"사는 유능하니 정사에 무슨 어려움이 있겠습니까!"

"염구는 정사를 맡길 만합니까?"

"구는 재능이 있으니 정사에 무슨 어려움이 있겠습니까!"(『논어』「옹야편」)

季康子問: "仲由可使從政也與?" 子曰: "由也果, 於從政乎何有!" 曰: "賜也可使從政也與?" 曰: "賜也達, 於從政乎何有!" 曰: "求也可使從政也與?" 曰: "求也藝, 於從政乎何有!" (論語雍也篇)

고시는 어수룩하고, 증참은 굼뜨며, 사(師, 자장)는 외곬수이고, 중유는 거칠다. (『논어』「선진편」)

柴也愚; 參也魯; 師也辟; 由也喭. (論語先進篇)

3. 시야장은 공자의 말이라 단언할 수 없다
(柴也章未可斷爲孔子之言)

『논어』「선진편」의 '시야장'(柴也章)을 공자가 한 말로 여기는데, 대체로 제자들을 모두 이름으로 부르고 있기 때문에 그렇게 생각한 것이리라. 그러나 『논어』를 살펴보면 흉년에 대해 물었을 때에는 유약이라 했고, 낮잠에 대해 말할 때도 재여라 했으며, 부끄러움에 대해 물을 때도 헌(憲)이라 했고, 세금을 거둬들임에 대해 말할 때도 구(求)라 부른 것처럼 제자들을 이름으로 부른 적도 있었다. 따라서 이를 근거로 곧장 공자의 말이라 단정지을 수는 없다. 그리고 이 장 앞쪽에 '자왈'이라는 글자도 없기 때문에 '진채장'(陳蔡章)의 예를 따르는 것이 옳을 듯하다.[14]

---

14) 『논어』「선진편」에서 공자가 "從我於陳蔡者, 皆不及門也"라고 한 말 뒤에 이

此章或以爲孔子之言, 蓋以諸賢皆稱名之故. 然觀論語中稱弟子亦有以名者, 年饑之稱有若, 晝寢之稱宰予, 問恥之稱憲, 聚斂之稱求是也, 未可據是遂斷以爲聖人之言. 章首旣無 '子曰' 字, 姑從陳蔡章之例可也.

4. 제자들의 명적에 대한 『사기』의 오류에 대해
(史記著弟子名籍之誤)

『사기』 「중니제자열전」에는 모두 77명이 기록되어 있는데, 사마천의 말에 의하면 제자들의 명적(名籍)은 공안국(孔安國)의 고문(古文)에 근거했다고 했다. 그 가운데 사적이나 나이가 기록된 사람은 35명이며, 『논어』에도 보이는 사람은 27명이다.

하지만 뚜렷한 증거가 있어 틀림없다고 결정지을 만한 제자는 안연·민자건·염백우·중궁·자로·증석·자공·원사·유자·증자·재아·염유·공서화·자유·자하·자장·번지·자고·칠조개·사마우 등 겨우 20명일 따름이다.

史記仲尼弟子列傳凡七十有七人, 據司馬氏謂弟子籍出於孔氏古文, 其有事蹟或年歲者三十有五人, 而見於論語者二十有七人. 然確有明徵, 決知其非誤者, 顏淵閔子騫冉伯牛仲弓子路曾晳子貢原思有子曾子宰我冉有公西華子游子夏子張樊遲子羔漆雕開司馬牛, 僅二十人而已.

『논어』에 보이지만 제자라고 결정지을 수 없는 7명은 이러하다.

안로는 공자의 수레를 청할 때 한 번 보이며, 공야장은 공자가 사위로 삼았다는 데에서 한 번 보이고, 자천과 담대멸명은 공자와 자유가

른바 공문십철(孔門十哲)이라 불리는 열 명의 제자를 덕행·언어·정사·문학으로 나눠 거명하고 있는데, 언뜻 보기엔 공자의 말처럼 보이지만 틀림없이 『논어』를 엮은 사람의 첨언(添言)일 것이다. 따라서 최술은 '시야장' 또한 그런 시각으로 본 것이다.

칭찬하는 데에서 한 번씩 보이며, 무마기(巫馬期)는 진(陳)나라 사패 (司敗) 때문에 덩달아 나타난다.[15] 이들은 별다른 일도 없을 뿐더러 공 자와 문답한 말 또한 없다. 오로지 남용은 무릇 세 번이나 보이지만, 겨 우 '예(羿)와 오(奡)'에 대한 한 번의 물음으로 질문다운 질문으로 볼 수도 없다. 여타의 기록으로 살펴볼 때 오직 자천만은 공자의 제자라고 말하는 곳이 많지만, 나머지는 어느 누구도 제자라 할 만한 결정적인 근거가 없다. 더욱이 무마기는 소공 때 이미 공자와 함께 조정에 있었 으며, 진나라 사패가 그에게 읍하며 공자를 비아냥거렸던 것으로 보아 공자에게 배운 적이 없었던 것으로 여겨진다.

자유가 무성 고을의 읍재였을 때 공자는 담대멸명이라는 사람을 처 음 알게 되었는데, 당시 공자는 이미 늙었을 무렵이다. 그러니 담대멸 명이 어느 겨를에 공자에게 배울 수 있었겠는가? 「중니제자열전」에서 는 그가 공자에게 배운 뒤 물러가 수행했다고 했는데, 그러면 애초부터 "빠른 길로 질러가지 않으며 공적인 일이 아니면 찾아오지 않았다"는 말은 이미 『논어』와 어긋난다. 또한 「중니제자열전」에서는 그가 강남 지방으로 갔을 때 따르는 제자들이 3백 명이었으며, 이에 공자는 "내가 생김새로 사람을 평가했다가 자우(子羽)에게 실수를 저질렀다"고 말했 다고 한다. 그렇다면 공자의 말이 더욱 어긋나며, 그 연대도 더욱 어울 리지 않는다.

그러므로 자천을 제자라고 하는 것은 옳은 듯하며, 안로 등 세 사람 을 제자라고 하는 것은 혹시 그럴 수도 있다. 하지만 무마기와 담대멸

---

15) 『논어』「술이편」에서 진나라 사패(司敗, 노나라의 司寇에 해당하는 관직)는 공자에게 노나라 소공이 예를 잘 아느냐 물었고, 공자는 그렇다고 대답한다. 그러자 사패는 무마기에게 군자도 편을 드는 모양이라고 공자에게 혐의를 두 면서, 소공이 동성(同姓)인 오나라 공자(公子, 춘추시대엔 남녀를 구분하지 않고 모두 공자라 불렀음)인 오맹자(吳孟子)를 부인으로 맞아들였으므로 예 에 합당한 처사가 아니라고 말한다. 무마기는 이러한 사패의 말을 공자에게 전해주었고, 공자는 잘못을 곧바로 지적해주는 사람이 있으니 행복하다고 말 한다.

명은 제자가 아닐 수도 있다. 심지어 공백료는 다른 이야기도 없을 뿐
더러, 단지 자로를 헐뜯은 일로 나타났을 뿐이다. 당시 공자는 노나라
의 사구였고 자로는 계씨의 가재였으며, 때마침 서로 힘을 모아 도를
행하려던 참이었다. 그럼에도 불구하고 자로를 헐뜯었다면 이는 곧 공
자를 업신여김이다. 어찌 70제자로서 그런 짓거리를 할 수 있었겠는가!

其七人者, 顔路以請車一見, 公冶長以孔子妻之一見, 子賤澹臺滅明以
孔子與子游稱之而各一見, 巫馬期則以陳司敗之故而附見, 皆無他事, 亦
無問答之語; 惟南容凡三見, 然僅'羿奡'一問, 而亦非質疑問難之比. 考
之他傳記, 惟子賤多言爲孔子弟子者, 其餘皆無由而決知其爲弟子與否.
且巫馬期在昭公世已與孔子同朝, 司敗揖之以譏孔子, 頗不似嘗受業也
者. 而子游爲武城宰, 孔子始知滅明, 是時孔子年已老矣, 滅明又將何時
受業於孔子乎? 列傳乃稱其旣已受業, 退而修行, 始有"不由徑, 非公事
不見"之事, 旣與論語刺謬; 又稱其南游至江, 從弟子三百人, 孔子曰:
"吾以貌取人, 失之子羽." 則其說益舛而其年亦益不符矣. 故謂子賤爲弟
子, 近是; 謂顔路等三人爲弟子, 或然; 謂期與滅明爲弟子, 則恐不然也.
至於公伯寮者, 更無餘事, 但以愬子路見, 是時孔子爲魯司寇, 子路爲季
氏宰, 方相倚以行道, 愬子路卽所以撼孔子, 烏有七十子而肯爲是者哉!

그 밖에 사적이나 나이에 관한 기록이 없는 42명은 모두『논어』에 보
이지 않고『춘추좌전』에 2명이 보이지만, 증명할 수 있는 자는 진비자
한 사람뿐이다(『사기』에서 "진상의 자는 子조"라고 했다).[16] 안고(顔
高)는 비록『춘추좌전』에 보이지만 이야기로 짐작건대 결코 공자의 제
자는 아닌 듯하다.[17]

---

16) 괄호의 내용은 연문(衍文)으로 여겨진다. 이미 앞쪽에서 언급했기에 덧붙일
필요가 없는 말이다.

17)「중니제자열전」에서 안고의 자는 자교(子驕)라 했다.『공자가어』「제자해」에
서는 안각(顔刻)으로 등장하는데, 공자보다 쉰 살 어리며, 공자가 위나라에
갔을 때 수레를 몰았다고 했다.『사기정의』에서는 공자가 위나라에서 남자(南

其無事跡年歲者四十有二人, 皆不見於論語, 而有見於左傳者二人; 然
確有明徵者, 秦丕茲一人而已(史記作"秦商字子丕"); 顔高雖見於左傳,
然觀其事殊不類孔子之弟子也.

그 나머지는 모두 48명으로 한결같이 경전에 보이지 않는다. 하지만
상구와 계차의 자취는 그런대로 『사기』 「중니제자열전」에 갖추어져 있
으며, 이름이나 자가 다른 기록에 간혹 나타나는 것으로 보아 틀리지
않을 수도 있다. 그리고 양전(梁鱣) 이하 6명(나이가 기록된 자들)과
염계(冉季) 이하에서 진상과 안고를 제외한 40명(나이가 기록되지 않
은 자들)은 모두 자취를 살필 수 없다. 따라서 이들이 참으로 공자의 제
자인지는 확인할 길이 없다.

이로 미루어 짐작건대 공안국의 고문도 아마 당시의 문서가 아니었
거나, 아니면 공안국의 고문은 틀리지 않았지만 사마천이 잘못 기록한
것인지에 대해서는 알 수 없다. 『사기』에서 인용한 『상서』나 『춘추좌
전』의 내용을 살펴보면, 그것들도 때때로 어긋난 부분이 있다. 따라서
「중니제자열전」인들 어찌 그대로 다 믿을 수 있겠는가!

『공자가어』 「제자해편」에서의 제자들 숫자는 『사기』 「중니제자열전」
의 77명이라는 숫자와 같지만, 이름이나 자가 『사기』와 다른 사람도 있
다. 더욱이 『사기』에 나오는 세 사람을 삭제하고, 별도로 금장·진항
(陳亢)·현단(縣亶)을 넣어 숫자를 맞추었다.

其餘共四十有八人, 皆不見於經傳; 然商瞿季次其事跡猶粗具於本傳,
其名字復間見於他篇, 或當不誤; 而自梁鱣以下六人(有年歲者), 自冉季
以下, 秦商顔高以外四十人(無年歲者), 并無事跡可考, 則固無從而知其
誠然與否也. 由是觀之, 孔氏古文或非當時之書; 不則孔氏古文不誤而司

子)의 뒤쪽 수레에 탔을 때, 안고가 수레를 몰았다고 했다. 『춘추좌전』 정공 8
년(기원전 500)에 의하면 안고는 제나라와 싸울 때 활쏘기의 명인으로 등장
하기도 한다.

馬氏誤焉, 亦未可知. 觀於史記所引尙書左傳中事亦往往有舛者, 則是篇豈可以盡信乎哉! 家語弟子解篇其數與史記同, 而名字或與史記異, 且刪史記三人, 別有琴張陳亢縣亶以合其數.

나는 이렇게 생각한다.

금장은 『맹자』와 『춘추좌전』에도 보이므로 이를 보충하는 것은 매우 타당하다. 다만 금장을 금뢰(琴牢)라 한 것은 어디에 근거한 것인지 알 수 없다. 현단도 고찰할 수 없다.

그리고 진항은 자공만 존경하고 공자는 가볍게 여긴 사람이다. 따라서 맹자의 말처럼 "마음속으로 기뻐하며 진정으로 복종"한 자라면 틀림없이 그렇지 않았으리라. 게다가 『논어』 가운데에서도 진항은 자공에게 두 번 묻고 백어에게 한 번 물었을 뿐, 단 한 번도 공자에게 물은 적이 없다. 『논어』에서 문인들끼리 상대방을 호칭할 때 '자'라 부르지 않았는데, 진항은 백어와 자공을 모두 '자'로 호칭하고 있다. 그렇다면 진항은 자공이나 백어의 후배였을 뿐, 공자의 제자가 아니었음이 분명하다.

余按: 琴張見於孟子左傳, 補之良是; 但謂琴張卽牢, 未知所本. 縣亶亦無所考. 若陳亢, 乃尊子貢而輕視孔子者, 孟子所謂 '中心悅而誠服'者必不如是. 且論語中, 亢凡兩問子貢, 一問伯魚, 而絶未曾一問孔子; 論語中, 門人未有相稱以子者, 而亢稱伯魚子貢皆以子, 則亢乃子貢伯魚之後輩, 非孔子弟子也明矣.

또한 『문옹도』에는 공자의 72제자만 그려져 있는데, 그 가운데 들어 있는 신정·임방·신당(申堂)·거백옥(蘧伯玉)은 『사기』와 『공자가어』에는 들어 있지 않다.

이에 대해서 나는 이렇게 생각한다.

신정은 『논어』에 보이는데, 그를 논의한 앞뒤에 놓인 장들은 모두 제자들의 사람됨을 논하는 장이다. 그리고 공자가 이름으로 부른 것도 다른 제자들과 같다. 따라서 그를 보충하는 것은 옳은 듯하다. 신당은 경전에 보이지 않으며, 임방은 비록『논어』에 보이지만 명확한 내용은 없다. 따라서 쉽사리 공자의 제자라 결정지을 수 없다. 거백옥의 경우, 그가 가장 가까운 관문을 통해 위나라를 빠져나간 것은 노나라 양공 14년의 일이다.[18] 당시 거백옥은 이미 대부였으니 나이가 상당했을 것이며, 그때로부터 8년 뒤에 공자가 태어났다. 따라서 공자가 관례(冠禮)를 치를 나이인 스무 살 무렵이면, 거백옥은 이미 늙었을 터인데 어찌 그를 제자들 속에 열거할 수 있단 말인가![19]

그 밖에 또『맹자』에 보이나 다른 책에 실려 있지 않는 한 사람으로 목피(牧皮)가 있기도 하다.

又有文翁圖者, 所載弟子止七十有二人, 而中有申棖林放申堂蘧伯玉,

---

18) 거백옥은 춘추시대 위나라의 어진 대부로, 이름은 원(瑗), 시호는 성자(成子) 이다. 거백옥은 어지러운 나라에 살지 않는 전형적인 인물로 꼽히는데,『춘추좌전』에 이러한 거백옥의 모습이 두 번 보인다. 양공 14년(기원전 559) 위나라 집정 손문자(孫文子, 孫林父)는 헌공을 축출할 생각을 갖고 거백옥의 의견을 물었다. 그러자 거백옥은 "임금이 나라를 다스리는 법인데, 신하가 감히 침범할 수 있겠습니까? 비록 침범하여 다른 임금을 세운다 하더라도 그가 더 나을지 어찌 알겠습니까?"라고 말한 뒤 곧바로 가장 가까운 관문을 통해 위나라를 빠져나갔다. 손문자는 끝내 헌공을 축출하고 공손표(公孫剽)를 세웠으나 제후들의 인가를 받을 수 없었다. 12년 뒤 헌공이 복위하게 되는데, 이때도 거백옥은 절개를 지켰다. 헌공이 환국을 앞두고 영희(甯喜)를 시켜 거백옥의 의중을 물었는데, 거백옥은 "나는 임금의 출국을 듣지도 못했는데, 감히 입국을 얘기할 수 없지요"라고 말한 뒤 곧장 가까운 관문으로 위나라를 빠져나가버렸다. 때문에 공자 또한『논어』「위영공편」에서 거백옥을 일컬어 "군자로다, 거백옥이여! 나라에 도가 있으면 벼슬하고, 나라에 도가 없으면 그만두고 숨어버린다"(君子哉! 蘧伯玉. 邦有道則仕, 邦無道則可卷而懷之)고 칭찬한 적이 있다.
19) 설령 공자가 스무 살쯤부터 제자를 두었다손 치더라도, 거백옥은 이미 예순 살을 넘긴 나이이다. 따라서 거백옥이 공자의 제자였다는 말은 어불성설이다.『사기』「공자세가」에서는 애공 초년 여러 나라를 주유하던 공자가 거백옥의 집에 머물렀다고 했는데, 사실이라면 당시 거백옥의 나이는 1백 살을 넘겼을 것이다. 이런 이야기도 믿을 수 없다.『수사고신록』「위나라에 가다」의 '거백옥의 집에 머물렀다는 설을 변증함' 참조.

則又史記家語之所無者. 按: 申棖見於論語, 其前後章皆論弟子爲人, 而孔子名之亦如諸弟子, 補之近是. 申堂不見於經傳, 林放雖見於論語而無明文, 皆難懸定. 至蘧伯玉, 其出近關在魯襄公之十四年, 是時已爲大夫, 齒長矣, 後八年而孔子始生, 比孔子之冠也則伯玉已老矣, 夫安得列之於弟子內乎! 又有見於孟子而三家皆不之載者一人, 曰牧皮.

대체로 공자의 제자를 기록한 사람들 모두 제각기 전해지는 바에 근거했겠지만, 그나마 『사기』가 옛날 모습에 가까운 편이다. 『공자가어』와 『문옹도』는 제 나름대로 취사선택한 것으로 여겨지므로 더욱 근거로 삼기에는 부족하다. 따라서 이들을 모두 삭제할 수는 없겠지만, 그렇다고 다 믿는다는 것도 온당치 않다.

그러므로 이제 『사기』의 내용을 근거로 자취가 분명한 안연부터 사마우까지 그리고 자천·진비자 등 22명과, 『맹자』『공자가어』『문옹도』를 참고로 목피·금장·신정 등 3명에 안로 등 3명과 상구 등 2명을 아울러 모두 30명을 공자의 제자로 결정짓는다. 기타 매우 의심스러운 자들은 삭제하고, 고증할 수 없는 자들은 그대로 놓아둘 수밖에 없다.

大抵諸家皆各據其所傳, 而史記爲近古; 家語文翁圖又似參以己意而去取之者, 尤不足以爲據. 槪刪之則不可, 盡信之亦未安. 故今據史記文, 定其所可知者顏淵至司馬牛及子賤秦丕茲二十有二人, 而參以孟子家語文翁圖增牧皮琴張申棖三人, 竝顏路等三人, 商瞿等二人, 共三十人. 其餘甚可疑者刪之, 無可考者存而不論可也.

5. 『사기』에 기록된 제자들 국읍의 오류에 대해
   (史記著弟子國邑之誤)

『사기』「중니제자열전」에서 제자들이 태어난 나라나 고을을 밝힌 자는 모두 7명이다.

안자는 노나라, 자공은 위나라, 자유는 오나라, 자장은 진(陳)나라,

공야장은 제나라 사람이라고 모두 나라를 밝히고 있다. 그리고 증자는
남무성, 자로는 변읍으로 고을을 밝히고 있다.

史記仲尼弟子列傳著其國邑者凡七人：顏子, 魯人；子貢, 衛人；子游,
吳人；子張, 陳人；公冶長, 齊人, 皆以國著；曾子, 南武城人；子路, 卞
人, 皆以邑著.

그러나 내가 고찰한 바는 이렇다.

이들 가운데 틀리지 않은 사람은 오로지 안자와 자공뿐이다. 왜 그러
한가? 안씨의 경우 노나라에 이름이 알려진 자가 많다.『춘추좌전』에
안고(顏高)·안우(顏羽)·안식(顏息) 등이 있으며,『여씨춘추』에도 안
합(顏闔)이 있다. 그렇다면 안자가 노나라 사람이라는 것은 믿을 만하
다.

『춘추좌전』에서는 애릉(艾陵)에서 회합 때, 오자(吳子)가 숙손주구
에게 갑옷을 하사한 적이 있다. 그때 위사(衛賜)가 앞으로 나아가 "저
주구는 갑옷을 받자옵고 임금님의 명을 따르겠나이다"라고 말했다. 그
렇다면 자공 또한 위나라 사람임은 의심의 여지가 없다 하겠다.

以余考之, 惟顏子子貢爲不誤耳. 何者？顏氏之著名於魯者多矣, 春秋
傳有顏高顏羽顏息, 呂覽亦有顏闔, 則顏子爲魯人可信也. 春秋傳, 艾陵
之役, 吳子賜叔孫甲, 衛賜進曰："州仇奉甲從君而拜."則子貢爲衛人亦
無疑也.

하지만 자장은 바로 전손(顓孫)의 후예이다. 전손은 장공(莊公) 22
년 제나라에서 노나라로 망명했다.[20] 그리하여 민공·희공·문공·선
공·성공·양공·소공·정공을 거쳐 애공에 이르기까지 모두 10대나
되었으니, 자장은 진나라 사람이 분명 아니다. 대체로 그의 선조가 진

---

20)『춘추좌전』 장공 22년에 "陳人殺其太子御寇. 陳公子完與顓孫奔齊. 顓孫自齊來
奔"이라는 기록이 있다.

나라 출신이기에, 전하는 사람들이 끝내 진나라 사람으로 오인했을 뿐이다. 만일 자장을 진나라 사람이라 한다면, 공자 또한 송나라 사람이라고 해야 하지 않겠는가?[21]

若子張, 乃顓孫之後也, 顓孫於莊二十二年自齊奔魯, 歷閔僖文宣成襄昭定, 至哀公凡十世, 子張之非陳人明矣. 蓋因其先世出自陳, 而傳之者遂誤以爲陳人耳. 若子張爲陳人, 則孔子亦將爲宋人乎?

공자의 제자들은 노나라 사람이 많았으며, 그 다음은 위나라·제나라·송나라로 모두 이웃나라이다. 오나라는 노나라에서 멀다. 만약 수천 리나 떨어진 북녘 중원으로 와서 배웠다면, 이는 그리 흔한 일이라할 수 없다. 그런데 전해지는 기록에 자유의 언행에 관한 기록이 많건만, 어찌하여 어디에도 한마디 언급조차 없는 것일까?

더구나 공자가 죽은 뒤 유자·증자·자하·자장 등과 자유는 서로매우 많은 말들을 주고받았으며, 도공(悼公)이 유약을 조문했을 때 자유가 그를 안내했다.[22] 또 무숙(武叔)의 어머니가 죽었을 때도 자유는노나라에 있었으며, 노나라의 현자(縣子)와 공숙술(公叔戌) 또한 모두자유와 친하게 지냈다.[23] 그렇다면 자유가 오나라 사람이 아님은 분명하다. 뿐만 아니라 자장의 아들 신상(申詳)과 자유의 아들 언사(言思)도 여전히 노나라에 살고 있었다. 따라서 둘은 이미 대대로 노나라 사람이었는데, 어찌하여 진나라나 오나라 사람이라 할 수 있겠는가?[24]

孔子弟子, 魯人爲多; 其次則衛齊宋, 皆鄰國也; 吳之去魯遠矣, 若涉

---

21) 공자의 선조로 일컬어지는 불보하(弗父何)·정고보(正考父)·공보가(孔父嘉)는 송나라의 공자(公子)나 정경(正卿)이었으며, 공자의 5대조 무렵에 노나라로 옮겨와 살았다.

22) 『예기』「단궁편 하」에 "有若之喪, 悼公弔焉, 子游擯由左"라는 기록이 있다.

23) 『예기』「단궁편」에는 자유가 현자나 공숙술 등과 예법에 대해 논의하는 내용이 자주 등장한다.

24) 사마천은 『사기』「중니제자열전」에서 전손사(顓孫師, 子張)는 진나라 사람, 언언(言偃, 子游)은 오나라 사람이라 했다.

數千里而北學於中國, 此不可多得之事. 傳記所記子游言行多矣, 何以皆無一言及之? 且孔子沒後, 有子曾子子夏子張與子游相問答之言甚多, 悼公之弔有若也子游攝, 武叔之母之死也子游在魯, 而魯之縣子公叔戍亦皆與子游游, 子游之非吳人明矣. 而子張之子申詳, 子游之子言思亦仍居魯, 是二子固世爲魯人矣, 安得以爲陳人吳人也哉!

　공보촉(公父歜)[25]이 공보의 후예라면, 공야장 또한 당연히 공야(公冶)의 후손이리라. 양공이 초나라에서 돌아올 때, 계손씨는 공야를 보내 안부를 묻게 했다.[26] 그렇다면 공야는 노나라 대부였을 것이니, 공야장 또한 제나라 사람이 아니다.

　公父歜, 公父之後也, 則公冶長亦當爲公冶之後. 襄公之自楚歸也, 季孫使公冶問, 則公冶, 魯大夫也, 然則長亦非齊人矣.

　남무성은 노나라 남쪽 접경 지역이다. 이곳은 오나라나 월나라가 노나라로 들어올 수 있는 요충지이며, 바로 자유가 읍재를 지낸 곳이기도 하다. 『맹자』에서는 증자가 무성에 거처할 때 월나라가 쳐들어오자 증자가 피난했다는 내용에 대해서 "증자는 스승이며 부형의 위치에 있었다"고 했다. 그렇다면 증자가 무성 사람이 아님은 매우 분명하다. 사마천은 대체로 그가 무성에 거처했다는 『맹자』의 내용만 보고 무성 사람

---

25) 공보촉은 보통 공보문백(公父文伯)이라 부른다. 계환자의 사촌이며, 아버지 공보목백(公父穆伯) 때부터 공보(公父)씨가 되었다. 『춘추좌전』 정공 5년 9월, 계환자의 가신 양호는 계환자와 공보촉을 잡아가두고 중량회를 내쫓았으며, 10월 양호가 계환자와 맹약을 맺을 때 공보촉은 제나라로 망명했다. 공보문백의 어머니 경강(敬姜)은 현명한 여자로 『국어』나 『열녀전』에 등장한다.

26) 『춘추좌전』 양공 29년의 내용이다. 계손씨는 계무자이며, 공야는 계손씨 일족의 대부였다. 28년 11월 초나라에 갔던 양공이 이듬해 5월 돌아왔는데, 그동안 계무자는 공읍인 변읍을 자신이 차지해버렸다. 이에 계무자는 영공이 돌아온다는 소식을 듣고 공야를 보내 문후를 여쭙고 변명하는 데 급급했다. 이때 보여준 공야의 처신은 신하의 귀감으로 전해진다. 최술은 공야의 후손이 바로 노나라 공야씨(公冶氏)라고 생각한 것이다.

이라 오해했을 따름이다.

南武城者, 魯南境之邑, 吳越至魯之衝, 卽子游爲宰之地也. 孟子書載曾子居武城, 有越寇而曾子去, 孟子曰："曾子, 師也, 父兄也."則曾子非武城人明甚；司馬氏蓋見孟子書中有居武城之文而遂誤以爲武城人耳.

오로지 자로가 변읍 출신이라는 것만은 그렇지 않다는 기록을 발견할 수 없다. 하지만 이미 국읍(國邑)을 밝힌 제자 6명 가운데 둘은 맞고 넷은 틀렸기에 자로도 반드시 그렇다고 볼 수 없다.

그러므로 이제 안자와 자공의 경우만 『사기』의 내용을 따라 기록했으며, 나머지는 모두 비워둔다.

惟子路之爲卞人未有以見其不然；然六人之中, 得者二而失者四焉, 則亦未有以見其必然. 故今惟於顏子子貢采史記文註之, 餘皆缺焉.

6. 『사기』에 기록된 제자들 나이의 오류에 대해
(史記著弟子年歲之誤)

『사기』「중니제자열전」에 나이를 밝힌 제자는 모두 23명이다. 나름대로 근거한 바가 있을 터이지만, 틀림없다고 확신할 수는 없다. 왜 그러한가? 공자는 자천을 일컬어 "군자로다, 저 사람이야말로! 하지만 우리 노나라에 군자가 없다면, 저 사람이 어디에서 본받을 수 있었으랴!"라고 했는데, 이는 자천이야말로 이미 상당한 덕을 이루었으며, 그가 직접 스승을 모시고 벗을 사귄 지 이미 오래되었음을 의미한다. 그런데 『사기』「중니제자열전」에서 자천은 공자보다 마흔아홉 살 어리다 했다. 그렇다면 공자가 죽을 당시 자천은 나이가 겨우 스물다섯 살에 지나지 않았을 터인데, 어찌 그토록 빨리 덕을 이룰 수 있었단 말인가?[27]

---

27) 이것은 최술의 착오로 여겨진다. 사마천은 「중니제자열전」에서 분명히 자천의 나이가 공자보다 서른 살 어리다 했는데, 최술은 마흔아홉 살 어린 것으로

弟子列傳有年歲者凡二十有三人, 其文蓋有所本, 然亦不能無誤. 何者? 孔子稱子賤: "君子哉若人! 魯無君子者, 斯焉取斯!" 則是子賤已成德矣, 其親師取友已歷有年矣; 而列傳謂其少孔子四十九歲, 則當孔子卒時年僅二十有五, 成德安能如是速乎?

오나라가 노나라로 쳐들어왔을 때, 미호(微虎)는 밤에 오나라 왕의 거처를 공격할 생각이었다. 그때 유약도 군진의 뜰에서 장애물을 뛰어넘었는데, 이는 마땅히 젊었을 때의 일이었으리라. 그런데 「중니제자열전」에서 유약은 공자보다 열세 살 어리다 했다.[28] 그렇다면 오나라가 노나라에 쳐들어왔을 당시 유약의 나이는 이미 쉰네 살이었으니, 기력이 이미 쇠했을 때였다.[29] 또한 공자가 살아 있을 당시엔 별로 드러난 바 없다가, 공자 사후에 여러 제자들과의 문답이 그토록 많이 등장할 수는 없었으리라.

뿐만 아니라 『논어』에서는 자로와 염구를 함께 일컬은 곳이 많다. 계강자가 정치적인 재간이 있느냐고 물었을 때에도 자로와 자공 및 염구를 지목했고, 맹무백이 인에 대해 물었을 때에도 자로와 염구와 공서적

보았으며, 이를 기준으로 공자가 죽을 당시 스물다섯 살밖에 되지 않았다고 계산했다. 이러한 착각은 최술이 『공자가어』「제자해」의 마흔아홉 살 어리다는 기록과 혼동을 일으킨 결과로 생각된다. 『공자가어』를 철저히 부정한 최술이 유달리 자천의 경우만 『공자가어』를 채택했을 리도 없으며, 『사기』의 기록대로라면 공자가 죽을 당시 자천은 마흔네 살이어야 맞다.

28) 앞쪽 자천의 경우처럼 이해할 수 없는 최술의 착오이다. 분명 사마천은 「중니제자열전」에서 공자보다 마흔세 살 어리다 했는데, 여기에서 최술은 열세 살 어리다고 했다. 『공자가어』「제자해」에서도 서른세 살 어리다 했다.

29) 최술의 주장대로 공자의 향년을 일흔네 살로 잡는다면, 최술의 계산은 틀렸다. 최술의 계산대로라면 애공 8년 공자의 나이는 예순여섯이다. 만약 최술이 본 것처럼 열세 살이 어리다 하더라도 유약은 쉰세 살이다. 사마천의 말처럼 마흔세 살 어리다면 오나라가 노나라를 침략할 당시 유약은 스물세 살이며, 『공자가어』의 서른세 살 연하 설을 따른다면 서른세 살이다. 따라서 이 부분도 최술의 착각에서 빚어진 변증의 오류이다.

을 함께 지목했다. 그렇다면 그들 나이는 모두 엇비슷하여 많은 차이가 나지 않았으리라. 그런데도 「중니제자열전」에서는 자로는 공자보다 아홉 살 어리고, 염구는 공자보다 스물아홉 살 어리며, 자공은 공자보다 서른한 살 어리고, 또 공서화는 공자보다 마흔두 살 어리다 했는데, 이는 나이차가 너무 크다. 틀림없이 모두 그렇지만은 않았으리라.

吳之伐魯也, 微虎欲宵攻王舍, 有若踊於幕庭, 當是少壯時事; 而列傳謂其少孔子十三歲, 則當伐魯之時年已五十有四, 力已衰矣; 又不應孔子存時無所表見, 至孔子沒後而與諸弟子問答甚多也. 論語多以子路冉有並稱, 季康子之問從政也以由賜求, 孟武伯之問仁也以由求赤, 其年皆似不甚遠者, 而列傳謂子路少孔子九歲, 冉有少孔子二十九歲, 子貢少孔子三十一歲, 公西華少孔子四十二歲, 年之相隔太遠, 恐未必盡然也.

이상으로 미루어 짐작건대 『사기』에 기록된 제자들의 나이는 어렴풋한 것에 지나지 않을 뿐이며, 모두가 실제 나이를 가리킨 것은 아니다. 그러므로 이제 제자들 나이에 대해서는 모두 기록하지 않는다.

由是言之, 史記弟子之年不過得其彷彿而已, 不可盡指爲實. 故今悉不錄.

『논어』 원류부고 論語源流附考

　　『논어』는 『고논어』(古論語) 21편. (공자가 살던 옛집의 벽 속에서 나온 것으로, 「자장편」이 둘이다. 如淳[1]은 "「堯曰篇」의 뒤쪽 '子張問, 何如可以從政' 이하를 1편으로 묶어 「從政篇」이라 했다"고 말했다.)

　　『제논어』(齊論語) 22편. (「問王」「知道」 등 2편이 더 많다. 여순은 "「문왕」과 「지도」는 모두 편 이름이다"라고 했다.)

　　『노논어』(魯論語) 20편과 『논어전』(論語傳) 19편. (『논어전』 19편에 대해 顔師古는 "『논어』의 뜻을 해석한 것이다"라고 했다.)

　　『공자가어』(孔子家語) 27권. (안사고는 "지금 전해지는 『공자가어』가 아니다"라고 했다.)[2]

　　論語, 古二十一篇. (出孔子壁中, 兩子張. 如淳曰: "分堯曰篇後 '子張問, 何如可以從政' 已下爲篇, 名曰從政.") 齊二十二篇. (多問王知道. 如淳曰: "問王知道, 皆篇名也.") 魯二十篇, 傳十九篇.

---

1) 여순은 삼국시대 위나라 풍익(馮翊) 사람이다. 일찍이 반고의 『한서』에 주를 단 적이 있으며, 당나라 안사고는 『한서』의 주를 달면서 이를 많이 참고했다.
2) 고힐강이 편정한 「논어원류부고」 원문은 표점이 지나치게 난삽하여 도광 4년본과 1903년 나카 미치요의 『최동벽선생유서』를 참고로 정리했다.

(師古曰: "解釋論語意者.") 孔子家語二十七卷. (師古曰: "非今所有家語.")

『제논어』를 전한 사람으로는 창읍중위(昌邑中尉) 왕길(王吉),[3] 소부(少府) 송기(宋畸),[4] 어사대부(御史大夫) 공우(貢禹),[5] 상서령(尚書令) 오록(五鹿)의 충종(充宗),[6] 교동(膠東)의 용생(庸生)[7] 등이 있으나, 그 가운데 오직 왕양(王陽)이 명가(名家)를 이루었다. (안사고는 "왕길의 자가 子陽이기 때문에 왕양이라 일컫는다"고 했다.)

『노논어』를 전한 사람으로는 상산도위(常山都尉) 공분(貢奮),[8] 장신소부(長信少府) 하후승(夏侯勝),[9] 승상 위현(韋賢),[10] 노부경(魯扶

---

3) 왕길(기원전 ?~48)은 한나라 낭야(琅邪) 고우(皐虞) 사람으로, 자는 자양(子陽)이다. 창읍왕의 중위였으나 창읍왕이 황음(荒淫)하여 지위를 잃자, 그 또한 곤형(髡刑, 머리를 깎는 치욕적인 형벌)을 받고 성단(城旦, 장성을 쌓고 지키는 노역형)으로 복역했다. 선제 때 박사간대부(博士諫大夫)로 복직되었으나, 간언이 받아들여지지 않자 사직했다. 어사대부 공우와 막역한 사이였다.

4) 송기는 한나라 선제 때 소부첨사(少府詹事)를 지냈으며, 왕길과 함께 『제논어』를 전수했다. 『수서』「경적지」에는 종기(宗畸)로 기록되어 있다.

5) 공우(기원전 123~44)는 한나라 낭야 사람으로, 자는 소옹(少翁)이다. 경전에 밝고 결백한 몸가짐으로 박사가 되었으며, 원제 때 어사대부를 지냈다. 능력 있는 자를 등용하고 간신을 멀리하며, 창악(倡樂)을 폐하고 절검(節儉)의 실천을 주장하는 상소를 자주 올렸다. 왕길과 지음지우(知音之友)로 세상에서는 "왕양이 벼슬하면, 우공도 벼슬길에 나온다네!"(王陽在位, 貢禹彈冠)라는 말이 떠돌 정도였다고 한다.

6) 충종의 별다른 행적은 찾을 수 없으며, 단지 『한서』「예문지」에 『제논어』를 전한 인물로 기록되었을 뿐이다. 오록은 지금의 하북성 대명현 북쪽 지역이다.

7) 용생은 달리 용담(庸譚)이라 적은 곳도 있으며, 지금의 산동성 교주(膠州) 사람이다. 조연(朝硏)에게 『상서』를 배웠으며, 뛰어난 기억력으로 『상서』 『논어』 『맹자』를 구술하여 유가 문헌이 전해질 수 있도록 한 사람이다.

8) 공분의 별다른 행적은 찾을 수 없으며, 단지 『한서』「예문지」에 『노논어』를 전한 인물로 기록되었을 뿐이다. 상산은 지금의 절강성 상상현(常上縣)으로, 주변에 항산(恒山)이 있다.

9) 하후승은 서한 동평(東平) 사람으로, 자는 장공(長公)이다. 하후시창(夏侯始昌)에게 『금문상서』를 배웠으며, 간경(簡卿)과 구양생(歐陽生)에게도 배웠다.

卿),[11] 전장군(前將軍) 소망지(蕭望之),[12] 안창후(安昌侯) 장우(張禹)[13] 등이 모두 명가를 이루었다. 그 가운데에서도 장우가 가장 후대였기에 세상에 유행하게 되었다. (이상 모두『한서』「예문지」)

傳齊論者, 昌邑中尉王吉, 少府宋畸, 御史大夫貢禹, 尚書令五

박사와 장신궁(長信宮)의 소부(少府)를 지내다 하옥된 뒤, 옥중에서 황패(黃霸)에게『상서』를 전수받기도 했다. 출옥 이후 태자태부(太子太傅)를 지냈으며, 선제의 명을 받들어『상서설』(尚書說)과『논어설』(論語說)을 짓기도 했다. 그는 음양재이(陰陽災異)로 당시 정치의 득실을 점치곤 했으며, 하후건(夏侯健)에게『금문상서』를 전수했다.『상서대소하후장구』(尚書大小夏侯章句) 29 편과『대소하후해고』(大小夏侯解故) 29편이 있었다고『한서』「예문지」는 기록하고 있지만, 모두 전해지지 않는다. 청나라 진교종(陳喬樅)이 엮은「상서구양하후유설고」(尚書歐陽夏侯遺說考)가『황청경해속편』(皇淸經解續編)에 들어 있다.

10) 위현(기원전 148~60)은 풍간시(諷諫詩)로 유명한 위맹(韋孟)의 5대손으로, 자는 장유(長孺)이다. 뛰어난 학문과 독지(篤志)로『상서』·『예』·『노시』(魯詩)에 밝았으며, 위맹으로부터 5대에 걸쳐 추노대유(鄒魯大儒)로 일컬어졌다. 박사와 광록대부 등을 거쳐 승상의 자리에 올랐으며, 관내후(關內侯)와 부양후(扶陽侯)에 봉해졌다.

11) 노부경은 어떤 사람인지 확실치 않다. 다만 육덕명의『경전석문』(經典釋文)「서록」(敍錄)에 "노부경을 부선(扶先)이라고 했다"는 정현의 말이 보일 뿐이다. 혹시 위현을 달리 부르는 말이 아닌지 조심스럽게 점쳐보지만 자신할 수는 없다.『한서』「예문지」에서도 위현 바로 뒤쪽에 노부경을 기록했으며, 위현은 노(魯)나라 지역 출신으로 줄곧 추노대유로 일컬어졌고, 또 부양후(扶陽侯)에 봉해진 적이 있기 때문에 '노나라의 부양후 선생'이란 존경의 의미로 '노부경'(魯扶卿)부른 것은 아닌지?

12) 소망지(기원전 106~41)는 서한 동해 난릉(蘭陵) 사람으로, 자는 장천(長倩)이다. 후창(后蒼)에게『제시』(齊詩)를 전수받고, 하후승에게『예』와『논어』를 배웠다. 어사대부를 지냈고, 태자태부로 원제에게 경전을 가르쳤다. 환관 홍공(弘恭)과 석현(石顯) 등의 참언으로 짐주(鴆酒)를 마시고 자결했다.

13) 장우(기원전 ?~5)는 서한 하내(河內) 지(軹) 사람으로, 자는 자문(子文)이다. 시수(施讎)에게『주역』을 전수받고, 왕길과 용생에게『논어』를 배웠다. 박사를 거쳐 원제 때 태자(나중의 성제)에게『논어』를 가르쳤다. 성제 때 승상의 자리에 올라 안창후(安昌侯)에 봉해졌다. 사치와 음악을 즐겼으며, 재물에 대한 집착이 대단해 4백 경에 달하는 전답을 소유할 정도였다. 당시 외척인 왕망이 정치를 독단했으나, 자신의 부귀를 지키기 위해 왕망에게 협조를 아끼지 않은 인물이다.

鹿充宗, 膠東庸生, 唯王陽名家. (師古曰: "王吉, 字子陽, 故謂之
王陽.") 傳魯論語者, 常山都尉貢奮, 長信少府夏侯勝, 丞相韋賢,
魯扶卿, 前將軍蕭望之, 安昌侯張禹, 皆名家. 張氏最後而行於世.
(以上并漢書藝文志)

　　한나라 중루교위(中壘校尉) 유향(劉向)[14]은 이렇게 말한다.
　　『노논어』 20편은 모두 공자의 제자들이 훌륭한 말들을 기록한 것
이다. 태자태부 하후승, 전장군 소망지, 승상 위현, 그의 아들 현성
(玄成)[15] 등이 이를 전수했다. 『제논어』는 22편인데, 20편의 장구도
『노논어』보다 자못 많다. 낭야의 왕경(王卿), 교동의 용생, 창읍중위
왕길 등이 모두 이것으로 제자들을 가르쳤다. 때문에 『노논어』와
『제논어』가 전해지게 되었다. 한나라 노공왕(魯共王)[16] 때 공자가

---

14) 유향(기원전 79~8)은 서한의 목록학자·경학자·문학자이다. 본명은 경생
(更生)이며, 자는 자정(子政)이다. 한나라 고조의 동생 초원왕 유교(劉交)의
4대손으로, 선제 때 간대부(諫大夫)를 거쳐 성제 때 광록대부와 중루교위를
지냈다. 성제의 명을 받들어 경전과 제자 및 시부(詩賦) 등을 교열했으며, 이
를 정리한 『별록』은 중국 최초의 도서목록으로 평가받고 있다. 그 밖에도 『신
서』『설원』『열녀전』『홍범오행전론』(洪範五行傳論)을 남겼다.

15) 위현성은 위현의 넷째아들로 부양후를 계승한 인물이며, 자는 소옹(少翁)이
다. 어려서부터 경전에 밝고 겸손했으며, 원제 때 승상의 자리에 올랐다. 이처
럼 부자가 모두 뛰어난 학문으로 승상이 되었기에, 추노(鄒魯) 지방에서는
"자식에게 황금 만 광주리를 남겨주는 것이 경전 하나만 못하다"(遺子黃金萬
籯, 不如一經)라는 속담이 유행할 정도였다고 한다.

16) 노공왕은 서한 경제(景帝)의 아들로, 이름은 여(餘), 시호는 공(共, 또는 恭)
이다. 경제 2년(기원전 155) 회양왕(淮陽王)에 봉해졌다가 이듬해 다시 노왕
(魯王)으로 봉해졌으며, 궁실과 원림 가꾸기 및 사냥과 음악을 즐겼다. 그가
곡부에서 궁실을 확장하면서 공자의 옛 집을 헐게 되었는데, 과두문자(蝌蚪文
字)로 쓰인 경전들이 쏟아져 나왔다고 한다. 이를 노벽고문(魯壁古文) 또는
공벽고문(孔壁古文)이라 하는데, 『한서』「예문지」에서는 『고문상서』『예기』
『논어』『효경』이 나왔다고 한다. 이런 내막을 공안국의「상서서」와『한서』「예
문지」에서 언급하고 있지만, 『사기』는 일절 언급하지 않았다. 따라서 공안국
이 꾸며낸 이야기란 설도 많다.

살던 옛집을 헐어 궁실을 넓히려 했는데, 그 과정에서 『고문논어』(古文論語)를 발견했다. 『제논어』는 「문왕」과 「지도」가 있는 관계로 『노논어』보다 2편이 많다. 『고문논어』에도 『제논어』의 2편은 없으며, 「요왈편」의 뒤쪽 '자장문'을 나눠 다른 1편으로 만들었기에 「자장편」이 둘로 모두 21편이다. 편이나 순서도 『제논어』나 『노논어』와 다르다. (『新論』¹⁷⁾에서는 "다른 글자가 4백여 자"라고 했다.)" (「논어집해서」)

漢中壘校尉劉向言: "魯論語二十篇, 皆孔子弟子記諸善言也. 太子太傅夏侯勝, 前將軍蕭望之, 丞相韋賢及子玄成等傳之. 齊論語二十二篇. 其二十篇中, 章句頗多於魯論. 琅邪王卿及膠東庸生, 昌邑中尉王吉, 皆以敎授. 故有魯論, 有齊論. 魯共王時, 嘗欲以孔子宅爲宮, 壞得古文論語. 齊論有問王知道, 多於魯論二篇. 古論亦無此二篇, 分堯曰下章'子張問'以爲一篇, 有兩子張, 凡二十一篇, 篇次不與齊魯論同.(新論云: "文異者四百餘字.")" (論語集解序)

1. 『제논어』는 후세 사람들의 덧붙임이 많다(齊論多後人附會)

나는 이렇게 생각한다.

똑같은 『논어』인데도 『제논어』와 『노논어』가 달리 존재하고, 그 내용도 많고 적음의 차이를 보이고 있다. 그렇다면 『논어』는 후세 사람들이 줄곧 끼워넣었으며, 모두 성인 문하의 원본인 것은 아니다.

『제논어』는 이미 「문왕」과 「지도」 2편이 더 많고, 나머지 20편의 장구

---

17) 『신론』은 동한시대 환담(桓譚)이 지은 책이며, 『환자신론』(桓子新論)이라 부르기도 한다. 실전된 이 책의 일부가 청나라 손풍익(孫馮翼)이 엮은 『문경당총서』(問經堂叢書)와 엄가균(嚴可均)이 엮은 『전한삼국육조문』(全漢三國六朝文)에 들어 있다.

도 『노논어』보다 많다. 그렇다면 『제논어』 가운데에는 후세 사람들의 덧붙임이 더더욱 많아, 『노논어』에 비교될 정도가 아니었을 것이다.

按: 同一論語也而有齊魯之異, 有多寡之殊, 則論語一書固有後人之所 續入, 非盡聖門之原本也. 齊論旣多問王知道二篇, 而二十篇中章句復多 於魯論, 則齊論之中後人所附會者尤多, 又非魯論之可比矣.

애초에 장우(張禹)가 태자의 스승이 되었을 때, 성제(成帝)가 경전 에 대해 그에게 자주 물었으므로, 장우는 『논어장구』를 만들어 바쳤 다. 이에 앞서 노부경·하후승·왕양·소망지·위현성 등이 모두 『논어』를 가르쳤지만, 그 편이나 차례는 조금씩 달랐다.

장우는 먼저 왕양을 사사한 뒤 용생을 사사했다. 그는 자신의 뜻 에 부합하는 것만을 골라 『논어』를 다시 엮었는데, 그의 『논어』가 가장 늦게 엮인 관계로 존귀하게 되었다. 때문에 그 당시 많은 유생 들은 이렇게 말하곤 했다.

"『논어』를 배우려면 장우의 『논어』를 읽어라."

이로 말미암아 배우는 사람들이 거의 장우의 『논어』를 따르게 되 었으므로, 다른 사람들의 『논어』는 점차 사라지게 되었다. (『한서』 「장우전」)

初, 禹爲師, 以上難數對己問經, 爲論語章句獻之. 始, 魯扶卿及 夏侯勝王陽蕭望之韋玄成皆說論語, 篇第或異. 禹先事王陽, 後從 庸生, 采獲所安, 最後出而尊貴. 諸儒爲之語曰: "欲爲論, 念張 文." 由是學者多從張氏, 餘家浸微. (漢書張禹傳)

안창후 장우는 본래 『노논어』를 전수받고 아울러 『제논어』까지 강론하게 되었다. 그는 자신의 뜻에 부합하는 것만 골라 엮은 뒤 『장후논어』(張侯論語)라 했는데, 세상에서는 이를 귀중하게 여겼으 며, 이를 해석한 포씨(包氏)[18]와 주씨(周氏)[19]의 장구가 만들어졌다. 『고문논어』는 오로지 박사 공안국이 훈고와 해석을 덧붙였지만 후세에 전해지지는 않았다. (「논어집해서」)

安昌侯張禹本受魯論, 兼講齊說, 善者從之, 號曰張侯論, 爲世
所貴; 包氏周氏章句出焉. 古論, 唯博士孔安國爲之訓解, 而世不
傳. (論語集解序)

장우는 본래 『노논어』을 전수받았으나, 만년에는 『제논어』를 강
론했다. 그런 뒤 마침내 이 두 가지를 뭉뚱그려 고찰하며, 번거롭거
나 의심스러운 부분은 삭제해버렸다. 그리하여 『제논어』의 「문왕」
과 「지도」 2편을 빼버리고, 『노논어』 20편의 체제를 따라 엮은 뒤
『장후논어』라 일컬었다. 당시에 이러한 『장후논어』를 귀중하게 여
겼으며, 주씨와 포씨는 『장후논어』의 장구를 지었다. (『수서』 「경
적지」)

張禹本授魯論, 晚講齊論; 後遂合而考之, 刪其煩惑, 除去齊論
問王知道二篇, 從魯論二十篇爲定, 號張侯論. 當世重之, 周氏包
氏爲之章句. (隋書經籍志)

18) 포씨는 동한의 경학자 포함(包咸, 기원전 6~기원후 65)을 말한다. 포함(苞
咸)으로 적기도 하며, 자는 자량(子良)이다. 회계 곡아(曲阿, 지금의 강소성
丹陽) 사람이다. 박사우사(博士右師) 세군(細君)으로부터 『노시』와 『논어』를
배웠다. 왕망시대 말 적미군(赤眉軍)에게 곤욕을 치렀으며, 동해에서 유랑하
다가 정사(精舍)를 세워 글을 가르쳤다. 광무제 때 효렴에 천거되어 낭중이
되었으며, 태자에게 『논어』를 강의했다. 『논어』에 주석을 달았다 하나 실전되
었으며, 청나라 마국한의 『옥함산방집일서』에 유문을 모은 『논어포씨장구』
(論語包氏章句)가 있다.
19) 주씨의 정확한 이름이나 관적은 지금 알 수 없다. 다만 하안의 「논어집해서」
에서 포함과 함께 『장후논어』에 주를 달았다는 말로 미루어 짐작할 따름이며,
『논어장구』도 전해지지 않는다. 청나라 마국한이 엮은 『옥함산방집일서』에
『논어주씨장구』(論語周氏章句)가 있다.

2. 동한시대에 유행한 것은 장우가 새로 엮은 『논어』이다
(東漢所行爲張禹更定之論語)

나는 이렇게 생각한다.

『한서』「장우전」에서는 "편이나 차례는 조금씩 달랐다"고 했고, 또 장우가 "자신의 뜻에 부합하는 것만을 골랐다"고 했다. 그렇다면 이는 장우가 『논어』의 편장(篇章)을 다시 엮은 적이 있었다는 의미이다. 편목(篇目)은 비록 『노논어』를 따라 정했다지만, 그 내용은 실제로 『제논어』에서 아울러 채택한 것이다. 따라서 한나라 초기 공분(龔奮)이 전했다는 『노논어』의 옛 판본은 아닌 셈이다.

더구나 "배우는 사람들이 거의 장우의 『논어』를 따르게 되었으므로, 다른 사람들의 『논어』는 점차 사라지게 되었다"고 했으며, 「논어집해서」와 『수서』「경적지」에서도 "『장후논어』에 포씨와 주씨가 장구를 지었다"고 말하고 있다. 그렇다면 바로 동한시대에 유행한 『논어』는 장우가 다시 엮은 『논어』이지, 옛날 『논어』는 아닌 셈이다.

按: 漢書稱"篇第或異", 又稱張禹"采獲所安", 則禹固嘗更定論語篇章: 其篇目雖定從魯論, 其文實兼采於齊論, 非漢初龔奮所傳魯論之舊本也. 言"學者多從張氏, 餘家寖微", 集解隋書亦謂"張侯論, 包周爲之章句", 則是東漢之所行者乃禹所更定之論語, 非古之論語矣.

3. 장우가 새로 엮은 『논어』의 오류에 대해 (張禹更定論語之謬)

나는 이렇게 생각한다.

장우는 학식이 천박하고 비루했다. 그러한 그가 어떻게 성인을 제대로 알 수 있었겠는가? 단지 스승이 전해준 것이나 잘 지키고 감히 더하거나 빼지 않았다면, 아마 이처럼 크나큰 오류를 범하지는 않았으리라. 그런데도 제멋대로 『논어』를 다시 엮음으로써 반드시 있어서는 안 될 것이 있게 되고, 채택해서는 안 될 것을 채택하게 된 것이다.

하물며 장우라는 인간은 왕망(王莽)[20]에게 빌붙어서 부귀나 보전하려다가, 끝내는 왕망의 찬탈과 시해를 조성하고 만 사람이다. 그러니 공산불요나 필힐에 관한 두 장도 저의를 갖고 『노논어』에 끼워넣음으로써, 자신을 향한 조롱을 벗어나려고 시도하지 않았다는 것을 어찌 알 수 있겠는가?

按: 禹學識淺陋, 豈足以知聖人, 但當謹守師傳, 不敢增減, 或不至大謬耳. 乃擅更定論語, 必有不當存而存, 不當采而采者. 況禹附會王氏以保富貴, 卒成王莽簒弒之禍, 公山佛肸兩章, 安知非其有意采之, 以入魯論, 爲己解嘲地乎?

한나라 말, 대사농(大司農) 정현은 『노논어』의 편장을 중심으로 『제논어』와 『고문논어』를 고찰하여 주를 달았다. 근래에는 사공(司空) 진군(陳羣),[21] 태상(太常) 왕숙(王肅), 박사 주생렬(周生烈)[22] 등이 모두 의설(義說)을 지었다. 옛날에는 스승의 학설을 전수받음에

---

20) 왕망(기원전 45~기원후 23)의 자는 거군(巨君)으로, 신(新)나라를 세워 기원후 8~23년 재위했다. 서한 후기 외척들이 전횡과 사치를 일삼을 때, 그는 원제 황후의 조카이면서도 절검(節儉)과 독서로 일관해 칭송이 자자했다. 아홉 살 난 평제(平帝)가 즉위하고 태왕태후인 원후(元后)가 수렴청정을 할 때, 대사마에 올라 정사를 돌보며 안국공(安國公)으로 일컬어졌다. 평제가 죽자 유자영(孺子嬰)을 옹립하고 자칭 섭황제(攝皇帝)라 했으며, 가황제(假皇帝)를 거쳐 황제 자리에 올랐다. 유가경전과 참위설을 교묘히 이용하여 왕권을 탈취한 뒤 개혁을 일삼았으며, 가혹한 형벌과 노역으로 백성들의 원성을 샀다. 결국 농민반란군인 녹림군(綠林軍)과 적미군이 장안으로 쳐들어올 때, 상인 두오(杜吳)에게 피살당했다.

21) 진군은 삼국시대 위나라 경학자이다. 『논어진씨의설』(論語陳氏義說)을 지었다지만, 『수서』「경적지」나 『당서』「예문지」에도 들어 있지 않은 것으로 보아, 일찍이 실전된 것으로 여겨진다. 일부가 청나라 마국한이 엮은 『옥함산방집일서』에 들어 있다.

22) 주생렬은 삼국시대 위나라 경학자이다. 『논어주생씨의설』(論語周生氏義說)을 지었다지만, 『수서』「경적지」나 『당서』「예문지」에도 들어 있지 않은 것으로 보아, 일찍이 실전된 것으로 여겨진다. 하안의 『논어집해』는 그의 설 14조를 인용했다. 일부가 청나라 마국한이 엮은 『옥함산방집일서』에 들어 있다.

비록 다름이 있다고 하더라도 훈해(訓解)를 짓지는 않았다. 그러나 후대로 오면서 훈해를 만들기 시작하여 오늘날에는 이런 것들이 많아지게 되었고, 보는 입장에 따라 제각기 득실이 있게 되었다. 그러므로 이제 여러 사람의 올바른 것을 모으고 성명을 기록했으며, 옳지 않은 것은 고치고 바꿔 『논어집해』(論語集解)23)라 이름 했다. (「논어집해서」)

漢末, 大司農鄭玄就魯論篇章考之齊古, 爲之註. 近故司空陳羣, 太常王肅, 博士周生烈皆爲義說. 前世傳授師說雖有異同, 不爲訓解; 中間爲之訓解, 至于今多矣, 所見不同, 互有得失. 今集諸家之善, 記其姓名, 有不安者頗爲改易, 名日論語集解. (論語集解序)

한나라 말 정현은 『장후논어』을 기본으로 하고 『제논어』와 『고문논어』를 참고하여 『논어』의 주를 달았다. 위나라의 사공 진군, 태상 왕숙, 박사 주생렬 등은 모두 의설을 지었다. 그리고 이부상서 하안 (何晏)24)은 다시 『논어집해』를 만들었다. 그 뒤에 여러 학자들이 너도나도 『논어』의 주를 달게 되었다. 그리하여 마침내 『제논어』는 사라져버렸고, 『고문논어』는 이에 앞서 전수마저 끊겼다. 양(梁)나라

---

23) 『논어집해』는 삼국시대 위나라 하안(何晏, ?~249)이 엮은 『논어』에 대한 최초의 집주본이다. 하안은 공안국·포함·주씨·마융(馬融)·정현·진군·왕숙·주생렬 등의 『논어』에 대한 해설과 자신의 생각을 덧붙여 『논어집해』를 엮었는데, 이는 당시 유행하던 현학(玄學)의 관점에서 공자의 사상을 해석한 것이다. 따라서 도가적인 견지에서 유학을 해석했다는 평을 듣기도 하지만, 양한과 삼국시대 학자들의 해설을 엿볼 수 있는 중요한 책이다. 당나라 육덕명(陸德明)은 여기에 음의(音義)를 달았으며, 또 송나라 형병(邢昺)은 소(疏)를 덧붙였는데, 이 셋을 합쳐 보통 『논어주소』(論語注疏)라 부른다.
24) 하안의 자는 평숙(平叔)으로, 동한 말 대장군이었던 하진(何進)의 손자이다. 집안이 몰락한 뒤 조조(曹操, 155~220)가 길렀으며, 조조의 딸인 금향공주 (金鄕公主)와 결혼했다. 관내후·산기시랑·시중·상서를 지냈다. 조상(曹爽)과 함께 사마의(司馬懿)와 대치하다가 피살되었다. 조조는 하안에게 각별한 애정을 쏟았고, 하안 또한 조조의 영향 아래 『논어』에 심취했다.

와 진(陳)나라 때에는 오로지 정현과 하안의 해설이 국학(國學)에 들었지만, 정현의 해설은 매우 미약했다. 그리고 주(周)나라와 제(齊)나라에서는 정현의 해설만 국학에 들었다. 그러나 수(隋)나라에 이르러서는 하안과 정현의 해설이 같이 유행했으며, 그 가운데에서도 정현의 해설이 세간에 성행했다. (『수서』 「경적지」)

漢末, 鄭玄以張侯論爲本, 參考齊論古論而爲之注. 魏司空陳羣太常王肅博士周生烈皆爲義說. 吏部尙書何晏又爲集解. 是後諸儒多爲之注, 齊論遂亡, 古論先無師說. 梁陳之時, 唯鄭玄何晏立於國學, 而鄭氏甚微. 周齊, 鄭學獨立. 至隋, 何鄭並行, 鄭氏盛於人間. (隋書經籍志)

4. 정현이 주를 단 『논어』는 바로 장우가 새로 엮은 『논어』이다(鄭玄所注論語卽張禹更定本)

「논어집해서」나 『수서』 「경적지」의 글로 미루어 짐작건대, 정현이 주를 단 『노논어』는 바로 장우가 엮은 『노논어』이다. 따라서 그 가운데에는 이미 『제논어』가 뒤섞여 있으므로, 한나라 초기의 『노논어』는 아닌 셈이다. 그러므로 오늘날의 『논어』를 보통 『노논어』라 일컫고 있지만, 그 가운데 「계씨편」을 『제논어』로 여기는 사람들도 있다.

그렇다면 『논어』 가운데에는 반드시 의심스러운 한두 편이 없을 수 없으며, 한 편 가운데에서도 한두 장 의심스러운 부분이 분명 없지 않을 것이다. 배우는 사람들은 마땅히 책 전체를 숙독하고 완미함으로써 성인의 뜻을 찾아야만 하리라. 그리고 걸맞지 않은 한두 장 때문에 성인을 의심하거나, 성인을 위해 억지로 해석해서도 안 될 것이다.

按此文, 則康成所注之魯論卽張禹所定之魯論, 其中固雜有齊論, 非漢初之魯論矣. 故今論語稱爲魯論, 而或以季氏一篇爲齊論. 然則論語一書中未必無一二篇之可疑, 一篇中未必無一二章之可疑者也. 學者當統全書而熟玩之, 以求聖人之意, 其有一二章之不類者, 不得以此疑聖人, 或曲爲聖人解也.

5. 왕충과 정현의 오류에 대해(王充鄭玄之謬)

나는 이렇게 생각한다.

동한은 옛날로부터 그리 멀지 않았으므로, 『제논어』나 『고문논어』가 아직은 남아 있어 그나마 고증할 수 있었으리라. 공산불요와 필힐의 부름에 응하려 했다는 공자의 행적에 문제가 있음을 왕충이 이미 알았다면,[25] 마땅히 동이(同異)를 구별하고 나이나 연도를 고찰하며 진위를 변증함으로써 버릴 것은 버리고 취할 것은 취했어야만 한다. 그리하여 조기(趙岐)[26]가 『맹자외편』을 삭제해버린 것처럼 했다면, 이 어찌 성인 문하의 공신이 되지 않았겠는가? 하지만 도리어 그것을 근거로 성인의 잘못에 대해서만 거론하고 말았으니 잘못이 아니고 무엇이랴!

더구나 정현에 이르러서는 한 시대의 신망을 저버리고 『논어』에 대해 단지 『제논어』와 『고문논어』를 참고하여 주를 다는 데 그치고 말았으며, 『논어』의 잘못된 편장에 대해서는 구별하지 않았으므로, 끝내 후세 사람들이 고증할 수도 없게 만들어버리고 말았다. 어찌하여 그리도 소홀했던 것일까!

按: 當東漢之世, 去古未遠, 齊古尙存, 猶可考證. 王充旣知公山佛肸之往之爲非義, 卽當別其同異, 考其年世, 辨其異僞而去取之, 若趙岐之刪孟子外篇者然, 豈非聖門功臣; 乃反據此以議聖人之失, 何其謬也! 至

---

25) 왕충은 『논형』 「문공」(問孔)에서 공산불요와 필힐의 부름에 가려고 한 공자의 행동에 대해 비평하고 있다.

26) 조기(?~229)는 동한 경조(京兆) 장릉(長陵) 사람으로, 원명은 가(嘉), 자는 대경(臺卿)이다. 경학과 사학에 밝았고, 서법에도 뛰어났다. 경학자 마융의 조카사위였지만 마융의 사람됨을 싫어하여 발길을 끊었다 한다. 중상시 당형(唐衡)의 모해로 손숭(孫崇) 집의 이중벽 속에 숨어 지내며, 이름을 기로 바꾸고, 자를 빈경(邠卿)이라 했다. 당형이 죽은 뒤 의랑과 태부를 지냈다. 『맹자장구』와 『삼보결록』(三輔決錄)을 남겼다.

於康成, 負一代之重望, 乃於論語但參考齊古爲之注, 而於篇章無所區
別, 致使後人無可考證, 亦何其疎闊也!

6. 성인의 말씀을 그릇되게 따를 수는 없다(聖言不可謬遵)

나는 이렇게 생각한다.

성인의 말이라면 천하와 후세에서 어느 누구라도 마땅히 따라야만
하리라. 하지만 정녕코 그것이 성인의 말이었을 때 그런 것이지, 거짓
된 성인의 말마저도 마땅히 따라야만 한다는 것은 아니다.

내가 어렸을 때였다. 나는 대명부의 세시(歲試)에 응시한 적이 있었
다.[27] 그런데 느닷없이 한 사람이 부친의 서찰을 가지고 와서 두 가지
선물을 건네주며, 나의 부친이 그에게 시권(試卷)을 바꿔주라 시켰다
고 말했다. 그러나 나는 그때 생각했다. 나의 아버지는 평소 언행을 사
리에 어긋나게 하지 않았음을. 따라서 나의 아버지라면 응당 갑작스럽
게 이렇지 않았으리라. 그리하여 나는 매우 의심스러워서 끝내 아버지
가 시켰다는 명령을 따르지 않았다. 시험이 끝나고 집으로 돌아가 여쭤
보았다. 그랬더니 과연 그것은 엉뚱한 사람의 거짓부렁이었다.

그러므로 평소의 상황을 충분히 이해한다면 한순간에 속임을 당하
지 않는다. 나는 배우는 사람들에게 살며시 일러주고 싶다. 성인에 대
해서도 마땅히 이랬으면 하고 말이다. 이러한 까닭으로 이제 『논어』의
원류에 대한 비고(備考)를 기록함으로써 사람들에게 지금 전해지는
『노논어』도 한나라 때 서로 다른 것을 새로 엮은 것이기에 성인 공자
의 크나큰 꾀함 가운데에서도 의심스러운 것이 한두 장 들어 있음을
알리려 했다. 따라서 배우는 사람들은 이것을 분간해서 살피지 않으면

---

27) 건륭 19년(1754) 열다섯 살의 최술은 열두 살이었던 동생 최매(崔邁)와 함께
대명부(大名府) 동자시(童子試)에 응시한 적이 있다. 자칫 꾐에 빠질 뻔한 것
은 이때였을 것으로 생각된다.

안 될 것이다.

按: 聖人之言, 天下後世所當共遵也. 然必眞爲聖人之言則可, 非託爲
聖人之言而亦當遵也. 述少年時, 嘗在府應歲試, 忽有人持先君書至, 寄
物二事, 且命述與其人換卷. 述念先君平日一言一動無不合乎義者, 不應
忽有此擧, 意甚疑之, 遂不從命. 試畢, 歸而請之, 果他人所僞爲也. 故能
言於平日, 則不至見欺於一時. 竊謂學者之於聖人亦當如是. 故今備考論
語源流載之, 使人知世所傳之魯論在漢時不無異同更改, 是以聖謨洋洋
之中間有一二章之可疑者, 學者不可不別而觀之也.

『논어』 연구의 경과에 관한 술회 自述研究論語經歷

나는 대여섯 살 때 처음으로 『논어』를 배웠다. 그러나 그때 나는 그것을 외웠을 뿐, 뜻을 제대로 알 수는 없었다. 그러다가 스무 살 가까이 되어서야 비로소 글의 이치에 정성을 쏟아 공산불요나 필힐 두 장이 자못 이치에 맞지 않다는 것을 의심하게 되었으나 감히 자신할 수 없었다. 그리고 마흔 살이 넘어 공자 사적의 선후를 고찰하고서야 마침내 그 연도나 시대가 맞지 않으므로, 틀림없이 후세 사람들이 거짓으로 만들어 붙인 것임을 알게 되었다. 하지만 그때까지도 그것이 『논어』에 편입된 까닭을 알 수는 없었다.

余五六歲時, 始授論語, 知誦之耳, 不求其義也. 近二十, 始究心書理, 於公山佛肹兩章頗疑其事不經, 然未敢自信也. 踰四十後, 考孔子事蹟先後, 始知其年世不符, 必後人所僞撰, 然猶未識其所以入論語之由也.

예순 살이 넘어서였다. 나는 『수사고신여록』을 지으려고 작정하고서 『논어』의 원류에 대해 조목조목 살펴보았다. 그리하여 마침내 진나라와 한나라 때 전해졌던 『제논어』와 『노논어』도 이리저리 덧붙여진 것이 없지 않았으며, 장우가 그것을 모아 합쳤다는 것도 알게 되었다. 그리하여 나는 마침내 결연히 자신감을 갖고 의심하지 않을 수 있었다. 그러므로 그 자세한 내막을 기록하여 여기에 덧붙여 싣는다.

하지만 세상의 학자들이란 오로지 장구나 익히며 과거 공부에만 매달릴 줄 알았지, 일찍이 의리를 탐구하고 글의 수미(首尾)를 고찰하며 원류를 변증하려 들지 않는다. 그리하여 나의 작업을 보고 크게 놀라면서도 끝내 나의 말이 옳다고 여기지 않으니 참으로 이상하지 않은가!

六十餘歲, 因酌定洙泗餘錄, 始取論語源流而細考之, 乃知在秦漢時傳齊魯論者不無有所增入, 而爲張禹釆而合之, 始決然有以自信而無疑. 故錄其詳, 附載於此. 然世之學者惟知玩講章, 作擧業, 未嘗有人究其義理, 考其首尾, 辨其源流者, 無怪乎其見而大駭, 終不以余言爲然也!

공검토 「대대예기보주서록」 孔檢討大戴記補註序錄

『공자가어』에 대해 선대의 유학자 마소(馬昭) 등은 왕숙이 부풀린 것이라 했다.[1] 왕숙은 정현을 마구 헐뜯기 위해 스스로 『성증론』(聖 證論)[2]을 지었으나, 그 주장은 경전에 근거한 것이 아니며 모두 『공 자가어』를 빌려 증명하고 있을 뿐이다.

그런데 『공자가어』는 대체로 『대대예기』와 『소대예기』에서 끌어 모으고, 제자백가의 책 속에 들어 있는 것들을 마구 따온 것이다.[3]

---

1) 마소는 진나라 때 학자이다. 위나라 왕숙은 정현을 공격하기 위해 『성증론』을 지었는데, 이는 공자의 22대손 공맹(孔猛)에게 얻었다는 비장의 『공자가어』를 근거로 지었다고 공공연히 떠들었다. 이에 정현의 문인이었던 손숙연(孫叔然)은 「성증론박석」(聖證論駁釋)을 지었으며, 아울러 정현의 학문을 따랐던 마소 · 왕기(王基) · 장융(張融) 또한 『성증론』을 반박했다. 『예기』 「악기」 공영달 소에 마소의 "家語王肅所增加"라는 말이 인용되어 있다.

2) 『성증론』은 왕숙이 지은 책이다. 『수서』 「경적지」에서는 12권이라 했으나, 『당 서』 「예문지」에서는 11권이라 했다. 송나라 이후 사라졌으며, 청나라 마국한의 『옥함산방집일서』에 40여 조가 들어 있을 뿐이다. 지금 전해지는 40여 조에는 마소와 왕기의 반박, 공조(孔晁)의 답, 장융의 평이 함께 실려 있다. 『성증론』은 왕숙이 오로지 정현의 설을 반박하기 위해 지은 것이며, 줄곧 『공자가어』를 인용하고 있다.

3) 『사고전서』의 『공자가어』 「제요」에서도 『공자가어』는 『춘추좌전』 『국어』 『맹 자』 『순자』 『대대예기』 『소대예기』 등의 내용을 마구잡이로 표절하여 엮은 것 임을 밝히고 있다.

그리하여 고문의 깊은 뜻을 모두 윤색하여 읽을 수 있도록 통속어로 바꾸었는데, 그 가운데에서도 유달리 「문교」(問郊)[4]와 「오제」(五帝)[5] 등은 구체적인 기록이 없는 것으로, 단지 왕숙의 주장과 부절(符節)처럼 꼭 들어맞을 뿐이다. 따라서 『공자가어』가 왕숙의 주장을 따라 지었다는 것은 언급할 필요조차도 없이 이미 명백한 사실이다.

그리고 「공관편」(公冠篇)[6]에는 소왕(昭王)이 관례를 치렀을 때의 축사(祝辭)가 기술되어 있는데, 여기에서 '폐하'라고 말한 것은 바로 한나라 소제(昭帝)를 일컬으며, '문'과 '무'라고 한 것도 한나라의 문제(文帝)와 무제(武帝)를 일컫는 말이다.[7] 그런데도 왕숙은 그 글을 훔쳐다가 마침내 주나라 성왕이 관례를 치를 때의 축송(祝頌)으로 나란히 열거한 것이다.

그런 장이나 구절은 이루 다 지적할 수 없을 정도로 많다. 이처럼 어느 한 구석만 들추어도 그것이 얼마나 그릇되고 비루한 책인지 확연하다. 하물며 예를 연구하는데 정현의 학문이라도 이단이 마구 뒤섞인 것은 취하지 말아야 하거늘, 『공자가어』의 어처구니없는 내용

---

4) 「문교」는 『공자가어』의 편명으로, 교제(郊祭)에 대한 노나라 정공과 공자의 문답으로 이루어졌다. 공자가 노나라를 떠나갈 때 교제의 번육(膰肉)을 문제삼아 떠났다는 이야기를 바탕으로 짜 맞춘 낭설이다.

5) 「오제」는 『공자가어』의 편명으로, 공자가 계강자의 물음에 답하는 형식으로 이루어져 있다. 오제에 대한 계강자의 물음에 공자는 오제의 계승을 오행(五行)으로 설명하고 있다. 즉 목·화·토·금·수(木火土金水)의 상생(相生)으로 왕조 교체가 이루어진다는 이야기의 근원이 된 말이며, 왕숙의 전형적인 참위설의 하나이다. 근거도 없고 허무맹랑한 주장일 따름이다.

6) 「공관편」은 『공자가어』의 편명이며, 「관송해편」(冠頌解篇)이라고도 부른다. 관례에 대한 공자와 맹의자(孟懿子)의 문답으로 이루어졌다. 맹의자가 아버지 맹희자의 유언에 따라 남궁경숙과 함께 공자를 스승으로 모셨다는 이야기를 바탕으로 조작된 것이다.

7) 『사고전서』를 교감하면서 『공자가어』의 이런 문구는 삭제해버렸다. 따라서 사고전서 이후의 판본에는 이 내용이 들어 있지 않다. 「제요」에서도 이런 사실을 밝혔다.

이야말로 제외시켜 논하지 말아야만 하리라.

家語者, 先儒馬昭之徒以爲王肅增加. 肅橫詆鄭君, 自爲聖證論, 其說不見經據, 皆借證於家語. 大抵抄撮二記, 採集諸子, 而古文奧解悉潤色之, 使易通俗讀; 唯問郊五帝之等傳記所無者, 斯與肅說若合符券. 其爲依託, 不言已明. 公冠篇述孝昭冠辭, 云'陛下'者, 謂昭帝也; '文武'者, 謂漢文帝武帝也. 而肅竊其文, 遂并列爲成王冠頌. 是尙不能尋章摘句. 擧此一隅, 謬陋彌顯. 況以禮是鄭學, 無取妄滋異端, 故於家語殊文別讀獨置而弗論也.

내가 옛날 회시(會試)를 보았을 때[8] 훗날 검토(檢討)의 자리에 오른 공광삼(孔廣森)[9]을 만난 적이 있는데, 당시 그는 나이가 매우 어렸다. 그리고 수십 년 동안 서로 만날 수 없었는데, 뜻밖에도 그의 학문에 대한 각고의 노력이 이와 같았던 것이다.

나는『고신록』을 이미 완성하고 난 뒤에야 비로소 이 책을 볼 수 있었는데,[10] 그의『공자가어』에 대한 생각이 내가 보는 바와 같았다. 때문에 그의 글을 여기에 덧붙여 싣는다.[11]

---

8) 최술이 동생 최매와 함께 북경의 회시에 응시한 것은 스물네 살과 스물일곱 살 두 번이지만 줄곧 낙방했다. 열두 살 어린 공광삼을 회시에서 만났다면 최술 나이 스물일곱 살 때였을 것으로 생각된다.

9) 공광삼(1752~86)은 공자의 68대손으로, 곡부 사람이다. 자는 중중(衆仲) 또는 휘약(撝約)이며, 호는 손헌(㢲軒)이다. 청나라 건륭 연간에 진사에 합격하여 검토를 지냈으며, 서른다섯 살 젊은 나이로 죽었다. 대진(戴震)과 요내(姚鼐)에게 배웠으며, 특히 삼례(三禮)와『춘추공양전』에 뛰어났다. 정현을 존중하여 그의 집을 '의정당'(儀鄭堂)이라 부를 정도였으며,『춘추공양전통의』(春秋公羊傳通義)『대대예기보주』『예학치언』(禮學巵言) 등을 남겼다.

10) 최술이『수사고신록』을 비롯한『고신록』의 중요한 책들을 탈고한 시기는 예순여섯 살이던 가경 10년(1805)이다. 최술은 이때 공광삼의『대대예기보주』를 보게 되었는데, 실로 공광삼이 죽고 난 20년 뒤인 셈이다.

11) 최술은「공검토대대예기보주서록」과 전말을『수사고신여록』의 맨 앞쪽에 놓았는데, 이는 성인 공자의 왜곡에 가장 많은 영향을 끼친『공자가어』에 대한

余昔會試時, 曾與檢討相識, 年甚少也. 數十年不相見, 不意其學刻苦如是. 考信錄旣成後, 始見此書, 因其論家語與余所見同, 附錄其文於此. (頡剛案: 此篇原載書首, 今爲改置于此.)

미움과 자신과 뜻을 같이하는 학자도 세상에 존재한다는 안도감에서였을 것이다. 아울러 자신만의 독단이 아님을 보여주는 학자적인 양심의 발로이기도 하다. 고힐강은 『최동벽유서』를 편집하면서 뒤쪽으로 옮겼는데, 나카 미치요의 『최동벽선생유서』에는 여전히 앞쪽에 배치했다.

최술 연보

이 연보는 최술의 저술 가운데 피력된 내용, 진리화의 「최동벽선생행략」(崔東壁先生行略), 호적의 「과학적고사가최술」(科學的古史家崔述), 오량개(吳量愷)의 『최술평전』(崔述評傳) 등을 바탕으로 엮은 것이다. 호적의 「과학적고사가최술」에서는 최술과 같은 시대를 살았던 사학자나 경학자들의 이름과 생졸 연대를 밝히고 있으나, 간혹 틀린 곳이 발견되었다. 이 연보에서는 이를 바로잡았으며, 아울러 그들의 중요한 이력을 밝혀 최술의 학술 생애와 비교할 수 있도록 했다.

최술의 선조는 대령위(大寧衛) 소흥주(小興州)에 살았다. 명나라 초 최의(崔義) 이후 대대로 지휘사(指揮使)를 지냈으며, 영락(永樂) 원년(1403)에 보정부(保定府) 신안현(新安縣, 지금의 河北省 新安)으로 옮겨와 살았다. 5대조 최향화(崔向化)는 청나라 초 대명부(大名府) 위현(魏縣)으로 이사했다. 최향화는 유아(維雅)와 유언(維彦)을 낳았다. 유아는 치수사업의 뛰어난 공으로 회안부동지(淮安府同知)·개봉부남하동지(開封府南河同知)·영파부지부(寧波府知府) 등을 거쳐 강남안찰사(江南按察使)·호남포정사(湖南布政司)·대리시경(大理寺卿)을 지냈다.

증조부 최집린(崔緝麟)은 유언의 아들로, 호는 단원(段垣)이다. 대성현교유(大城縣敎諭)를 지냈다. 경서에 밝았고, 위현에 은거하며 독서와 강학으로 일관했다. 『단원시집』(段垣詩集)·『단원문집』(段垣文集)·『서법집설』(書法輯說) 등의 저술이 있다.

조부 최렴(崔濂)의 자는 주계(周溪)로 무과(武科)의 수재(秀才)였다.

부친 최원삼(崔元森)은 자가 찬약(燦若), 호는 암재(闇齋)이다. 조부 단원에게 배웠다. 최술은 「선부군행술」(先府君行述)에서 부친의 책 읽는 모습을 이렇게 술회하고 있다.

"이학(理學)과 경세치용(經世致用)의 서적을 읽지 않은 것이 없으셨다. 매일 저녁 문을 닫고 등잔을 침상 옆으로 옮겨놓은 뒤 옷을 뒤집어쓴 채 책을 읽으셨다. 형편이 어려워 등불조차 켤 수 없을 때에는 달빛 아래에서 책을 읽거나, 향 부스러기에 불을 붙여 글자를 비추어가며 읽으셨다."

1세(1740)—건륭(乾隆) 5년 경신(庚申)

7월 29일, 최술이 대명부 위현에서 태어났다. 자는 무승(武承), 호는 동벽(東壁)이다.

이때 조익(趙翼)은 14세, 요내(姚鼐)는 10세, 장학성(章學誠)은 3세였다.

　　＊조익(1727~1814)은 양호(陽湖) 사람으로 자는 운송(雲松, 또는 耘松), 호는 구북(甌北)이다. 진사(進士)로 편수(編修) 등을 지낸 뒤 안정서원(安定書院)에서 제자를 가르쳤다. 『구북시집』과 『이십이사차기』(二十二史箚記)·『황조무공기성』(皇朝武功紀盛)·『해여총고』(陔餘叢考)·『첨폭잡기』(簷曝雜記)를 남겼다.

　　＊요내(1731~1815)는 안휘(安徽) 동성(桐城) 사람으로 자는 희전(姬傳, 또는 夢穀)이다. 진사로 한림원서길사(翰林院庶吉士)·예부주사(禮部主事)·형부낭중(刑部郎中)을 거쳐 『사고전서』(四庫全書) 찬수관(纂修官)을 지냈다. 경부서원(敬敷書院)·양주서원(揚州書院)·매화서원(梅花書院)·자양서원(紫陽書院)·종산서원(鍾山書院) 등에서 40여 년 동안 제자를 가르쳤다. 보통 석포헌(惜抱軒) 선생이라 부르며, 의리(義理)·고증(考證)·사장(詞章)을 모두 중시했다. 방포(方苞)와 함께 동성파(桐城派)로 일컬어진다. 『고문사류찬』(古文辭類纂)·『구경설』(九經說)·『삼전보주』(三傳補注)·『국어보주』(國語補注)·『노자장의』(老子章義)·『장자장의』(莊子章義) 및 『석포헌서록』(惜抱軒書錄)과 『석포헌시문집』(惜抱軒詩文集)을 남겼다.

　　＊장학성(1738~1801)의 자는 실재(實齋), 호는 소암(少巖)으로 회계(會稽) 사람이다. 원명은 장문효(章文斅)이다. 진사로 국자감전적(國子監典籍)을 제수받았으나 취임하지 않고, 북방의 여러 서원을 돌며 제자를 가르쳤다. 『문사통의』(文史通義)와 『교수통의』(校讎通義)를 남겼으며, "육경은 모두 역사"(六經皆史)라는 주장을 폈다. 『화주지』(華州志)·『박주지』(亳州志)·『영청현지』(永淸縣志)·『호북통지』(湖北通志)를 편찬했다.

2세(1741)—건륭 6년 신유

이 해에 혜사기(惠士奇)가 죽고, 전점(錢坫)이 태어났다.

　　＊혜사기(1671~1741)의 자는 중유(仲儒, 또는 天牧), 호는 반농거사(半農居士)로 강소 오현(吳縣) 사람이다. 홍두재(紅豆齋)라는 서재 이름을 따

라 보통 홍두선생이라 부른다. 진사로 시독학사(侍讀學士)와 한림원서길사 등을 지냈다. 『역설』(易說)·『예설』(禮說)·『춘추설』(春秋說)을 남겼다.

＊전점(1741~1806)의 자는 헌지(獻之), 호는 십란(十蘭)으로 가정(嘉定) 사람이다. 『율려고의』(律呂古義)를 지은 전당(錢塘)의 동생이며, 『일통지』 (一統志)를 엮은 전대흔(錢大昕)의 조카이다. 『사기보주』(史記補注)를 엮어 음훈(音訓)과 군현의 연혁 및 산천의 소재를 밝히는 데 많은 공헌을 했다. 『시음표』(詩音表)·『차제고』(車制考)·『설문각전』(說文斠詮)을 남겼다.

4세(1743)—건륭 8년 계해

아우 최매(崔邁)가 태어났다.

부친을 따라다니며 주련(柱聯)이나 편액(扁額) 및 약봉지를 보고 글자와 사성 (四聲)을 익혔다. 『삼자훈』(三字訓)과 『신동시』(神童詩)를 배웠다.

이 해에 소진함(邵晉涵)이 태어났다.

＊소진함(1743~96)의 자는 여동(與桐), 호는 이운(二雲)으로 절강 여요 (餘姚) 사람이다. 진사로 시강학사(侍講學士)를 지냈다. 『사고전서』 편찬 때 사부(史部)의 주도자로, 『사고제요』(四庫提要)의 사부는 대부분 그가 작성한 것이다. 『이아정의』(爾雅正義)·『맹자술의』(孟子述義)·『곡량정 의』(穀梁正義)·『한시내전고』(韓詩內傳考)를 남겼다.

5세(1744)—건륭 9년 갑자

『논어』를 배웠다. 부친은 글자마다 사성을 표시하여 방음(方音)으로 읽지 못하 게 했으며, 배운 것을 1백 번씩 읽게 했다.

이 해에 왕중(汪中)·왕염손(王念孫)이 태어났다.

＊왕중(1744~94)의 자는 용보(容甫), 강소 강도(江都) 사람이다. 고아로 서점원으로 학식을 쌓아 양주학파(揚州學派)의 대표적인 인물이 되었다. 고염무(顧炎武)의 학통을 계승하여 실학(實學)을 중시했으며, 묵자(墨子) 와 순경(荀卿)을 높이 평가했다. 『술학』(述學)·『경의지신기』(經義知新 記)·『상서고이』(尙書考異)·『대대례정오』(大戴禮正誤)·『광릉통전』(廣陵 通典)·『용보선생유시』(容甫先生遺詩)를 남겼다.

＊왕염손(1744~1832)의 자는 회조(懷祖), 호는 석구(石臞, 또는 石渠)로 강소 고우(高郵) 사람이다. 진사로 한림원서길사·공부주사(工部主事)· 낭중 등을 지냈다. 열 살에 십삼경(十三經)을 독파했으며, 대진(戴震)의 제 자로 음운·문자·훈고에 정통했다. 『독서잡지』(讀書雜志)·『광아소증』 (廣雅疏證)·『고운보』(古韻譜)를 남겼다. 아버지 왕안국(王安國), 아들 왕 인지(王引之)와 더불어 삼대가 경학에 뛰어났으므로, 보통 '고우왕씨부

자'(高郵王氏父子)나 '고우왕씨학'이라 일컫는다.

6세(1745)—건륭 10년 을축

『논어』『맹자』『소학』을 배웠다.
『중용』과 『대학』을 밤에 모친의 구술로 익혔다.

7세(1746)—건륭 11년 병인

부친의 엄격한 독서 방법에 따라 사서(四書)를 공부했다. 이때의 독서 방법은 최
술의 학술 생애에 중요한 역할을 하게 된다. 최술은 이렇게 술회하고 있다.
"남방인은 『논어』와 『맹자』를 처음 읽을 때부터 주자(朱子)의 『집주』(集
註)를 합쳐 읽으며, 『대학』이나 『중용』을 읽을 때도 『장구』(章句)를 함께
읽는다. 북방인은 사서의 본문을 모두 암송하고 한두 가지 경전을 더 읽은
뒤에야 사서의 주를 읽으며, 주를 읽을 때도 본문과 함께 읽는다. 부친께서
는 반드시 경문을 50번 읽은 뒤에, 경문과 주를 합쳐 50번을 읽도록 했다."
이 해에 홍량길(洪亮吉)이 태어났다.
　*홍량길(1746~1809)의 초명은 예길(禮吉, 또는 連), 자는 군직(君直, 또
는 稚存), 호는 북강(北江)으로 강소 양호(陽湖) 사람이다. 주균(朱筠)에게
배웠으며, 경사·음운·훈고·지리에 정통했다. 진사로 한림원편수·국사
관편수관 등을 지냈다. 『춘추좌전고』(春秋左傳詁)·『공양곡량고의』(公羊
穀梁古義)·『육서전주록』(六書傳注錄)·『삼국강역지』(三國疆域志)·『동진
강역지』(東晉疆域志)·『십육국강역지』·『서하국지』(西夏國志)와 『홍북강
시문집』이 있다.

8세(1747)—건륭 12년 정묘

『시경』(詩經)에 관심을 가졌다. 최술은 이렇게 술회하고 있다.
"우리 집에는 오래전부터 『독풍억평』(讀風臆評)이라는 책 한 권이 있었는
데, 글자가 매우 바르고 깔끔했다. 오로지 경문만 있고 전주는 없었으며,
권점(圈點)이나 비점(批點)이 있는 판본은 따로 있었다. 나는 여덟아홉 살
때 이 책이 매우 마음에 들었다. 부친께서는 다른 일로 나의 독서를 돌보실
겨를이 없었을 때였으므로, 나는 이 책을 가지고 골방에 들어가 읽었다. 뜻
을 제대로 이해할 수는 없었지만 시에 흥미를 갖고 많은 시를 암송하게 되
었다."(『讀風偶識』1권)

9세(1748)—건륭 13년 무진

조부 최렴이 죽었다.

10세(1749) — 건륭 14년 기사

이 해에 방포(方苞)가 죽었다.

　　*방포(1668~1749)의 자는 영고(靈皐), 호는 망계(望溪)로 안휘 동성 사람이다. 진사로 무영전수서(武英殿修書)·『일통지』(一統志) 편찬에 총재를 역임했으며, 예부시랑을 지냈다. 산문에 뛰어났으며, 『춘추좌전』『사기』와 당송팔대가를 모범으로 삼았다. 그의 제자 유대괴(劉大櫆)와 요내가 모두 동성 사람이었으므로 이들을 일컬어 동성파(桐城派)라 부른다. 『주관집주』(周官集注)·『예기석의』(禮記析疑)·『춘추통론』(春秋通論)과 『망계선생문집』이 있다.

13세(1752) — 건륭 17년 임신

『상서』(尙書)를 처음으로 읽었다.

이 해에 공광삼(孔廣森)이 태어났다.

　　*공광삼(1752~86)은 공자의 68대손으로 곡부 사람이다. 자는 중중(衆仲) 또는 휘약(撝約)이며, 호는 손헌(㢷軒)이다. 진사로 검토(檢討)를 지냈으며, 서른다섯 살에 죽었다. 대진(戴震)과 요내에게 배웠으며, 특히 삼례(三禮)와 『춘추공양전』에 뛰어났다. 정현을 존중하여 자신의 집을 '의정당'(儀鄭堂)이라고 불렀으며, 『춘추공양전통의』(春秋公羊傳通義)·『대대예기보주』(大戴禮記補注)·『예학치언』(禮學卮言)을 남겼다.

14세(1753) — 건륭 18년 계유

이 해에 손성연(孫星衍)이 태어났다.

　　*손성연(1753~1818)의 자는 백연(伯淵, 또는 淵如), 호는 계술(季逑)로 강서 양호(陽湖) 사람이다. 진사로 산동의 안찰사(按察使)와 포정사(布政使)를 지냈다. 『상서고금문주소』(尙書古今文注疏)·『공자집어』(孔子集語)·『주역집해』(周易集解)·『안자춘추음의』(晏子春秋音義)를 남겼다. 대단한 장서가(藏書家)로 『손씨가사서목내외편』(孫氏家祠書目內外篇)이 전해진다.

15세(1754) — 건륭 19년 갑술

동생 최매와 함께 대명부 동자시에 응시하여 장원을 차지했다. 이때 최술 형제는 지부 주영(朱煐, 자는 臨川)의 초대로 만향당(晚香堂)에서 많은 이야기를 나누었으며, 부인 여공인(呂恭人)과 아들 주사완(朱士琬)과도 인사를 나누었다.

이 해 가을부터 대명부 학당에 들어가 공부했다.

이 해에 오경재(吳敬梓)가 죽었다.

　　* 오경재(1701~54)의 자는 민헌(敏軒), 호는 입민(粒民, 만년에는 文木老
　　人), 안휘 전초(全椒) 사람이다. 박학홍사과(博學鴻詞科)에 추천되었으나
　　관직에 나가지 않았으며, 만년에 양주(揚州)에 머물며 소설『유림외사』(儒
　　林外史)를 지었다.

16세(1755)―건륭 20년 을해

최술 형제가 주사완과 함께 만향당에서 공부했다. 주영은 장전찬(張前讚)과 이
환(李桓)에게 이들의 교육을 맡겼다가 뒤에는 직접 가르쳤다.

이 해에 전조망(全祖望)이 죽었다.

　　* 전조망(1705~55)의 자는 소의(紹衣), 호는 사산(謝山), 절강 은현(鄞
　　縣) 사람이다. 진사로 한림원서길사를 지냈으며, 즙산서원(蕺山書院)과 단
　　계서원(端溪書院)에서 제자를 가르쳤다. 절동학파(浙東學派)의 중요 인물
　　로, 황종희(黃宗羲)를 이어『송원학안』(宋元學案)을 완성했다.『수경주』(水
　　經注)와『곤학기문』(困學紀聞)의 주석 작업에 참여했으며,『경사문답』(經
　　史問答)과『길기정문집』(鮚埼亭文集)을 남겼다.

18세(1757)―건륭 22년 정축

5월, 장수의 범람으로 위현이 물에 잠겨 집을 잃었다.

19세(1758)―건륭 23년 무인

봄, 부친이 모옥(茅屋)을 엮었다.
10월, 위현이 대명현에 병합되었다.
이 해에 혜동(惠棟)이 죽었다.

　　* 혜동(1697~1758)의 자는 정우(定宇), 호는 송애(松崖), 강소 오현(吳
　　縣) 사람이다. 혜사기의 아들로 보통 '소홍두선생'(小紅豆先生)이라 부른
　　다.『역한학』(易漢學)・『고문상서고』・『춘추좌전보주』・『구경고의』(九經
　　古義)・『송애필기』를 남겼으며, 왕명성(王鳴盛)・전대흔・대진・왕창(王
　　昶) 등은 그의 제자이다.

20세(1759)―건륭 24년 기묘

대명현 지현 진학부(秦學溥)가 최술의 집에 많은 도움을 주었다.
『논어』의 '공산불요'(公山不擾) 장과 '필힐'(佛肸) 장에 대해 의문을 품다.
이 해에 고동고(顧棟高)가 죽었다.

　　* 고동고(1679~1759)의 자는 복초(復初, 또는 震滄), 호는 좌여(左畬),

강소 무석(無錫) 사람이다. 진사로 내각중서(內閣中書)·국자감사업(國子監司業)·국자감좨주(國子監祭酒)를 지냈다. 『춘추대사표』(春秋大事表)는 그의 대표적인 저술이다. 『모시유석』(毛詩類釋)·『대유수어』(大儒粹語)·『상서질의』(尙書質疑)를 남겼다.

21세(1760)—건륭 25년 경진

순천향시(順天鄕試)에서 부방(副榜)에 들어 거인(擧人)이 되었다.

22세(1761)—건륭 26년 신사

7월, 장수의 범람으로 최술이 다시 집을 잃었다.

이 해에 진리화(陳履和)와 장혜언(張惠言)이 태어났다.

　　*장혜언(1761~1802)의 자는 고문(皐聞), 호는 약가(若柯), 강소 무진 (武進) 사람이다. 진사로 한림원편수를 지냈다. 『주역우씨의』(周易虞氏義)·『주역우씨소식』(周易虞氏消息)·『의례도』(儀禮圖)·『의례사』(儀禮詞)·『독의례기』(讀儀禮記)·『역의별록』(易儀別錄)·『역위약의』(易緯略義)·『역도조변』(易圖條辨)을 남겼다.

23세(1762)—건륭 27년 임오

주영이 영주부(永州府) 지부로 옮겨갔다. 최술 형제는 임청(臨淸)까지 전송했으며, 8년 동안 최술 형제는 주영의 배려로 현학에서 공부할 수 있었다.

최술 형제가 순천향시(順天鄕試)에 응시하여 거인이 되었다.

이 해에 강영(江永)이 죽었다.

　　*강영(1681~1762)의 자는 신수(愼修), 강서 무원(婺源) 사람이다. 『주례의의거요』(周禮疑義擧要)·『예서강목』(禮書綱目)·『예기훈의석언』(禮記訓義釋言)·『의례석례』(儀禮釋例)·『군경보의』(群經補義)·『향당도고』(鄕黨圖考)·『공자연보』(孔子年譜)·『고운표준』(古韻標準)·『음학변미』(音學辨微)·『사성절운표』(四聲切韻表)를 남겼다.

24세(1763)—건륭 28년 계미

최술 형제가 회시(會試)에 낙방했다.

이 해에 초순(焦循)과 황비열(黃丕烈)이 태어났다.

　　*초순(1763~1820)의 자는 이당(理堂), 강소 감천(甘泉) 사람이다. 『역경통해』(易經通解)·『역경도략』(易經圖略)·『역경장구』(易經章句)·『맹자정의』(孟子正義)를 남겼다.

　　*황비열(1763~1825)의 자는 소무(紹武), 호는 요포(蕘圃, 또는 復翁, 佞

宋居士), 강소 오현(吳縣) 사람이다. 송각본(宋刻本) 도서 1백여 편을 구입한 뒤 서재를 '백송일전'(百宋一廛)이라 불렀으며, 그의 『사례거총서』(士禮居叢書)는 수장가들의 사랑을 받았다.

25세(1764) ─ 건륭 29년 갑신

3월, 최술이 섬서(陝西) 빈주(邠州)로 아내 성유인(成孺人)을 맞이하러 갔다. 성유인의 자는 인추(紉秋), 이름은 정란(靜蘭)이다. 장인 성회조(成懷祖)는 유능한 관리이며 시인이다. 성회조의 자는 난전(蘭田), 호는 상희(尙羲, 또는 北樵), 대명을 대표하는 사족이다. 직예(直隸)의 주판(州判)을 지냈다.

겨울, 성정란과 결혼했다.

이 해에 완원(阮元)이 태어났다.

  * 완원(1764~1849)의 자는 백원(伯元), 호는 운대(雲臺), 강소 의징(儀徵) 사람이다. 진사로 호부·병부·공부시랑 및 태학사를 지냈으며, 시호는 문달(文達)이다. 『십삼경교감기』(十三經校勘記)를 엮었으며, 『황청경해』(皇淸經解) 180여 종의 판각을 지휘했다.

26세(1765) ─ 건륭 30년 을유

봄, 빈주에서 대명현으로 돌아왔다.

홍수와 가난으로 고초를 겪었다. 대명현의 지현 진학부가 예현대(禮賢臺) 부근에 집을 마련해주었다. 예현대는 위성(魏城) 동남쪽에 있으며, 전국시대 위문후(魏文侯)가 현자 단간목(段干木)을 위해 집을 지어준 곳이기도 하다. 이때 최술은 「예현대신거기」(禮賢臺新居記)를 지었다.

27세(1766) ─ 건륭 31년 병술

최술 형제가 회시에 낙방했다.

이 해에 고광기(顧廣圻)가 태어났다.

  * 고광기(1766~1835)의 자는 천리(千里), 호는 윤빈(潤蘋), 강소 원화(元和) 사람이다. 목록학과 교감(校勘)에 뛰어났다.

28세(1767) ─ 건륭 32년 정해

이 해에 정정조(程廷祚)가 죽었다.

  * 정정조(1691~1767)의 자는 계생(啓生), 호는 금장(錦莊, 自號 靑溪居士), 상원(上元) 사람이다. 『논어설』(論語說)·『역통』(易通)·『상서통의』(尙書通義)·『시설』(詩說)·『주례설』(周禮說)·『춘추식소록』(春秋識小錄)·『청계집』(靑溪集)을 남겼다.

29세(1768)—건륭 33년 무자

고체당시(古體唐詩)를 묶어 『약롱집』(弱弄集)이라 했다.

30세(1769)—건륭 34년 기축

『고신록』 저술의 의지를 다졌다.

회시에 낙방했다.

북경에서 공광삼을 만났다.

31세(1770)—건륭 35년 경인

아우 최매가 아들 용관(龍官)을 낳았다. 뒤에 이름을 응룡(應龍)·등교(騰蛟)·
백룡(伯龍)으로 바꿨으며, 이후 최매는 아들 셋을 낳았는데, 첫째는 응룡,
둘째는 몽웅(夢熊), 셋째는 약경(躍鯨)이다. 몽웅과 약경은 어린 나이에 죽
었고, 최술 형제의 후계는 오로지 백룡뿐이다.

32세(1771)—건륭 36년 신묘

2월 15일, 부친 최원삼이 향년 63세로 죽었다.

4월 29일, 장인 성회조가 죽었다.

33세(1772)—건륭 37년 임진

부친의 행장 「선부군행술」(先府君行述)을 지었다.

34세(1773)—건륭 38년 계사

정월 초하룻날부터 「춘왕정월론」(春王正月論) 5편을 짓기 시작했다. 가을에 다
시 3편으로 정리하여 「삼정변」(三正辨)이라 했다. 「양촌포도기」(楊村捕盜
記)를 지었다.

태행산(太行山) 어하(御河) 부근에서 아동을 가르쳤다.

35세(1774)—건륭 39년 갑오

예현대 서쪽에 선친을 장사지냈다. 가난으로 3년이 지나 장례를 치른 것이다.

「구황책」(救荒策) 4편을 썼다.

36세(1775)—건륭 40년 을미

주영의 부고를 받았다. 「제석병주공문」(祭石屛朱公文)을 지어 주영에 대한 애틋
한 감회를 피력했다.

37세(1776)—건륭 41년 병신

「여동공상서」(與董公常書)를 썼다. 최술의 『고신록』에 대한 강렬한 의지가 담겨 있다.

38세(1777)—건륭 42년 정유

아들을 낳았다. 모친이 '천우'(天祐)라 이름 지었다.

주사완의 부탁으로 「주공묘지명」(朱公墓誌銘)을 지었다.

이 해에 대진이 죽었다.

　　　* 대진(1723~77)의 자는 동원(東原, 또는 愼修), 안휘 휴령(休寧) 사람이다. 『사고전서』 찬수관과 한림원서길사를 지냈다. 『원선』(原善)·『맹자자의소증』(孟子字義疏證)·『성운고』(聲韻考)·『굴원부주』(屈原賦注)를 남겼다.

39세(1778)—건륭 43년 무술

한단(邯鄲)에서 아동을 가르쳤다.

41세(1780)—건륭 45년 경자

대명부 북고(北皐)에서 아동을 가르쳤다.

시를 정리하여 『낙기집』(樂飢集)을 엮었다.

6월, 아들 천우가 죽었다.

10월 9일, 모친 이유인(李孺人)이 향년 75세로 죽었다.

42세(1781)—건륭 46년 신축

6월 28일, 아우 최매가 35세로 죽었다.

　　　* 최매의 자는 덕고(德皐), 호는 설암(薛巖)이다. 『고문상서고』(古文尚書考)·『눌암필담』(訥庵筆談)을 남겼다.

『오복동이휘고』(五服同異彙考)를 짓기 시작했다.

43세(1782)—건륭 47년 임인

2월, 「선유인행술」을 지었다.

3월, 모친과 동생을 성의 남쪽에 장사지냈다.

6월, 설사병으로 고생했다. 「부병찬」(扶病贊)을 지었다.

44세(1783)—건륭 48년 계묘

『고신록』 저술에 몰두했다.

45세(1784)—건륭 49년 갑진

대명현 지현 장유기가 『대명현지』(大名縣志) 편찬에 착수했다. 최술과 성시(成誌)가 이 일에 참여했는데, 성시는 최술의 처남이다.

46세(1785)—건륭 50년 을사

1월, 『대명현지』가 완성되었다. 『대명현지』에는 최술의 「대명수도고」(大名水道考) 2편과 「장수고」(漳水考)·「어하고」(御河考)가 들어 있다.

열여섯 살 주씨(周氏)를 첩으로 들였다. 이름은 려아(麗娥)이며, 『무문집』(無聞集)에 「시첩여아전」(侍妾麗娥傳)이 있다.

49세(1788)—건륭 53년 무신

『오복동이휘고』를 완성했다.

「삼정변」을 보완하여 『삼정이동통고』(三正異同通考)라 했다.

50세(1789)—건륭 54년 기유

서산(西山) 걸복촌(乞伏村)에서 아동을 가르쳤다.

이 해에 「약롱집」과 「낙기집」을 정리하여 『지비집』을 엮었는데, 여기에는 부 3수, 시 164수, 사(詞) 14수가 들어 있다. 1931년 연경대학(燕京大學) 도서관에서 『지비집』 초본(鈔本)이 발견되었다.

『삼정이동통고』의 발문을 짓고, 책 이름도 『삼대정삭통고』(三代正朔通考)로 바꿨다.

52세(1791)—건륭 56년 신해

『수사고신록』(洙泗考信錄)의 초고가 완성되었다.

『보상고고신록』(補上古考信錄)의 초고가 완성되었다.

53세(1792)—건륭 57년 임자

이부(吏部)의 통문을 받고 북경으로 갔다.

진리화를 북경에서 만났다.

54세(1793)—건륭 58년 계축

「증진리화서」(贈陳履和序)를 지었다.

56세(1795)—건륭 60년 을묘

북경에 머물며 관리 선발을 기다렸다.

진리화의 부친 진만리(陳萬里)가 회시에 합격하여 강서(江西)에 관리로 임명되었다.

57세(1796)—가경(嘉慶) 원년 병진

1월, 복건(福建) 나원현(羅源縣) 지현으로 임명되었다.

4월, 『당우고신록』(唐虞考信錄)을 탈고했다.

58세(1797)—가경 2년 정사

진리화가 부친의 임지인 광풍현(廣豐縣)에서 최술의 저술 4종을 판각했다. 최초의 판각이며, 『보상고고신록』『수사고신록』『경전체사통고』『삼정이동통고』4종이다. 진리화가 판각 경위와 서양(書樣)을 최술에게 보내오자, 최술은 이를 말리려 했으나 이미 판각이 이루어진 상황이었다. 진리화가 판각한 4종과 편지를 보내왔다.

59세(1798)—가경 3년 무오

황옥흥(黃玉興)이 정호(鄭豪)·정세휘(鄭世輝) 부자와 결탁하여 최술을 무고했다. 순무사(巡撫使) 왕지이(汪志伊)의 도움으로 결백이 입증되었다.

12월, 최술이 사직서를 올렸으나 받아들여지지 않았다.

60세(1799)—가경 4년 기미

봄, 상항현(上杭縣)의 지현 임무를 맡았다.

61세(1800)—가경 4년 경신

나원으로 복귀하는 도중 첩 주씨가 급체로 죽었다.

11월, 진리화에게 『상고고신록』과 『수사고신록』을 수정하고 있음을 편지로 알렸다.

62세(1801)—가경 6년 신유

6월, 나원에서 『삼대경계통고』를 판각했다.

『오복이동휘고』를 수정했다.

아내 성정란이 자신의 시집 『이여집』을 엮었다.

10월, 나원현 지현을 사임했다.

63세(1802)—가경 7년 임술

봄, 고향을 향해 길을 재촉했다.

소주(蘇州)에서 『개원례』(開元禮)와 『효자록』(孝慈錄)을 찾았으나 구하지 못하고, 장종태(張宗泰)의 『교보죽서기년』(校補竹書紀年)을 구입했다.

64세(1803)—가경 8년 계해

서산 맹촌(孟村)에 살 집을 마련했다.

65세(1804)—가경 9년 갑자

『죽서기년변위』(竹書紀年辨僞)를 지었다.

66세(1805)—가경 10년 을축

진리화가 남창(南昌)에서 최술의 나원본 『삼대경계통고』를 다시 판각했다.
5월, 『고신록』 전체를 완성하고 수정을 거듭했다.
6월, 『독풍우지』(讀風偶識)를 완성하고 서문을 썼다.
가을, 『삼대정삭통고』의 발문을 썼다. 「가학연원」(家學淵源)과 「소년우합기략」
　　(少年偶合記略)을 썼다.
『역괘도설』(易卦圖說)을 완성하고 서문을 썼다.
이 해에 기윤(紀昀)이 죽었다.
　　*기윤(1724~1805)의 자는 효람(曉嵐, 또는 春帆), 만년의 호는 석운(石
　　雲, 또는 觀弈道人), 직예 하간(河間)의 명문 출신이다. 진사로 한림원시독
　　학사(翰林院侍讀學士)·병부시랑·좌도어사(左都御使)를 거쳐 예부상
　　서·협판대학사(協辦大學士) 등을 지냈다. 『사고전서』의 총찬(總纂)을 맡
　　아보았으며, 일생의 정력을 『사고전서총목제요』(四庫全書總目提要)를 쓰
　　는 데 바쳤다. 시호는 문달(文達)이다. 『열미초당필기』(閱微草堂筆記)·
　　『역대직관표』(歷代職官表)·『기문달공유집』(紀文達公遺集)을 남겼다.

67세(1806)—가경 11년 병인

거처를 창덕부(彰德府)로 옮겼다.
9월, 『삼대정삭통고』와 『삼대경계통고』를 수정해 판각했다.

68세(1807)—가경 12년 정묘

「오복동이휘고소인」(五服同異彙考小引)과 『오복여론』(五服餘論)을 지었다.

69세(1808)—가경 13년 무진

7월, 진리화가 남창에서 『당우고신록』(唐虞考信錄)을 판각했다.

70세(1809)—가경 14년 기사

진리화가 판각한 『당우고신록』과 편지를 보내왔다.

7월 7일, 「선군교술독서법」(先君敎述讀書法)을 썼다.

창덕부에서 『수사고신여록』 3권의 취진판(聚珍版)을 판각했다.

71세(1810)—가경 15년 경오

『수사고신록』을 수정해 정본을 확정지었다.

72세(1811)—가경 16년 신미

진리화에게 『삼대고신록』 등의 원고를 보냈다.

74세(1813)—가경 18년 계유

10월, 진만리가 죽었다.

12월, 진리화가 부친의 묘지명과 묘표를 부탁하고, 저술의 원고를 간청했다.

75세(1814)—가경 19년 갑술

3월, 「곤지진공묘비문」(鯤池陳公墓碑文)을 지었다.

진리화에게 『고신록총목』 『고신부록』 『풍호별록』 『주정성쇠통고』(周政盛衰通考) 『오복이동휘고』 『상서변위』 『독풍우지』 『시경여론』의 원고를 보냈다.

4월, 부인 성정란이 75세로 죽었다.

76세(1815)—가경 20년 을해

전집 88권 총목을 정리했다.

9월, 최술은 자신의 책을 아홉 상자에 담고 상자 위에 이렇게 적었다. "나의 평생에 걸친 저서 34종 88권이다. 전남의 진리화가 친히 와서 가져가기를 기다리노라."(吾生平著書三十四種, 八十八卷. 俟滇南陳履和來親授之)

77세(1816)—가경 21년 병자

2월 6일, 최술이 죽었다.

윤6월 16일, 진리화가 창덕부 최술의 집에 도착해 최술의 유서를 받들었다. 진리화가 백룡과 장례를 상의한 뒤 북경으로 갔다.

겨울, 진리화가 산서(山西) 태곡현(太谷縣) 지현으로 부임했다.

사후 1년(1817)—가경 22년 정축

2월, 진리화가 태곡에서 『삼대고신록』을 판각했다.

백룡이 최술과 성유인의 유해를 암재선생의 묘소 아래 안장했다.

7월, 진리화가 계모상으로 관직을 쉬었다. 진리화가 『풍호고신록』을 판각하며 「전집총목」과 「고신록총서」(考信錄總序)를 앞쪽에 붙이고 총발(總跋)을 뒤쪽에 붙였다.

10월, 진리화가 「삼대고신록서」(三代考信錄序)를 지었다.

사후 2년(1818)—가경 23년 무인

2월, 진리화가 『지비집』 『고신부록』 『소초집』(小草集) 등을 근거로 「동벽선생행략」을 지었다.

4월, 유대신(劉大紳)이 「동벽선생행략」의 발문을 썼다.

진리화의 제자 공광원(孔廣沅)이 태곡에서 『수사고신록』을 다시 판각했다.

사후 5년(1821)—도광(道光) 원년 신사

진리화가 장정감(張廷鑑)과 담진(譚震)의 도움을 받아 『제요』 『보상고고신록』 『당우고신록』을 판각했다. 이리하여 최술의 전록(前錄)과 정록(正錄)이 모두 판각되었다.

사후 6년(1822)—도광 2년 임오

여름, 예부상서 왕정진(汪廷珍)이 『고신록』의 서문을 썼다.

10월, 진리화가 「교간고신록예언」(校刊考信錄例言) 9칙(九則)을 썼다. 진리화가 『맹자사실록』과 『보상고고신록』을 판각했다.

사후 7년(1823)—도광 3년 계미

2월, 진리화가 동양현(東陽縣) 지현을 맡았다.

사후 8년(1824)—도광 4년 갑신

1월, 진리화가 동양현에서 최술의 유서를 판각했다.

사후 9년(1825)—도광 5년 을유

진리화(1761~1825)가 동양현 임지에서 65세로 죽었다.

사후 87년(1903)—광서(光緒) 29년 계묘

일본 메이지(明治) 36년, 나카 미치요(那珂通世)가 『최동벽선생유서』(崔東壁先生遺書)를 교정(校訂)하고 구두점을 찍었으며, 이것을 『사학회총서』(史學會叢書)로 출판했다.

* 나카 미치요(1851~1908)는 모리오카(盛岡) 사람으로, 당시 일본의 교육계 및 사학계의 거목이었다. 일본의 군국주의를 이끈 정신적인 지주나 다름없는 학자였다. 만년에 엮은 『성길사한실록』(成吉思汗實錄)이 유명하며, 동양학(東洋學)이란 용어를 처음 사용한 인물이기도 하다.

사후 105년(1921)—민국(民國) 10년 신유

고힐강(顧頡剛)이 『동벽유서』에 표점을 찍기 시작했다.

사후 107년(1923)—민국 12년 계해

호적(胡適)이 「과학적고사가최술」을 쓰기 시작했다.

사후 115년(1931)—민국 20년 신미

10월 20일, 호적의 제자 조정신(趙貞信)이 「과학적고사가최술」을 완성했다.

사후 120년(1936)—민국 25년 병자

고힐강 표점본 『최동벽유서』가 아동서국(亞東書局)에서 출판되었다.

사후 167년(1983)

고힐강이 편정(編訂)한 『최동벽유서』가 상해 상해고적출판사(上海古籍出版社)에서 출판되었다. 이것은 최술의 『고신록』뿐만 아니라 주요 저술을 망라하고, 최술과 관계된 모든 자료가 수집 정리되어 있다. 따라서 현재 볼 수 있는 최술에 관한 가장 세밀하고 체계적인 자료집이다.

옮긴이의 말

　내가 서너 살 때였다. 외딴 우리집 사랑채는 한약방이었고, 나는 그곳이 놀이터였다. 약장(藥欌) 서랍마다 예쁜 글씨가 빼곡했고, 천장에 주렁주렁 달린 약봉지에도 온통 글자였다. 하얀 습자지를 늘어놓고 약형(藥衡)을 손에 쥔 아버지는 나에게 감초(甘草) 가져와라, 천궁(川芎) 가져와라, 숙지황(熟地黃)이 어딨지? 너 또 인삼(人蔘) 먹었구나! 다시 먹어서는 안 된다며 자물쇠를 잠가버렸다. 서운했지만 반하(半夏) 서랍을 뽑으며 '이게 바로 너의 이름자란다'라고 말씀하실 때 나는 이미 싱글벙글이었다.

　그래서 그랬던지 아버지는 그해 겨울 나에게 『사자소학』을 가르쳤다. 이미 아는 글자가 태반이었고, 뜻이라야 조금도 낯설지 않았다. 호기심으로 약장은 어느덧 거의 읽을 수 있었고, 천장에 매달린 봉지도 그게 그거였다. 아버지는 다시 『추구』(推句)를 가르쳤다. 너무 재미있었다. '월위대장군(月爲大將軍) 성작백만사(星作百萬士)'를 배운 뒤 밤하늘을 올려다보는 버릇이 생겼고, '탈관옹두백(脫冠翁頭白) 개금여유원(開襟女乳圓)'을 배운 뒤 누나를 유심히 살펴보게 되었다. 그런 나를 아버지는 조수로 썼다. 손님이 많을수록 유달리 그랬다.

　중학교를 다니기 위해 도회지로 떠나기 전까지 그런 생활은 이어졌으며, 그때 나는 할아버지에게 『명심보감』과 『대학』 『논어』를 배웠다.

풍수지리까지 얽섞인 할아버지의 말씀을 다 이해할 수 있었던 것은 아니지만 마냥 즐거웠다. 나는 지금도 『천자문』을 먼저 가르치지 않은 할아버지와 아버지의 안목에 감사를 드린다. 만약 『천자문』부터 익히려 들었다면 아마 한문을 계속할 수 없었으리라. 이후 나는 공자에 대한 막연한 친근감으로 한문 고전을 가까이하게 되었고, 그런 가운데 읽은 『공자가어』는 공자에 대한 자신감을 갖게 해주었다. 하지만 오래지 않아 『공자가어』나 사마천의 『사기』 「공자세가」 등 숱한 고전에 보이는 공자의 모습이 얼마나 모순투성이인지를 깨닫게 되었으며, 대학에서 줄곧 『논어』 등을 가르치면서 신화와 전설로 얼룩진 공자의 참모습과 인간적인 면모를 정리해보고 싶었다. 그리하여 손에 쥔 책이 바로 최술의 『고신록』 36권이었고, 그 가운데에서도 특히 『수사고신록』 4권과 『수사고신여록』 3권이다.

『공자가어』에 나오는 이야기이다.

공자가 진나라와 채나라 사이에서 어려움을 당해 이레 동안을 굶었다. 이에 자공이 슬며시 고한 뒤 농부에게 곡식을 구해왔고, 안회는 밥을 지었다. 그때 그을음이 밥에 떨어졌으므로, 안회가 그을음이 묻은 밥풀을 건져 먹었다. 그런 모습을 본 자공은 안회가 밥을 훔쳐 먹은 것으로 여기고 방으로 들어가 공자에게 일러바쳤다. 그러자 공자는 "내가 물어보겠다"고 말한 뒤 안회를 불러들여 이렇게 떠보았다. "어젯밤 꿈에 옛사람들을 보았느니라. 밥이 다 지어지면 가져오너라. 내가 그분들께 먼저 올리고 싶구나." 그러자 안회가 대답했다. "그을음이 밥에 떨어졌기에 제가 그 부분을 먼저 먹었습니다. 하오니 제사를 지낼 수 없습니다."

일견 그럴싸하고 재미있기까지 하다. 하지만 시정잡배만도 못한 집단처럼 묘사되었다. 이야말로 날조를 넘어 무고죄에 가깝다. 또 증자와 민자건의 효성을 돋보이게 할 요량으로 얼마나 어설픈 이야기를 지어

냈던가? 때로는 몽둥이찜질에 때로는 갈대솜이 등장하기도 한다. 언뜻 눈물겨운 효자들의 이야기처럼 보인다. 하지만 그게 거짓이라면 어찌할 셈인가? 이런 이야기를 지어낸 사람들이야말로 화목한 가정을 엉망으로 만든 가정파괴범인 셈이다.

바늘 가는 데 실 따라가는 법, 공자가 철저히 왜곡되는 마당에 제자들이라고 그대로 뒀겠는가? 그렇지 않아도 생이지지(生而知之)로 애초부터 인간이 아닌 것처럼 신격화되고, 거지발싸개나 외계인처럼 덧칠해진 공자의 모습에 회의를 느끼던 나에게 신화와 왜곡을 말끔히 털어낸『수사고신록』과『수사고신여록』이야말로 구름을 뚫고 나온 보름달과도 같았다.

나는 최술의 명쾌한 분석과 고증에 책을 읽는 것만으로 만족할 수 없었다. 꼼꼼히 역주 작업을 하는 게 옳다고 생각했다. 때마침 오른팔에 심한 골절상을 입었다. 차분하게 책을 들여다볼 기회가 주어진 셈이다. 더구나 몇몇 교수님이 함께 책을 읽자고 했다. 새옹지마(塞翁之馬)가 따로 없었다. 자연스럽게『수사고신록』과『수사고신여록』및『춘추좌전』을 같이 읽었고, 공동으로『수사고신록』의 역주 작업을 하는 한편 나는『수사고신여록』에 힘을 기울였다. 그리하여 엇비슷한 시기에 두 책의 역주 작업을 마칠 수 있었다. 의심쩍은 부분이 많았으나 가까스로 일본 고서점에서 나카 미치요(那珂通世)의『최동벽선생유서』초판본과 진리화(陳履和)가 판각한 '동양중각정본'(東陽重刻定本) 100주년 기념으로 1924년에 다시 찍은『최동벽유서』전질 20책을 구할 수 있었다. 참으로 행운의 연속이었다.

하지만 결코 만족할 수 없는 것이 역주 작업이 아닌가 싶다. 일천한 학문에 얼굴이 화끈거릴 때가 한두 번이 아니었다. 함께 책을 읽은 교수님들의 해박함과 다양한 자료가 없었다면 끝을 보지 못했을 수도 있다. 그런데도 주변의 도움으로 역주 작업을 마치고 나니 괜한 욕심이 앞에 어른거렸다. 역주에 허점이 많지만 최술의 책이 대단한 것은 분명했다. 마냥 서랍에 넣어두기에는 아까웠다. 그래서 출판할 생각을 굳혔다.

가장 먼저 떠오른 출판사가 한길사였다. 책의 성격상 '한길그레이트북스' 시리즈가 가장 잘 어울릴 성싶었다. 불쑥 내밀기가 멋쩍었지만 책 사랑이 남다른 한길사 김언호 대표이기에 만용을 부려볼 참이었다. 그래서 역주의 일부분과 함께 편지를 썼다. 예상 밖으로 오래지 않아 답신이 왔다. 배경진 한길사 편집실장이었다. '한길그레이트북스' 시리즈로 출판하겠다고 했다. 어려운 역주 작업에 견주어 출판사와의 계약은 순조로웠다.

막상 책을 출판한다니 기쁨보다 두려움이 앞선다. 뭇매를 맞을 각오를 다진 지 이미 오래이다. 독자 제현의 호된 꾸지람은 또 다른 내일을 기약할 수 있는 촉진제가 되리라. 오랫동안 같이 책을 읽은 고신회 회원들이 고맙고, 원고를 잘 다듬어 한 권의 책으로 만들어준 한길사의 여러분이 참으로 고맙다.

2009년 9월
공자탄신 2560주년을 바라보며
이재하

찾아보기

| ㄱ |

감지(闞止) 227

거백옥(蘧伯玉) 353

계강자(季康子) 139, 170, 183, 347

계손씨(季孫氏) 161

계수재배(稽首再拜) 298

계씨(季氏) 120

계자연(季子然) 344

『고논어』(古論語) 363

고무비(高無丕) 235

고삭(告朔) 136

고요(皐陶) 254

고종(高宗) 109

곡량자(穀梁子) 333

『곡량전』(穀梁傳) 287, 333

공광삼(孔廣森) 381

공명의(公明儀) 108

공문씨(公文氏) 257

공문자(孔文子) 172

공백료(公伯寮) 166

공백희(孔伯姬) 172

공보촉(公父歜) 358

공분(龔奮) 364

공산불요(公山不擾) 161, 377

공서화(公西華) 82, 195

공석애(公晳哀) 317

공손감(公孫敢) 173

공손성(公孫成) 144

공손숙(公孫宿) 146

공손추(公孫丑) 75

공숙술(公叔戌) 357

공안국(孔安國) 349

공야장(公冶長) 261

공양고(公羊高) 332

공양자(公羊子) 331

『공양전』(公羊傳) 287, 331

공어(孔圉) 172

공우(貢禹) 364

공유(公劉) 63

『공자가어』(孔子家語) 53, 363

「공자세가」(孔子世家) 47

『공총자』(孔叢子) 224

공희(孔姬) 172

관주보(管周父) 237

괴외(蒯聵) 172

교품(敎品) 202

구변(苟變) 291

구부법(丘賦法) 240

구천(句踐) 151

국로(國老) 240

국서(國書) 235

『국어』(國語) 284

『국어주』(國語註) 269

극곡(郤縠) 292

극기복례(克己復禮) 57

금뢰(琴牢) 315, 353

금장(琴張) 85, 313

금활리(禽滑釐) 323

기량(杞梁) 300

| ㄴ |

난녕(欒寧) 173

남궁경숙(南宮敬叔) 107

남궁괄(南宮括) 272

남면(南面) 128

남용(南容) 263

노공왕(魯共王) 366

노나라 목공(繆公) 297

노나라 정공(定公) 50

『노논어』(魯論語) 363

노자(老子) 83

『논어주』(論語註) 268

『논어집주』(論語集註) 61

『논어집해』(論語集解) 372

『논형』(論衡) 71

뇌(誄) 167

| ㄷ |

단간목(段干木) 211, 323

「단궁편」(檀弓篇) 84

단목사(端木賜) 133

담대멸명(澹臺滅明) 205

담조(啖助) 280

대굉(戴宏) 331

『대대예기』(大戴禮記) 40

대덕(戴德) 40

대성(戴聖) 40

『대학』(大學) 114

대호(大崋) 165

돈오(頓悟) 58, 90

동야필(東野畢) 50

『동파지림』(東坡志林) 229

두예(杜預) 280

| ㅁ |

맹경자(孟敬子) 112

맹열(孟說) 72

맹유자(孟孺子) 237

맹의자(孟懿子) 237

맹자(孟子) 67, 94

『맹자』(孟子) 75

맹자반(孟子反) 313

맹집(孟縶) 315

맹헌자(孟獻子) 319

『모시』(毛詩) 211

목피(牧皮) 85, 313, 354

무마기(巫馬期) 350

무왕(武王) 63

묵적(墨翟) 39

『문옹도』(文翁圖) 315, 321

문왕(文王) 39

미신(麋信) 334

미호(微虎) 183, 360

민자건(閔子騫) 40, 119, 120, 122, 337

| ㅂ |

반고(班固) 280

방어(魴魚) 201

백거이(白居易) 232

백고(伯高) 242

백규(白圭) 264

백기(伯奇) 109

백비(伯嚭) 139

백어(伯魚) 48, 289

번지(樊遲) 138, 237, 251, 252

병설(邴洩) 237

복불제(宓不齊) 199

복자하(卜子夏) 211

부차(夫差) 141

| ㅅ |

사광(師曠) 72

『사기』(史記) 45

『사기색은』(史記索隱) 227

사마우(司馬牛) 257

사마정(司馬貞) 270

삼각(三刻) 238

상구(商瞿) 317

상소(向巢) 257

상퇴(向魋) 257

석륵(石勒) 68

선리(禪理) 90

선학(禪學) 58

설용(舌庸) 151

『설원』(說苑) 91, 94, 200

『성증론』(聖證論) 379

「세난」(說難) 286

세수(歲首) 62

소공(昭公) 85

『소대예기』(小戴禮記) 40

소망지(蕭望之) 365

소무(韶武) 60

소식(蘇軾) 229

송기(宋畸) 364

수(宿) 165

수구(須句) 165

숙손무숙(叔孫武叔) 236

숙손주구(叔孫州仇) 141

숙손첩(叔孫輒) 161

숙향(叔向) 327

순(舜)임금 39

순경(荀卿) 230

순우곤(淳于髡) 299

승모(勝母) 97

「시서」(詩序) 211

신구수(申句須) 162

신당(申堂) 353

신상(申祥) 219, 249, 329

『신서』(新序) 52, 218

신정(申棖) 321

심유행(沈猶行) 106

| ㅇ |

악기(樂頎) 162

안거(安車) 224

안고(顔高) 351

안무요(顔無繇) 45

안반(顔般) 301

안사고(顔師古) 331

안연(顔淵) 57, 60, 64, 337

안우(顔羽) 237

안자(顔子) 40, 49, 119

안합(顔闔) 51

안회(顔回) 45, 54

애공(哀公) 70

양교(陽橋) 201

양전(梁鱣) 352

양주(楊朱) 39, 92

양지(良知) 58

『여씨춘추』(呂氏春秋) 51, 286

여제(旅祭) 242

염백우(冉伯牛) 125, 337

염유(冉有) 235

염중궁(冉仲弓) 127, 128

예(羿) 270

『예기』(禮記) 40, 84

예류(泄柳) 329

오(奡) 270

오기(吳起) 323

온포(緼袍) 177

완효서(阮孝緖) 334

왕길(王吉) 364

왕망(王莽) 371

왕숙(王肅) 268, 371, 379

왕순(王順) 301

왕양(王陽) 364

왕양명(王陽明) 90

왕충(王充) 71

요(堯)임금 39

용생(庸生) 364

우염(盂黶) 174

우왕(禹王) 39

『운곡잡기』(雲谷雜記) 232

원사(原思) 191

「위굉전」(衛宏傳) 212

위무지(魏無知) 293

위사(衛賜) 356

위서(僞書) 56

위성자(魏成子) 210, 326

위소(韋昭) 269

위퇴지(衛退之) 232

위현(韋賢) 364

유곤(劉琨) 68

유백온(劉伯溫) 98

유약(柳若) 183, 294, 340

유제(有濟) 165

유하혜(柳下惠) 341

유향(劉向) 366

유흠(劉歆) 280

육가(陸賈) 72

『육경』(六經) 39

육상산(陸象山) 90

윤길보(尹吉甫) 109

응소(應劭) 333

이루(離婁) 72

이사(李斯) 230

「이소」(離騷) 286

이윤(伊尹) 254

임(任) 165

임방(林放) 242, 341

| ㅈ |

자고(子羔) 245

자공(子貢) 54, 133, 337

자금(子禽) 149

자로(子路) 159, 169, 343

자류(子柳) 299

자복경백(子服景伯) 142

자사(子思) 39, 68, 111

자상백자(子桑伯子) 129

자상호(子桑戶) 313

자유(子游) 201, 205, 345

자장(子張) 217, 345

자하(子夏) 209, 345

장무중(臧武仲) 341

장문중(臧文仲) 341

장식(長息) 301

장우(張禹) 365

장자(莊子) 83

장재(張載) 68

장호(張溟) 232

『장후논어』(張侯論語) 368

재아(宰我) 219, 227, 337

적황(翟璜) 326

전부(田賦) 239

전상(田常) 226

전유(顓臾) 165

전자방(田子方) 211, 290, 323

정강지란(靖康之亂) 68

정공(定公) 150

정백순(程伯淳) 65

정자(程子) 67

정현(鄭玄) 264

제갈공명(諸葛孔明) 98

제나라 경공(景公) 93

『제논어』(齊論語) 363

제동지어(齊東之語) 262

제최복(齊衰服) 248

제표(齊豹) 315

조간자(趙簡子) 258

조광(趙匡) 280

조최(趙衰) 292

종노(宗魯) 315

종횡가(縱橫家) 39

좌구명(左丘明) 279, 280

『좌씨전』(左氏傳) 279

좌자(左子) 279

주(邾)나라 은공(隱公) 150

주공(周公) 111

주돈이(周敦頤) 68

주생렬(周生烈) 371

주자(朱子) 61

「중니제자열전」(仲尼弟子列傳) 45

『중용』(中庸) 302, 306, 309

증서(曾西) 180

증석(曾晳) 45, 84, 94

증자(曾子) 68, 86, 114

증점(曾蒧) 81

증참(曾參) 81, 348

지백(智伯) 281

진관(陳瓘) 171

진군(陳羣) 371

진근보(秦菫父) 319

진비자(秦丕玆) 319

진상(秦商) 319

진성자(陳成子) 258

진항(陳恒) 145, 227

진희자(陳僖子) 228

| ㅊ |

찬수(鑽燧) 222

철법(徹法) 63, 184

체사(禘祀) 186

초나라 소왕(昭王) 224

『추씨전』(鄒氏傳) 335

『춘추』(春秋) 40

『춘추좌씨전집해』(春秋左氏傳集解) 280

『춘추좌전』(春秋左傳) 97, 288

충우(充虞) 296

충종(充宗) 364

칠조개(漆雕開) 259

| ㅌ |

탕왕(湯王) 39, 63

태백(太伯) 140

| ㅍ |

팔일무(八佾舞) 341

포증(包拯) 98

『풍속통의』(風俗通義) 333

필성(畢星) 185

| ㅎ |

하안(何晏) 372

하후승(夏侯勝) 364

한비자홍(軒臂子弘) 317

『한시외전』(韓詩外傳) 50

한유(韓愈) 56, 305

해당(亥唐) 327

해서(海瑞) 98

허공미묘(虛空微渺) 58

헌서(憲書) 202

현단(縣亶) 352

『협씨전』(夾氏傳) 335

혜자(惠子) 206

호련(瑚璉) 137

호무자도(胡母子都) 332

홍흥조(洪興祖) 165

화주(華周) 300

황노(黃老) 52

황숙도(黃叔度) 65

『효경』(孝經) 97

효기(孝己) 109

후직(后稷) 271

『후한서』(後漢書) 212

희공(僖公) 165

지은이 최술

최술(崔述, 1740~1816)은 청대를 대표하는 고증학자로 자는 무승(武承),
호는 동벽(東壁)이다. 몰락한 사대부의 후예로 57세 때부터 6년 동안
복건(福建) 나원현(羅源縣) 지현(知縣)을 지냈다. 궁핍한 생활 속에서도
경사서(經史書)에 필생의 정력을 쏟은 나머지 선진사(先秦史) 고증의 획기적인 저술인
『고신록』(考信錄) 36권 등 총 34종 88권을 남겼다. '고신록'이란 철저한 고증을 거쳐
믿을 수 있는 것만 기록한다는 의미이며, 최술만의 독특한 고증학적 방법은
중국의 역사학을 과학적이고 합리적인 단계로 발전시키는 원동력이 되었다.
특히 『고신록』의 일부인 『수사고신록』(洙泗考信錄)과 『수사고신여록』(洙泗考信餘錄)은
공자와 제자들의 행적에 덧씌워진 신화와 왜곡을 걷어내고 원형을 복원하는 데
결정적인 공헌을 한 불후의 명저로 꼽힌다. '수사'는 공자가 살았던
노(魯)나라 곡부(曲阜) 북쪽의 '수수'(洙水)와 '사수'(泗水)란 두 강으로,
공자는 이 두 강 사이에 학당을 열고 제자들을 가르쳤다.
때문에 공자나 유가(儒家)의 별칭으로 줄곧 쓰인다. 『고신록』은 출간 당시
기존의 학설과 통념을 부정한 파격적인 주장 때문에 철저히 외면당했으나,
최술 사후 87년인 1903년 일본에서 『최동벽선생유서』가 출판됨으로써
일본 사학계를 들끓게 했으며, 다시 중국으로 역수입되어
1920년대 고사변파(古史辨派)를 형성하는 등 대단한 반향을 일으켰다.
최술의 저술에 대해 중국 신사학(新史學)의 대가인 양계초(梁啓超)는
'고대사 연구의 표준', 신문화운동의 중심인 호적(胡適)은
'중국의 새로운 역사학의 출발점'이라며 극찬을 아끼지 않았다.

옮긴이 이재하

이재하(李在夏)는 장수 팔공산 아래에서 태어나 할아버지와 아버지에게
한문을 배웠다. 전주대 한문교육과를 거쳐 성균관대에서 「조식문학연구」와
「조조시문연구」로 석사와 박사학위를 받았다. 1981년부터
경성대 중어중문학과 교수로 재직하면서 중국 고대사를 쉽게 풀이하는 데
관심을 기울이고 있다. 저서로 『인간조조』(2권)가 있으며,
「수사고신록」과 「공자 사적 고증」 등 많은 논문이 있다.
현재 대한중국학회 회장을 맡고 있다.

수사고신여록

지은이 • 최술
옮긴이 • 이재하
펴낸이 • 김언호
펴낸곳 • (주)도서출판 한길사

등록 • 1976년 12월 24일 제74호
주소 • (413-756) 경기도 파주시 교하읍 문발리 520-11
www.hangilsa.co.kr
E-mail: hangilsa@hangilsa.co.kr
전화 • 031-955-2000~3
팩스 • 031-955-2005

상무이사 · 박관순 | 영업이사 · 곽명호
편집 · 배경진 서상미 신민희 장혜령 김춘길 | 전산 · 한향림 김현정
마케팅 및 제작 · 이경호 이연실
관리 · 이중환 문주상 장비연 김선희

출력 · 지에스테크 | 인쇄 · 현문인쇄 | 제본 · 경일제책

제1판 제1쇄 2009년 10월 25일

값 25,000원

ISBN 978-89-356-5749-0 94150
ISBN 978-89-356-5750-6 (세트)

• 이 도서의 국립중앙도서관 출판시도서목록(CIP)은
e-CIP 홈페이지(http://www.nl.go.kr/cip.php)에서 이용하실 수 있습니다.
(CIP제어번호: CIP 2009003071)

한길그레이트북스 인류의 위대한 지적 유산을 집대성한다

1 관념의 모험
앨프레드 노스 화이트헤드 | 오영환

2 종교형태론
미르치아 엘리아데 | 이은봉

3·4·5·6 인도철학사
라다크리슈난 | 이거룡
2005 『타임스』 선정 세상을 움직인 100권의 책
『출판저널』 선정 21세기에도 남을 20세기의 빛나는 책들

7 야생의 사고
클로드 레비-스트로스 | 안정남
2005 『타임스』 선정 세상을 움직인 100권의 책
2008 『중앙일보』 선정 신고전 50선

8 성서의 구조인류학
에드먼드 리치 | 신인철

9 문명화과정 1
노르베르트 엘리아스 | 박미애
2005 연세대학교 권장도서 200선

10 역사를 위한 변명
마르크 블로크 | 고봉만
2008 『한국일보』 오늘의 책
2009 『동아일보』 대학신입생 추천도서

11 인간의 조건
한나 아렌트 | 이진우 · 태정호

12 혁명의 시대
에릭 홉스봄 | 정도영 · 차명수
2005 서울대학교 권장도서 100선
2005 『타임스』 선정 세상을 움직인 100권의 책
2005 연세대학교 권장도서 200선
『출판저널』 선정 21세기에도 남을 20세기의 빛나는 책들

13 자본의 시대
에릭 홉스봄 | 정도영
2005 서울대학교 권장도서 100선
『출판저널』 선정 21세기에도 남을 20세기의 빛나는 책들

14 제국의 시대
에릭 홉스봄 | 김동택
2005 서울대학교 권장도서 100선
『출판저널』 선정 21세기에도 남을 20세기의 빛나는 책들

15·16·17 경세유표
정약용 | 이익성

18 바가바드 기타
함석헌 주석 | 이거룡 해제
2007 서울대학교 추천도서

19 시간의식
에드문트 후설 | 이종훈

20·21 우파니샤드
이재숙
2005 서울대학교 권장도서 100선

22 현대정치의 사상과 행동
마루야마 마사오 | 김석근
2005 『타임스』 선정 세상을 움직인 100권의 책
2007 도쿄대학교 권장도서

23 인간현상
테야르 드 샤르댕 | 양명수
2007 서울대학교 추천도서

24·25 미국의 민주주의
알렉시스 드 토크빌 | 임효선 · 박지동
2005 서울대학교 권장도서 100선

26 유럽학문의 위기와 선험적 현상학
에드문트 후설 | 이종훈
2005 서울대학교 논술출제

27·28 삼국사기
김부식 | 이강래
2005 연세대학교 권장도서 200선

29 원본 삼국사기
김부식 | 이강래 교감

30 성과 속
미르치아 엘리아데 | 이은봉
2005 『타임스』 선정 세상을 움직인 100권의 책
『출판저널』 선정 21세기에도 남을 20세기의 빛나는 책들

31 슬픈 열대
클로드 레비 - 스트로스 | 박옥줄
2005 서울대학교 권장도서 100선
2005 연세대학교 권장도서 200선
2008 홍익대학교 논술출제
『출판저널』 선정 21세기에도 남을 20세기의 빛나는 책들

32 증여론
마르셀 모스 | 이상률
2003 문화관광부 우수학술도서

33 부정변증법
테오도르 아도르노 | 홍승용

34 문명화과정 2
노르베르트 엘리아스 | 박미애
2005 연세대학교 권장도서 200선

35 불안의 개념
쇠렌 키르케고르 | 임규정

36 마누법전
이재숙 · 이광수

37 사회주의의 전제와 사민당의 과제
에두아르트 베른슈타인 | 강신준

38 의미의 논리
질 들뢰즈 | 이정우
2000 교보문고 선정 대학생 권장도서

39 성호사설
이익 | 최석기
2005 연세대학교 권장도서 200선
2008 서울대학교 논술출제

40 종교적 경험의 다양성
윌리엄 제임스 | 김재영
2000 대한민국학술원 우수학술도서

41 명이대방록
황종희 | 김덕균
2000 한국출판문화상

42 소피스테스
플라톤 | 김태경

43 정치가
플라톤 | 김태경

44 지식과 사회의 상
데이비드 블루어 | 김경만
2002 대한민국학술원 우수학술도서

45 비평의 해부
노스럽 프라이 | 임철규
2001 『교수신문』 우리 시대의 고전

46 인간적 자유의 본질 · 철학과 종교
프리드리히 W.J. 셸링 | 최신한

47 무한자와 우주와 세계 · 원인과 원리와 일자
조르다노 브루노 | 강영계
2001 한국출판인회의 이달의 책

48 후기 마르크스주의
프레드릭 제임슨 | 김유동
2001 한국출판인회의 이달의 책

49·50 봉건사회
마르크 블로크 | 한정숙
2002 대한민국학술원 우수학술도서

51 칸트와 형이상학의 문제
마르틴 하이데거 | 이선일
2003 대한민국학술원 우수학술도서

52 남명집
조식 | 경상대 남명학연구소

53 낭만적 거짓과 소설적 진실
르네 지라르 | 김치수 · 송의경
2002 대한민국학술원 우수학술도서

54·55 한비자
한비 | 이운구
한국간행물윤리위원회 추천도서
2007 서울대학교 추천도서

56 궁정사회
노르베르트 엘리아스 | 박여성

57 에밀
장 자크 루소 | 김중현
2005 서울대학교 권장도서 100선
2000 · 2006 서울대학교 논술출제

58 이탈리아 르네상스의 문화
야코프 부르크하르트 | 이기숙
2004 한국간행물윤리위원회 추천도서
2005 연세대학교 권장도서 200선
2009 『동아일보』 대학신입생 추천도서

59·60 분서
이지 | 김혜경
2004 문화관광부 우수학술도서

61 혁명론
한나 아렌트 | 홍원표
2005 대한민국학술원 우수학술도서

62 표해록
최부 | 서인범 · 주성지
2005 대한민국학술원 우수학술도서

63·64 정신현상학
G.W.F. 헤겔 | 임석진
2006 대한민국학술원 우수학술도서
2005 연세대학교 권장도서 200선
2005 프랑크푸르트도서전 한국의 아름다운 책100
2008 서우철학상

65·66 이정표
마르틴 하이데거 | 신상희 · 이선일

67 왕필의 노자주
왕필 | 임채우
2006 문화관광부 우수학술도서

68 신화학 1
클로드 레비 - 스트로스 | 임봉길
2007 대한민국학술원 우수학술도서
2008 『동아일보』 인문과 자연의 경계를 넘어 30선

69 유랑시인
타라스 셰브첸코 | 한정숙

70 중국고대사상사론
리쩌허우 | 정병석
2005 『한겨레』 올해의 책
2006 문화관광부 우수학술도서

71 중국근대사상사론
리쩌허우 | 임춘성
2005 『한겨레』 올해의 책
2006 문화관광부 우수학술도서

72 중국현대사상사론
리쩌허우 | 김형종
2005 『한겨레』 올해의 책
2006 문화관광부 우수학술도서

73 자유주의적 평등
로널드 드워킨 | 염수균
2006 문화관광부 우수학술도서

74·75·76 춘추좌전
좌구명 | 신동준

77 종교의 본질에 대하여
루트비히 포이어바흐 | 강대석

78 삼국유사
일연 | 이가원 · 허경진
2007 서울대학교 추천도서

79·80 순자
순자 | 이운구
2007 서울대학교 추천도서

81 예루살렘의 아이히만
한나 아렌트 | 김선욱
2006 『한겨레』 올해의 책
2006 한국간행물윤리위원회 추천도서
2007 『한국일보』 오늘의 책
2007 대한민국학술원 우수학술도서

82 기독교 신앙
프리드리히 슐라이어마허 | 최신한
2008 대한민국학술원 우수학술도서

83·84 전체주의의 기원
한나 아렌트 | 이진우 · 박미애
2005 『타임스』 선정 세상을 움직인 책
『출판저널』 선정 21세기에도 남을 20세기의 빛나는 책들

85 소피스트적 논박
아리스토텔레스 | 김재홍
대학 신입생을 위한 추천도서

86·87 사회체계이론
니클라스 루만 | 박여성
2008 문화체육관광부 우수학술도서

88 헤겔의 체계 1
비토리오 회슬레 | 권대중

89 속분서
이지 | 김혜경
2008 대한민국학술원 우수학술도서

90 죽음에 이르는 병
쇠렌 키르케고르 | 임규정
『한겨레』 고전 다시 읽기 선정
2006 서강대학교 논술출제

91 고독한 산책자의 몽상
장 자크 루소 | 김중현

92 학문과 예술에 대하여 · 산에서 쓴 편지
장 자크 루소 | 김중현

93 사모아의 청소년
마거릿 미드 | 박자영
20세기 미국대학생 필독 교양도서

94 자본주의와 현대사회이론
앤서니 기든스 | 박노영 · 임영일
1999 서울대학교 논술출제

95 인간과 자연
조지 마시 | 홍금수

96 법철학
G.W.F. 헤겔 | 임석진

97 문명과 질병
헨리 지거리스트 | 황상익

98 기독교의 본질
루트비히 포이어바흐 | 강대석

99 신화학 2
클로드 레비 - 스트로스 | 임봉길
2008 『동아일보』 인문과 자연의 경계를 넘어 30선

100 일상적인 것의 변용
아서 단토 | 김혜련

101 독일 비애극의 원천
발터 벤야민 | 최성만 · 김유동

102·103·104 순수현상학과 현상학적 철학의 이념들
에드문트 후설 | 이종훈

105 수사고신록
최술 | 이재하 외

106 수사고신여록
최술 | 이재하

● 한길그레이트북스는 계속 간행됩니다.